大明寺

大明寺西苑

法海寺

鉴真纪念堂

高邮镇国寺

高邮镇国寺塔

栖灵塔

高旻寺

鉴真坐像

万寿寺戒台

高旻寺老山门

仪征天宁寺塔

长生阁

山光寺（福慧寺）旧石额

观音禅寺

愿生禅寺

文峰寺

天宁寺

西方寺大殿

准提寺大殿

文峰塔

重宁寺藏经楼

西方寺大殿梁上彩绘

世界的扬州·文化遗产丛书

禅智山光

——扬州佛教文化遗产

马 越 著

东南大学出版社
SOUTHEAST UNIVERSITY PRESS

图书在版编目（CIP）数据

禅智山光：扬州佛教文化遗产／马越著.—南京：东南大学出版社，2015.10

（世界的扬州·文化遗产丛书／冬冰主编）

ISBN 978-7-5641-6047-0

Ⅰ.①禅… Ⅱ.①马… Ⅲ.①佛教—文化遗产—扬州市 Ⅳ.①B947.253.3

中国版本图书馆 CIP 数据核字（2015）第 229504 号

书　　名：禅智山光
——扬州佛教文化遗产
出版发行：东南大学出版社
社　　址：南京市四牌楼 2 号　　邮　　编：210096
出 版 人：江建中
责任编辑：戴　丽　杨　凡
网　　址：http://www.seupress.com

印　　刷：利丰雅高印刷（深圳）有限公司
开　　本：960mm×650mm　1/16
印　　张：21　彩插 8 页
字　　数：335 千字
版　　次：2015 年 10 月第 1 版
印　　次：2015 年 10 月第 1 次印刷
书　　号：ISBN 978-7-5641-6047-0
定　　价：69.00 元

经　　销：全国各地新华书店
发行热线：025-83791830

本社图书若有印装质量问题，请直接与营销部联系。电话（传真）：025-83791830

世界的扬州·文化遗产丛书

禅智山光——扬州佛教文化遗产

总　　编：董玉海
主　　编：冬　冰
副 主 编：刘马根　徐国兵　姜师立　刘德广

组织编撰机构：
　　江苏省扬州市文物局（扬州市申报世界文化遗产办公室）

著　　者：马　越
执行主编：陈云观　谢青桐
编校人员：光晓霞
摄　　影：朱苏文

序

郭旃　国际古迹遗址理事会（ICOMOS）副主席

满怀欣喜祝贺《世界的扬州·文化遗产丛书》成书，发行。

关于扬州，古往今来，不知有多少记录和描述。

这次，史无前例的，是在世界遗产的语境中，从全人类文明史发展进程的角度和高度，对扬州所可能具有的世界价值进行新的探讨；是对扬州的过去和现在广泛、深刻的再发现，再认识；是在吸收新的考古发现和研究成果的扎实基础上，梳理和依据确凿的事实和深邃的内涵，进一步发掘、升华和弘扬她的历史成就和当代意义；也是对扬州文化遗产保护新的全面推动、引导、促进、加强和发展；并将影响到扬州以外相关的方方面面。

世界范围的对比，是彰显一个文化、一处文化遗产组合的特质、意义和价值最令人信服的一种途径和方式。

千百年来，不同文化、不同族群、不同地域之间的和平交流和融合，始终是促进人类文明整体进步和繁荣最重要、最明显、最富有成效、不可或缺的因素之一。海上丝绸之路因而受到了联合国教科文组织一致、高度的重视；也因而，有了上个世纪 80 年代末 90 年代初来自全球的学者和政府代表对丝绸之路的国际联合考察盛举。

扬州不仅在海上丝绸之路中熠熠生辉，而且牵挂着陆地丝绸之路的远行……

运河作为人类文明交流、沟通的动脉，是人类历史上最伟大的工程和创造。其对文明社会发展的保障和贡献，犹如循环往复、融会交流的大动脉；在古代社会，其作用和意义更是无与伦比。

国际公认，中国的大运河无疑是运河中最伟大的一个。无论悠远的过去，还是磅礴的现在，中国大运河对于人类文明进步的影响和作用，都值得全世界赞叹和借鉴。

有国际同行深思和探问，可以看出，西方很多运河都体现出中国运河的古老技术和成就。但是，无论是已经被列入《世界遗产名录》的，还是那些其他的运河，迟于中国运河千余年的她们，是何时，经过何种途径、方式和过程，实现了跨世纪的引进和移植，还是一个谜。

而无论这个千古之谜的答案会有多少，可以肯定的是，和大运河的初创与发展始终密不可分的最著名城市扬州的千年风流，都会是谜底中一幅华丽的篇章。

也有哲人讲，作为人类最杰出成就之一的大运河对于沿岸历朝历代的人民来说，“不是生母，就是乳娘”。作为不同经济、文化发展区域结合点和特殊地理、水域汇合处的扬州，在运河初创和形成过程中的关键地位和作用，和她伴随运河而促生、延续与蓬勃扩展的繁荣，使得她无论在城市格局、建筑、规模、风貌，还是在融汇北雄南秀的综合文化内涵与人文气质，乃至政治经济地位和影响力等各个方面，都独占运河城市的鳌头。以至有国际同仁感叹，世界上再也找不出哪座城市，如扬州般与世间一条最伟大的运河如此相辅相成，造就如此的人间昌盛和永恒。哪怕是驰名的运河城市——荷兰的阿姆斯特丹。

说到扬州融汇的“北雄南秀”，还会想到她历史上特有的庞大的盐商群体、盐商文化，可追溯到战争与和平的瘦西湖，那独具一格的扬州园林，以及这一切关联着的社会政治经济制度和变迁。

世界遗产事业作为人类深层次、高水平、多维度大环保事业和人类可持续发展战略的一部分，不分民族、地域、国度、政体，受到普世的关注、重视、支持和热情参与，长盛不衰。

扬州丰富的内涵、特色和潜质，给扬州争取世界文化遗产的国际地位带来了极大的优势，但也造成了“纠结”——多样的可能和选择，多种机会，但可能只能优先选一。这体现在本丛书的内容和章节中，分出了几大类：瘦西湖、大运河和海上丝绸之路。

一般单从世界遗产的申报来讲，考虑到世界遗产申报的组合逻辑，及当前世界遗产申报限额制与国家统筹平衡的现实，首先申报与扬州历史城市特征及盐商文化传统密切相关，同时也与运河相呼应的瘦西湖、扬州历史城区和园林，妥善命名，作为一组申报，不失为一种选择。

在这一组合申报成功之后，再在合理调整内容的基础上，分别加入大运河、海上丝绸之路的申报组合，形成或交错形成扬州多重世界遗产的身份，是可行的。

另一种选择，作为大运河最突出典范的运河城市和最关键节点，首先参加大运河的世界遗产联合申报。这无疑在近期排除了再单独申报扬州为世界遗产的选择。但这应当不会削弱扬州整体的文化地位和内在的遗产价值，也不影响未来在海上丝绸之路申报世界遗产时的关联。

海上丝绸之路的世界遗产申报还没有近期的计划和预案。可以肯定的是，一旦行动，扬州必会是其中一个亮点。

扬州申报世界遗产的“纠结”源于她的优势，是一种挑战，但不是负面的问题。相信《世界的扬州·文化遗产丛书》会给我们很多相关的启示，进一步有助于“解题”，更加明确地全面促进和推动相关的研究、保护、解读和展示工作。

最要紧的是，扬州有着深厚的文化底蕴，有着不同凡响深爱着家乡和国家、具有高度文化自觉和文明水准的民众和来自四面八方的拥趸；有着顺应民意、愈来愈重视文化遗产保护与传承的当地政府；还有一支淡泊名利，珍视历史使命和机遇，痴心文化遗产事业，又特别能战斗，求实认真，并日渐成熟的专业队伍。这使得相关的努力与世俗的“文化搭台，经济唱戏”不可同日而语，成果和效应也必然会泾渭分明。《世界的扬州·文化遗产丛书》的编辑出版就是又一次明证。

扬州从来就是一个开放的国际化城市。近几年在文化景观、运河遗产等文化遗产各个领域的国际研讨中，扬州又成了全世界同行的一处汇聚地和动力源。联合国教科文组织倡导的新形势下的“城市历史景观”（HUL）保护，扬州的实践也早就在其中。

全世界庆祝和纪念《保护世界文化与自然遗产公约》40周年的活动还在余音缭绕之际，在中华大地上，《世界的扬州·文化遗产丛书》为世界遗产这一阳光事业又奏响了新的乐章。

是为之序。

序：让历史成就未来
——扬州文化遗产概述

顾　风

2007年夏，在时任扬州市长王燕文的倡导下，我们鼓足勇气赴京参加了由国家文物局主持的大运河牵头城市的角逐，并最终如愿以偿。政府破例给了十个全额拨款事业单位的名额，于是招兵买马，网罗人才，筹建大运河联合申遗办公室，开始踏上原本我们并不熟悉的申遗之旅。五年过去了，我们这艘“运河申遗之舟”，涉江湖，过闸坝，绕急弯，正在一步步驶近申遗的目的地。五年之中我们在承担大量行政工作的同时，有机会与不同学术背景的中外专家、高校和科研机构接触、合作，通过环境的熏陶和实践的锻炼，我们这支队伍正在快速地成长进步，成为当下和未来扬州文化遗产保护的生力军。五年当中，我们通过对扬州文化遗产全面的研究梳理，2012年扬州市被列入世界遗产新预备名单的申遗项目已从2006年仅有的“瘦西湖及扬州历史城区”扩展调整为“大运河（联合）、瘦西湖和扬州盐商历史遗迹(独立)、海上丝绸之路（联合）”三项。五年之中，我们另外的一大收获是，通过学习和探索，得以用新的视角对扬州的文化遗产及其价值做出判断和阐释，使我们对扬州这座伟大的城市有了更加清晰、贴近历史真实的深刻认识。

扬州是一座在国内为数不多的通史式城市，她的文化发展史可追溯到6500年前新石器时代中期，在高邮“龙虬庄”文化折射出江淮东部文明的曙光之后，便连绵不绝。进入封建社会以来，更是雄踞东南，繁荣迭现，影响中外。从汉初开始，吴王刘濞凭借境内的铜铁资源、渔盐之利，把吴国建成了东南地区最具影响力的经济文化中心。其后虽有代兴，但终其两汉，广陵的地位未曾动摇和改变。六朝时期，南北割据，战争频仍，作为南朝首都的重要屏障，广陵战略地位的重要性凸显出来，成为兵家必争之地。隋文帝南下灭陈，结束分裂。一统天下后，在扬州设四大行政区之一的扬州大行台，总管南朝故地，扬州成为东南地区政治、经济、文化中心。杨广即位后，开凿大运河贯通南北，连接东西，扬州具有面江、枕淮、临海、跨河的优越交通条件。作为龙兴之地的扬州，顺其自然地跃升为陪都。中唐以前，扬州虽然有着大都督府或都督府的行政地位，但主要还是依靠隋朝历史影响的延续。

“安史之乱”爆发以后，北方广大地区遭受了严重破坏；北方人口躲避战乱，大量南迁；唐王朝依赖东南地区粮食和财富；国家的经济结构和布局发生了重大变化，不得不作出相应的调整。扬州成为东南漕运的枢纽和物资集散地，赢得了历史上难得的发展机遇，区位优势得到了整体的发挥。扬州成为长安、洛阳两京之外，全国最大的地方城市和国际商业都会。唐末扬州遭受毁灭性的破坏，此后，通过五代、北宋的修复，依然保持着江淮地区政治、经济、文化中心的地位。进入南宋，淮河成为宋、金分治的界线，而扬州则成了南宋朝廷扼淮控江的战略要地。其城市性质发生了相应的变化，由一座工商繁荣的经济城市逐渐向壁垒森严的军事基地转变。蒙元帝国建立后，对全国行政系统进行了重大改革，行省制度的建立从政治上巩固了国家的统一，加强了中央集权。元代扬州作为江淮行省机关所在地，管辖范围包括今天江苏的大部、安徽省淮河以南地区、浙江全省和江西省的一小部分。作为东南重镇，其政治、经济地位和文化的影响力远在同时的南京、苏州等城市之上。明清扬州作为两淮盐业中心和漕运枢纽仍然保持着持续的繁荣，尤其在文化方面所具有的影响力和号召力并不因为行政地位的下降而有丝毫的动摇和变化。相反，到清代中期，愈发熠熠生辉，光彩照人。扬州的衰落始于盐业经济的衰落；继之于上海、天津等地的开埠，江南铁路铺设，漕运中止，商业资本大量转移。在这些因素的综合作用下，熊熊的火炉渐渐地失去了以往的能量和温度而慢慢地熄灭。失去了历史风采的扬州，最终不得不让位于上海。这座兴盛于汉，鼎盛于唐，繁盛于清，持续保持了两千年繁荣的城市曾经为中国封建社会的发展进步作出过巨大的贡献，也因此经受了无数次的毁灭和重生。

大运河（扬州段） 盘点扬州文化遗产，大运河和扬州城遗址具有举足轻重的分量和特殊的价值。邗沟是中国最早开凿的运河之一，同时也是正式见诸史籍记载的最早的运河。邗沟的开凿为千年之后大运河的开凿起到了重要的示范作用，这是大运河扬州段的价值之一。其二，自春秋以来，扬州段运河的开凿和整治以及城市水系的调整几乎没有停止过。运河在扬州段形成了交通网络和水系，也形成了运河历史的完整序列，扬州段的运河就是一座名副其实的运河博物馆。其三，由于古代扬州优越的地理位置和经济地位，扬州从唐代开始，一直是漕运的枢纽，所以无论是隋开大运河以后，还是元开南北大运河以后，扬州段的地位都极为重要。其四，作为承担历代漕运繁重任务的运河淮扬段在处理与长江、淮河、黄河三大自然水系的诸多矛盾的过程中，在中国这一用水治水的主战场上，集中使用了最先进的治水理念和水工技术。其五，漕运停止了，北方的运河渐渐失去了活力，有的甚至消失得无影无踪。作为今天北煤南运的重要通道，作为南水北调的东线源头，扬州段的运河还呈现着勃勃生机，这种充满活力的状态不仅体现了大运河这个世界运河之母的强大生命力，也是对大运河这一大型线性活态文化遗产价值的有力支撑。

在农耕文明生产力水平十分低下的条件下，古人“举锸如云”，用血肉之躯开凿运河把一座座城镇联系起来，运河的形成又为沿河城镇提供源源不断的能量，让城镇得以成长和兴旺，同时还不断催生出新的城镇，运河不断积累着中华民族的智慧和经验，也不断促进着中国封建社会的繁荣与进步。

尽管运河城市大都有着相似的成长经历，但是扬州城市和运河同生共长的历史和城河互动的发展关系堪称中国运河城市鲜活的杰出范例，同时也体现着扬州文化遗产的特殊价值。大运河孕育了扬州的多元文化，大运河也成就了扬州两千年持续的繁荣。

扬州城遗址（隋－宋） 扬州城遗址面积近20平方公里，是通过专家评审遴选出来，又经国家文物局正式公布的全国100处大遗址之一。把一个联系着城市的前天、昨天和今天的遗址公布为全国重点文物保护单位，它的突出及普遍价值在哪里呢？首先，扬州在文明发展进程中具有历史中心的地位和作用。长期以来作为国家或区域性的政治、经济、文化中心，它的作用和影响长期超越地域范围，是代表国家民族身份的。其次，由于城市东界运河，南临长江，特定的地理环境决定了城市的发展空间和发展模式。扬州城的历史发展变化具有空间和时间上的延续性，有别于长安、洛阳那些具有跨越发展特点的城市，从而成为中国历史城市类型的独特范例。其三，扬州兼有南方城市、运河城市、港口城市的性质，因此，它在城市形态、城市水系、城市交通、建筑风格方面都有着鲜明的特点。其四，曾经作为国际国内的商业都会、对外交往的窗口、漕运的枢纽、物资集散地和手工业生产基地，扬州城遗址蕴藏的文化内涵是极为丰富的。它的考古成果对研究中国城市的发展历史十分重要。其五，城市制度的先进性。作为繁华的经济中心，发达的商业和手工业必然对城市的布局、功能分区有所影响，并在城市制度方面也应有所体现。根据史料记载，唐代扬州是有别于两京，率先打破里坊制，出现开放式街巷体系的城市。扬州热闹的夜市，丰富的夜生活，赢得了中外客商和文人雅士的由衷赞美。扬州城市制度划时代的变革对中国城市产生了深远的影响。其六，正因为扬州城存在着发展空间和时间上的延续性，所以城市遗址是属于层叠形态的。它的物理空间有沿有革，但始终存在着有机的联系。

尽管扬州历史上屡兴屡废，大起大落，但城市的性质是延续的，城市发展规律还是渐变而非突变的。

明清古城 明清古城位于扬州城遗址的东南部，面积仅有 5.09 平方公里，属于全国重点文物保护单位扬州城遗址的重要组成部分。作为扬州主要的文化遗产，它的价值也是多元的。第一，历史空间和历史风貌。作为明清时代扬州的主城区，它是在元末战争结束之后，当时根据居住人口和经济状况重新规划建设的。但很快随着经济的发展和人口的增加，在城市东部出现了新的建城区，最终在嘉靖年间完成了新城的扩建，形成了新城、旧城的双城格局。明清古城蕴含着城市 600 年来大量的历史信息，尤其还保存着真实并相对完整的历史风貌和历史空间。第二，复杂而发达的街巷体系。由于商业的繁荣和高密度的居住人口，为不断适应城市生活的需求，交通组织需要作出相应的调整。复杂而发达的街巷体系成为了扬州独特的城市肌理。第三，城市物理空间的组织和利用。城市物理空间的组织利用水平体现了前人的智慧和能力。明代后期扩建新城一定程度上满足了城市功能的需要，缓解了人口居住的压力。但入清以后，随着盐业经济的迅猛发展，大量外地人口的迁入，这一矛盾又凸显出来。由于运河流经城市的东界和南界，建城区的扩张受到空间的制约。解决问题的有效办法只能是提高城市土地和空间的利用率。狭窄的街巷、鳞次栉比的建筑，凝聚着千家万户的智慧。不同的空间，不同的形式，在这里得到了统一；通风采光的共同需求在这里得到了满足。前人这种高度节约化又体现和而不同的城市规划成果，不仅赢得了当今国际规划大师的赞叹，也足以让众多死搬洋教条的规划师们汗颜。第四，建筑风格的多元化和对时尚的引领。扬州从历史上来说就是一个移民的城市，毁灭与重生，逃离和汇聚，在这里交替发生。商业都会的地位、漕运的枢纽、盐商的聚居，各省会馆的设立，带来了安徽、浙江、江西、山西、湖南等不同地域的建筑文化。这些不同的建筑文化在扬州并不是被简单的复制，而是通过交流、融合，在结构、布局、功能分配甚至工艺、材料的运用上都不断创新，最终汇集为外观时尚新颖、内涵丰富多元的扬州地方建筑特色。博采众长、开放包容、和而不同作为扬州文化的主旋律在扬州建筑文化方面表现得十分直观和生动。扬州式样在引领时尚的同时，也不断辐射和影响着周边省市。第五，盐商住宅的独特价值。两淮盐业经济是扬州的传统产业，明清时期盐业成为这座城市赖以生存和发展的支柱产业。由于靠盐业垄断经营，作为两淮盐业中心的扬州，自然成为盐商聚集的首选之地。扬州在唐代就拥有许多以姓氏命名的私家园林，在盐业资本的作用下，盐业经济呈现出畸形繁荣。建造豪宅、庭园成为一时风尚。个性设计、外观宏伟、结构严整、功能齐全、材料讲究、工艺精湛、园亭配套，成为这类建筑的基本特征。现存的这批盐商宅、园既是扬州盐商的生活遗迹，也是曾经对中国经济、文化产生重要影响的扬州盐商的历史符号，更是中国建筑艺术的不朽作品。它们的独特形态和价值有力地支撑了明清古城的风貌和内涵。第六，传统生活方式的延续和传承。尽管扬州一直以来是一个移民城市，来自不同地域的人们从四面八方带来了不同的文化和习俗，加之盐业经济长期以来对城市生活的深刻影响，扬州的城市生活方式本应该是庞杂无序的。恰恰相反，扬州的城市性质和地位让扬州产生了超强的包容性和融合力，海纳百川，终归于一。扬州不仅有自己独特的生活方式和风俗习惯，也有着自己的社会秩序和价值取向。丰富的传统节庆活动，和谐的邻里关系，相近的价值观念和人生态度。这种依附于城市特色物理空间的非物质文化遗产同样承载着城市的历史记忆，凝聚着城市的精神，反映了城市的个性，体现着城市的核心价值。

瘦西湖 瘦西湖历史上称保障河，是扬州文化遗产中的奇葩。它的前身原本是隋唐、五代、宋元、明清不同时代城濠的不同段落。作为城市西郊传统的游览区，对它的开发利用可以追溯到隋代。明清之际，在盐业经济的刺激下，盐商群体追求享乐，在历史景观的基础上，扬州的造园活动形成了新的高潮。这种风气从城市延伸到郊外。不同姓氏的郊外别墅和园林逐渐形成了规模和特色，扬州水上旅游线路正式形成。营造园林的市场需求吸引了国内，主要是江南地区的造园名家和能工巧匠向扬州汇聚；同时，本地的营造技术专业队伍也迅速地成长壮大。入清以后，康熙皇帝多次南巡，两淮巡盐御史营建高旻寺塔湾行宫，给扬州大规模的营造活动增添了政治动力。之后，乾隆皇帝接踵南巡，地方官员依赖盐商的雄厚财力，对亦已形成的盐商郊外别墅园林进行大规模的增建、扩建，并着力整合资源，提升景观品质，完成了以二十四景题名景观为骨干的扬州北郊二十四景，实现了中国古代造园史上最后的辉煌。瘦西湖景观作为文化景观遗产具有以下的价值：

一、景观艺术价值。瘦西湖景观是中国郊外集群式园林的代表作。瘦西湖狭长、曲折、形态丰富的水体空间，园林或大或小，建筑或聚或散，或庄或野，形成带状景观，宛如一幅中国传统的山水画长卷。它是利用人工，因借自然的典范；是利用人工妙造自然的杰作，极具东方艺术特质和审美价值。体现了清代盐商、文人士大夫和能工巧匠师法自然的追求，与自然和谐合一的理想。在这个景观之中，一座座园林，一处处景观像画卷一样徐徐展开，气势连贯，人工与自然天衣无缝地融为一体。

二、历史文化价值。瘦西湖景观经过历代演变，层累的历史记忆，深厚的文化内涵，最终形成了中国景观设计的经典作品。它既是中国文化景观发展史的缩影；代表了清代中期、中国景观艺术的伟大成就；见证了 17 ～ 18 世纪扬州盐业经济的繁荣和对国家经济文化生活的影响；见证了清中期盐商群体与封建帝王、官员和文化人相互依存的特殊社会关系；也见证了财富大量集聚对社会文化振兴和城市建设发展的特殊贡献。

三、体现人和自然和谐互动的价值。瘦西湖景观是城市聚落营建与水体利用充分结合的杰出范例。它在形成和发展过程中始终兼具城防、交通、生态、游赏等多种功能，与城市发展和人居环境存在着紧密的联系。同时，它在不同阶段功能各有侧重，生动地体现了人与自然和谐互动的关系。

四、瘦西湖景观折射出现世性价值取向。瘦西湖景观体现了造园者和文人雅士模仿自然、寄托理想、营造精神家园的共同追求；也反映了前人对山水的热爱，对自然的尊崇和美的认知。2000 多年来，扬州饱经战争的浩劫，战争的残酷成了这座城市痛苦悲摧、挥之不去的集体记忆。在和平的年代里，在繁华的现实中，人们追求及时行乐，注重感官享受，崇尚现世幸福，在城市的文化精神和价值取向上呈现出显著的现世性特征。这种现世性价值取向也深刻地影响了扬州景观的审美取向和使用功能。与东晋诗人谢灵运开辟的以寻求自然与隐逸、体现“人”的主体性为特征的中国文人的山水审美相比，瘦西湖景观则具有浓重的世俗社会色彩、大众文化情趣，呈现出更加鲜活的生命力。

五、瘦西湖景观诠释了战争与和平。扬州自古以来就是兵家必争之地。城濠是城市防御系统的基本设施。战争对城市的毁灭性破坏，城市政治、经济地位的变化都会对城市产生重大影响。因为城市的变迁，废弃了的城濠成为了城市变化的历史记录。能否化腐朽为神奇，考验着古代扬州人的智慧。饱受战争之苦的扬州人民把对战争的厌恶憎恨和对和平美好生活的向往追求的情感投向了这些水体和岸线；用千年的热情，持续的努力，把它改造成充满生活情趣和自然之美的景观带和风景区。化干戈为玉帛，瘦西湖成为战争与和平的矛盾统一体，瘦西湖风景区的前世今生，向全世界诠释了一部战争与和平的动人故事。

海上丝绸之路遗产　扬州是陆上丝绸之路与海上丝绸之路的连接点，它与海外的交通可以追溯到西汉时期。唐代扬州成为名闻遐迩的国际商业都会，又是中国的四大港之一。它不仅与东北亚的暹罗、日本有着频繁的联系，而且与东南亚、南亚、西亚、东非有着贸易的往来。大量西亚陶瓷的出土，印证了史籍上关于扬州有着大食、波斯人居留的记载；城市遗址发现的贸易陶瓷其品类与上述地区 9、10 世纪繁荣的港市出土的中国陶瓷有着惊人的一致性；印尼爪哇岛“黑色号”沉船打捞出 6 万多件瓷器和带有“扬州扬子江心镜”铭文的铜镜；扬州港作为中国最早、最重要的贸易陶瓷外销港口，“陶瓷之路”起点的地位和作用越来越清晰；成功派遣到大陆 13 次的日本遣唐使节，其中有 9 次是经停扬州的；鉴真东渡，崔致远仕唐，商胡贸易这些文化交流事件影响至今。南宋以来特别到元代，是扬州中外交流另一个重要的历史时期。穆罕默德裔孙普哈丁在扬州建造仙鹤寺传播伊斯兰教，最后埋骨运河边；一批阿拉伯文墓碑和意大利文墓碑出土；基督徒也里可温墓碑的发现；加之，著名旅行家马可·波罗、鄂多立克、伊本·白图泰等人在扬州的行迹证明侨寄扬州的外国人不但数量多，且来源广泛。道教、佛教、伊斯兰教、基督教并存的状况反映了扬州国际化的提升和文化交流的成果。

“海上丝绸之路”属于文化线路遗产。从公元前 2 世纪开始到公元 17 世纪，扬州作为中国对外经济文化交流的重要窗口，一直发挥着作用，但它的突出历史地位是在唐代，重点在公元 8、9 世纪的中晚唐时期。由于历代战争的严重破坏、城市的变迁、长江岸线的位移变化，扬州与海上丝绸之路相关的文化遗产已经很少，除了扬州城遗址（隋—宋）以外，直接相关的遗产点有大明寺、仙鹤寺、普哈丁墓园等。幸好还有扬州城遗址不断出土的考古资料做支撑，大量史籍记载作证明。

扬州海上丝绸之路文化遗产价值主要体现在以下几个方面：

一、对佛教文化的东传的贡献。扬州自东晋、南朝以来，就是与朝鲜半岛进行政治文化交流的主要城市之一，也是佛教东传的重要节点。特别是作为新罗使节、日本遣唐使、留学生、留学僧登陆、经停的主要城市，扬州不仅具有特殊的经济地位，同时也是佛教传播的重点区域，它在佛教东传过程中的桥梁作用是独一无二的。鉴真东渡作为佛教东传过程中的重大历史事件，其在文化交流史上的意义超出了宗教本身。

二、在伊斯兰教传播过程中的作用。早在伊斯兰教创立之前，扬州就有大食、波斯人的踪迹和祆教的活动。伊斯兰教创立不久，从海上丝绸之路到达扬州的大食、波斯及东南亚地区的人越来越多，扬州成为他们在中国经商贸易的基地和传播宗教的场所。这种传播活动在唐以后又形成了新的高潮。伊斯兰教的传入，丰富了中华文化的内涵，体现了中华文明多元并蓄、包容一体的特点。

三、见证了海上丝绸之路带来的繁荣。唐代扬州不仅是国内最大的商业、手工业中心，也是中外商品十分齐全、闻名世界的国际市场，当时它在世界上的知名度和影响力如同今天的纽约、巴黎、伦敦、上海一般。大食、波斯、东南亚地区的商人带来珠宝、香料、药材，运回中国的陶瓷、茶叶、丝绸和纺织品、金属器皿。扬州不仅是本国商人最理想的经商目的地，也吸引着大批国外的商贾聚居于此。就连各地行政机构也在扬州设立办事机构，从事贸易活动。通过海上贸易往来和交流，扬州增进了与世界上不同国家和地区的相互了解，推动了文明的进步，对世界也产生了深远的影响。

四、见证了陶瓷之路的兴盛。古代中国通过海上贸易最大宗的商品不是丝绸而是陶瓷，海上丝绸之路实际上也是海上陶瓷之路。扬州是唐代四大港口中地理位置和经济地位最为重要的港口，也是陶瓷贸易的主要港口。当时南北各地生产外销瓷的主要窑口，如浙江的越窑，江苏的宜兴窑，河北的邢窑、定窑，河南的巩县窑，江西饶州的昌南窑，湖南长沙的铜官窑，广东汕头窑等都把产品运到扬州，再远销东南亚、南亚、西亚，甚至东非。迄今为止，国内还没有哪一个城市遗址出土过数量如此巨大、品种如此丰富的陶瓷实物和标本。扬州的考古成果不仅见证了陶瓷之路的繁荣，也见证了扬州为中国陶瓷走向世界所做的历史贡献。

五、见证了中外文化交流的成果。作为当时中国经济中心的唐代扬州，在中外交流方面既能绽放美丽的花朵，更能结出丰硕的果实；既有量的积累，也有质的提升。中国的建筑艺术、造园艺术、中医中药，包括陶瓷、茶叶以及漆器等各类生活用品通过扬州传播出口到朝鲜半岛、日本、东南亚、南亚、西亚等地。对各个国家各个地区的审美观、价值观，包括生活方式都产生了长远的影响。与此同时，通过扬州这个交流窗口和平台，唐人引进了制糖工艺，改进和提升了金银器加工工艺技术，学会了毡帽等皮革制品的制作。“划戴扬州帽，重薰异国香”成为唐代社会上青年人追求的时尚，扬州毡帽成了炙手可热的畅销品。

长沙铜官窑的窑场主把在扬州市场上获取的经济信息迅速反馈给生产基地。他们通过外国商人了解西亚地区的风土人情、生活习惯、审美要求，甚至在外国商人的直接指导下，对外销产品进行包装、改进，确保适销对路。年轻的长沙窑力压资深的越窑，一跃而成为中国唐代外销瓷的主角。同样，河南巩县窑，在三彩器物的设计、制作上也成功吸引了西亚文化元素。更值得一提的是，由于迎合西亚游牧民族的色彩喜好和风俗习惯，巩县窑还创烧出青花这一外销瓷器新品种，并从扬州出口进行试销。

扬州是一个通史式城市，传统的海上丝绸之路上的重要港口、古代的世界名城。今天我们用世界遗产的视角和标准对其保留的文化遗产进行审视和评估，我们在看到遗产历史跨度大、内涵丰富、具备潜质的综合优势之余，也看到遗产在真实性、完整性方面存在的不足和问题。尽管遗产数量较大、类别众多，但特色不够鲜明，质量不够优秀。扬州如同是一个参加竞技体育比赛的全能运动员，当他在参与每个单项赛事的时候，却没有绝对优势可言。这就需要我们用世界遗产的标准，而不是自订的标准；用文化的眼光，而不是行政的眼光；用敬畏审慎的态度，而不是随心所欲、急功近利的态度；用科学的手段，而不是普通的手段；对扬州现有的主要文化遗产进行深入研究，科学规划，整体保护，不断修复，全面提升，有序利用，合理利用。保护文化遗产是一项系统工程，需要有爱心，有信心，有决心，有耐心，有恒心，坚持不懈地做下去。

回顾新中国成立以来扬州文化遗产保护的不平常的经历，从军管会一号通令开始，历经十几届政府的接力，依靠三代人的努力……在实践过程中，我们有经验、有心得、有贡献，但也有迷惘、痛苦、教训和失败。

扬州的文化遗产保护之路是中国文化遗产保护艰巨历程的缩影，新任扬州市委书记谢正义在总结扬州文化保护经验的时候说到，扬州文化遗产保护之所以取得这样显著的成绩，原因是多方面的。但从政府层面上总结，是因为我们舍弃了一些短期利益，克制了一些开发的欲望，控制了一些发展的冲动，值得中国城市的管理者尤其是历史文化名城的管理者思考和借鉴。

中国是世界文化遗产大国，多元文化内涵、连续发展的历史，创造和形成了富有民族个性特点的灿烂文化和与之相对应的文化遗产。但我们国家的文化遗产保护起步较晚，力量单薄。在砸烂旧世界、创造新世界的口号声中，我们原本饱经战乱、损毁严重的文化遗产更是雪上加霜。此后，又经历“文化大革命”急风暴雨的洗礼。改革开放以后，倡导一切以经济建设为中心，文化遗产保护事业更面临着空前的压力和全新的考验。三十多年的改革开放取得了伟大的成就，但如今需要对我们的发展方式进行反思和调整。唤起文化自觉，以高度的文化自觉来保护民族的文化遗产是时代的新要求、新任务，也是社会主义政治文明和精神文明建设的重要内容。当前，从世界范围看，对文化遗产的态度是衡量一个国家、一个民族、一座城市、一个社会人文明与否的重要标尺。一个不能敬畏自己的历史，不尊重自己文化的民族是可耻的，也是可悲的。乐观地估计，通过经济发展方式的转变、管理考核机制的调整、政府管理者文化遗产保护意识的增强和文化自觉的提升、全社会文明素质的提高，再有十五年至二十年，我们硕果仅存的文化遗产才能度过危险期。

在我们继往开来向更高水平的小康社会迈进的历史发展关键时刻，我们这座具有近 3000 年历史的城市已迎来 2500 年城庆的喜庆日子。对一座城市来说，我们需要继承物质遗产，但更需要积累精神财富，因为精神遗产对城市的作用更久远，更长效。我们申遗办的同仁在日常承担三项繁重申遗任务之余，对近几年的研究成果进行了梳理和筛选，编写出这套文化遗产丛书。它不仅记录了扬州申报世界遗产的足迹，反映了申遗工作的研究成果，同时也寄托了大家对这座伟大城市的深情和敬意。这套丛书也是我们向扬州 2500 年城庆献上的一份小小的礼物。

回忆过去，展望未来，我们愿同城市的管理者、建设者和全体人民一道，为把这些属于扬州、属于中国、属于全世界的系列文化遗产保护好、利用好作出我们应有的贡献！让历史告诉今天，让历史告诉未来，让历史成就未来！

本书为江苏高校哲学社会科学研究项目（2015SJD746）

目　录

引言　扬州佛教文化遗产的整理与保护

扬州佛教历史

第一章　佛教在扬州的传布与沿革 …… 007

一、扬州地域与佛教输入 …… 007

二、隋代扬州佛教兴盛的政治原因 …… 013

三、唐代扬州佛教兴盛的经济特征 …… 016

四、清代扬州佛教兴盛的帝王色彩 …… 020

五、当代扬州佛教的复兴 …… 024

第二章　扬州佛教学派、宗派与组织 …… 027

一、在扬州活动的佛教学派 …… 028

二、佛教宗派在扬州的传布 …… 030

三、现当代扬州的佛教组织 …… 036

第三章　扬州佛教教育事业的变迁 …… 047

一、扬州历代重视兴办教育 …… 048

二、扬州僧教育的初步探索 …… 050

三、当代扬州佛教教育事业 …… 052

第四章　扬州佛教的重要佛事活动 …… 058

一、扬州寺庙特色佛事活动 …… 058

二、近现代扬州的佛事事件 …… 061

三、当代扬州佛教重大活动 …… 062

扬州佛教寺院

第五章　扬州佛教寺院概览 …… 068

一、现存主要佛寺 …… 069

广陵区：旌忠寺 / 文峰寺 / 祇陀林 / 愿生禅寺 / 兴善寺 …… 069

邗江区：法海寺 / 观音禅寺 …… 076

江都区：水陆寺 / 开元寺 / 真如寺 / 圣容寺 / 慈云寺 / 观音庵 / 长生庵 079

仪征市：地藏寺 / 东林寺 / 法华庵 / 清净庵 / 古三官庙 …… 087

高邮市：镇国寺 / 护国寺 / 极乐寺 …… 091

宝应县：定善禅寺 / 潼口寺 / 宁国寺 / 龙竿寺 …… 095

二、城区佛教建筑遗存 …… 100

天宁寺 / 西方寺 / 铁佛寺 / 准提寺 / 重宁寺 …… 100

第六章　史籍中的圮废寺院 …… 108

晋代及以前的寺院：天宫寺 / 香阜寺 / 石塔寺 / 法云寺 / 白塔寺 …… 108

隋唐寺院：山光寺 / 禅智寺 / 古大圣寺 / 大云寺 / 龙兴寺 / 古天宁寺 / 开元寺 / 地藏庵 …… 113

宋代寺院：建隆寺 / 静慧寺 / 万寿寺 / 兴教寺 / 慧因寺 …… 121

明代寺院：古泰山殿 / 藏经院 / 福缘寺 …… 128

清代寺院：龙衣庵 / 长生寺 / 吉祥庵 / 众香庵 …… 131

第七章　栖灵古刹——大明寺 …… 135

千年沧桑 …… 135

伽蓝佛殿 …… 137

栖灵雄姿 …… 139

欧苏胜迹 …… 141

西苑芳圃 …… 145

第八章　禅宗古道场——高旻寺 …… 147
善法缘起 …… 148
庄严宝刹 …… 151
梵门塔影 …… 155
水阁风天 …… 157
禅悦凝远 …… 159

扬州佛教文化

第九章　扬州佛教刻经事业 …… 162
一、扬州的书籍刻印传统 …… 163
二、天宁寺里的扬州诗局 …… 166
三、砖桥镇的江北刻经处 …… 168
四、宛虹桥的刻经流通处 …… 171

第十章　扬州寺院建筑特色
一、寺院古建筑布局 …… 174
二、寺院古殿堂结构 …… 178
三、扬州寺院古佛塔 …… 180
四、当代寺院新建筑 …… 185

第十一章　文学化的扬州佛教 …… 190
一、工诗善文的僧尼 …… 190
二、文人与扬州寺院 …… 195
三、清代帝王的文采 …… 203
四、寺院里的书画家 …… 210

第十二章　扬州寺院饮食烹饪 …… 216
一、扬州佛门茶道茶庵 …… 216
二、扬州僧厨烹饪技艺 …… 220
三、扬州素食名店名菜 …… 222
四、当代扬州“素博会” …… 225

扬州佛教人物

第十三章　来扬州弘法的中外名僧 …… 227
一、弘法扬州的江南名僧 …… 227
二、来扬州的日本留学僧 …… 234
三、来自异国他乡的沙门 …… 239

第十四章　值得永远纪念的扬州僧人 …… 243
一、古代扬州僧人录 …… 243
二、现代扬州名僧录 …… 247
三、大明寺历代住持 …… 255
四、高旻寺法脉谱系 …… 259

第十五章　传灯东瀛的先行者——鉴真大和尚 …… 267
一、传灯大法师的传奇人生 …… 267
二、鉴真大和尚的文化遗产 …… 271
三、鉴真大师像回故乡探亲 …… 273
四、鉴真精神与新鉴真文化 …… 279

第十六章　人间佛教的践行者——星云大师 …… 282
一、从古城扬州到宝岛台湾 …… 283
二、以文弘教的“文学和尚” …… 288

三、有情有义赤子之心 …… 291
四、“当代鉴真”传灯五大洲 …… 296

附录　2014 年扬州市佛教活动场所一览表 …… 300

参考文献 …… 304

后记 …… 306

引言　扬州佛教文化遗产的整理与保护

扬州是中国、也是人类历史上最古老的城市之一。公元前486年，当世界上许多发达城市还是一片荒原或海滩的时候，吴王夫差建造邗城，最古老的扬州城屹立在蜀冈之上。日后，城池在邗城的基础上改建、延伸、扩张。作为中国通史的活化石，扬州的特殊之处在于这座城池虽屡建屡废，却屡废屡兴。在一次次摧枯拉朽的破坏后，它总会顽强而迅速地复兴，掀起一个个经济文化兴盛的高潮。

就是在这一次次高潮中，佛教文化扮演了重要的角色。

佛教自东汉时期传入扬州地域，对于当地人的思维模式、行为方式、信仰追求、文化艺术及生活习俗等诸多方面都产生了深远的影响，也留下了一笔丰厚的文化遗产。在这份珍贵的遗产中，既有“有形”的物质形态，如佛教寺院、造像石刻、经籍书画等，又有通过“无形”的方式传承下来的非物质形态的存在，如佛教历史、佛学传统、文化艺术、人物传说等。两种形态相互依存、相互促进，共同构成了扬州佛教文化遗产的整体。

文化遗产作为自然遗存或人类创造之物，势必经历一个由发生、发展直至消亡的过程。随着现代化进程的不断加快，佛教文化遗产也面临着愈发艰难的处境。为了记录下已经消失的或濒临消亡的佛教文化遗产资源，为了接续上已经断片化的佛教寺院法脉，更为了创造出更大的社会文化价值，挖掘、记录与整理成为了佛教文化遗产活态保护的一条重要途径。我们所做的就是这样一份工作。

从接下写作任务到交出初稿，只有短短半年的时间。扬州佛教历史悠久、寺院云集、法事隆兴、信众虔诚，成为本书能够短时间内得以完成的良好条件。但是，优势也会转化为压力，我们首先面临的问题是：

如何在浩瀚的佛教历史长河中客观地评价扬州佛教生态？

如何提供出一份翔实的关于扬州佛教寺院历史情况、代表人物、承传法脉、地理风光、当代风貌、社会影响诸方面的文字记录？

万丈高楼平地起，一切从寻访一座座扬州佛教寺院开始。

冰冷的初冬，我们开始逐一造访分布在扬州各县市区的31座现存主要寺院及寺院建筑，寻访25座史籍上记载的废圮寺院的遗址。在奔走的日子里，我们在旌忠寺遇见了扬城第一场飘雪、在高旻寺被冬雨打湿了棉衣、在观音山禅寺和居士们一起做了腊八粥、在宝应的田埂边来回寻找消失的寺院、在江都一天之内跑遍七家佛寺……从仪征地藏寺回到市区的那一天，透过车窗，我们赫然看到路边桃树上桃花朵朵开放，这才发现春天已经来了。

三个月的寻访经历，让我们收获满满。我们看到了高旻寺老山门外深埋在河道上当年接驾时的四个青石旗杆墩；发现了安静地置身于田家炳中学校园深处的万寿寺古戒台；找到了深藏在宛虹桥小巷内的藏经院贮藏经版的厢房；爬上了高邮镇国寺的唐代古砖塔塔顶；欣赏了宝应宁国寺珍藏的佛陀舍利；读到了仪征古天宁寺的纪念石碑……当我们摸一摸斑驳的寺院青石板，拍一拍掉漆的大殿廊柱，我们有了感觉，无论是感叹还是惆怅，我们的确心生感受，这种感受让我们的工作有了存在的意义。

我们的书写分为“佛教历史、佛教寺院、佛教文化、佛教人物”四个部分，对扬州佛教文化遗产进行了全面的梳理与分析，在吸收新的考古发现与研究成果的基础上，秉持忠于历史的立场、站在中国佛教发展史的高度、以回到现场的态度，对扬州佛教的过去和现在广泛、深刻地再发现、再认识。但是，新的疑惑却接踵而来：

扬州佛教在中国佛教发展史上到底处于怎样的地位？
扬州佛教与中国其他地区佛教相比，有何独特之处？
隋、唐、清三代扬州佛教兴盛背后的原因是什么？
扬州佛教史上有独属的、真正值得骄傲的成就吗？
鉴真精神仅仅是在鉴真大师身上体现出的一次偶然特质吗？
……

这一次寻找答案的过程变得更为艰难，我们不仅阅读完扬州佛教所有相关资料，也查阅了大量中国佛教发展的历史资料。我们不仅联络了扬州寺院的诸位住持，也走访了扬州市佛教协会“活着的历史书”——年逾八十的元庆师太和老驻会副会长侯彪。终于，答案一点一点地浮出了地表。

扬州是中国佛教发展的一个重镇。佛祖释迦牟尼创立了佛教后，传教活动的地区主要在古印度恒河中部流域。佛祖涅槃后，经过弟子的努力，佛教逐渐传遍全印度。到了公元前 3 世纪，佛教越出国界，开始向周边缅甸、斯里兰卡、叙利亚、埃及等国家发展。公元前 1 世纪，佛教传入伊朗以及中亚各地，再通过陆上丝绸之路传入中国。西晋以后，经由南洋群岛或中南半岛的交趾、扶南，抵达广州、扬州、徐州、青岛等地的海路传法通道也已经形成。鉴真东渡弘法，圆仁跨海求经，都与扬州作为海上丝绸之路上的一个重要港口密切相关。南海北路的贯通，形成了一个佛教文化循环游历的大圆圈。到南北朝时，这个圆圈转动的速度骤然加快，往来僧人明显增多。扬州的地理位置恰好位列大圆圈的中点附近，作为南北水陆交通以及海外交通动脉上最耀眼的明珠，扬州势必成为中国佛教发展的重镇。

开放、兼容、文学化是扬州佛教区别于其他地区的特征。扬州的文化氛围向来开放兼容，这一点与扬州早年接受北人南下以及成为侨郡的经历有关。唐代开放的对外政策为扬州的佛教发展提供了更为自由的发展空间，加上优越的地理位置及繁荣的经济文化，令扬州佛教形成了开放、兼容、乐于交流的特质。因此，扬州佛教僧徒活动范围广、空间大、地方本位主义影响微乎其微。僧人除了西行北上拜师求法外，还可以面向海外，扬州地区向来不乏来自异国他乡的僧人。此外，扬州自古重视文化教育，文学风气、文化色彩浓郁，名人文士数之不尽。因此，与别处佛教寺院不同，在扬州，不仅诗僧、画僧多，文人和寺院的关系也极为密切。在内涵上，扬州寺院更像是一处文化场所，其中蕴涵的中国传统文化精髓远胜于其他地方的宗教场所。

扬州佛教发展史上的三次高潮均与城市的兴盛息息相关。佛教在扬州地域扎根后，以不可抑制的速度发展起来，在往后的岁月里涌现出三次高潮。自南北朝分裂开始，中国发展起不同的南北语言与文化。隋代在占领南陈之后，胜利者和战败者之间、北方人与南方人之间发生了不可避免的冲突。扬州这个兼具南北特色的城市，却在一连串叛乱事件中受益，被赋予了特殊的地位。当杨广将佛教打造为打破地方壁垒和文化壁垒最有效的“武器”， 他最终选择扬州替代了将近三个世纪中一直是南方文化和政治中心的建康。唐代扬州借助自己的独特地理位置，顺理成章地成为唐代最繁华的商业城市之一，随之而来的便是佛教文化的发展达到历史的顶峰。清代康雍乾三世，扬州兼具漕、河、盐三大优势，加之康熙、乾隆皇帝多次南巡，扬州城市经济和文化发展达到高峰，与此同步发展的是佛教的兴盛。政治的选择、资源的占有、帝王的加冕，与经济的繁荣、城市的稳定、民生的富足相辅相成，形成了发展宗教信仰的肥沃土壤。

清末以来的中国佛教发展史上，扬州佛教界多次扮演了先行者和革命者的角色。

同治四年（1865）扬州人郑学川（妙空大师）创建的江北刻经处，早于金陵刻经处的创立，是近现代史上第一个佛教经籍出版机构。江北刻经处刊刻佛经和佛学著作甚多，质量也很高，时称“扬州刻本”，开创了刻经的新局面。

光绪三十二年（1906），扬州天宁寺率先建立普通僧学堂，文希法师担任校长，成为扬州最早的正规佛教教育机构，也是近代史上由国人开办的第一家新式僧学堂，对于民国时期佛教的革新运动起到了极大的推进作用。

民国二年（1912），中华佛教总会的成立标志着中国佛教组织转型的开始。扬州僧人文希、仁山等参与了中华佛教总会筹办及会章修改工作。扬州不仅积极参与中国新式佛教教会社团的组建，也陆续建立了本土佛教组织，为佛教现代意义上的转型贡献了一份力量。

自清代《龙藏》以后，三百余年藏经未曾重新编辑。1997 年，台湾佛光山开山宗长、扬州籍僧人星云大师成立“佛光大藏经编修委员会”，陆续编辑出版《阿含藏》《禅藏》《般若藏》《净土藏》《法华藏》等中国藏经，推动了佛教在当代的延续与发展。

2011 年 3 月 23 日，国家宗教局正式批复设立鉴真佛教学院，标志着鉴真佛教学院成为国家唯一的外语本科佛学院。学院内，由星云大师捐资兴建的鉴真图书馆是目前国内最大的，集学术活动、阅览、修持、出版、教育、艺文休闲、佛学研究等七大功能为一体的图书馆。扬州佛教以大明寺为依托，用了二十年时间完成佛教教育从传统寺院形态向现代学院形态的转换，形成了完整的初级和高级相互衔接的佛教教育体系。

扬州僧人历来具有“为是法事也，何惜生命”的精神。扬州素来不乏艰苦卓绝的精神，文人坚持，武将更坚忍，僧人投入的则是自己的生命。

南朝刘宋时广陵僧人慧益自焚弘法，宋孝武帝一再劝谏，两次派出太宰阻拦，都未曾动摇其决心。唐朝江都长乐寺寺主住力不忍看到佛像渡江，自焚护寺。唐代鉴真大和尚六次东渡传法，五次失败，百折不挠，历时十一余载终遂心愿。江都仙女庙人星云大师两手空空来到台湾，用了半个多世纪的时间，一沙一石，一砖一瓦，在一座荒山上建成气势雄伟的佛光山，更将佛教文化带向全世界。高旻寺德林老和尚七十岁时肩负起重建祖庭的重任，三十年间“一日不作，一日不食”，呕心沥血、苦心经营，将颓败不堪的古刹打造成为一座规模、设计、品质一流的禅宗道场……

即便我们看不懂佛经，辨不明佛理，也会被一位位扬州僧人的生命精神感动。“为是法事也，何惜生命”的精神不是一次个人的偶然，而是扬州僧人身上固有的传统精神。当代，扬州寺院新一代住持僧们同样承继了这种精神，他们积极向上、百折不挠、弘法济民，令扬州佛教充满了生命力。

问题的解答只是书写的开始……

自东汉和三国时期开始，佛教在扬州打下了很好的基础，此后历代建寺度僧，古刹众多。然而，漫长的历史长河里，兴衰废替作为一种自然规律，无可规避，加之战争频仍，扬州地域上许许多多佛教寺院湮没不彰。它们有的留存在史籍里，有的停留在人们的记忆中，成为中华民族文化遗产中的宝贵财富，极具历史价值与艺术价值。当代中国，随着经济的兴盛，文化也进入到复兴时期。传统文化受到了广泛的重视，佛教信仰也在复兴中，信徒大量增长。不仅佛教界重视佛寺建设，各地方政府也倾向于将佛寺建设当做创建地区文化品牌、拉动旅游经济的重要手段。佛教除了在物质层面上体现出寺院与佛法僧三宝，在传统节日、绘画书法、建筑雕塑、饮食烹饪等形态中，还大量体现为具体的、种类繁多、各呈异彩的非物质文化遗产。如何保护佛教文化遗产，弘扬佛教传统文化精华，合理开发利用文化遗产资源，成为当下急待思考与解决的问题。

佛教的本质，高旻寺百岁老和尚德林一语道破。他说：佛教本身的作用就是“庄严国土，利乐有情，启迪智慧，净化人心”，人民都需要的东西，你想它消亡也消亡不了，人民不需要的东西，你想它存在也存在不了。当我们整理扬州佛教文化遗产，描绘它的真实面貌，发扬它的优秀传统，评论它的千秋功过，规划它的锦绣前程时，便织成了一项严肃而又富有魅力的历史使命。我们相信这项对佛教文化遗产整理与保护的使命对于扬州的过去、现在和未来具有无法估量的意义，我们在这条长征之路上终于迈出了第一步。

书稿既成，谨在此感谢扬州市以及下属各县市区民族宗教事务局在我们寻访寺院过程中给予的支持，感谢扬州市政协提案委主作、原市宗教局局长陈云观一路来给予我的悉心指导，感谢摄影家朱苏文拍摄了大量的图片，感谢扬州市佛教协会秘书长张琛提供了珍贵的资料。由于时间跨度大以及水平的限制，本书资料的收集若有不全之处，对于佛教历史的理解若有不准确之处，敬请读者指疵与赐教。

第一章　佛教在扬州的传布与沿革

公元前 6 世纪左右的印度，佛教组织已经形成，庞大的僧团在恒河中上游迅速兴盛。公元前 3 世纪，孔雀王朝的全盛时期，佛教开始向中亚各国传播。西汉时期，汉武帝一方面开辟西域，远谋与乌孙、大宛、大夏的交通，一方面开辟百越，令海南诸国皆来朝汉，佛法从陆、海两路辗转传入中国。

西汉元寿元年（公元前 2 年），中亚大月支国使者伊存来到长安，口授佛经给一位名叫景卢的博士弟子。东汉永平年间（59—75），汉明帝夜梦金人从天而降，以为“佛”，遂派郎中蔡愔、秦景等人出使天竺，寻访佛法。三年后，蔡愔等人从西域请回高僧摄摩腾、竺法兰，并用白马驮着佛像和佛经返回洛阳。永平十年（67），汉明帝下诏在洛阳建立了中国第一座佛教寺院——白马寺。北传佛教自此发端。东汉末年，由东海绕东南亚、马六甲海峡再北上，经锡兰、泰国、缅甸而至天竺，又形成了一条海上佛法传播之路。

无论陆路还是海路，佛教传入中国不久，就传播到了扬州地域。此后千年，佛教以扬州为平台弘传、发展、壮大，对当地的精神生活、文化形态、生活模式乃至于经济生活发挥了恒久的影响力。扬州佛教不仅打上了深深的本土人文烙印，更与其生存的这座城市一道浮沉兴衰，演绎出一幅灿烂而悲怆的历史长卷，留下了许许多多璀璨的文化遗产。

一、扬州地域与佛教输入

扬州是中国，也是人类历史上最古老的城市之一。公元前 486 年，当世界上许多发达城市还是一片荒原或海滩的时候，吴王夫差就建造邗城，最古老的扬州城屹立在蜀冈之上。城的南沿在蜀冈南麓断崖上，断崖下即是长江。日后的城池在邗城的基础上改建，向东南方延伸扩张。

纵览 2500 年城市发展史，与其他地域名称相比，扬州地名多变而复杂。春秋时称邗，战国时称广陵，西汉为吴国、江都国、广陵国，东汉至两晋为广陵郡，刘宋改南兖州，北齐改东广州，北周改吴州。隋文帝开皇九年（589），吴州易名为扬州，设扬州总管府，“扬州”专名初成。隋炀帝大业初年（605），改扬州为江都郡，唐高祖武德三年（620）改为兖州，六年（623）改为邗州，九年（626）又改回扬州。至此，这块地域这才算是享有了“扬州”专名。

除了名称多变外，扬州土地上还经历了多达三十次的王朝及割据势力的更替。自秦开始，称霸扬州的有项楚、西汉、新莽、东汉、三国时的袁、吴、魏；两晋、南北朝的刘宋、萧齐、萧梁、侯景、北齐、南陈、北周；隋、隋唐之际的李吴、辅宋；唐、五代时的杨吴、南唐、后周；两宋、元、明、清、民国。此外，还有在高邮建国的杨吴、三进扬州的太平天国。在王朝与割据势力更替过程中，数次发生屠杀与焚城，可谓惊心动魄、可歌可泣。

古城扬州作为中国通史的活化石，重要性不言而喻。除此之外，它的特殊之处还在于这座城池虽屡建屡废，却屡废屡兴。在一次次摧枯拉朽的破坏后，它屡屡顽强而迅速地复兴，掀起一个个经济文化兴盛的高潮。

扬州得天独厚的优势

这里不南不北、四季分明、地势平坦、水秀土沃。

如果说中国的版图像一只引颈高歌的大公鸡，那么扬州及其辖境就在公鸡凸出的那块胸脯的中心位置，地理坐标为北纬31° 56′ ~33° 25′，东经 119° 02′ ~120° 33′ 之间。长江、淮河历来是中国传统的南北分界线，从地理位置上看，扬州夹在江淮之间，不南不北，处于交界之地，兼具南北双方的特征。这里地势平坦，除了小部分丘陵地区之外，主体为江淮平原冲积洲，平均海拔不足 5 米，可谓一马平川。

由于地处亚热带气候区，这里的气候受海洋气候与内陆气候交错影响，四季分明、日照充足、雨量适中、无霜期长，水域与陆地面积比为 2 ： 5，京杭大运河纵贯南北，长江流经南缘，河湖水网交织，土地肥沃。虽然地处江淮下游，时有江淮并涨的洪涝威胁，但是，光、热、水三要素协调配置，令该地既温暖又湿润，利于植物的生长，即便是冬天，这块土地也不失绿色。

这里连接南北、襟江控河、区位显要、交通繁忙。

从归秦开始，扬州地域便滨海临江，后来的州郡所辖范围基本都定在这一境域之内。历代以扬州为其政治中心的行政区域，东、南两面大抵临江靠海。东汉的广陵郡曾经越淮，隋炀帝的江都郡一度跨江。公元 7 至 9 世纪时，扬州位于长江入海口北侧，距海不过两百里左右，扬州港位于东部沿海的中点，为海上丝绸之路的重要海港，船舶可以直达扬州城下。直至清代雍正三年（1725），通州析出成为直隶州；民国时，东台县划归盐城，扬州境界这才脱离海岸线。

中国交通地理上，长江是古代的黄金水道，扬州是长江航运上一个重要的目的地和始发站，为南北货运会聚之地。隋炀帝大业元年（605），北起汴梁（今河南开封），南通扬州直入长江的通济渠被开凿，成为贯通南北的大运河的主干。所有南来北往的公家漕运、私行商旅都依靠通济渠。扬州的重要性在于它恰恰处于南北运河与长江的交汇之处，尤其是南方各地运往中原的物品都必须先在这里集中，然后由扬州沿运河北上。交通地理上的优越性令扬州自秦汉以后即为历代郡、州、路、府、署的治所。明清时期，这里是全国漕运、盐运运输中心。

这里历史悠久、移民汇聚、商贾富庶、文化发达。

扬州地处江淮之间的长江三角洲上，北边比邻黄河下游的中原大平原，南边接壤吴、越平原。自然条件的优越性，行政区域的重要性，加之自身优越的地理交通位置，大量外来人口蜂拥而至。当北方落入少数民族之手，迁徙而来的北方移民带来了原汁原味的中原文化。由海道来华的外国人，也常常把扬州当做海洋航运重点，从扬州转赴洛阳、长安等内陆城市的同时带来新鲜的外来文化。在人口的刺激下，扬州经济快速发展，反过来更多地吸引了各地的能人巧匠前来，为建设扬州添砖加瓦。清代扬州，兼具漕、河、盐三大优势，加之康熙、乾隆六次南巡，扬州达到了当时中国城市经济和文化发展的高峰。当知识与技术、财富与智慧在扬州迅猛膨胀的同时，文化交流、宗教传播、技术更新、物产推广等全方位的人类活动也在此地生根发酵。

佛教在扬州的发端

宗教的产生是基于人类自身对生命的思考。从情感角度来说，宗教可以说是人际关系方面的终极寄托。长江吴越一带沿线山水秀丽，气候适中，是江南开发最早的区域，不乏文人旅游的足迹，亦是僧人乐于栖止的场所。当扬州发展成为一个繁华发达、人潮汹涌的大都会时，作为宗教文化重要一支的佛教获得了宽裕的发展空间。

扬州是佛教在中土传播较早和发展较快的地区之一。近年来，在宝应县射阳湖镇槐树村发现了一座始建于东汉永平年间（68—75）的千年古刹——天宫寺的遗址，陆续出土了石质柱础以及古寺庙砖瓦构件等物。此发现将扬州佛教历史推进到了东汉初年。

东汉中平年间（184—190），中国正史上第一次明确记载的佛教活动——笮融建寺造像事件与扬州也有着千丝万缕的联系。中平元年（184），扬州称为广陵郡，是徐州刺史辖郡之一。徐州刺史陶谦委任同乡笮融督管广陵、下邳、彭城三郡的粮食运输。笮融本人信仰佛教，他利用职权大建佛寺。据《三国志·吴志·刘繇传》记载，笮融所造的佛寺十分宏伟豪华。以铜为人，黄金涂身，衣以锦采，垂铜盘九重，下为重楼阁道，可容三千余人，悉课读佛经。不仅如此，笮融还下令，凡是愿意信仰佛教者，都可以免除徭役。在战乱连年、人民纷纷逃亡的情况下，这的确很吸引人，前后共有五千多民户积极响应。笮融更举行盛大的浴佛法会，在方圆八十里的范围内铺席设酒饭招待前来参加法会的人，围观及参与的百姓上万人。广陵是笮融所掌管的一个重要辖区，由此推断，佛教应在此时已经传入扬州。

在汉代，传入中国的佛教被视为道术的一种，与神仙思想、祭祀方术搅和在一起。中国历史上第一个信奉佛教的贵族——东汉楚王刘英既接受佛教，又喜好黄老学说。笮融虽信佛，也贪恋财富。他纵容手下士兵肆意掠夺，结果连累到自己为山民所杀，死于非命。不过，由于这些贵族的支持，佛教在中国，包括扬州地域迅速传播开来。东汉末年，广陵太守陈登大搞水利工程，发展生产。所开陈公塘方圆九十里，可灌溉千余顷良田。陈登治水期间在龙河陈公塘附近建龟淙寺（后改名禅慧寺），成为仪征地区有文字记载的最早的佛寺。

三国时，曹魏之世开创了中国佛教的传戒制度，从此有了正式的华籍僧人。相传吴国在扬州东郊洼子街北侧建香山寺（五台山寺），成为扬州城郊的第一座庙宇。

魏晋时期，佛教有了进一步的传播和发展。尤其是鸠摩罗什来华以后，佛经翻译的数量和质量都有了较大的提升。据唐法琳和尚的《辩证论》中记载，东晋时，全国已有佛寺 1768 所，僧尼 24000 人。东晋元帝定都建康后，长江流域相对安定，中原地区的汉族人民为摆脱异族的统治，纷纷越淮渡江，向南迁徙，其中不乏士族门第，一些佛教徒也随之而来。唐代道世和尚的《法苑珠林》（《四部丛刊》本）卷五三载，大兴中（318—321）“北人传播广陵日有千数，有将舍利者，建立小寺，立刹，舍利放光，至于刹峰，感动远近”，广陵建寺立塔自此开始。扬州的决定寺、法云寺、兴严寺（今天宁寺）和邵伯的梵行教寺等，均建于这一时期。

东晋至刘宋间，往来广陵行化的僧人增多，有鸠摩罗什的弟子慧询、僧果尼、慧琼尼、光静尼、慧敬尼、普照尼、道冏等，还有最早来到广陵的天竺僧人伽达多。此时，一些著名的高僧开始了卓有成效的弘法活动。北方有佛图澄、鸠摩罗什等，南方则出现了高僧慧远的庐山僧团。广陵僧人昙诜自幼跟随慧远出家，为慧远所创“莲社”十八高贤之一，是最早登入佛门的广陵人。其后相继有慧庆、端尼、道儒、慧益等广陵僧尼，前往庐山和建康（今南京）游学、修禅。

南北朝是中国佛教发展的兴盛时期，佛教与政治的关系越来越紧密，佛教寺庙成批出现。仅扬州一地，就有广陵中寺、菩提寺、南永安寺、惠往精舍、高公寺、建熙精舍等。扬州名闻遐迩的古刹大明寺，因为建于刘宋孝武帝大明年间而得名。

南朝时，广陵一直为南兖州治所所在。宋文帝元嘉年间，江夏王刘以恭、临川王刘义庆先后为南兖州刺史，均大力提倡佛教。佛教在妇女中流传较广，影响较大，出现了多名广陵高尼。1981 年，在仪征胥浦赵山发掘的六朝墓葬里，出土了塑有佛像的魂瓶，成为现知扬州佛教的最早实物，弥补了史籍的不足。

由于佛教势力日盛，北朝佛教与传统儒、道之间不像南方那样以思想文化上论辩为主，而是以残酷无情的政治斗争形式表现出来。北魏太武帝、北周武帝两次灭佛，令大批僧人或混迹民间或逃匿山林，另有一部分僧尼渡江南下，与北魏以来的流民混杂在一起。宋文帝元嘉二十七年（450），北魏太武帝拓跋焘率兵南侵，北退时，一路大肆杀戮，广陵首当其冲，受害严重。九年后，宋孝武帝大明三年（459），竟陵王刘诞为南兖州刺史。孝武帝畏忌这个弟弟，令车骑大将军刘庆之讨伐刘诞，与广陵僵持七十天后破城，孝武帝迁怒于广陵人民，斩杀当地三千余人。经过两次战乱，广陵大部分寺庙破坏严重。

萧齐时期，广陵因为遭受重创，新建寺庙较少，史籍中有记载的仅有永福精舍一处。值得一提的是，自南北朝开始，为使佛教更好地服务于封建统治，僧官制度出现。南朝就设有管理全国僧尼的“僧主”或“僧正”职位，广陵当时设有“南兖州僧正”，可见当地的佛事仍有一定的规模。

南朝佛教到梁武帝萧衍时达到极盛。梁武帝明令禁断肉食，提倡茹素，并身体力行，开中国佛教素食之风气。他的长子昭明太子萧统也以好佛著称。后来的旌忠寺就是在昭明太子编选三十卷《文选》的文选楼旧址上建造的。1978 年冬，邗江县酒甸发掘了梁武帝时期的两个砖墓，出土了大量的莲花花纹砖、小佛像以及男女佛教徒的画像砖，佐证了这一时期佛教在扬州的流传情况。此时，佛教在广陵周边地区也有所发展。梁天监年间（502—519），仪征境内建有梵天寺、禅证寺。

南朝最后一个朝代陈代，广陵佛教日趋兴盛，史籍记载的广陵佛寺有兴圣寺、逮善寺、静乐寺、东安寺、白塔寺等，朝廷在此设立了大僧正。陈太建十二年（580），僧人慧海创建安乐寺。

南北朝时期，在崇佛形式上，南方和北方的统治者有所不同。相较于北朝偏重建寺造塔，南朝则承继东晋重视佛教义学的传统，在佛教理论上多有专研。广陵一代就出现了义学僧的活动，有涅槃经师、十诵经师、成实论师、摄论师、俱舍论师、三论师等，他们或出生、出家于广陵，或游学、驻锡于此，均名重一时。

从西晋到南北朝，佛教传入中国形成了两条明显的通道——陆上丝绸之路和海上丝绸之路。经由陆路的传法由来已久，而经由南洋群岛或中南半岛的交趾、扶南，抵达广州、扬州、徐州、青岛等地的海路传法也已经形成。南海北路的贯通，形成了一个佛教文化循环游历的大圆圈。到南北朝时，这个圆圈转动的速度骤然加快，往来僧人明显增多。扬州位列大圆圈的中点附近，也成为佛教译经、研习的主要基地之一。

佛教在扬州地域扎根后，以不可抑制的速度发展起来，在往后的岁月里涌现出三次高潮。

二、隋代扬州佛教兴盛的政治原因

公元317年，中国的北方丧失给匈奴民族，琅琊王司马睿定都建康，使得荆、扬、江、湘、交、广之地得以保全。在夷狄控制了中国文化的发源地和中心地不久，许多人尤其是上层阶级纷纷南逃。人口的大量涌入，令长江流域及以南在此后的几个世纪中发展速度加快。扬州周遭的长江下游地区成为南方的主要文明中心，农业得到普及，村镇寺院纷纷涌现。这块地域的农业、行政和税收在远比北方富饶的环境中发展起来，给主要的定居城市带来了财富。

佛教已经成为社会生活里不可或缺的一部分。扬州地域上，佛堂和寺院星罗棋布，寺庙和佛塔为城市增添了生气。走在路上，常常会看到成群的前往各大佛堂进香的僧众和香客。南方和北方的统治者和上层人物绝大多数都是佛教热诚的施主，他们把大量土地和财富施舍给寺院，并经常把自己的宅院用于做佛事，宗教生活成了人们生活的一部分。俗世化的佛教也深入农村，农民遵循的古老仪式都打上了佛教的烙印。同时，佛教也充当了不同地区和不同文化之间强有力的纽带。

建德六年(577)，北周武帝终以佛教“废财伤民”“悖逆不孝”为由，宣布毁法。名僧慧远等当面力争，依然无效。僧侣都要还俗，庙宇、经卷和塑像都要被销毁。次年阴历六月，武帝死后，排佛活动稍有放松，直到杨坚立隋才停止。隋代的统一，结束了中国近300年的战乱和分裂，也给佛教带来了空前的繁荣，扬州迎来了佛教发展史上的第一次高潮。

杨广的选择

隋朝两代帝王都对佛教采取扶植政策。隋文帝杨坚出生在寺院内，由尼姑抚养长大，自幼信佛。称帝后，他复兴佛教的背后还有更重要的政治原因。对于杨坚而言，佛教不仅仅是个人信仰，更是将自己塑造成为一个受上苍恩宠和赐福的理想统治者的重要手段。杨坚通过许多与佛教有关的活动，将自己视为菩萨的代理人。唐代法琳和尚在《辨证论》中写道：杨坚每每行事以“佛以正法咐嘱国王，朕是人尊，受佛嘱咐”为由头。在杨坚一步步获得最高政权的过程中，他不停地通过寺院提醒各地人们，有一个“菩萨天子”在统治。

杨坚登位不久，便着手让僧侣重入佛门。但是，成为文帝的杨坚要求重回佛门的僧人必须是合格的僧人，只有经过训练和受戒律的僧侣才可以做经忏佛事，兴办慈善活动，才可以为国家兴盛祈祷。此外，杨坚还在各州大举修经、造像、建寺。他曾经三次下诏在全国 113 州建 113 座舍利塔。扬州大明寺内的栖灵塔，便是当时所建舍利塔中的一座。

自南北朝分裂开始，就发展起不同的南北语言与文化。隋代在占领南陈之后，于公元 589 至 590 年期间，在原地或重新命名或重新建设了三十个州，所任命的州刺史都是北方人，一时之间，胜利者和战败者之间、北方人与南方人之间发生了不可避免的冲突。原来的南陈领地上许多地方都爆发了叛乱，隋代官员遭到攻击。扬州这个兼具南北特色的城市，却在这一系列叛乱事件中受益，被赋予了特殊的地位。

此时，晋王杨广任扬州总督镇江都，负责整个东南的军务。在杨广赴任之时，正是各地反隋情绪高涨之际，杨广为安抚当地百姓花了不少心血。除了息武兴文，汇编关于礼仪方面的巨著《江都集礼》，团结江南文人，加强南北文化交流外，更以发展佛教的方式，软化江南人的心理和情绪。开皇十一年（591），杨广延续父亲杨坚的做法，在江都给一千名南方僧人广设斋席，同时礼请天台宗创建人、曾经在南朝陈的朝廷讲道的高僧智顗参与。斋席过后，年轻的杨广跪受智顗为居士授予的“菩萨戒”，并接受佛号“总持菩萨”。智顗回天台山寺院后，杨广继续赞助那里的寺院，并定期与这位大住持通信。

在南陈统治的四十三年间，据说建造的寺庙超过千座，陈被灭以后，寺庙大多被破坏，江南一带的许多僧侣处境困难。开皇十二年（592），智顗在给杨广的信中提出了南方僧侣的请求，停止拆毁原陈都中的寺庙以及请求地方上两座保存高僧圣骸的寺庙不受嘈杂的驿站交通打扰等等。当时，智顗在江南佛教界的地位和声望极高。杨广对信中的请求一一作出答复，并很快和智顗关系密切。

当杨广成为南方僧人和佛寺的虔诚而体贴的施主后，佛教成为他打破地方壁垒和文化壁垒最有效的“武器”。此时的杨广已经着手另建一都以替代将近三个世纪中一直是南方的文化和政治中心的建康（今南京）。他最终选择了——扬州。

高僧云集的扬州

在扬州，杨广除了完成意义最重大的事情——重新规划扬州城，将之建为新的政治文化中心，更同时将其打造成南方最重要的佛教中心。

首先，杨广从新都扬州下令，收集因内战而散落在各地的佛经，在扬州王府中设立一个专门收藏精选经籍的馆堂。其余的经卷经过手抄，增至九万余卷，分发给扬州及其各地有功德的佛寺。

其次，他在扬州大兴佛寺，建立了四个道场，包括慧日、法云两个佛教道场。杨广召集南方著名的高僧到扬州的道场从事宗教和学术活动，高僧中最著名的就是智顗。智顗每有新著，都会首先奉给杨广阅读。智顗死后，杨广成为天台宗主要佛寺的大施主。随着杨广对南方僧人的特殊恩宠以及对佛教的赞助，反隋的情绪逐渐缓和，最后化为乌有。佛教在某种程度上成为隋代统一各地各阶级人民有效的政治力量。

杨广所在的扬州，一时间高僧云集，讲席法会日日无虚，佛学活动十分活跃。当时的著名僧人如昙迁、智脱、智顗的弟子灌顶、智璪、吉藏、法侃、慧頵、智琰、智聚、慧乘等，以及因传播摄论而知名海外的居士曹毗都先后驻锡在扬州道场，开坛说法、著书立说。扬州新建的寺院，除了慧日、法云外，还有开善寺、华林寺、禅众寺、救生教寺、山光寺、禅智寺及邵伯的法华寺等，一座普通寺庙里都有僧人百多名。

杨广从开皇十年（590）出任扬州总管，镇守江都，到十九年（599）离开江都入朝，整整九年，期间广泛收纳江南人士，大大缓和了南人的敌对情绪。杨广在南方的文化策略绝不限于佛教，但佛教是他求助的最有影响的传统力量。一方面巧妙地缓和了南方精英反隋的情绪，另一方面巩固了他的势力与声望。杨广在江都任期很长以及南方以后没有再发生叛乱的事实，说明以佛教和文学为手段对南方的治理是成功的。

公元 601 年，隋文帝度过了他 59 岁生日。在他生日当天，佛祖舍利被同时送到了 30 个州治，其中就有扬州。前一年被宣布为太子的杨广表现出了对佛教特有的虔诚。他在长安的东南部建造了日严寺，邀请有学问的僧人来此佛寺，这些受邀高僧中三分之一来自扬州的寺庙。杨广以自己的方式向北方介绍了南方的佛教传统。

杨广执政后的第一年（605），将扬州改名为江都郡，同时颁布了全面开凿运河的诏书。首先开凿的通济渠将洛阳与淮河畔的泗州相连，并与从淮阴往南通向扬州边上长江的古渠道连接起来。大业四年（608），开凿的永济渠，南达黄河，北通涿郡（今北京）。大业六年（610），从扬州对面的长江往南至杭州湾顶端开凿了江南运河。运河加上自然的水道，既保证了隋政权能够获取所有最富饶地区的资源，也令扬州成为南北交通大动脉上的重要一环。

一旦一座城市成为全国经济中心，佛教文化的发展自然占有了最多的资源。隋代扬州寺院林立、僧人如云，写经业也十分发达。

三、唐代扬州佛教兴盛的经济特征

隋大业十四年（618），隋炀帝杨广，在自己一手打造的都城扬州，死于一场祸起萧墙的兵变。武德六年（623），辅公祏在江南重新起兵反唐，撤送寺院。扬州长乐寺僧人住力焚身保寺，影响虽大，却难以阻止扬州僧人离散的局面。然而，随着一个充满生机的唐王朝的到来，扬州佛教很快迎来了第二次春天。

中国佛教历史上，汉代的佛教势力很小，魏晋南北朝时，佛教虽然日趋兴盛，却有所分化。北方佛教源自西北和东北，重修行坐禅、造像建塔。南方佛教重义学、好清谈。自从北朝占据山东淮河流域，南方佛教已经稍向北趋，后来隋文帝三次诏天下高僧进京，隋炀帝在洛阳、江都弘扬佛教，南北往来密切。直至唐代，不仅南北政治统一、文化统一，佛教也获得统一。

借助独特的地理位置，扬州顺理成章地成为唐代最繁华的商业城市之一，随之而来的便是城市文化的兴盛，佛教成为其中的受益者。扬州佛教在隋代兴盛的基础上，在唐代出现了进一步繁荣和普及的面貌。特别是鉴真东渡以及海外求佛法者相继前来，扬州佛教的发展达到了历史的顶峰。

盛扬时代的到来

唐代的扬州到底处于怎样重要的地位呢？唐高祖武德九年（626），“扬州”开始专指这座城市，置大都督府，统领扬、和、滁、楚、舒、庐、寿七州。此时的扬州城，连贯蜀冈上下，实为双重城：蜀冈之上为子城，是扬州大都督和各级官衙驻地，也就是原先隋炀帝的宫城所在；蜀冈之下为罗城，是在平原上增筑起来的工商业云集的区域和居民驻地。两城相接，共同构成扬州城。

贞观十年（636），大都督改称为都督，扬州统领扬、滁、常、润、和、宣、歙七州。开元二十一年（733），全国分为十五道，每道安置采访使，淮南道的采访使就驻扎在扬州城，鉴真东渡以后，淮南道开始有节度使。简单地说，唐朝的扬州算是全国十强城市之一。玄宗天宝时，官方记载扬州人口有七万七千一百零五户，四十六万七千八百五十七口人，如此庞大的人口数量，可以想见那时的扬州城市规模有多雄伟了。

在李唐统治的近三百年间，扬州是一个比较安定的区域。尽管发生过安禄山、史思明、李怀光等多次内乱和回纥、吐蕃用兵，雄踞东南的扬州，均未被战火燃烧。作为内陆交通枢纽，扬州处于江淮之间，资源丰富，物产富饶，经济基础雄厚。此外，唐代扬州港位于东部沿海的中点，是海上丝绸之路的重要海港。从扬州起航，可横渡东海抵达日本奄美大岛、屋久岛、种子岛，到达日本的博多港；或可东出长江口经明州、广州与大食、波斯等西亚各国通商；也可沿运河北上，经楚州出淮口，抵达高丽、新罗。唐中期以后，随着政府对西域地区的失控，国家经济重心与人口重心向南方转移，扬州成为了唐代中后期最繁华的商业城市。

大量人口蜂拥而至，经济在人口的刺激下得到快速发展，带动文化娱乐事业的发展，白天井然有序的扬州城，夜晚成为文人雅士、海内外商贾作诗喝酒的绝佳场所。《旧唐书》中记载“江淮之间，广陵大镇，富甲天下”，扬州一跃而为黄河以南、沿海一带政治、经济、文化的中心，成为盛唐时的“盛扬”。

一个亚洲佛教中心的诞生

扬州作为一个人口众多的大都市，佛教的再度兴盛在情理之中。唐代，仅扬州城内就有寺庙数十座，天台宗、三论宗、密宗、净土宗、禅宗、律宗等新兴宗派也十分活跃，佛教渗透到当地社会生活的方方面面。虽然扬州佛学之风并不能说是超越了两京和巴蜀地区。但是，扬州不同于其他地区的最大特征是：佛教僧徒活动范围广、空间大，除了西行两京拜师求法外，还可以面向海外，尤其是与日本僧人的互动十分频繁。

把唐代佛教推向一个新的高度的是女皇武则天。公元690年，67

岁的武则天登基，称“神圣皇帝”，改国号为周。武则天以女身称帝，有违中国传统儒家文化观念，而《大云经》里女菩萨为转轮圣王的预言正好适合她的情况。因此，《大云经》被颁行天下。同年 10 月，武则天敕令两京（长安、洛阳）、各州都建一座大云寺，珍藏《大云经》，并总遣千名僧人，到各地讲解《大云经》。全国各州统一各置一寺，统一命名。根据武则天的这一命令，扬州也设立了大云寺。扬州著名的六次东渡日本的律学大师鉴真，14 岁出家正是配住在大云寺。唐神龙元年（705），中宗复位，下令全国各州设一寺一观，初名中兴，后改龙兴。据《全唐文》记载，中宗废大云寺，设置中兴寺，是为了去除武则天篡朝的影响，庆贺李姓重掌皇权。后来又觉得李姓王朝的连续性，比说李姓王朝中兴更好，又改中兴寺为龙兴寺。龙兴寺成为唐代扬州第一大寺。律学大师法慎年轻时游学西京求法，学成后被扬州诸寺僧人迎请回故乡扬州后，就住在龙兴寺宣扬佛法。

此外，扬州寺院出名的还有山光寺、禅智寺、既济寺、正胜寺、无量寿寺、永齐寺、崇福寺、延光寺、兴云寺、安乐寺等，县区仅江都一地就有大桥开元寺、宜陵白塔寺、永安大慈悲寺、樊川水陆寺、仙女镇大圣寺等香火兴旺的寺院。

唐代佛教事业除了完成本土化改造外，还开始了佛教的二次输出，特别是东渐的历程，扬州僧人鉴真东渡日本正是这一历程中最辉煌的一章。

唐代，除了华人僧侣外，还有很多外国僧人在扬州留下足迹。最早来到扬州的是朝鲜半岛南部的新罗人。从唐初到唐文宗开成三年（838）的两百年间，日本派遣遣唐使十九次，其中两次因故未能成行，到达扬州的遣唐使团有九次，经由扬州到达长安的不下十次。从日本文武天皇大宝元年（701）开始，日本遣唐使多经由难波三津浦、濑户内海、下关海、东海，入长江口抵达扬州，然后再沿着运河北上长安。据日本学者木宫泰彦的统计，随日本遣唐使来中国的日本学问僧和请益僧留有名号的有五十余位。他们大多从扬州的海岸登陆，后经运河前往洛阳、长安。新罗派往唐朝的使节和僧人，沿朝鲜半岛西侧近海航行，在登州或楚州登陆，然后经由淮南运河到达扬州。盛唐时日本因为与新罗关系恶化，日本僧人来华多由日本九州岛南部的萨摩半岛或背部的博多湾一带出发，直航抵达扬州或明州，然后沿运河北上转往二京。鉴真东渡走的就是这条航线。

唐文宗开成三年（838），日本僧人圆仁随遣唐使来唐，从筑紫太宰府（今九州岛福冈县）出发，直航抵达扬州海陵。圆仁在扬州停留了八个月，了解了扬州的政区、人口、交通，目睹了扬州的风俗习惯、节日庆典，将之记录在《入唐求法巡礼行记》一书中，其中提到当时扬州著名的寺院有四十余所。

鉴真东渡弘法，圆仁跨海求经，都与扬州作为海上丝绸之路上的一个重要港口密切相关。可以说，扬州是佛教经由海上丝路东传的始发地。除了中、日、韩佛教僧侣的往来外，经由扬州出入境的还有一部分林邑（今越南中部地区）、安国（今乌兹别克布哈拉）、天竺（印度）等国的僧人。1964 年，瓜洲附近发现了一座埋藏梵僧骨灰的舍利石塔，塔内出土了一尊灰陶梵僧造像。从石塔形制来看，属于唐代佛教文化遗存，说明唐中叶就有婆罗门僧人来到扬州，死后埋葬在这里。

唐代开放的对外政策为扬州的佛教发展提供了相对自由的发展空间，早年北人南下及侨郡的经历令扬州有接受外来文化的适应能力，优越的地理位置及繁荣的经济文化，令扬州的文化开放、兼容、乐于交流。以上种种，可以看出唐代扬州已经成长为一个亚洲佛教中心城市。

灭佛的根本因素

唐代，佛学已经不是中国文化的附属物，而是可以不必依仗皇帝和士大夫的提携，便能自成体系、自立门户的组织。

然而，对于国家而言，问题随之而来。首先，寺院拥有了巨大的物质财富，如土地、庙宇以及圣物；其次，佛教成员不承担对国家、家庭和社会的责任，国家丧失了大量的人力资源；还有，在寺院拥有的土地上作为农民劳动的人口数目庞大。公元 621 年和 624 年，太史令傅奕在奏疏中攻击佛教为外来的和有害的宗教，请求皇帝废除佛教。唐高祖自然不愿对当时声势浩大的佛教进行干预，不过佛教组织拥有日益增长的经济势力不能不令他产生忧虑和担心。这种忧虑和担心一直在生根发酵。直到武宗时代，“会昌灭佛”事件终于爆发。

会昌是武宗的年号，武宗时代佛教发生了一场劫难，史称“会昌灭佛”。从日本僧人圆仁的《大唐求法巡礼行记》中可以看到，当时对佛教的压迫就已经逐步形成。公元 845 年，全面的镇压行动开始了。

武宗连续下令关闭和毁坏了数以万计的山野之间的寺庙，后来又攻击了通都大邑的许多寺庙。国家只允许上等州治可各留一寺，长安和洛阳各准许保留两个寺，每寺只允许保留 30 位僧人。这一震惊天下的诏书强迫二三十万名僧尼还俗，佛教寺庙的财产、经籍和圣物严重被破坏，扬州佛教一代名寺禅智寺、龙兴寺都荒芜没落了。随着武宗去世，虽然对于佛教的迫害终止了，但是佛教作为一个组织遭受了重创。在后世，佛教再也没有像唐朝时达到能够向国家集权抗衡的地位。佛教因区域经济兴盛而获得长足的发展，也因为个体经济实力过强而遭受沉重打击，走向衰微。这一特征在扬州佛教身上表现得尤为明显。

经历了唐代的繁华与衰落，五代十国时期的中国又经历了一次南北的分裂与动荡。后周世宗显德二年（955），发生了佛教历史上“三武一宗法难”的最后一厄。皇帝诏令整饬寺院，肃清僧侣队伍。凡是未经国家颁给寺额的寺院，基本上一律废除。禁止民间留存法器，私自剃度。出家必须通过严格的读经测试。此次法难的起因还是主要由于国家财政的困窘以及僧团的堕落，造成的结果是全国只剩下寺院 2 684 座，僧尼 61 200 人。北方佛教经过此波折后就更加衰落了。扬州所在的南方地区，虽诸侯割据，却互不侵犯，大体相安。以南方为根据地的禅门五宗，至此完全建立。

四、清代扬州佛教兴盛的帝王色彩

北宋时期，扬州佛教总体衰微，但已经呈现恢复势态，一些佛寺得以兴建，知名的有建隆寺、静慧寺、兴教寺。南宋时期，从淮河南岸直至长江北岸，多次受到金人南下和北撤的搜刮，房舍荡然，民无所居，史书上有“金人焚扬州而去”的记载，可见当时扬州悲惨的情形，毁于战火的不仅仅是民舍，也包括大部分寺庙。

宋代，中国佛教以禅宗和净土宗最有影响，而且这两个宗派日益结合，呈现禅净一致的融通态势。长江两岸江苏境内，自古就是禅宗十分活跃与兴盛的地区。魏晋南北朝时，建康、江陵和蜀地，同为中国三大禅修中心。盛唐时，法融在金陵（今南京）牛首山创建牛头宗，成为极度中国化了的佛教宗派。晚唐时，文益在金陵清凉山创建法眼宗。南宋以后，禅宗五家中三家失传，唯有曹洞、临济两宗并存。临济宗始于北方，早期在扬州流传很少。南宋以后，临济宗大为兴盛。扬州寺庙中，有“十寺九禅”“十禅九临济”的说法。扬州大明寺隋唐之间宗律，自宋代改称禅寺，清顺治以后，独宗曹洞，雍乾以来，持奉“禅净双修”，此后由于以“十方传贤制”为嗣续承启，故历届住持，临济与曹洞间有参伍。

元代，扬州建有蜀冈观音禅寺和保障河上的法海寺。明代中叶，扬州佛教发展未见大的起色，直至神宗万历时期（1573—1619），佛教出现了一定程度的复兴气象。扬州城内兴建了藏经院，开始了系统的经文典籍收藏工作。福缘寺、文峰塔也相继在明代建立。

清代是历史上的一个少数民族建立的政权。清朝政权未入关之前，主要受萨满教和藏传佛教的影响。入关之后，对汉族宗教信仰的认识，主要是自清世祖顺治皇帝开始。清朝诸帝在崇儒的同时对汉地的佛教也比较重视。到乾隆时，废除了实行多年的度牒制，佛教度僧不再受到约束。康雍乾三世，扬州兼具漕、河、盐三大优势，加之康熙、乾隆皇帝多次南巡，扬州达到了当时中国城市经济和文化发展的高峰，与经济发展同步，亦是佛教的兴盛期。

清代扬州八大丛林

清代的“康乾盛世”，扬州经济繁荣，佛教中兴，城内外寺庙林立。乾隆年间，仅在5.19平方公里的扬州老城区内，就有寺庙260多座，其分布密度全国罕见。其时，扬州的众多寺庙有“二十四丛林”之说。其中，后世称颂的“八大丛林”或称作“扬州八大刹”就是“二十四丛林”中的佼佼者，它们是天宁寺、重宁寺、高旻寺、福缘寺、法净寺（大明寺）、建隆寺、慧因寺和静慧寺。在修持方面，教、禅、净、律俱全；在宗派法系上，以临济、曹洞、沩仰为多，但后来因为各种原因区分不是那么严格。只有高旻寺自雍正十三年（1735）天慧实彻主持以来，临济宗磐山派法脉不断。

这八座寺院均有着历史久远、规模较大、戒律森严、名僧辈出的特征。尤为特殊的是，它们都曾受到帝王临幸。“八大名刹”之首天宁寺，康熙皇帝六次南巡均驻跸于此，雍正皇帝为该寺赐紫衣，乾隆皇帝誉其为“江南诸寺之冠”，并在寺后建行宫、御花园，在寺前建御码头。乾隆四十八年（1783），扬州盐商为接驾南巡，以祝寿之名建造了重宁寺。乾隆皇帝南巡时驻跸于该寺，赐“万寿重宁寺”匾额。顺治八年（1651），邗江三汊河畔建起天中塔，康熙三十八年（1699）修缮天中塔时，扩建塔庙，成为高旻寺的前身。日后，康熙皇帝三次南巡、乾隆皇帝六次南巡，均驻跸高旻寺行宫。而历史最为悠久，集佛教庙宇、文物古迹和园林风光于一体的是大明寺。当年天宁寺居八大名刹之首，李斗在《扬州画舫录》中曾为其鸣不平，“诸山皆以为是寺为郡中八大刹之首”。清代朝廷因忌讳“大明”二字，许多场合皆称大明寺为栖灵寺。乾隆三十年（1765），清高宗第四次巡游扬州时，御笔题书“敕题法净寺”。从此，该寺就改名为法净寺。康熙皇帝第五次、第六次南巡时临幸静慧寺，赐楹联与“静慧寺”匾额、诗扇、金佛等物。乾隆皇帝第一次南巡时驻跸福缘寺内，亲书“福缘寺”匾额赐寺。同时，当乾隆乘舟过舍利庵时，赐名“慧因寺”，并赐“慈缘胜果”匾额。同样，乾隆皇帝亦数次临幸建隆寺，多有赏赐。

佛教到清初，几乎完全成了禅宗的天下。除了因为很多明王朝留下的孤臣，包括宗室成员都跑去参禅了，更因为清初的诸位皇帝为了政治统治和思想文化的需要，对禅宗加以支持。譬如顺治出家，姑且不论其真实性有多少，至少可以看出当时的皇室与佛教因缘颇深。禅宗各大派系中，尤以临济一宗独秀，当时甚至有天下丛林几乎尽是临济儿孙的说法。清初禅僧，名声显赫的莫过于木陈道忞和玉琳通秀，二人均为临济僧人，均与扬州八大名刹有着不解之缘。

八大丛林之一的静慧寺，唐代时为席氏园，宋代初年改为寺，清代时位于南门外运河西侧，清顺治年间，僧人照吉建禅堂，木陈道忞曾居住在该寺。后道忞应诏入京，赐号弘觉禅师。而同属八大丛林的高旻寺则相传是玉琳通秀的嫡系道场。清顺治十五年（1658），通秀禅师奉诏入京，在万善殿说法，顺治帝亲临听问，并赐予“大觉禅师”的封号。翌年，受封“大觉普济禅师”，受赐紫衣。顺治十七年，顺治帝建坛选僧受菩萨戒时，特请通秀为本师，并加封“大觉普济能仁国师”。玉琳国师是否真的主持过高旻寺，目前还没有实在的史料依据，坊间一说是国师可能与顺治十五年至十七年间住过此庙。还有一说是，因为后来中兴高旻寺的天慧禅师为“大觉普济能仁国师法裔”，所以追认通秀为高旻寺师祖。无论怎么流传，有一点可以肯定的是，高旻寺的确一脉相传于玉琳国师。

清末扬州佛教两个特色

自顺治初年开始，扬州就是两淮巡盐御史所在地。两淮是国内最大的盐区，两淮盐业的活动中心在扬州。当时的扬州拥有渔盐之便利，居交通之冲要，是中国中部各省食盐供应的基地和南漕北运的咽喉。盐业成为促进扬州商业繁荣的一大因素。盐商由于垄断盐源，左右盐价，从中牟利，所以获利甚丰。

清代多位帝王与佛教上层人物联系密切。康熙皇帝六下江南，凡是名山大寺，往往书赐匾额，他还将明末隐迹山林的高僧引入京师。康熙皇帝每次来回都经过扬州，这十二次在扬州，到过扬州很多寺庙。为讨好皇帝，当地的官吏与盐商纷纷出钱出力，不仅修复寺庙，更修建新的皇家寺院，对扬州佛教的发展影响不小。日后，乾隆皇帝来扬州，自然也不免要拜访当年爷爷走过的足迹。清代，扬州寺院因为帝王们的到来，带上了浓厚的皇家色彩。然而，这一优势犹如双刃剑，一旦清代皇族衰败，盐业因为时局变化而衰落，扬州佛教必然随之衰微。

咸丰三年（1853），扬州遭太平军破城。数年内，太平军三进扬州，清军不断反扑，扬州城腥风血雨。战争之外，扬州瘟疫盛行，死伤无数。佛教古刹纷纷被毁，其中包括山光寺、万寿寺、长生寺、天宁寺、重宁寺、石塔寺、准提寺、西方寺、大明寺、福缘寺、观音禅寺在内的数十座寺院。太平天国排斥佛教的政策令城内几乎所有寺院都毁于战火。此后，佛寺虽有恢复，但已无法阻止日渐衰败的态势。

清末，扬州佛教出现了两个特色。一个特色是注重人才的培养。传统佛教培育僧才，主要依靠早期寺院的译经讲学，以及唐以后由禅僧大德建立的丛林制度。在佛教丛林中实施佛教教育，知行合一，的确符合佛法特质。随着时代的进步，这一传统教育体制也出现了重重弊端。清末国门初开，中西文化激荡之时，1898 年张之洞在《劝学篇》中就提出了以佛道寺观产业的十分之七充作社会教育之资，兴起“庙产兴学”运动，激发佛教界以寺产兴办僧教育兼办普通教育的热潮。光绪三十二年（1906），扬州天宁寺率先建立普通僧学堂，由住持文希担任校长，成为扬州最早的正规佛教教育机构，也是近代史上由国人开办的第一家新式僧学堂。只有在扬州这块佛教文化发展成熟、历来重视教育的沃土之上，僧人们才能较早领会教育人才的重要性，并及时付之于行动。在他们内心，已经开始意识到兴办僧学堂不仅是维护佛教，更有着振兴佛教的意义，甚至于负载着以佛教拯救国家民族危机，向世界弘扬佛法的愿望。

另一个特色是出现了刻经的新局面。中国的刻版印刷，发明于隋唐时期。扬州一带是国内刻书业最早的发祥地之一。明清之际，扬州雕版刻书的规模和质量久负盛名。康熙版《全唐诗》《全唐文》皆完成于扬州。清末，一些佛教界人士为振兴佛教，致力于佛经的校刻与流通。在扬州，陆续出现了江北刻经处、扬州藏经院、众香庵刻经流通处等雕版印经场所。同治四年（1865），扬州人郑学川创建的江北刻经处，刊刻佛经和佛学著作甚多，质量也很高，时称“扬州刻本”，声誉远及东南亚各国。

从唐代的“四十余寺”到清末的“八大丛林”，扬州以独特而进步的佛教文化享誉海内外，也只有在这样的氛围下，才能培养出出色的佛学大师。

五、当代扬州佛教的复兴

辛亥革命以后，漫长的君主专制制度被推翻，整个社会发生了前所未有的剧烈变化。佛教由于缺乏皇权的支持与保护，加上战争的破坏，民生凋敝，许多佛寺萧条毁废。扬州城外绝大部分寺院在太平军与清军的交战中毁于兵火，城内寺院也破落不堪。除高旻寺、观音山寺等少数寺院香火尚可维持外，其余均难以为继。像天宁寺这样的大寺，也只有八九个僧人。民国期间未兴建大型寺庙，由于百姓乱世求安心理作用，小型庵庙新建较多，有的只住两三位僧尼，有的纯属家庵。

甲午战争以来，庙产兴学运动继续发酵，持续时间之长，波及范围之广，令佛教面临着前所未有的生存危机。一时间，全国各地都在抢占寺产。以扬州高邮一地为例，学堂占用寺庙的百分比高达 78%。为了阻止庙产兴学，化解佛教生存危机，1912 年，中华佛教总会在上海留云寺召开筹备大会，1913 年，总会在静安寺正式成立，其首要任务就是要抵制庙产兴学，解决佛教生存问题。1926 至 1928 年 3 月，国民党南京政府再次重提庙产兴学，整个佛教界大为震动。为保护佛教界权益，1929 年 4 月，中国佛教会在上海成立。同年，中国佛教会举行全体理事会，苏州、常州、镇江、南京、扬州、泰州均有寺庙代表参加。在六市中，南京与扬州与会寺庙最多，均为四所。扬州参加的是天宁寺、重宁寺、万寿寺和长生寺。

辛亥革命后，也出现军人驻扎寺院、侵夺寺产之风。抗日战争和解放战争中，更有不少庙宇被伪军和国民党军拆毁，将其材料用于筑碉堡。解放前，扬州庙宇被用来兴办学校非常普遍。解放后，又有一些寺庙被用作兴办工厂或用作仓库。后经单位实行厂房或校舍改造，除列入文物保护单位的，原庙宇绝大部分被拆除，未经单位占用的庙宇，除少数改作民宅外，大多数因建设需要而拆除殆尽。像天宁寺、福缘寺、愿生寺、普照寺等寺院就曾经为侵华日军、国民党兵营占用。禅智寺、山光寺、万寿寺、西方寺、高旻寺、铁佛寺、地藏庵、藏经院等寺院内都曾建过国民学校。

新中国成立以后，国家实行宗教信仰自由政策，但是由于一些特殊因素的影响，寺院面临着巨大的经济困难，一批寺宇被部队、机关和学校占用，一些则被作为居民的住宅。历史上扬州市区留名史籍的寺庵有 172 座，1949 年市区尚有寺庵 246 座。1957 年 2 月 15 日，扬州市召开佛教界代表大会，市佛教协会正式成立。1958 年大跃进，各地展开了献庵献庙活动，寺院被征为厂房、学校，不少僧尼被动员还俗。20 世纪六十年代初，扬州市区仅保留“五寺一庵”，即法净寺（今大明寺）、观音禅寺、旌忠寺、法海寺、祇陀林和仁圣庵，加上邗江县的高旻寺，仅剩下七所寺庵。1963 年，法净寺举办了纪念鉴真圆寂 1200 周年活动。此后十年“文革”，扬州仅存的七所寺庵都受到冲击而关闭，除法净寺一处佛像得以保存外，其余均被捣毁。寺庙或改为公园，或改为“五七”干校，或给居民居住，僧尼被遣散。扬州下属县市区亦无法幸免，以江都为例，1962 年江都县域内有据可考的寺庙、庵堂等共 453 座。至 1985 年，仅剩 134 座，且多数改为他用。

1972 年，扬州市佛教协会恢复工作。1978 年，国家开始执行宗教信仰自由政策，这一年，因为中日建交因缘，鉴真大师像拟回国探亲，时为中国佛教协会负责人的赵朴初先生陪同日本友好使团来到法净寺，见当时扬州宗教政策尚未恢复，回北京后大力推动。1980 年，为迎接鉴真大师坐像从日本回扬州探亲，法净寺正式复名为“大明寺”。大明寺宗教信仰自由政策迅速落实，开“文革”以后扬州佛教寺院宗教政策开放之先河。此后，高旻寺、旌忠寺、观音禅寺、祇陀林陆续落实宗教政策，僧尼回庙继续修持，佛事活动也逐渐恢复正常。1982年，祇陀林从镇江金山寺请来释迦牟尼佛像，恢复主殿旧观，修缮庵房。1983 年，高旻寺开始进行恢复重建工作。1984 年，旌忠寺全面修建，升高正殿，重塑佛像，修复文选楼。1984 年，政府拨款修建天宁寺主体建筑，历时四年。1985 年，观音禅寺重修庙宇，再塑佛像。

扬州佛教迎来了久违的春天。改革开放以来，大明寺、高旻寺得以扩建和重建，栖灵塔、天中塔先后落成。观音山禅寺、旌忠寺、法海寺等面貌一新，文峰塔经过全面大修，原貌重现。2013 年，愿生禅寺以崭新的面貌重见天日。扬州八大名刹存世的为天宁寺、重宁寺、高旻寺、大明寺，仅重宁寺未及修复。扬州市下属各县市区更是纷纷修复古寺，重建名刹，兴建新庙，扬州佛教繁荣重现。

第二章　扬州佛教学派、宗派与组织

印度佛教在创教时就历经派部分裂，及至东传期间，印度佛教仍然不断分裂。事实上，这些教派的分化支撑着佛教的发展。历史证明，没有分化，佛教就不会有发展。8 世纪以后，印度佛教的发展在大小乘之后不再分裂，佛教也就走入了停滞期。相反，在中国，佛教与汉文化不断冲击、融合，不同的学派与宗派的出现，正好显示了佛教各发展阶段的主要成就。

中国佛教教派在形成过程中，早期受到翻译经典的影响，往往译出一部重要经典，就形成一派。到南北朝直至隋初，才逐渐形成中国独有的学派，以及以印度学派理论为中心的中国学派。隋唐时期，随着国内外文化交流的活跃，佛教在融合发展中，学派发生了衍变，发展出强调传法世系、规定教法教义的佛教宗派。宋明以后，高德大僧在教内多主张禅、净合一，在文化融合上主张儒、道、释合一，没有再形成具体的宗派。及至清末民初，安徽石埭人杨文会、扬州江都人郑学川，浙江杭州人许云虚等人推动佛经刻印和流通事业，隐隐带动佛教复兴的契机。等到太虚大师提倡“人生佛教”，才有了全民的佛教复兴。后来，“人生佛教”在海峡两岸演变为“人间佛教”，重现了大乘佛教精神。

佛教组织最初以寺院为主体，近百年来，为了求得生存和发展，其中的上层人士与社会政界、经济界、学术界广泛接触，交往募化、传经布道，他们越来越需要以佛教组织的形式参与社会，在弘扬教义的同时求得社会各界的支持与帮助。20 世纪初，面对来自官绅双方的庙产兴学运动的强大压力，佛界一部分寺僧开始自办学堂和组织团体来推进佛教改革。1907—1911 年间，各地建立了僧教育会，成为中国历史上最早的佛教会。自僧教育会开始，各类佛教组织、佛学院以及佛教协会渐次出现，为民国以后的佛教复兴奠定了基础。

佛教在中国的传播、流行及至最终中国化，对于中国的社会和文化产生了深远的影响，反过来对于佛教的义理和组织形式也产生了重要的影响。扬州作为中国佛教发展的一个重镇，各种学派、宗派、组织亦在此留下了深深的足迹。

一、在扬州活动的佛教学派

南北朝是中国佛教史上译师和译经最多的时期。由于佛学的各派典籍大量传入，国内的僧俗学者在疏说与融会这些思想理论的同时，往往按照其自身理解与需要，攻研其中某些代表性经典。这些学者被称为“某某师”， 如成实师、毗昙师、摄论师、涅槃师等，他们的思想被称为“师说”。这些经师在解释佛典时，重视师承关系，却无明确的宗派传承世系，从而形成了讲解不同经论的学派。南北朝至隋唐时期，在扬州活动的佛教学派主要有：

三论学　“三论”指的是鸠摩罗什所译的《中论》《百论》《十二门论》，加上《大智度论》，亦称为“四论”，是大乘中观学派的基本著作。最早研习“三论”的有僧肇、昙影、僧叡等，以僧肇的《肇论》最为有名，被推为中国三论学经典。梁初，僧朗于摄山（今南京栖霞山）栖霞精舍弘扬三论，弟子僧诠学有成就，号称“山中师”，传授三论，摄山成为梁陈两代三论学重镇。

僧诠的弟子中有一位出色的广陵僧人慧布（518—587）。慧布最初跟从扬都建初寺琼法师学成实论，后在摄山止观寺听僧诠讲三论，均能洞达玄旨，故时人称其为得意布、思玄布。慧布喜爱坐禅，鲜少讲话，端坐如木。慧布游学各地，继僧诠之后住持栖霞寺。隋代时，慧布在扬州白塔寺讲“三论”，盛况空前。

成实学　依据的论典为印度诃梨跋摩所著、鸠摩罗什翻译的《成实论》。此论强调“心性”由后天形成，故被视为小乘空宗的代表。南朝齐、梁时弘传此学的僧人很多。

江都人智强，曾任广陵大僧正，是知名的成论学者。他的弟子智脱、慧乘也是成论名家，其中智脱更被推为隋代成论师之首。智脱（541—607），祖籍济阳考城（今河南兰考一带），后因祖上到外地做官，移居江都（今扬州）。智脱七岁出家，为邺下颖法师弟子，学《华严经》《十地经论》等，又跟从智强学《成实论》《毗昙论》等书。当时，丹阳庄严寺嬛法师是研习《成实论》的著名学者，智脱曾投到他的门下精研《成实论》。南朝陈至德年中（583—586），智脱应陈后主之请，入宫讲经。隋初，智脱应隋文帝之请到扶风岐阳宫讲经，后应晋王杨广之请到江都住入慧日道场，弘传《成实论》。杨广入长安，又随之住入日严寺，著《成实论疏》四十卷，奉敕讲《净名经》。

涅槃学　东晋义熙十三年（417），法显与佛陀跋陀罗在建康译出《大般泥洹经》，引起南北佛学界的震动。该经提出“一切众生皆可成佛”。东晋佛教学者竺道生进一步提出一切众生皆有佛性，佛界哗然，甚至要将其逐出建康。不久，《大般涅槃经》在北凉敦煌译出，传到南方，与道生的说法不谋而合。后来，依据上述两经整理的南本《大涅槃经》问世，使得研习涅槃成为宋梁两代最流行的佛学思潮。

广陵尼僧端，世代崇奉佛法。出家后，她坚守戒律禁规，摒除所有杂念，清心寡欲，状如木讷，沉默寡言。但是，一旦辩析起佛法中权实妙法之关系，她却滔滔不绝。僧端潜心诵习佛典巨著《大般涅槃经》，五日一遍，成为佳话。此外，当时的扬州三论师、成实师，如智脱、慧海等人，都精通涅槃经。

毗昙学　毗昙学的研究发端于东晋道安，南朝时成为论师共同修习的科目。毗昙学建立在诸法自性不变的观念上，名相清楚，一切有部，对学习佛教起到入门引导的作用。毗昙师多兼习《成实论》与《俱舍论》，后与此两学派合流。

上文提到的江都人智强和智脱，都在研习《成实论》之外兼修毗昙学说，后来成实学派日益强盛，毗昙学派衰落。

摄论学　印度大乘瑜伽行派著名理论家无著的《摄大乘论》初译于北魏，在翻译家真谛重译该论及世亲著《摄大乘论释》之后，摄论学流行起来。《摄大乘论》提出的“阿赖耶”作为世界的本体和认识的本原，确立了“唯识无境”的世界观，在南朝曾经引起轰动。

住在扬都大寺里的慧恺（518—568）是真谛最重要的弟子之一，也是他译经的得力助手。慧恺擅长摄论，曾与法泰等人一同前往广州，从师真谛三藏。法泰晚年就居住在扬州白塔寺。南朝陈太建三年（571），因传播摄论而知名海外的居士曹毗曾请僧正明勇法师在白塔寺开讲诸论。

名僧昙迁（542—607）在北周武帝灭佛之际，南奔建康，在桂州刺史蒋君宅内读《摄大乘论》，意念洞然。隋开皇年间，曾应邀来广陵，讲摄大乘论、楞伽经、大乘起信论等。

俱舍学 该学派以研习《俱舍论》而得名，学者称为俱舍师。南朝真谛译出《俱舍释论》，弟子慧恺、法泰等加以弘传。慧恺的弟子道岳，初习《杂阿毗昙心论》，后弘扬俱舍，遂由毗昙学转入俱舍学，成为俱舍学发展的第一阶段。唐代玄奘法师重译《俱舍论》，其弟子多半从事研习，于是俱舍学又从旧论转到新论，成为弘传的第二阶段。

律学 印度部派佛教形成后，各部派对戒律的理解不尽一致，所传的戒律也有差异。东晋以后，各种律经戒本大规模地译介进来。其中《十诵律》属于小乘戒。南朝刘宋僧人慧询曾跟从鸠摩罗什学习，尤其精通十诵律。永初年中（420—422），慧询到广陵大开律席，开扬州律学之先河。南朝陈时有僧人名慧峰，住在栖霞寺，“梁末出江都，偏弘《十诵》，听者如市”。南北朝以后，《四分律》流行，《十诵律》就衰微了。

除了上述学派外，还有地论学、禅学等。诸种学派尚未形成后来的嗣法制度，学者们也并非专宗一经一论，甚至于一座寺庙之内也不专主一种学说，而是兼容并蓄，门户不像后世的清严峻烈。如梁大通间的三论师法朗，既曾向宝志禅师习禅法，又向大明寺听象律师讲律。当时扬州大明寺也非专主律学一说。不过，这些学派却构成了隋唐时期佛教宗派的雏形。

二、佛教宗派在扬州的传布

隋唐时期，全国统一，佛教各家各派得到更进一步的融合与发展。隋唐统治者为了更有效地利用佛教这一宗教思想，曾积极促进佛教思想的统一。从南北朝长期发展下来的学派，终于在隋唐时期衍变为独具特色的佛教宗派。宗派和学派不同，佛教宗派都有自己独特的宗教理论体系、宗教规范制度，有独立的寺院经济、势力范围、传法世系。隋代产生的佛教宗派主要有天台宗和三论宗，唐代主要产生有华严宗、唯识宗、禅宗、律宗、净土宗和密宗。最早出现于扬州的佛教宗派是智顗创立的天台宗。唐代扬州海纳百川，天台宗、三论宗、净土宗、密宗、律宗、禅宗都有流传。

天台宗　该宗派代表了中国大乘佛学发展的高峰，其博大精深、教观双美，又极具特色的完整教学体系，不仅屹立于中国佛教、佛学史乃至中国哲学史数百千年，而且对日、韩等国大乘佛教的发展，产生了非常深远的影响。

该宗派视印度中观派佛学理论家龙树为初祖，北齐慧文与南岳慧思为二祖、三祖，但实际创始人则为智顗。智顗23岁跟从慧思学习《法华经》，后遵从师命来到建康（今南京）弘法传教，受到陈宣帝及贵族的礼遇。陈太建七年（575），智顗入天台山隐居，期间提出“圆融实相”说。陈至德三年（585），智顗重返建康，两年后在光宅寺讲《法华经》，由弟子灌顶其说，整理成《法华文句》。陈朝被灭后，智顗前往庐山。隋开皇十一年（591），晋王杨广遣使请智顗来扬州为其授菩萨戒。次年，智顗返回荆州玉泉寺。开皇十三、十四年间，智顗在玉泉寺讲说天台教义，完成《法华玄义》《摩诃止观》，与《法华文句》合为“天台三大部”，是天台宗的代表著作。开皇十五年（595），智顗受杨广之邀，再次来到扬州，撰写了《净名经疏》，同年辞归天台山。两年后，杨广再去迎请，智顗带病出山，走到天台山西门石城，发病不能再走，不久去世。智顗之后，天台宗的传承一直未断。弟子有灌顶、智威、慧威、玄朗、湛然，世代相传。

唐代，鉴真大师在专攻律宗的同时，也曾旁及天台义理。东渡传法时，鉴真大师携带有天台宗的经典，如《天台止观》《法华玄义》《法华文句》《四教仪》等赴日本，在日本除了讲律传戒外，也开讲天台宗教义，使天台宗成为日本佛教史上由中国传入的又一重要佛学宗派。鉴真大师亦被奉为日本天台宗先驱。

民国九年（1920），仁山长老在高邮放生寺，创办了“天台学院”。民国十一年（1922），仁山长老继任放生寺住持，改天台学院为“四弘学院”，专弘天台教义。

三论宗 最早向中土传译三论的为鸠摩罗什，故被尊为该宗的开山始祖。进入隋代后，吉藏等将南北朝的三论学发展为三论宗。吉藏成为三论宗的实际创立者。

吉藏的先祖原为安息国人（今伊朗），因为躲避仇人而移居南海（今广州），后来又迁至金陵。南朝梁太清三年（549），吉藏出生于建康（今南京）。其父为虔诚佛教徒，后来出家当了和尚，法名道谅。吉藏幼年时，父亲常带他去见真谛大师，并由真谛大师为他取名为吉藏，也常带他至兴皇寺听法朗法师宣讲三论，因此吉藏七岁时即跟随法朗法师于兴皇寺出家。隋平定百越后，吉藏在会稽（今绍兴）嘉祥寺宣讲三论，听者甚多，被后人尊为“嘉祥大师”。隋开皇（581—600）中，晋王杨广在扬州建立慧日道场，吉藏应邀来扬阐述三论要义，受到特殊礼遇。后又应杨广的邀请，移至长安日严寺。在长安期间，吉藏著书立说，完成了三论宗的理论体系。

三论宗的思想玄奥，是出名的难学，再传后很快衰颓。唐文宗开成三年（838），日本请益僧常晓，随遣唐使来华求法，曾拜谒扬州华林寺大德，学习三论宗义。

净土宗 净土信仰是佛教的基本信仰，在扬州影响久远。早在东晋末年，高僧慧远在庐山东林寺建立“莲社”，提倡专修往生阿弥陀佛极乐净土的念佛法门，又称莲宗。唐代善导法师正式创立净土宗，被奉为净土宗第二代祖师。由于净土宗独尊念佛，修行简易，中唐以后，净土宗广泛流行，后与禅宗融合，形成所谓的“禅净双修”“禅净合一”。

最早登入佛门的广陵人昙诜自幼跟随慧远出家，为慧远所创“莲社”十八高贤之一。刘宋元嘉十二年（435），广陵僧人慧庆前往庐山研修净土教义。隋代，扬州安乐寺慧海法师信仰净土。唐代，曾随日本遣唐舶抵达扬州的日本僧人圆仁将净土念佛法门与天台、密宗传入日本。宋初以后，禅宗、天台宗、律宗等学者多兼修净土。仪征长芦寺法了，著有《净土集》。江都开元寺及大部分寺庙，均宗奉净土宗。民国期间，扬州城区长生寺、愿生寺为净土宗道场。

密宗　唐玄宗开元年间（713—741），三位印度僧人，善无畏、金刚智和不空，来中国弘传密教。开元四年（716），善无畏带来《大日经》，与弟子一行译出。开元八年（720），金刚智与弟子不空传入《金刚顶经》，由不空译出。三人在唐代帝王的直接支持下，通过译经、建道场、传密法等活动，形成了中国佛教中以修持密法为主的宗派——密宗。唐玄宗笃信密宗，肃宗继承了其父对密宗的信奉，有过之而无不及。继肃宗之后的代宗皇帝，对密宗更加笃信。

唐代密宗热闹一时，唐德宗贞元二十一年（805），日本僧人空海随日本遣唐使来华，先师从不空的弟子惠果法师，学习密宗义理。后又前往扬州大明寺求法。空海回日本后，创立真言宗，称为"东密"。开成三年（838），日本留学僧圆仁、常晓等随日本遣唐舶抵达扬州。圆仁在开元寺跟宗睿学梵书，常晓到栖灵寺跟高僧文璨受金刚灌顶和太元密法。唐会昌法难之后，密宗衰微。而西藏地区的密宗为西藏佛教，由印度直接传入，属于另一系统、另一时代的密宗。

律宗　该宗派以研习与传持戒律为主，所依据的经典为《十诵律》《四分律》《摩诃僧祇律》《五分律》以及《毗尼母论》《摩得勒伽论》《善见律毗婆沙论》《萨婆多论》《明了论》，通称为"四律五论"。其主流则依据《四分律》立宗，故又称"四分律宗"，实际开创者为道宣（596—667）。因为道宣长年在终南山隐居传道，故又称为"南山宗"。与道宣同时弘扬《四分律》的，还有相州（今河北临漳）日光寺法砺创立的相部宗、法砺的弟子怀素在西太元寺开创的东塔宗，三者合称"律宗三家"。后相部宗和东塔宗相继衰微，只有南山一宗畅行，延绵不绝。

南朝时期，扬州就有十诵律师的活动，为律宗在扬州的流传打下了基础。扬州寺院原来研习《十诵律》的僧人，大多改修《四分律》。道宣的弟子文纲传律于道岸及恒景，其中道岸就曾应邀来扬州，弘播南山宗。唐代，扬州龙兴寺出过两位律学高僧。一位是鉴真（688—763）。鉴真早年游学洛阳、长安等地，唐开元二年（714）回扬州栖灵寺。次年夏天，住持栖灵寺法会，并在扬州兴戒坛、缮道场、建寺舍、造佛像、修塔宇，讲法阐律，写经刻石，广施医药，普济众生，为四万余人授戒，继道岸之后为一方宗首。唐天宝元年（742），鉴真应日本留学僧的邀请，决定赴日本弘扬戒律，六次东渡方到达日本，受到日本朝野礼敬。鉴真在奈良建唐招提寺，传布律宗，后世尊为“扶桑律宗太祖”，招提寺遂成为日本律宗祖庭。日本太平胜宝七年（755），天皇下诏：授戒传律，听鉴真自由行事，并授予其“传灯大法师”位。另一位与鉴真同住龙兴寺，同在扬州弘律，被誉为“淮南东塔宗大师”的是法慎（666–748）。法慎年少时两次前往长安研习律法，声震京师。后扬州诸寺恭请法师归乡为僧俗领袖，法慎东归扬州，成一方化主。法慎的扬州弟子有惠凝、明幽、灵祐、灵一等。

宋元明三朝，扬州律宗渐趋衰落。明末，江都僧人三昧（1580—1645），讳寂光，亦称三昧寂光律师，初习华严宗，后入南京灵谷寺受具足戒，专门从事律学。明崇祯五年（1632），他在五台山建立龙华大会弘传戒法，后致力于复兴扬州石塔寺，重修寺院和塔，建藏经楼。明崇祯十年（1637）正月，三昧寂光律师在石塔寺开戒，六月在寺内建盂兰盆会，期间讲《孝横钞》。八月，在泰兴毗尼庵开戒，十一月至次年正月，在高邮承天寺开戒。明崇祯十一年（1638），三昧寂光律师传戒四场，地点分别为扬州善庆庵、邵伯镇、淮安清江蒲檀度寺和南京报恩寺。相传，三昧寂光律师在金陵报恩寺演戒之时，该寺佛塔放光二十余夜。晚年的三昧寂光律师在句容宝华山隆昌寺建戒坛，结千华莲社，学侣云集，使宝华山成为我国传戒之重镇。律宗在扬州因为三昧寂光律师的活动而中兴。

清初，受宝华山影响，扬州律宗转盛。当时的律学名僧有五台律院书祯、石塔寺律论、慧因寺实长、隆觉寺冶牧、智珠寺性贤、福缘寺日照、建隆寺宗森等。 清末民初，扬州万寿律寺及旌忠律寺内曾经放戒。

禅宗　佛教自传入中国以后，禅学在北方始终流传不绝。魏晋时期，佛陀跋陀罗等力图用“禅”统摄一切佛门修行，使禅学逐步独立。

禅宗的形成是中国佛教史上的一件大事。该宗尊梁时印度来华的僧人菩提达摩为初祖，主张用禅定概括佛教的修习，以觉悟众生本来的佛性为目的，下传慧可、僧璨、道信。至五祖弘忍后，分为北宗神秀、南宗慧能，时称“南能北秀”。北宗主张渐悟，活动地区在北方；南宗主张顿悟，活动地区在南方。作为制度化的宗教组织，禅宗以《坛经》为宗经，真正的创始人，应当是慧能。慧能就是当年因为做出“菩提本无树，明镜亦非台，本来无一物，何处惹尘埃”法偈而震惊四座，终于得弘忍衣钵的僧人。后来，慧能因为久住曹溪而被称为“曹溪大师”。慧能门下，日后形成“五家七宗”的主流态势（见图 2-1）。

长江两岸江苏境内，自古就是禅宗十分活跃与兴盛的地区。扬州高丽僧智德、昙光为弘忍弟子，广陵演禅师为弘忍三传弟子，唐光宅元年（684）扬州道行军大总管李孝逸为弘忍三传在家弟子。唐代的灵坦法师，被称为禅宗的金山泽心寺开山第一代祖师。他是武则天的侄孙，当过太子通事舍人，后出家为僧，跟随慧能弟子神会学禅后南下。元和初年（806），居住在扬州华林寺，精研佛学佛经，后世称为大悲禅师。此外，慧照寺昭一、大明寺严峻为南岳怀让弟子，另有扬州僧人智通为怀让再传弟子。

云门宗最早在扬州盛行。宋代时，真州（今仪征）长芦院为云门宗大刹。曹洞宗在扬州流传较早，扬州丰化和尚、祥光院远禅师，是曹洞宗开创者良价的再传弟子，扬州风化院全崇为曹洞三传弟子。法眼宗创立最晚，在扬州流传不广，扬州僧人慧诚为法眼宗创始人文益的三传弟子。南宋以后，禅宗五家中三家失传，唯有曹洞、临济两家并存。扬州大明寺隋唐之间宗律，赵宋以后宗禅，清顺治以后，独宗曹洞，雍乾以来，持奉“禅净双修”，此后由于以“十方传贤制”为嗣续承启，故历届住持，临济与曹洞间有参伍。临济宗早期在扬州流传很少，扬州僧人释齐谧为临济九传、黄龙三传。石塔寺宣秘礼禅师

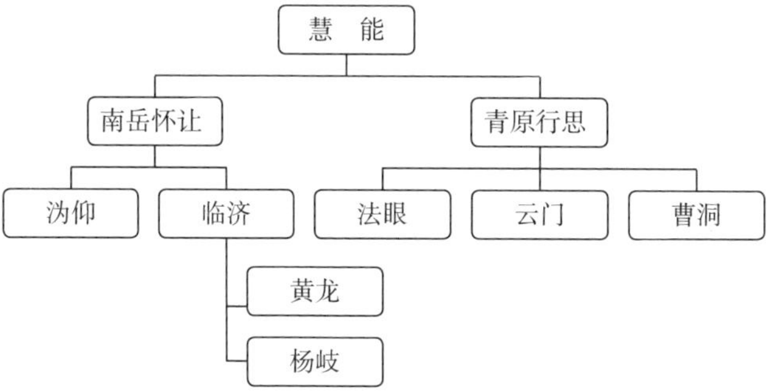

图 2-1 禅门五家七宗图示

为临济十传、黄龙四传。杨岐一派在扬州也有流传。真州（今仪征）灵岩东庵了性为临济十一传、杨岐五传。

南宋以后，临济宗大为兴盛。扬州寺庙中，有“十寺九禅”“十禅九临济”的说法。天宁寺、山光寺、长生寺、香阜寺、准提寺、西方寺、镇国寺、龙竿寺等均曾为禅寺。扬州高旻寺归属禅门临济宗法脉，自开山以来，一脉相承，恪遵禅宗要旨，传至今日已是第四十七世，与镇江金山寺、常州天宁寺、宁波天童寺，合称为中国禅宗四大丛林。禅门临济宗第四十三代师虚云正是在高旻寺禅堂开悟。（当代）德林法师在寺内推崇的便是怀让再传弟子百丈怀海倡导的“一日不作，一日不食用”的原则。禅门临济宗第四十八代弟子悟彻，法号星云，扬州仙女庙人，在台湾以“人间佛教”的思想开创了现代禅宗的新篇章。

除了上述宗派外，还有唯识宗、华严宗等宗派。唯识宗的创立者唐代僧人玄奘在西去取经前，曾游学至扬州，听惠休讲《杂阿毗昙心论》和《摄大乘论》，淮海一带的名僧闻风相聚。可惜，唯识宗因为名相繁琐，思辨性强，三传后便归于沉寂，扬州未见有这一宗派的流传。华严宗以阐扬《华严经》而得名，其实际创始人为武则天时代的法藏，该宗在扬州流传不广。

三、现当代扬州的佛教组织

公元 4 世纪前，佛教作为外来宗教受到中国历代政权的严格限制。政府正式允许汉人出家始于后赵建武元年（335），自此出家人数急剧增加，由于出家人可以免除繁重的兵役、徭役，致使其间鱼龙混杂，组织管理更成问题。中国最早的佛教组织当属东晋元兴二年（403）高僧慧远所创立的庐山莲社，广陵人昙诜是莲社十八高贤之一。这个由僧俗自愿结合的团体，其体制受到了尊崇。日后，各地市镇、农村出现了很多莲社、邑社组织，不过由僧人指导的包括在家佛教徒在内的组织比较散乱，不属于严格意义的佛教组织。

朝廷为了管理出家人，制定了僧官制度。北朝后秦姚兴在位时（393—416）首先设立了僧正、悦众、僧录等官位，管理全国僧尼事务。

南朝刘宋武帝永初年间（420—422），设僧主位，后来各地皆设僧正或僧主，管理当地僧尼。广陵（今扬州）当时设有“南兖州僧正”。由中央政府设立的僧官制度很长一段时间里成为维持散漫的各自为政的各地僧团之间的联络纽带。

唐代，百丈清规的应运而生及其日后被普遍效仿实施，令家长式的寺院管理成为佛教组织的主流。明代以后，小农经济带来的难以避免的习性，如眼界狭隘、散漫自私等对整个僧团产生了越来越大的腐蚀作用。清雍正年间（1723—1735），政府宣布实行“摊丁入亩”，从此无需再限制为了逃避人头税和徭役而出家的人数了。度牒制度的废除，使得僧尼的素质更加缺乏制度的保证，各地僧团之间的官方联系自行中断。中国僧团的主要组织形式已经不能恢弘佛教。

19 世纪末，中国宗法社会和清政府日益腐朽。20 世纪初，面对汹涌而来的革命热潮，清政府提出了“庙产兴学”的对策，即没收部分佛道庙产以兴儒学。此举一出，佛教界大为震惊。当时中国佛教领袖敬安（寄禅法师）上书申辩，提出抗议，迫使清政府下令，准许各省、府、县设僧教育会，凡僧众自行办学者，可保全庙产。1906 年，扬州天宁寺住持文希法师创办了普通僧学堂，开风气之先。同年，文希禀请安徽提学使设立僧教育会，官宪以“应候该僧将江苏僧教育会及僧立小学堂办理就绪，着有成效案自来皖会同安徽寺院主持协商妥筹”为由加以驳斥。虽然遭遇到许多困难与阻力，1907—1911 年间，僧教育会还是在全国很多地方成立起来。觉先在北京和湖南，敬安在宁波与杭州，佛源在四川先后建立了僧教育会，成为参与办学的寺院间联系以及寺院与社会联系的主要组织形式。1909 年冬天，由月霞、明镜、惟贡和居士杨文会等人发起的江苏省僧教育会在镇江金山寺举办成立大会，守培法师任会长，月霞为副会长。随之，扬州也建立了江都县僧教育会。除了浙江、江苏以外，北京、湖南、四川、安徽与湖北等地也先后成立了僧教育会。各地僧教育会的出现使得中国佛教组织的雏形得以浮出水面。

1912 年，中华佛教总会的成立标志着中国佛教组织转型的开始，从此打开了各地建立现代意义上的佛教团体的大门。扬州作为中国佛教重镇之一，其僧人不仅参与了中国新式佛教教会社团的组建，也陆续建立了本土佛教组织。

扬州僧人参与组建的全国佛教组织

佛教协进会 1912 年 1 月 1 日，南京临时政府成立，孙文任临时大总统，全国民主意识高涨，一时间，各种政团组织涌现，佛教界也大受鼓舞。为了推进佛教复兴，维护佛教利益，全国各地近代佛教组织纷纷建立。在江苏，扬州天宁寺普通僧学堂的学生仁山，协助近代佛教改革家太虚大师筹办佛教协进会。太虚、仁山等积极筹备佛教协进会的成立大会，仁山竭力邀请太虚将成立大会安排在镇江的金山寺召开。因为当时仁山的数十位同学，包括同为天宁寺普通僧学堂的学生智光都在镇江，可以从中协助。镇江金山寺的方丈青权、监院荫屏、知客霜亭等人，同意借金山寺给太虚、仁山开会，还特别约了扬州万寿寺住持寂山法师，来寺中参会。

太虚、仁山等法师在金山寺布置会场，印发会章宣言、寄发开会通知，通告镇江、扬州、南京、上海各处僧众及镇江的军政商学各界。开会当天，到会僧众有两三百人，各界来宾三四百人。太虚大师在致词中说明了设立佛教协进会的宗旨，宣读了会章。等到仁山登台演讲的时候，他辞情激昂，批评当时各寺僧把持寺产，不知培育僧才。他提议金山寺应率先倡导，兴办学堂，以金山寺的寺产，拨充经费。仁山的话得到台下来宾的鼓掌赞成。此时，寂山法师登台讲话，他对仁山的意见一一驳斥，激发了佛教青年改革者仁山的怒火。仁山再度登台，历述青权、寂山向来专制，压迫诸山，把持寺产，实行愚民政策。他提议立即以金山寺办学堂，全部寺产充为学费。来宾对仁山的发言大为鼓掌，但是他激烈的措辞却伤了一众保守派人士的颜面。寂山法师带来的僧众一拥而上，包围了仁山，台下群众骚动，佛教保守派与改革派之间的矛盾一触即发，双方发生争斗，来宾亦鼓操响应。

混乱之下，也迫于压力，青权、寂山等人最终接受了仁山的提议，同意太虚、仁山等人接收金山寺，作为佛教协进会的会所，并筹备开办僧学堂。成立大会结束后，太虚将镇江的事委付仁山主持，先行回南京。当日晚间，仁山率领二十多位僧学堂的同学，到金山寺画定会所的房屋，次日开始办公，清点库房账簿财产，及向禅堂宣布办学。当年年底，霜亭率领金山寺工役数十人，打入会所，棍棒齐下，把仁山等人殴打成重伤。这件事闹到法院，青权、霜亭等僧人都被判了一定的徒刑。金山寺经此一闹，佛教协进会和佛教改革的事也就无疾而终了。

中华佛教总会　当时的中国佛教领袖敬安闻知太虚和仁山等人大闹金山寺，虽然不满年轻人鲁莽行事，却也意识到应该建立一个对全国佛教发展有着领导作用，维护佛教利益的组织，他将太虚、仁山等人召到上海，协助中华佛教总会的筹备工作。1912 年 4 月，中华佛教总会在上海留云寺召开筹备会，敬安被推选为会长，冶开、清海为副会长，圆瑛为评议长，扬州天宁寺住持文希为总务长兼任江苏支部长。原来的各省僧教育会改为支部，县教育会改为分部。一时间，全国出现了 22 个省级支会，600 多个县级分部，扬州也成立中华佛教总会江都县分支部。同年 9 月，中华佛教总会在法源寺成立北京办事处，文希任驻京代表，参与了中华佛教总会会章的修改工作。规定其宗旨为统一佛教、弘扬佛法，以促进人群道德，完全国民幸福。基本任务是普及教育，组织报馆，整顿教规，提倡公益，增兴实业等。会章体现了总会具有与古代佛教组织完全不同的性质。

1913 年 3 月，中华佛教总会在上海静安寺召开正式成立大会，成为中国佛教历史上第一个自主的组织，大会推举冶开法师、熊希龄为会长，清海法师为副会长。中华佛教总会几乎成为全国唯一的佛教组织，成为佛教组织系统现代化的开端。总会的成立，改变了传统佛教一盘散沙的局面，它竭力维护佛教的根本利益，与各级政府强征寺产、迫害僧尼的行为进行斗争，因此也遭到了一连串的打击。1915 年 10 月以后，在袁世凯政府的打压下，中华佛教总会逐渐停止了一切活动。后来，清海法师等将中华佛教总会改名中华佛教会。1918 年，段祺瑞把持的北洋政府内务部公然宣布取缔中华佛教会，至此，这一全国性的佛教组织在名义上不复存在。

中国佛教会　1928 年 3 月，国民党南京政府内政部长薛笃弼重提庙产兴学旧事。南京中央大学教授邰爽秋提出实施的具体方案，整个佛教界大为震动。1929 年 4 月 12 日，由十七省代表参加的全国佛教徒代表会议在上海召开，决议成立中国佛教会，以保护佛教界权益。圆瑛当选为主席，太虚担任常务委员及学务委员长。佛教会宗旨为联合全国佛教徒，实现大乘救世精神，宏宣佛教，利益群众。同时，佛教会要求政府修整管理寺庙条例。同年，中国佛教会举行全体理事会，苏州、常州、镇江、南京、扬州、泰州均有寺庙代表参加。在六市中，南京与扬州与会寺庙最多，均为四所。扬州参加的是天宁寺、重宁寺、万寿寺和长生寺。1937 年 7 月 7 日，抗战全面爆发，中国佛教会召开紧急理监事会议，号召全国佛教徒投入抗日救国。

现当代扬州佛教组织衍变

江都县佛教会　1912 年 1 月 1 日，南京临时政府成立后，清扬州府自然消失，扬州作为城市之名存在，县为江都，扬州为其治所。随着各地佛教组织的兴起，扬州也陆续组建过江都县僧教育会与中华佛教总会江都县分支部。1929 年，中国佛教会在上海成立之后，江苏佛教界在镇江成立了江苏省佛教会，扬州长生寺方丈可端法师当选监察委员，各个县也都成立了佛教支会。扬州佛教界随之成立了江都县佛教会，第一届会长为大财神庙住持久安。1934 年，江都县佛教会在扬州天宁寺进行第二届改选。扬州籍国民党中常委王柏龄亲临大会，号召扬州商会给予支持。大会选举旌忠寺住持法权为第二届会长，会址设在旌忠寺内。1935 年 10 月，江都县佛教会举办隆重佛事活动，召集所属扬州各寺庙参与，并于旌忠寺内举行放戒法事。抗日战争开始后，三年一任期的佛教会改选工作暂停。1937 年底，扬州沦陷，江都县佛教会停止活动。

1928 年，宝应县成立佛教教育会，会长为一宿庵方丈丰汉，名誉会长为福寿院方丈智定。1931 年，高邮县成立高邮佛教会，铁桥法师任理事长。抗战前夕，高邮佛教会曾经组织下属各寺院青年僧人，参加为期三四天的僧伽学经班，后隆重放戒，受戒僧尼多达二百人。

僧抗会和僧抗队　抗日战争期间，扬州等城市先后沦陷，高邮、宝应则成为中共领导下的抗日游击区，建立有僧抗会及武装僧抗队组织。

1941 年 5 月，刘少奇、陈毅等新四军领导多路并进开辟宝应。当时，宝应地区日伪顽固势力犬牙交错，斗争形势复杂而又严峻。新四军组成“挺进支队”和“淮宝支队”在宝应地区以湖荡为依托，纵横驰骋，神出鬼没，在与敌人不断周旋中，先后粉碎敌人的多次扫荡。

此后，上级党组织派出夏雨等人进入高邮、宝应地区，组成高宝工委，建立民运工作队，开展收集情报、争取伪军、深入群众、宣传抗日，打击各种顽固势力。宝应县佛教会组织了僧抗会和僧抗队，参与抗日。1943 年，广洋湖乡观音庵僧人德祥、月成等人参加了射阳区游击连，1944 年 2 月在沙沟战争中牺牲。1944 年 3 月，宝应县射阳区组织了以龙竿寺方丈天祥为首的僧抗会，区政府派陈从庆参加领导，许多僧人报名参加。僧抗会在龙竿寺创办了利生纱厂，生产土布，供解放区军民日用。与此同时，宝应县百多名佛教徒在淮阴觉醒寺参加僧众武装训练，并组织僧众抗日救护队。1943 年 5 月，中共苏中宝应县委员会、宝应县政府在安丰镇成立，刘烈人任县委书记兼县长。宝应最终成为全国 19 块抗日根据地之一——苏中抗日根据地的可靠大后方，直至抗日战争胜利。

日华佛教联盟扬州分会　1931 年“九一八”事件以后，日本佛教团体在中国兴办的布教所、寺院等的数量骤然增多，其所从事的大都为面向侵华日军服务的项目，如随军布教、为阵亡者举行葬礼、安抚伤亡人员家属等。为了联络和拉拢中国佛教界，继而掌控中国佛教界，巩固对沦陷区的统治，日方成立了诸如中支宗教大同盟（上海）、日华佛教联盟（南京）、大东亚佛教总会（上海）等组织。其中，日华佛教联盟南京总会设于南京利济巷知恩别院内，日本佛教净土宗僧人胜田圆成任理事长。镇江、上海、无锡、常熟、南通、九江、芜湖、蚌埠、合肥等地皆设分会。

抗战爆发后，国民党军队曾驻扎于扬州长生寺，军队撤离时，遗留下极少量的枪支弹药。1941 年，伪绥靖团查出长生寺内时私藏枪支弹药，方丈弘度被追捕出逃，伪绥靖团关押了性莲老和尚以及时任愿生寺住持的可端法师，逼令交出弘度。日华佛教联盟南京总会趁机要挟可端就范，成立日华佛教联盟扬州分会，可端任会长，继任会长为天宁寺住持让之，副会长是准提寺住持宝光，会址设在愿生寺内。为防止扬州分会不听从指挥，南京总会特派一名日本僧人驻扬监督。抗日战争胜利后，日华佛教联盟扬州分会解散。

中国佛教会江苏省江都县支会　1945 年 8 月，抗日战争取得了胜利。同年12月17日，南京政府内政部和社会部一起发布训令：依法组织中国佛教整理委员会。该令指定太虚、第七世章嘉、虚云、圆瑛、李子宽、屈映光等九人为委员，具体住持中佛会整委会工作。12月22日，整委会在重庆召开了第一次会议，指定各地在半年之内成立相应的各级整理委员会。次年1月26日，整委会会所迁至南京。中国佛教会整理委员会除了是战后中国佛教全国性整理中枢，也是地方佛教寺院复原整理时的指导中心。

1946年1月，江都县政府发文建立整理委员会，原指定让之为主任委员，后查得让之、宝光曾任伪日华佛教联盟扬州分会正、副会长，于是改由心禅、润田、仁海、昌泉、复真为整理委员会委员。胜德庵住持心禅被公推为会长，委员会下设文书、经济、登记、交际四股，有委员分工任股长，会址仍定于旌忠寺内。1946年上半年，整理委员会多次召开会议，并根据中国佛教整理委员会指示，正式定名为“中国佛教会江苏省江都县支会整理委员会”，登记会员271人。1946年9月16日，扬州万寿寺召开了会员大会，正式成立“中国佛教会江苏省江都县支会”，由心禅、松山、润田、仁海、妙安等九人为理事，昌泉、复真、宏模、瑞霞为候补理事，陈含光、松涛、来果为监事，惟净为候补监事。在第一次理事会上，心禅当选为理事长。1946年12月15日，中国佛教会江苏省分会成立，设在镇江超岸寺，理事长为守培法师，至此江苏省许多县市都建立了分会。1947年7月，江都县下辖九个区，都分别建立了佛教支会办事处。

1947年3月1日，宝应在一宿庵成立了中国佛教会江苏省宝应县支会，悟真为理事长。同月，高邮县成立了佛教会江苏省高邮支会，会址定在善因寺。1947年5月26日，中国佛教会胜利后第一次全国代表大会召开。1949年4月，解放战争基本结束，各分会支会先后停止活动，组织解体。

扬州市宗教界抗美援朝分会佛教支会　1950年6月25日，美国发动侵朝战争，并无视中国人民的抗议，悍然侵犯我国东北边境鸭绿江。同年十月下旬，中国人民志愿军进入朝鲜和朝鲜人民军并肩作战，保家卫国。此后三年里，全国的工人、农民、知识分子、医务工作者与各界各民族爱国人士，响应抗美援朝总会的号召，发动了广大规模的募集慰劳金、救济品运动。同时，开展了爱国增产节约运动，以响应国家提出的“增加生产，厉行节约，以支持中国人民志愿军”的号召。

1950 年下半年，在政府宗教部门的领导和支持下，扬州佛教界成立了“扬州市宗教界抗美援朝分会佛教支会”。法净寺僧人流平任会长、藏经院住持瑞霞及愿安、根静任副会长，会址就设在宛虹桥的藏经院。支会的主要工作是通过“捐献飞机大炮”活动，向佛教徒进行爱国主义和国际主义教育。同时，能勤法师经委派负责僧尼的生产自助工作，成立编席组、织巾组，解决部分僧尼的生活困难。支会实际上起到了佛教协会的作用。

扬州市佛教协会　1949 年中华人民共和国成立，成为中国佛教史上的重大转折。新中国成立初期，党和政府制定和贯彻了宗教信仰自由政策和民族团结政策。佛教界爱国人士的社会政治地位得到提高，一些著名寺院得到修整，佛教活动正常开展。1953 年 6 月 3 日，中国佛教协会正式成立，圆瑛当选为会长。协会宗旨为：团结全国佛教徒，在人民政府领导下，参加爱护祖国与保卫世界和平运动。此后，各省及佛教徒较多的各市、县相继建立的地区佛教协会。

1957 年 2 月 15 日，扬州市佛教界代表大会召开，成立了扬州市佛教协会。瑞霞当选会长，心禅为秘书长，会址定在旌忠寺。1958 年上半年，扬州市佛教协会与天主教、基督教、伊斯兰教教会组织合署办公，经济统一管理。1958 年，瑞霞、心禅停职，由石塔寺住持松涛代理会长，祇陀林师太元庆代理秘书长。1963 年松涛病逝，法净寺能勤接任会长。

1966 年，文化大革命开始，中国佛教协会的工作被迫停顿，组织陷入瘫痪。大批僧尼被赶出寺院，佛教文化教育事业单位和地方佛教协会被迫关闭。扬州佛教协会亦受到冲击，房屋被占用，各教会组织撤出，佛协工作被迫中断。

十年内乱期间，佛教作为中日邦交的桥梁未断。作为“传灯大法师”鉴真的故乡，为接待日本佛教界来访者，扬州市佛教协会于 1972 年率先恢复了工作，首项工作就是协助政府完成法净寺鉴真纪念馆的建设。1973 年 5 月 24 日至 25 日，中国佛教协会会长赵朴初陪同“日中友好宗教者恳话会”访华代表团一行 11 人，来扬州参拜法净寺和鉴真纪念堂。1978年，会长能勤随中国佛教协会代表团出访日本。

1979年后，中国佛教协会会务重新启动，1980年3月，扬州市佛教协会补选瑞霞、如皓为副会长。1980年冬天，中国佛教协会第四届全国代表大会的召开标志了中国佛教史的新起点。随着一批寺院的恢复，各地方丈责任制与民主管理委员会并存，修订保存下来的传统寺院规约与重新建立以岗位责任制为主要内容的新制度并行。扬州市佛协开展了一系列工作，协助市政府宗教主管部门，落实宗教信仰自由政策，落实宗教团体房产、协助已获批准开放的寺院修复寺宇、参加佛教外事活动。1983年，行政区体制改革，撤销扬州地区建制，实行市管县体制。原扬州市佛教协会进行改组。1984年12月3日至6日，召开了第一次佛教代表会议，会上选出体改后的扬州市佛教协会第一届理事会。名誉会长有能勤、瑞霞和祇陀林退居明智、江都县名僧雪松、居士李长科。旌忠寺住持印波担任会长，副会长为高旻寺住持德林、观音山禅寺住持如皓、祇陀林住持宽敬、宝应县名僧广智、泰州光孝寺住持肇元。秘书长宽敬（兼），副秘书长元庆、流平、大明寺监院松月。元庆、侯彪驻会办公。

扬州市佛教协会发展至今，历任会长分别为瑞霞、松涛、能勤、印波、德林、能修。历经四次换届，分别是1984年第一次换届，1993年第二次换届，2006年第三次换届，2012年第四次换届。其宗旨始终为协助政府落实宗教信仰自由政策，维护佛教界合法权益，高举爱国爱教旗帜，发扬佛教优良传统，积极兴办慈善公益事业，团结教育佛教界四众弟子，倡导人间佛教思想，积极参与社会主义文明建设，庄严国土，利乐有情，为社会和谐、祖国统一、世界和平作贡献。

目前，扬州市佛教协会会长为能修法师，副会长分别是文龙、演文、闻谛、法融、大初、清纯，秘书长为张琛，副秘书长为能度、传智 、演宁、金树斌、朱法俊、朱宇、赵长虹、昌尔。名誉会长为德林、宽敬、侯彪，净因为顾问。

各县市区佛教协会 1984年9月22日，宝应县成立宝应县佛教协会筹备组，组长明秀。1993年4月15日，宝应县佛教第一次代表会议在县城举行，宝应县佛教协会正式宣告成立。选举产生了第一届理事会。理事会第一次会议选举明波为会长，天乐、无上、贤愿为副会长，智宪为秘书长。2008 年 7 月 17 日，宝应县佛教协会召开第三届换届选举代表会议，会议选举产生了宝应县佛协会新的理事会领导班子，宁国寺住持清纯法师当选为会长。

1984 年年底，邗江县成立佛教协会，会长为德林，副会长兼秘书长为杨宝庆。1990 年 12 月 20 日，江苏省邗江县佛教协会正式成立，首任会长为松月。2001 年 1 月，邗江撤县设区，县佛教协会经区民政局批准更名为扬州市邗江区佛教协会。2012 年，邗江区佛教协会第二次代表会议在大明寺居士楼召开，全区 36 名佛教界代表和特邀代表参加了会议，选举产生了区佛协第二届领导班子。观音山禅寺住持法融当选会长，会议还礼请了高旻寺德林法师为区佛协顾问、大明寺住持能修法师和高旻寺住持文龙法师为名誉会长。

1984 年 12 月 15 日，高邮县在极乐庵召开体改后佛教第一次代表大会，正式成立高邮县佛教协会，会长悦禅，副会长照庆、隆涛。1997 年 9 月 20 日，高邮市召开佛教第二次代表会议，选出会长广修，副会长云领、石香、广智，秘书长文德。高邮市佛教第三次代表会议于 2002 年 11 月 28 日在高邮市人武部会议室召开，文德当选会长，副会长为果清和唯信， 秘书长为智定。三届四次理事会增补心然、曙安为副会长。2008 年 5 月 27 日，高邮市第四次代表会议选举产生新一届领导成员，会长为文德，副会长为心然、果清、惟信、曙安。

1987 年 12 月，以雪松法师为主任，成立了九人的江都市佛教协会筹委会。1992 年元月 16 日，江都市佛教协会成立，本智当选会长，法源、慧禅为副会长，祖永为秘书长，雪松法师任名誉会长。1999 年 4 月 29 日，在江都市佛教协会换届选举中，宏智当选为会长，祖永、闻谛当选为副会长，祖永任秘书长。雪松法师、本智法师任名誉会长。2008 年 6 月 15 日，第三届换届选举代表会议上，闻谛当选为会长，旭光、心悦、果禅、印如为副会长；朱法俊任秘书长。

1992 年 11 月，仪征市佛教协会筹备组成立。1995 年 11 月 9 日，仪征市佛教协会第一届代表会召开，选举产生仪征市佛教协会第一届理事 12 人、常务理事 7 人、选举养廉为会长，如新、文敬为副会长，秘书长由副会长文敬兼任。会址暂设于真州镇香照寺内。2003 年 11

月 28 日，仪征市佛教协会第二届代表大会召开，选举地藏寺住持觉熙法师为副会长，秘书长由理事昌修法师担任，会址迁至陈集镇地藏寺内。2005 年 6 月 30 日，召开了仪征市二届佛协理事会议，增选地藏寺监院昌尔法师为二届佛协副秘书长。

第三章　扬州佛教教育事业的变迁

自从佛教应世以来，教育始终是佛教发展中一个最重要的工作。近代佛教教育的开展，是在西方基督教教育思想传入中国以后兴起的。在此之前，佛教教育被称为“丛林教育”，寺院承担了培养佛界人士最主要的责任。清末民初，西方殖民者的侵入，令传统的佛教教育模式受到了冲击。一些佛教有智之士开始借鉴西方的教育模式，引进佛学院的概念，传统的佛教教育模式发生转变，丛林教育让位于佛学院教育。

1903 年，湘僧笠云法师在日僧水野梅晓的协助下，在长沙开福寺兴办了近代第一座新式僧学堂。1906 年，文希法师在扬州天宁寺创立普通僧学堂，招收青年僧人入学，课程设置了一些纯知识性科目，经费来源由多个寺院共同承担，成为近代史上国人开办的第一家正规学院式佛教教育机构。翌年，杨仁山居士在南京金陵刻经处设立了祇洹精舍，招收僧俗学生。1910 年，谛闲、月霞在南京三圣殿创立江苏僧师范学堂。1922 年，作为近代佛教教育的两大标杆，欧阳竟无居士和太虚法师各自主办的支那内学院和武昌佛学院成立。同年，仁山长老在高邮创办天台学院。1923 年，扬州长生寺开设华严大学院。可以说，扬州佛教教育事业走在了时代前列，开近代佛教教育风气之先。随着这些近代佛教教育机构的一一兴起，民国时期的佛教教育与文化事业恢复了生气。

解放后，佛教教育主要在北京的中国佛学院进行，早期生源素质较高，人数虽少，但是成就颇高。经历了数十年的沉寂之后，中国佛教在 20 世纪八十年代后开始复兴，却面临着人才匮乏的困境。佛教要重新崛起需要高素质的人才。1992 年，中国佛教协会赵朴初会长在上海召开的全国汉语系佛教教育工作座谈会上指出，当前和今后相当长时期内佛教工作中最重要、最紧迫的事情，第一是培养人才，第二是培养人才，第三还是培养人才。在这个方针的指引下，佛教办教育成为僧俗两界的共识。2001 年 7 月，扬州大明寺创建初级佛学院，主要为苏北、苏中地区培养僧才。2003 年 3 月，大明寺筹办高级佛学院——鉴真佛教学院（简称“鉴真学院”），以培养佛教国际交流人才为办学目标，面向全国招生。2011 年 3 月，国家宗教局正式批复设立鉴真佛教学院，该学院作为高等佛教院校，成为国内唯一具有外语教学特色的本科佛学院。经过多年的辛勤努力，大明寺培养出的学僧已经遍布全国大多数省份，在僧教育领域取得了丰硕成果。

一、扬州历代重视兴办教育

扬州近代以来的僧教育无论是从佛学院的组织形式、学制课程设置方面，还是从与时并进、契机契理的创新精神方面，都在佛教教育史上占据了一席之地。这与扬州教育风气甚盛密不可分。

地处江淮之间的扬州，虽在历史长河里屡遭丧乱，却总能凭借其内在的、丰厚的文化底蕴崛起兴盛，其中一个重要的原因就是历代重视兴办文化教育事业。西汉时，汉武帝选派大儒家董仲舒任江都相，他倡导的“正谊明道”教育主张在扬州影响深远，成为扬州文化的重要组成部分。及至隋唐，扬州境内建学宫，设官学，并有大量私学兴起。其中，儒学大师曹宪及弟子李善在扬州以《文选》聚徒教学，李善更替《文选》作注，称为选学，士子学习，蔚然成风，开后世书院教育之先河。

南宋绍兴十二年（1142），扬州知府许中，在扬州的夹城英缠坊建州学宫，并在州学宫内附设江都县学。南宋理宗宝庆二年（1226），为纪念扬州籍著名教育家胡瑗，安定书院在扬州境内创建。此后两百多年，到明代正德、嘉靖、万历年间，扬州有了诸多著名的书院，如安定书院、资政书院、惟扬书院、五贤书院、甘泉山书馆（即崇雅书院）等。虽然明崇祯时，魏宗贤大禁书院、扬州书院相继废毁，然而书院教育在扬州的影响却保留下来。

清代，扬州是两淮都转盐运使司所在地，发展教育事业有着得天独厚的经济基础。扬州书院经费或由盐运使捐款拨给，或由盐商捐款兴办，有着官办和商办结合的优势。康熙元年（1662），巡盐御使胡文学率先在三元坊重建安定书院，康熙南巡，颁赐御书“经术造士”，给扬州的师儒和士子极大的鼓舞。康熙二十二年（1683），两淮商人捐资在北桥创建敬亭书院，总督于成龙在北门外建虹桥书院。康熙五十一年（1712），扬州知府赵宏煜在府治西建专课童生的广陵书院。雍正十一年（1733），随着清世宗对书院实行开放政策，扬州书院迅速发展，数量大增。到乾、嘉年间，扬州府所属的书院已经有十多所。雍正十二年（1734），盐商马曰琯在梅花岭崇雅书院旧址建起了梅花书院，扬州府同知刘重选亲为课士。嘉庆十四年（1809），梅花书院生徒中有一人殿试中了状元，于是建造了文昌楼，设里孝廉会文馆，附属于梅花书院，专门给举人讲课，成为当时第一所专课孝廉的书院。届时，扬州所属郊县的乡镇也创建了不少书院。纵观有清一代，扬州通过科举考中举人、贡生的数不胜数。据《明清进士题目录》统计，取得进士最高学位的就达到 405 人，其中，康雍乾嘉四个时期考中进士的就有 222 人，可见当时扬州重视教育的盛况。

扬州历代办学之兴盛的原因，一是扬州优裕的经济条件。尤其在清代，扬州盐商富裕，经济繁荣，各书院待遇也较其他州府要高。二是扬州历来重视“名师出高徒”。康雍乾三朝，主讲安定学院的多是名家大儒，有儒学大家王步青、画家杭世骏、诗人蒋士铨、史学家赵翼等，在全国影响很大。梅花书院的院长就有姚鼐、茅元铭、胡长龄等名家担任过。这些有真才实学的老师中，很多人不顾严格的清代考课制度，不注重八股，保持了广泛涉猎、严格考证的风格，为扬州培养了很多出色的人才。三是教学无类。扬州书院的学生不仅有本地的，而且还接受外地慕名而来的学生。在安定、梅花两院的生徒中，不少人后来成为中国历史上著名的学者，如段玉裁、汪中、洪亮吉、孙星衍、刘台拱等。

清末，安定、梅花、广陵三书院改名为校士馆，后来三者合而为一，称为尊古学堂。光绪三十二年（1906），科举废除，尊古学堂改为两淮师范学堂。此后，各县乡镇的中小学堂如雨后春笋般设立。文希法师在这时创立天宁寺普通僧学堂不是一次意外的创举，而是有着深厚的地域背景的支撑。

清末，扬州办学形成了高潮，先后出现了仪董学堂、两淮师范学堂、扬州府中学堂、笃才学堂、两淮初等小学、三乐小学等新式学堂。此外，扬州女子也不示弱。出生于诗书之家的维扬才女郭坚忍，提倡女子必须知书达理，创办幼女学堂，在社会上公开招生。后在祇陀精舍带发修行尼孙阆仙的帮助下，扩大幼女学堂为私立女子公学，成立师范班、高等小学和附属平民小学，招收女子上学，开国内风气之先。佛教作为扬州文化中重要的一部分，自然不会在这股办学风潮中置身事外。

二、扬州僧教育的初步探索

清末新政废科举，兴学堂。由于办学经费不足，政府采纳张之洞提出的“庙产兴学”对策，即征收部分道观佛寺及民间庙宇的财产和场地用于办新式学堂。于是，全国范围内掀起了第一次“庙产兴学”运动。为了减轻压力，1907—1911年间，佛教界在各省组建了僧教育会，将兴办僧伽教育视为改革佛教的最基本举措。事实上，早在1904年前后，江苏、浙江、上海的僧人和居士就开始掀起兴办僧学堂的热潮，他们串联组织机构，聚集资金人才，为兴办学堂做准备。

1904年9月，扬州天宁寺、重宁寺、万寿寺、兴教寺及高旻寺僧人在天宁寺住持显恒的召集下，集会讨论，准备自办学堂，以佛教经典为主，兼修一切有用之学。会后即开始筹集经费，不少本地尼庵也都捐献了钱财。最初拟办学堂为僧侣实业学堂，后禀准两江学务处定名为“扬州普通僧学堂”，监督为文希法师。但是，由于准备仓促及缺乏师资，天宁寺所办僧学堂延至1906年5月9日才正式开学，文希担任校长，经费由扬州各寺院分担。最初拟招收僧人60名，分寻常、高等两科教学。首期招生，只招到二十余人，如今知道名字的，只有仁山、智光两位法师。课程设置除佛教常识、国文等，请来溥常法师讲《楞严经》，又专门请了日本居士道扬教授日文。文希法师自己还编写教材，讲授《释迦如来成道记》。两江学务处对该校评价为“查阅章程，具有秩序，良堪嘉悦”，批转扬州知府出示保护。接着，文希法师又创办了扬州八邑八区僧立小学。在当时，扬州在僧教育方面的举措是开风气之先的创举。

文希法师是一位思想开明的僧人，他获悉日本佛教教育很进步，希望如同乡前辈鉴真大师般东渡日本，学习佛教教育经验，大兴僧教育。光绪三十三年（1907），文希获两江总督端方批准，咨送游历日本。但是，当他途经镇江时，遭人检举，说他到日本的目的是勾结革命党。在那个年代，革命党如同洪水野兽，官府不问青红皂白，拘捕了法师。文希被收押，送到江西石城县监狱。天宁寺的僧学堂在万般无奈之下停办，仁山和智光等学生也就各自回寺。

扬州普通僧学堂虽然夭折了，但是却开创了中国佛教自办新式僧学堂的先河，并且为继续佛教教育事业培养了僧才，为近代佛教发展做出了贡献。

学僧仁山（1887—1951），江都人，法名显山，就读扬州普通僧学堂时，勤奋向学，刻苦修持，为文希法师所欣赏。后转学南京祇洹精舍、江苏僧师范学堂。1912 年，协助近代佛教改革家太虚法师筹办佛教协进会，号召“教理、教制、教产”三大革命，曾经为兴办学堂大闹镇江金山寺。同年，协同中国佛教领袖敬安（寄禅法师）等筹建中华佛教总会，驻会办公。1919 年，仁山赴高邮放生寺创立天台学院，三年后继任放生寺住持，改天台学院为四弘学院，专弘天台教义。苏北一地没有佛学院，高邮为苏北大县，地理位置适中，经由仁山主讲的号召，各地僧青年纷纷入学。与常熟兴福寺的法界学院南北相望，同为民国十年前后颇有声望的僧教育学院。

另一位学僧智光（1889—1963），在扬州普通学堂解散后，与仁山同学先后就读于南京祇洹精舍、江苏僧师范学堂。1913 年，于泰兴创办儒释初高小学。1934 年，任镇江焦山定慧寺住持，创办焦山佛学院，设佛学、国学、历史、地理、算术等学科，礼聘雪烦、东初、玉泉、云开、觉民、曼陀等法师任教，对青年僧人进行佛学和世学的教育，培养了茗山、慈舟、性空、松年、星云等一批佛教人才。

除了高邮天台学院外，民国时期扬州最早的佛学院当属 1923 年长生寺开设的华严大学院。华严大学院是民国期间弘扬华严一宗的佛教学院，也是当时少数几所直接以大学命名的佛学院。学院的创始人是可端法师。自 1919 至 1922 年，可端用三年的时间讲完一部华严经，由于可端的讲经精妙，得到众多僧人与居士的认可，并希望他能够续讲下去，提高众人的佛学造诣，因此成立华严大学院。学生数最初额定为四十八名。1923 年 1 月 20 日，华严大学院正式开学，可端任院长。3 月 2 日，由海上画派领袖人物、上海世界佛教居士林林长王一亭题写刊名的华严大学院月刊《佛光》杂志正式创刊。《佛光》作为华严大学院的院刊，内容多以刊登华严宗的文章为主，兼论天台论文，有着较强的宗派色彩。《佛光》月刊的最大价值在于如实记载了华严大学院的所有情况，包括学院的兴办缘起、学院的章程、授课讲义、学生的课程表、学课记录、考试试题等，成为了解学院重要的史料。1929 年 9 月，华严大学院奉国民政府教育部令改组为“江都佛教传习所”，在继续办学期间出版印有孙中山头像的《大佛学报》，彰显了佛教入世的民族主义精神。

清末佛门委顿，加上庙产兴学的压力，高僧大德纷纷试图改变旧有的僧伽教育模式，开办新式学堂，造就人才。一时间，国内数十所佛学教育学堂相继而起。扬州佛教教育事业在其中扮演了积极的角色，对于民国时期佛教的革新运动起到了极大的推进作用。

三、当代扬州佛教教育事业

1956 年，在中国佛教协会领导下，中国佛学院在北京创立，院址设在法源寺。学院设有专修科、本科、研究班和研究部，1962 年增设藏语佛学部。中国佛教学院创办之初，在办学宗旨、教学与研究、行政管理上，继承传统，适应当代，是一所传统与现代相结合的新式佛学院。从这个意义上说，它揭开了当代中国佛教教育崭新的篇章。然而，文化大革命爆发后，中国佛学院逐步萎缩，直至消失。

20 世纪八十年代以后，随着国家宗教政策的贯彻落实，作为佛教发展的基础，佛教教育工作受到佛教界的关注。1980 年，中国佛学院恢复招生。1982 年，中共中央下发了《关于我国社会主义时期宗教问题的基本观点和基本政策》重要文件。文件明确指出：

> 有计划地培养和教育年轻一代的爱国宗教职业人员，对我国宗教组织的将来面貌具有决定的意义。我们不仅应当继续争取、团结和教育一切现有的宗教界人士，而且应当帮助各种宗教组织办好宗教院校，培养好新的宗教职业人员。宗教院校的任务，是造就一支政治上热爱祖国，拥护党的领导和社会主义制度，又有相当宗教学识的年轻宗教职业人员队伍。

这个文件大大地推动了全国宗教院校的成立与发展，各地佛学院纷纷成立，各种研究机构也开始产生，佛教刊物逐渐创办。佛教教育以分布各地的佛学院为载体展开。新兴的佛学院教育体制上大量借鉴了西方现代学院教育的形态，解决了由于特定历史情境造成的僧团无继、教职人员严重匮缺的现实问题。中国当代佛教的复兴，很大程度上得力于这种地方僧教育的普及。

在此次兴办佛教教育的洪流中，扬州再次扮演了先行者和革新者的角色，二十年间，扬州佛教以大明寺为依托，陆续创办了初级和高级佛教学院，完成佛教教育从传统寺院形态向现代学院形态的转换，形成了一个初级和高级相互衔接的佛教教育体系。

扬州大明寺佛学院

“文革”时期，法净寺（今大明寺）因为唐代高僧鉴真的缘故，得到了国务院的特别关注，没有遭到破坏。1963 年，纪念鉴真逝世 1200 周年，中日佛教界、文化界人士共同在大明寺举行隆重的纪念活动。1980 年，鉴真坐像回国巡展，成为扬州佛教史上的盛事，在海内外产生了广泛的影响。随着宗教政策的进一步落实，大明寺成为扬州地区最先开放的寺院。从 1981 年开始，大明寺先后选送多名年轻僧人前往各地佛学院及高等院校学习文化知识、佛教理论。宗教要与时俱进，必须培养僧才。

扬州有着兴办教育的传统，创办佛学院是大明寺僧人的梦想，也是已故的原中国佛教协会会长赵朴初先生的愿望。从 1963 年撰写《纪念鉴真大师，展望中日友谊的光明前程》文章开始，到协助建造“鉴真纪念堂”，赞同鉴真像回国巡展，在《人民日报》上发表《千载一时的胜缘，一时千载的盛举》文章，恢复鉴真任住持时的“大明寺”寺名，关心鉴真药草园建设……赵朴老为扬州佛教事业付出了毕生的心血。即便在病中，赵朴老也念念不忘要在扬州建立一所佛教大学。大明寺现任方丈能修法师回忆当年的情景：

1998 年，我陪同扬州市领导去北京探望住在医院里的赵朴老。他语重心长地对我们说，寺庙要有宗教氛围，要有文化氛围，还要有时代氛围，这就要有高素质的僧徒，新时代的高僧。鉴真大师生前就十分注重人才的培养，他的弟子遍天下，成为名重一方的高僧。他到日本设戒坛院就是培训和教育四方僧徒。用现在的话说，就是办佛学院。日本天皇下诏说，只有经过戒坛院学习、授戒的人才是国家公认之僧尼。扬州大明寺不仅仅是个旅游景点，更主要的是一个著名宗教场所，一定要像当年祖师鉴真那样，重视佛教人才的培养，提高僧徒的素质。我告诉他，我们想办佛学院。他说，好！先办佛学院，在佛学院的基础上，再办鉴真大学，这有利于中日友好。学佛的信徒要以鉴真为榜样，老师、僧人、居士都要以鉴真为榜样，有像鉴真这样的德学高僧，佛教才能兴盛。他还说，台湾有个玄奘大学，我们办一个鉴真大学。玄奘是去西天取经的，鉴真是东渡弘法的。他们是我国佛教的两个璀璨的星座，台湾有玄奘大学，扬州办个鉴真大学，两岸佛法，珠联璧合。这样也便于与世界接轨。在场的市领导对此非常重视，表示积极支持大明寺办鉴真大学。赵朴老听了高兴地说，要让扬州成为佛学教育中心，培养高素质僧人的中心，产生国际影响，体现我国的宗教政策。遵循赵朴老的教诲，决定先办大明寺佛学院，没有多久，赵老抱病题写“扬州大明寺佛学院”校牌，写好寄来了，并且再三表示对创办鉴真大学的关注，还特地写好了“鉴真大学”的校牌。

1999 年 12 月，大明寺开始进行初级佛学院的试授课，两年里积累了一定的办学经验。此时，苏南地区已经相继建成了灵岩山、栖霞山、金山等佛教院校。而苏北地区尚无一处佛教教育基地。大明寺初级佛教学院的应运而生，无疑将填补这一空白。2001 年 7 月，江苏省宗教局正式批准大明寺创建初级佛学院，培养专科生，重点面向苏北、苏中地区寺庙的常住僧人。经过半年的筹备，佛学院正式开学，来自全省各地的 42 名学员被正式录取。

佛学院设在大明寺内，学僧食宿一律免费。师资为来自上海佛学院、有关寺院德学高深的当家师和地方高校的教师。另外，还聘请海内外名僧大德来学院举办讲座和短期讲学。在课程设置上，以佛学基础、佛学史等基础知识为重点，适当掌握经律论知识，同时开设社会类课程。佛学院开设了《劝法菩提心文》《印度佛教史》《唯识三十颂》《沙弥学处》《中国佛教史》《大势至菩萨念佛圆通章》《八识规矩颂》《佛学基础》《童蒙止观》《威仪教相》等佛学课程和语文、英语、书法、中国历史、中国革命史、宗教法规等社会课程。佛学院采取“学修一体化、学院丛林化”的办学形式，学僧除了集中上课外，还参加寺院的日常早、晚上殿堂修持。经过两年的正规学习，2003 年 6 月底，第一届 34 名学员圆满毕业，其中 2 人考取中国佛学院、2 人考取上海佛学院、2 人考取栖霞佛学院、1 人考取闽南佛学院，其余多人在各大寺院任纲领执事。

扬州大明寺佛学院是苏北首家佛学院，也是当代扬州创办佛教教育战略实施的第一步。

鉴真佛教学院

创办大明寺佛学院的成功经验，令扬州佛教教育事业迅速进入下一步战略计划，这一次要兴办的是培养大学本科生的高等佛教学院，也就是建一所赵朴老心中的“鉴真大学”。2002 年 9 月，扬州佛教协会和大明寺共同主持制定出“鉴真大学（佛教对外文化交流学院）的论证报告”。2003 年，扬州建设鉴真佛教学院的设想得到原国务院副总理李岚清的大力支持。李岚清亲自为郭沫若歌颂鉴真的诗作《鉴真东渡》谱写了曲子，此曲后来成为鉴真佛教学院的校歌。同年 3 月 17 日，国家宗教事务局正式发文，同意在扬州大明寺筹办“鉴真佛教学院”（简称“鉴真学院”），旨在培养佛教教育与管理的高级人才，尤其是培养佛教对外交流的专业人才，学制 4 年。2003 年 6 月 30 日，大明寺方丈能修法师在大明寺佛学院首届学生毕业典礼上的讲话中鼓励毕业生将来报考鉴真学院预科部，争取成为鉴真学院首届学员。他介绍说：

目前大明寺又遇上了千载难逢的机遇。2003 年 4 月国家宗教局正式批准，在大明寺创办鉴真佛教学院。这是一所培养佛教国际交流人才的高等学府。学院以弘扬中国佛教的优秀传统，培养佛教国际交流人才为宗旨。立足于时代前沿，坚持高起点、高质量、高规格办学。学院培养具有本科以上学历的佛教外交人才，与国外佛教界互派留学生。鉴真学院校址将建在风景秀丽的蜀冈之上，与大明寺相比邻，占地 308 亩，请全国的一流建筑设计师设计。环境布局将体现传统佛教的庄严与现代化的开放相统一，体现人与自然相和谐。校舍建成后，校园内绿水环绕，碧草匝地，钟声梵音响彻天外，诵经研修之风盈实于前。

2003 年 11 月，借纪念鉴真东渡成功 1250 周年之际，在鉴真学院新址上举行了隆重的奠基仪式。学院选址在蜀冈—瘦西湖风景区内，南接大明寺，东邻观音山，北倚平山北路，西连扬子江北路。规划面积 308 亩，建筑面积约 3.5 万平方米，整体设计采用仿唐建筑风格，总投资约 4 亿元。其中按照国际一流的图书馆建设的鉴真图书馆占地 100 多亩，以单体设计，整个工程都由台湾佛光山负责实施筹建，台湾佛光山开山宗长、扬州籍僧人星云大师为鉴真图书馆的建立给予了知识上和经济上的大力资助。

经国家宗教局批准，2006 年和 2007 年两年，鉴真学院招收了两年制和一年制的本科预科班。2008 年起，鉴真学院开始试招本科班，学制 4 年，招收对象主要是预科部毕业生、全国中等佛教院校毕业生及具有高等以上学历的青年僧人。2010 年 7 月，曾任扬州市环境资源职业技术学院党委书记的蒋寿建出任鉴真学院副院长，与院长无相法师、常务副院长能修法师共同组成新的学院领导班子。2011 年 3 月 23 日，国家宗教局正式批复设立鉴真佛教学院，标志着鉴真学院作为一所高等佛教院校，成为国家唯一的外语本科佛学院。依照赵朴老生前的期望，鉴真学院正是以弘扬中国佛教文化的优秀传统，培养佛教国际交流人才为宗旨，以“突出外语教学，注重律宗研修、弘扬鉴真精神”为办学特色，坚持“学修一体化、生活丛林化”办学方式，实施“以信为本、以戒为师、解行相应”的道风修持教育，注重夯实学僧文化基础、提升宗教素养知识，强化佛教英语、日语应用能力，致力于培养爱国爱教、弘扬人间佛教、促进佛教文化交流的弘法僧才。

2013 年暑期起，学院新开设了研究生班，学制二年。2013 年 9 月，学院首设全国第一家本科起点的尼众部，尼众部设在瘦西湖景区内法海寺。

鉴真学院采用全日制本科教育，开设了佛教英语、佛教日语两个专业，学制四年。同时，学院面向全国寺院纲领执事以上管理人员，采取定期集中辅导与日常自学相结合的教学方式，开设了佛学大专函授班，并根据社会需求，为佛教教职人员和佛门四众弟子开展非全日制短期培训。学院在突出英语、日语两个外语专业的同时，强化佛学基础知识和律宗经典课程，充实大学语文、中国历史、世界史和中外哲学史等基础课程，还增设了武术、书法、国画、古筝、古琴等才艺选修课程。

鉴真学院改变了“寺院办学”的僧教育传统，实行全新的“自主办学，独立财政”的现代教育体制，从而由单一寺院的小天地迈向现代高等教育的广阔天地。经过时间洗礼的鉴真学院，不仅成为一所集文化教育、佛学研究和国际交往于一体的文化教育实体，也作为一项扬州重点工程，担负着为扬州融入世界、和谐发展作出贡献的巨大责任。

佛教学院作为一种现代产物，它在当代的发展，必须面向当今世界佛教发展的新趋势，适应现代社会转型的新变化。在深化与完善现代佛教教育理念及建制上，扬州佛教教育事业走在了时代的前列。

第四章　扬州佛教的重要佛事活动

在佛教中国化的进程中，由于中国传统文化本身的宽容本质，佛事礼仪既充分受到印度佛教的影响，也显示出中国民间社会的独特文化。例如印度时期的夏安居本是配合当地气候，夏季为雨季，万物生发，为了避免伤及众生，所以僧尼要结夏安居不出门，在安居中修行。此仪式传到中国后，就成为纯修行内涵。至于经忏则更加显示了中国的独特性。中国的鬼神文化加上家族伦理，使得佛教超度元素得到充分发扬，建立了独特的水陆道场、慈悲水忏等。另一方面，佛教节日与中国文化的融合令佛教信仰民俗化、地域化，甚至起到社会整合功能。如腊八粥以佛的成道为元素，加入中国的气候、节庆，形成冬季的年节食尚。盂兰盆会则从佛教的法会，演变成为民间的节日活动。中元节这天，即便不是佛教信徒，也会追思祖先，为他们祈福。

扬州是一个有着2500年悠久历史的城市，佛教的传入也已经接近2000年。长期以来，佛教对于扬州的社会生活、文化艺术等各个方面产生了深远的影响。扬州的地方文化、传统习俗亦渗透进佛教当中，衍生出独具特色的扬州佛教活动。此外，由于扬州是六次东渡日本传法的唐代高僧鉴真大师的故乡，当代扬州围绕纪念鉴真及学习鉴真精神组织了一系列大型活动，打造出独属扬州的佛教文化。

一、扬州寺庙特色佛事活动

扬州佛门常规活动除了朝暮课诵外，还有放戒活动。扬州佛教史上，万寿寺、长生寺、旌忠寺、天宁寺、宝轮寺、地藏寺、静慧寺、普照寺、福缘寺、北来寺、重宁寺等寺庙都曾经举行过放戒仪式。晚清时期，扬州地域盛行的佛教节日有浴佛节、盂兰盆节、地藏诞辰、翻经节、腊八节、财神庙会、都天庙会以及观音山庙会。随着这些节日的佛事活动，观音、弥勒、地藏和阿弥陀佛等名称深入民间，成为扬州人较为普遍的信仰。20世纪80年代以后，小型念经拜忏活动又开始盛行起来，旌忠寺成为其中的佼佼者。

如今，扬州寺庙除却佛门常规活动外，也逐渐根据各自的特点发展出别具特色的佛事活动。

大明寺迎新祈福撞钟盛典

自 1980 年开始，大明寺每年在公历元旦、农历正月初一举行撞钟活动，以满足人们消灾、添福的美好愿望。每当辞旧迎新之际，大明寺的和平钟会按时敲响 108 下，钟声响彻扬州城。2000 年世纪之交，大明寺成功地举行了“听世纪钟声，迎千禧年”活动。3000 多宾客汇聚一堂，在钟声里共同祈求世界大同和新世纪的平安、吉祥。此后十多年里，大明寺撞钟祈福活动，成为扬州人民辞旧迎新、欢度新年的传统习俗。

如今，一年一度的“大明寺迎新祈福撞钟盛典”已经成为扬州佛教文化的一个品牌。每年 12 月 31 日夜晚，“大明寺迎新祈福撞钟盛典”将举行盛大的法会，展示舍利、举办精彩的灯谜竞猜等表演。子夜时分，迎新祈福撞钟活动开始，将整场活动带入高潮。

2014 年 12 月 31 日晚至 2015 年 1 月 1 日凌晨，扬州市民族宗教局、旅游局、扬州报业传媒集团，联合大明寺共同主办了“迎新年·庆城庆——2015 中国·扬州大明寺迎新祈福撞钟盛典”，拉开了扬州 2500 周年城庆活动的序幕。此次撞钟活动形式丰富，除了传统的唱经法会、舍利出塔、歌舞表演等外，还增加了素食节、书画展、非物质文化遗产展示等活动。前往大明寺参加活动的市民、游客、嘉宾超过 5000 人，僧俗一道齐聚在栖灵塔下，聆听 108 声跨年吉祥钟声，共同祈愿扬州的明天更加美好。

高旻寺特色佛事活动

高旻寺以“禅宗古道场”为寺庙定位，每年定期开展具有高旻寺特色的佛事活动。

（一）冬参：结制“禅七”活动

高旻寺系临济宗法脉，“禅”是高旻寺最重要的特点。禅宗把时间按七天分一个段落，称之为打“禅七”。每年的农历十月十五至次年的正月十四，这三个月时间是结制冬安居时间。高旻寺在此时打十二个“禅七”。年前的十个“禅七”为一年活动的结束，是对自己一年当中修行证悟的一个考核。年后的两个精进“禅七”为一年活动的开始，为提起一年的正念作准备。高旻寺的“禅七”还有一个与众不同的特点，那就是“出坡打七两不误”。在风和日丽的日子里，主法老和尚就会让大众师傅们走出禅堂，出坡劳动，或是挖土，或是搬砖，或是种菜，或是栽树。

（二）夏学：“农禅并重”的出坡、讲经、诵经活动

“冬参夏学”是禅宗的古风。夏天学习的内容包括二月份诵一部一百卷的《大方广佛华严经》，九月份诵21天的《妙法莲华经》，以及在结夏安居期间的各种大乘经典的学习。高旻寺的夏学包括出坡与讲经两方面，因为白天要出坡的缘故，高旻寺夏天讲经诵经活动通常安排在晚上。

（三）叩地藏幽冥钟活动

在京杭大运河的东岸，有座作为高旻寺下院的女众道场——普同塔静修禅院。普同塔院安放高旻堂上历代祖师的舍利。每年六月初十至七月三十日，这里将叩响地藏幽冥钟，超度亡灵。

此外，高旻寺的特色佛事活动还包括了二月份的华严法会以及九月份的法华法会。法华法会期间十六日授三皈，十七日授居家五戒，十八日授居家菩萨戒，凸显高旻寺禅宗古道场的风范。

观音山香期

香期是佛教重大纪念日，主要是诸佛菩萨的诞生日、出家日、成道日、涅槃日等。每逢香期，各寺庙都举行隆重仪式，燃香供献，诵经念佛，信佛者也多在此时去寺庙进香结缘。在扬州，人们对观世音菩萨的诞生、成道、出家三个纪念日尤为重视。每逢这三个香期，到观音禅寺朝山进香的人特别多。其中，尤其以六月十九日观世音菩萨成道日这一天的香期最盛。六月十八日晚，即有朝山者上山敬夜香。十九日天刚亮，人们赶到庙里烧头香。整个香期延续半个月。观音山香期作为扬州的传统佛事活动由古至今，经久不衰。

解放前，观音山香期配合着庙会举行，以1935年和1936年最为繁盛，抗日战争爆发后，日渐衰微。解放后，大规模的庙会已经绝迹，唯六月十九日的观音山香期仍然沿袭了下来。1978年以后，观音寺内佛像逐渐修复，每逢农历六月十九日，前来拜佛烧香的香客和游人都在5万人以上，1989年的会期，香客曾达15万之多。此后，每年香期都有近10万香客上山敬香。如今，一年一度的“6·19”观音山香期已成为扬州市民参与度极高的社会文化活动。

文峰寺中秋拜月活动

中秋是中国古老的节日，中秋赏月、拜月也是中华民族的传统习俗，承载着祈求家人和睦、社会和谐的文化血脉。文峰寺重修后，连续三年在中秋夜举办拜月活动。2012 年 9 月 30 日夜晚，中秋拜月活动在文峰寺大雄宝殿前举行。拜月仪式展示了扬州传统文化与古老的祭祀礼仪，表达了人们祈求月神降福人间的美好心愿。数百信众在月下观看了仪式。2013 年 9 月 21 日夜晚，文峰寺以中秋拜月活动的古老祭祀礼仪展示了扬州对传统文化的继承与发扬，表达了人民祈求月神降福人间的美好心愿。2014 年 9 月 8 日中秋节，文峰寺联合扬州市文联、市民族宗教局共同主办了“2014 中国梦 • 运河情中秋拜月晚会”。拜月仪式后，来自扬州市文艺界的艺术家们和文峰寺义工团队的文艺爱好者们用古典诗词、传统乐曲传颂扬州古老的文化。文峰寺中秋拜月活动已经成为该寺特色活动，有其独特魅力。

二、近现代扬州的佛事事件

20 世纪以后，直至 1949 年新中国成立之前，扬州佛教史上发生了一些颇有影响的事件，记载如下：

1901 年 8 月，金陵刻经处刻成《成唯识论述记》六十卷，前三十卷由扬州藏经院刻，杨文会作叙流通。

1912 年 1 月，扬州天宁寺普通僧学院学僧仁山与太虚法师等在镇江金山寺组建“佛教协进会”，因提议以金山寺产办学，遭金山寺僧人反对，引发“大闹金山”殴斗事件。

1912 年 9 月，中华佛教总会在法源寺成立北京办事处，扬州籍僧人文希任驻京代表。

1919 年 6 月，扬州佛教徒为孙中山先生奉安举行祈祷大会。

1928 年，宝应县成立佛教教育会，会长为一宿庵方丈丰汉，名誉会长为福寿院方丈智定。

1929 年 4 月至 6 月间，中国佛教会举行全体理事会，苏州、常州、镇江、南京、扬州、泰州均有寺庙代表参加。代表扬州参加的是天宁寺、重宁寺、万寿寺和长生寺。

1929 年，江苏佛教界在镇江成立了江苏省佛教会，扬州长生寺方丈可端当选监察委员，扬州佛教界随之成立了江都县佛教会，第一届会长为大财神庙住持久安。

1931年，高邮县成立高邮佛教会，铁桥法师任理事长。抗战前夕，高邮佛教会曾经组织下属各寺院青年僧人，参加为期三四天的僧伽学经班，后隆重放戒，受戒僧尼多达二百人。

1934年，江都县佛教会在扬州天宁寺进行第二届改选。大会选举旌忠寺住持法权为第二届会长，会址设在旌忠寺内。

1935年10月，江都县佛教会举办隆重佛事活动，召集所属扬州各寺庙参与，并于旌忠寺内举行放戒法事。

1936年9月30日，扬州佛教会在万寿寺举行抗日阵亡将士追悼大会。

1946年9月16日，扬州万寿寺召开了会员大会，正式成立“中国佛教会江苏省江都县支会”，心禅、松山、润田、仁海、妙安等九人为理事，昌泉、复真、宏模、瑞霞为候补理事，陈含光、松涛、来果为监事，惟净为候补监事。

1947年3月1日，宝应在一宿庵成立了中国佛教会江苏省宝应县支会，悟真为理事长。同月，高邮县成立了佛教会江苏省高邮支会，会址定在善因寺。

1949年，扬州籍僧人今觉（星云大师）组织江苏僧侣救护队前往台湾。

三、当代扬州佛教重大活动

1949年中华人民共和国成立是中国佛教史上的重大转折点。新中国成立初期，党和政府制定贯彻了宗教信仰自由政策和民族团结政策。一些著名寺庙得到修整，佛教活动正常开展。“文革”十年，佛教组织陷于瘫痪，寺院遭到破坏，整个佛教界遭受了一场浩劫。1976年，各级政府和佛教界联手开展落实宗教自由政策、恢复寺院功能的工作。此后二三十年中，由于政府对佛教事业的支持，佛教得到飞速的恢复和发展。不仅佛寺得到复兴，而且在佛事法务、僧伽教育、佛教文化、佛教对外交往方面的发展与规模都是数百年来所不曾达到的。21世纪以后，佛教界发扬爱国爱教的精神，与时俱进，在当代中国社会蓬勃发展起来。这一历程也反映在当代扬州佛教的各大活动当中。

1963年，鉴真大师圆寂1200周年。中国与日本两国的宗教、文化、艺术、医药各界人士在日本、中国北京和鉴真的故乡扬州举行纪念活动。10月，在扬州法净寺（大明寺）举行纪念盛会。在此次盛会上，鉴真大和尚逝世1200周年纪念委员会主任委员赵朴初撰稿并书写了《唐鉴真大和尚纪念碑》碑文。期间，国务院采纳各界人士建议，决定在法净寺建立鉴真纪念堂，并在纪念法会期间举办了奠基仪式。

1973年5月，“中日友好宗教者恳谈会”访华代表团一行16人，由中国佛教协会会长赵朴初陪同，来扬州参拜法净寺。参拜期间，恳谈会代表团获悉日本日莲宗宗主大谷莹润长老圆寂的消息，赵朴初会长受日本僧人委托，请大明寺为大谷莹润长老举行超度法会。在“文化大革命”非常时期，大明寺住持能勤法师满足了日本僧人的请求，赶制了大谷莹润长老的木刻灵牌，按时举行了法会。

1973年11月，鉴真纪念堂建成。

1980年4月，鉴真大师坐像自日本回国探亲。为迎接这一盛举，法净寺复名为“大明寺”。4月14日，鉴真大师和尚坐像在日本奈良唐招提寺森本孝顺长老一行护送下，在巡展委员会主任赵朴初的陪同下，抵达扬州。18日下午，江苏省暨扬州市各界人士千余人隆重集会，欢迎鉴真大师坐像回故乡巡展。19日上午，在大明寺举行了巡展开幕式和森本长老赠送的石灯笼安放并点火仪式。森本长老和大明寺住持能勤法师互赠礼品，同植樱花树苗，10点整正式对外展出。鉴真大师坐像在扬州展出期间，百名僧人举行盛大法会，参观瞻仰者多达数十万人次。除扬州本地群众外，还有来自省内外和日本、美国、英国及中国香港等地的19个团体300余人。25日晚举行了扬州巡展的闭幕式和纪念碑奠基仪式。28日鉴真大师坐像离扬，经由上海前往北京展出。

1996年9月15日，大明寺举行了规模宏大的栖灵塔、卧佛殿落成暨佛像开光典礼。

1999年12月，为纪念鉴真大和尚诞辰1250周年，大明寺举办了盛大的法会。参加这次法会的有全国各省市诸山大德、护法居士和日本、中国香港、中国台湾佛教界的知名人士1000多人。12月5日，能修法师晋升为大明寺方丈，为此举行了隆重的升座仪式。

2000年4月15日，为了纪念鉴真大师坐像回国探亲20周年及举行钟鼓楼奠基仪式，大明寺举办了隆重的法会。

2000年5月21日，为悼念中国佛教协会会长赵朴初居士圆寂，大明寺举行了庄严、隆重的佛七法会，对他多年来关心大明寺、为大明寺所作出的不朽贡献表示感谢。

2003年11月，扬州举办了纪念鉴真东渡成功1250周年系列活动。11月2日，“鉴真东渡成功1250周年纪念大会”在大明寺栖灵塔广场举行。纪念大会后，日本唐招提寺长老益田快范将1250年以前鉴真东渡日本带去的3颗佛舍利送还栖灵塔供奉，来自日本、中国港澳台地区和全国30多座寺院的僧侣举行了佛舍利迎奉仪式和法会。活动期间，还举办了鉴真学术研讨会、鉴真东渡大型图片展览、鉴真学院奠基仪式、鉴真书画院书画展等文化活动，大型纪录片《鉴真东渡》也在大明寺举行了首映式。

2005年4月，在大明寺举行“鉴真学院建设与发展论坛”主题纪念活动上，时任扬州市委副书记、市长王燕文在致辞中明确地将“鉴真精神”定位为扬州城市精神的重要组成部分，是扬州人民最宝贵的精神财富。

2005年6月5日，台湾佛光山文教基金会捐赠鉴真学院图书馆协议签署和开工仪式在大明寺隆重举行。

2005年9月，中日友好协会在大明寺组织了鉴真像回国巡展25周年纪念活动。

2007年5月17日，由江苏省佛教协会、鉴真学院图书馆主办的“2007中国扬州佛教教育论坛”在鉴真学院隆重举行。同月，在扬州双博馆举办“觉有情——星云大师墨迹世界巡回展”。

2007年6月19日，扬州市在日本奈良唐招提寺举行纪念中日邦交正常化35周年暨鉴真像奉赠仪式。由扬州宗教局和鉴真佛教学院组成的佛教文化代表团，随同扬州市友好代表团访问日本，赠送了鉴真大师立像。中国驻大阪总领事馆副总领事邓伟、扬州大明寺方丈能修、奈良市市长藤原昭、唐招提寺长老松浦俊海共同为鉴真像揭幕。

2008年1月2日，鉴真学院落成揭牌，鉴真图书馆开馆，扬州讲坛正式开讲，鉴真美术馆书画展开幕，四大活动揭开了扬州文化建设新的一页。尤其是在鉴真学院图书馆内成立的“扬州讲坛”，广邀名家讲演授课，在全国形成“北有百家讲坛，南有扬州讲坛”的文化态势。

2008年5月，为了积极响应原国家主席胡锦涛访问日本的国事活动，扬州市和奈良市在唐招提寺联合举办鉴真精神论坛，扬州派遣了大型市民访问团同期赴日。扬州漆器厂制作了鉴真渡船模型——“友谊之舟”，赠送给日本唐招提寺。

2009 年 3 月 24 日，由中国社会科学院世界宗教研究所和台湾佛光大学共同主办，鉴真佛学院协办的“人间佛教的当代态势与未来走向”海峡两岸学术研讨会在扬州开幕。此次研讨会是海峡两岸学术界、佛教界展开的一次最新的合作探索。

2009 年 9 月 11 日，宝应县宁国寺全体僧众和念佛堂众居士一起，隆重举行台湾“莫拉克”台风受灾同胞祈祷法会。众位佛弟子虔诚企盼台湾同胞早日脱离灾难，重建家园，平安幸福。

2010 年 1 月，扬州祇陀林僧众 26 人赴香港宝莲寺参加水陆法会。

2010 年 10 月 23 日，旌忠寺举行传智法师升座庆典。

2010 年 11 月中旬，江都真如寺在美籍华人汪敏慧等人的资助下，在小纪镇真如广场供奉一座地藏王菩萨佛像，举办安奉仪式。

2010 年 11 月，日本东大寺鉴真大师坐像回到扬州省亲。扬州举办盛大瞻礼以及多项庆祝活动。11 月 24 日 13 点 58 分，运送鉴真大师坐像的车队抵达扬州。鉴真大师坐像被安放在图书馆大厅的真空佛龛之中。11 月 26 日，举办了鉴真大师坐像揭幕仪式，400 多位来自日本佛教界和民间友好团体的代表应邀出席相关活动。鉴真大师坐像在扬州的 16 天里，世界各地的信众及友好人士近 8 万人瞻仰了鉴真大师坐像。此次活动，中央电视台、NKK、KBS、台湾佛光山人间卫视等媒体全程关注，并对开幕瞻礼进行了现场直播。12 月 8 日，鉴真大师坐像离开扬州返回日本。

2011 年 2 月 27 日，日本唐招提寺知事西山明彦来鉴真学院访问，并应鉴真学院常务副院长能修方丈的邀请作了专题讲座。

2011 年 3 月 11 日，日本发生 9 级地震，消息传出，扬州大明寺僧众纷纷通过各种方式送出自己对灾区的慰问。3 月 16 日，在大明寺住持能修法师的带领下，全体大明寺僧众在鉴真纪念堂举行法会，为地震灾区遇难和受灾的人民超度祈福。

2011 年 5 月，应日本奈良唐招提寺的邀请，大明寺方丈能修大和尚、文峰寺住持能度法师，携日文翻译仁如法师，东渡日本，在唐招提寺给两位沙弥、两位比丘、一位比丘尼完成授戒活动。此次赴日传戒，能修法师一行还拜访了奈良县东大寺、京都的清水寺、壬生寺等寺院住持。

2011 年 11 月 12 日，文峰寺隆重举行了大雄宝殿落成、佛像开光暨能度法师荣升方丈庆典，来自海内外千余位诸山长老、高僧大德、各级领导及护法居士参加了庆典。上午 8 时，高旻禅寺德林长老在法堂为能度法师送座。松纯大和尚代表诸山长老致贺能度大和尚。9 时许，松纯大和尚、海涛法师、心澄大和尚、能修大和尚、日本唐招提寺退居方丈松浦俊海长老带领诸山长老共同为佛像开光。

2011 年 12 月 10 日，大明寺举行了石涛大和尚文化园落成揭幕仪式。修葺一新的石涛大和尚文化园正式对游人开放，蜀冈之巅大明寺平山堂内再添一人文胜迹。

2011 年 12 月 31 日晚，迎新祈福撞钟活动在高邮镇国寺大雄宝殿前广场举行，镇国寺景区还向高邮市慈善总会捐赠了善款。

2012 年 9 月 30 日晚上 7 点 30 分，中秋拜月活动在文峰寺大雄宝殿前举行。拜月仪式展示了扬州传统文化与古老的祭祀礼仪，表达了人们祈求月神降福人间的美好心愿。数百信众月下观看了仪式。

2013 年元月，愿生禅寺经过两年的修缮后，全堂佛像开光，标志着该寺正式对外开放。

2013 年 4 月 24 日，鉴真学院师生齐集律仪堂，唱赞诵经为雅安地震中的受难同胞祈福。随后，学院全体师生员工踊跃捐款 2000 多元资助灾区重建，祝福雅安地震受难同胞早日脱离困境。

2013 年 10 月 8 日，宝应龙竿寺举行了天王殿落成暨佛像开光庆典。庆典仪式上，龙竿寺住持果成法师介绍了天王殿的建设情况，立志将龙竿寺建设成为广大信众继续发扬爱国爱教精神的重要道场。

2013 年 10 月 30 日，扬州大明寺僧众、鉴真佛教学院师僧及部分居士共 200 余人齐聚鉴真纪念堂，举行了纪念鉴真东渡成功 1260 周年传供法会。

2013 年 12 月 13 日，鉴真佛教学院举办了纪念鉴真东渡成功 1260 周年学术研讨会，扬州知名学者和学院全体师僧 120 多人参加。研讨会共收到来自全国各地的文稿近 40 篇，其中 30 篇编入“纪念鉴真东渡成功 1260 周年文集”。

2014 年 4 月 22 日，“2014 中国 • 扬州两岸素食文化暨绿色生活名品博览会”在鉴真图书馆开幕。本届素博会共 250 个展位，分 4 个展区，分别为台湾素食区、国际展区、扬州特色产品小吃区和中国内地展区，汇聚了海峡两岸 200 多家知名素食饮食、特色小吃和绿色生活名品，首日客流量达 2 万人左右，为广大市民和游客献上了一场素食文化盛宴。

2014 年 9 月 8 日中秋节，由扬州市文联、市民族宗教事务局与文峰寺共同主办的“2014 中国梦 • 运河情中秋拜月晚会”在古刹文峰寺内举行，数百群众参加活动。

2014 年 9 月 24 日，扬州大明寺“千年一修”工程竣工庆典在大明寺大雄宝殿前举行。

2014 年 9 月 29 日，文峰慈善基金会在文峰寺正式成立，此为扬州市宗教界首个慈善基金会。文峰慈善基金会理事会、监事会成员，特邀嘉宾及居士、义工代表百余人参加了成立大会。

2014 年 11 月 19 日，加拿大湛山精舍性空长老、加拿大佛协会长达义法师一行来扬州参访。性空长老、达义法师一行参访了高旻寺、大明寺，受到德林老和尚、能修大和尚及四众弟子的热情接待。湛山精舍参访团还与鉴真佛学院师生进行了文化交流。

2015 年 3 月 21 日，“鉴真图书馆‘云水书坊’扬州启动仪式”在扬州鉴真路北广场举行，近 300 名家长和小朋友参加启动仪式。“云水书坊”是由星云大师亲自设计的流动图书馆，可装载近 2000 册图书。启动仪式后，“云水书坊”将在扬州各地进行巡回服务，可以让小朋友更加方便地参与阅读。

2015 年 4 月 10 日至 12 日，台湾佛光山开宗长星云大师回到家乡扬州，连续三天登上“扬州讲坛”作文化交流讲座。

2015 年 6 月 13 日，鉴真学院隆重举行 2015 年本科生毕业典礼。14 名本科毕业生和 18 名大专函授生顺利毕业并获得毕业文凭。

2015 年 6 月 17 日，扬州市佛教协会在大明寺召开四届八次会长扩大会议。

2015 年 6 月 22 日，中国佛教协会咨议委员会副主度、江苏省佛教协会顾问、扬州市佛教协会名誉会长、扬州高旻禅寺中兴寺主德林老和尚在高旻寺示寂。世寿 101 岁，僧腊 82 年，戒腊 81 夏。6 月 28 日，追思法会在高旻寺大讲堂举行。

2015 年 7 月 13 日，“海上丝绸之路”鉴真东渡研讨会在文峰寺举行。

第五章　扬州佛教寺院概览

在印度，佛教寺院统称为“僧伽蓝摩”，简称为“伽蓝”，指的是僧众共住的园林。伽蓝又有精舍、支提之分。精舍译作“僧房”，指精修佛道者所居住的地方。支提译作“塔庙”，原指收藏舍利的塔，后来也指围绕佛塔所建的一组建筑。印度的佛寺也称作“阿兰若”，简称“兰若”，原意为比丘静修之处，后来泛指佛寺。

佛教传入中国后，在很长一段时间里，人们也用“伽蓝”称呼佛寺。“寺”在先秦文献中原指宫廷内的近侍，是一种官职。《诗经》中说：“寺人，内小臣也”，其实就是指宦官。到了汉代，三公居住的地方称为“府”，九卿居住的地方称为“寺”。汉代政府部门有的就称太仆寺、太常寺、鸿胪寺等。“院”则是指这些衙门或九卿居住地内的院落。自东汉第一座佛教寺庙——白马寺建立以后，“寺院”取代“伽蓝”成为了僧众居住活动场所的专称。唐代以后，“寺院”一词流行起来。

据史籍记载，寺有十种不同的名称：一名寺，二名净住，三名法同舍，四名出世舍，五名精舍，六名清净园，七名金刚刹，八名寂灭道场，九名远离处，十名亲近处。后来，人们进一步划分，将比丘居住的地方称为“寺”，比丘尼居住的地方称为“庵”。此外，佛寺可以称为“梵刹”，梵表示清净，刹表示国土，以清净之地命名，是对佛寺的赞美。佛寺也可以称作“庙”“寺庙”“庙宇”。庙本是中国人祭祀祖先及先代圣贤的屋堂，因为供奉的祖先、圣贤与神灵并重，所以庙有了宗教的意味，也就成为宗教活动场所的另一种称呼了。佛寺还有一个名称叫“丛林”，丛林本是禅宗寺院的自称，指僧众共居一处，如树木之丛聚为林，后来也成为佛寺的替代语。

佛教传入中国不久就传入扬州。两千年来，佛教在扬州屡有兴衰，期间经历了隋、唐、清三代高潮。扬州佛教繁荣时，名僧众多，寺庙林立。隋代，杨广到了扬州后，大量搜集经文，大兴寺庙，举办盛况空前的千僧会，把江南宗教界德高望重的人物集中到扬州，让他们住在扬州的道场。唐代，扬州城附近三四十华里的运河沿线，星罗密布着高旻寺、龙兴寺、龙衣庵、文峰寺、福缘寺、长生寺、准提寺、禅智寺、大云寺、山光寺等寺庙，地势稍高的五台山、老虎山、蜀冈三峰之上更有二王庙、观音禅寺、大明寺、司徒庙等。日本僧圆仁在《入唐求法巡礼行记》中记载说“扬州有四十余寺”。清代康乾盛世，扬州建造了大批佛寺，扬州城内出现后世称颂的“八大丛林”。

时代的风雨沧桑将太多的寺院埋没在厚厚的历史尘埃中。历史上扬州仅市区留名史籍的寺庵就有172座，1949年市区尚有寺庵246座。2004年，扬州市共有各种佛教建筑69处，列入省级文物保护单位的7处。到2013年时，扬州市共有佛教场所127处，其中寺庵28座，固定佛教活动处所99处。列为全国重点佛教寺院的大明寺和高旻寺将在本书第七章和第八章中详细介绍。旌忠寺、祇陀林、观音禅寺则被列为江苏省重点佛教寺院。2014年，扬州下属县市区佛寺里，江都开元寺获批国家AAA级风景区，高邮镇国寺塔升级为国家级文物保护单位。

目前，扬州的寺院分为两大部分：一部分是现在仍然保存的寺院，其中一部分已经不再作为宗教活动场所；另一部分是史籍中记载过的，有着显赫名声却不复存在的寺院。它们都是扬州佛教文化遗产中的重要组成部分，值得挖掘与梳理。

一、现存主要佛寺

广陵区

旌忠寺

旌忠寺，位于城区旌忠巷2号，东临仁丰里。明《嘉靖惟扬志》记载：“旌忠教寺在府治东南，即梁昭明太子文选楼遗址。”

南朝陈宣帝太建年间（569—582），天台僧智顗大师来扬弘法，在当年昭明太子编选《文选》30卷的文选楼旧址建寂照院。隋炀帝大业年间（605—618），智顗的弟子智藻在寺中宣讲天台教义，隋炀帝杨广亲临听讲，寂照院成为当时名刹。南宋孝宗隆兴年间（1163—1164），为祭祀忠武王岳飞，改名功德院。度宗咸淳年间（1265—1274），赐名旌忠寺。元至治年间（1321—1323），僧人千峰重建大殿。明景泰元年（1450），僧人惠钦增修寺院。

清顺治八年（1651），寺内建造面阔五楹的大楼，供祀文昌帝君和昭明太子。康熙十四年（1675）再次重建。此后嘉庆、道光、咸丰年间屡有修建。光绪年间（1875—1908），朗照、无量、镜如等僧人，先后置斋田，修山门，建厅事房、廊房、僧舍、厨房、浴室等设施。寺额原本题有“文楼旌忠”四个字，光绪三十年（1904），僧人镜如在疏理沟道时，发现宋代石额，石额上刻有隶书“旌忠寺”，于是改用此额，又在寺外立圈门，上嵌“古文选里”额。民国初年，文选楼行将倒塌，寺僧法权募巨资升高重建，并在楼上塑供萧统像，楼前悬“梁昭明太子文选楼”匾额，楼下题“六朝遗迹”额。1950 年，万寿寺改作扬州师范学校后，将所藏《龙藏》连同樟木经柜，全部移至旌忠寺文选楼保存，故此楼又称藏经楼。

解放初，庙内仅存两名僧人。“文革”中，寺内佛像被全部捣毁，庙门口石狮和寺中匾额也遭破坏，寺内所藏的珍贵经卷被焚烧。此后，寺院房屋为扬剧团等单位使用。1981 年 12 月，经江苏省人民政府批准，旌忠寺为扬州市开放寺庙之一。僧众陆续回寺修持，佛事活动逐步恢复，当时的住持为印波法师。

自 1984 年起，旌忠寺进行全面修建，1991 年竣工。如今的旌忠寺寺门朝南，对面为照壁，上书“佛光普照”四个金色大字。照壁前的石座上置一座三足铁鼎，鼎上铸“旌忠律寺”。寺门前有一对石狮，门为风火墙式门楼，上嵌“旌忠寺”石额一方，两侧各开一洞圆窗，十分别致。

进入山门后，山门殿、大雄宝殿、藏经楼主建筑在一条中轴线上，中轴线两侧各有两层楼厢房连接三座殿宇。山门殿坐北朝南，呈八字形、屏风状，正中设佛龛，前面为戴毗卢帽弥勒佛坐像，背后为韦驮立像，两旁列四大天王。大雄宝殿，面阔三楹，重檐翘角，上悬蓝底金字“大雄宝殿”横匾一块。大殿为楠木梁架，中央供毗卢佛，两旁是帝释、梵王二天王。左右两侧各供十尊神像，成为“二十诸天”。佛台左右及大殿梁架上，塑多尊小佛，意为“千佛绕毗卢”。佛坛后是“海岛观音”群像，中间为站在鳌头之上的观音菩萨，下面为十八罗汉。殿后东西两侧各建一座砖砌三层小宝塔，为焚纸亭。大殿后的藏经楼建于 20 世纪九十年代，面阔五楹，上层藏经，下层是法堂，供释迦牟尼玉佛一尊，为 20 世纪九十年代复建。原藏经楼于 1992 年

9 月 19 日遭火焚毁，所藏珍贵经卷，包括万寿寺的《龙藏》，全部化为灰烬，楼前一棵两百多年树龄的古银杏树亦受火伤。藏经楼如今藏有复建后再次从北京请来的《龙藏》。楼前的宽敞庭院中，东面有一放生池，池中假山洞中坐一尊观世音菩萨石像，西面花坛上的古银杏树树身虽留有火焚的焦黑伤痕，却依旧生机盎然。

藏经楼东侧紧邻一小门，内有两进寺房，呈四合院型，为扬州市佛教协会办公处所。旌忠寺现任方丈为传智法师。

文峰寺

文峰寺，位于宝塔路 16 号，始建于明万历十年（1582）。与寺同建的文峰塔是目前扬州所有寺院中最古老的塔。因寺院位于城南古运河畔，自明朝起，文峰塔即成为京杭运河出入扬州城的地标性建筑，寺也因塔而闻名。

文峰塔，为文峰寺最早的建筑。据《康熙扬州府志》卷十九记载："文峰寺，在城二里，官河南岸。明万历十年知府虞德晔建浮屠于此，住持僧真玉因建寺以文峰名，王世贞为之记。"明朝兵部侍郎王世贞的《文峰塔记》记录了修建文峰塔的过程，文中提到僧人镇存为建塔募化三年资财，当时的扬州按察御使邵公题名"文峰塔"，取"文风昌盛，文脉顺达"之意。可以说，文峰寺的修建过程与文峰塔的修建过程是同时进行的。只是文峰塔名盛，寺因塔而成，加之王世贞为文峰塔作记，故留存下来的文字多为塔的叙述。

文峰塔为七层八面砖木结构楼阁式宝塔，下为砖石须弥座。每层八拱门，底层回廊围绕，二至七层为挑廊做法。塔身青砖青瓦，廊为木结构，塔顶为八角攒尖屋顶，通高 44.75 米。相传朝阳升起时，文峰塔影倒映在南园（今荷花池公园）的水面之上，恰似笔蘸砚池，成为一景，名为"砚池染翰"。清康熙七年（1668），山东郯城发生了有记载以来最大的地震，震级达 8.5 级，波及扬州，文峰塔塔尖倾倒坠地。次年，徽商闵象南捐资修葺，将塔尖增高一丈五尺，半年后塔尖合时"大放毫光，万缕千丝，盘旋而上，如孤峰耸秀，矗入云霄，水陆之人皆仰瞻惊叹"。咸丰三年（1853），太平军三下扬州与清军激战。文峰寺地处险要，遭遇兵火，文峰塔木质结构全部毁损，只余砖构塔身。此后的很长一段时间，文峰塔均未修复。民国初年，青权、宗仰、峰屏、寂山等发起重修文峰塔，奔走募化。民国八年（1919），文峰塔得以重修。翌年，文峰塔合尖。民国十二年（1923）塔落成。现今文峰塔北门东壁上，嵌有民国十四年（1925）扬州文化名人陈含光撰书的《新文峰塔记》石刻。其时，扬州学者徐谦芳写道："今扬州南有文峰塔，经僧募修，焕然一新。"

文峰塔下为文峰寺，寺门朝西，面临运河。这里古称三湾子，运河进入扬州这一地段，有三湾以蓄水势，缓解水势。在此建塔，有"宝塔镇河妖"之说。文峰塔上的灯龛，亦起到了航标的作用。由明及清，粮船盐艘进入扬州城皆由塔下经过，帆樯林立，盛极一时。文峰塔建成后，这里便改称宝塔湾。文峰寺的门前立有碑石，上书"古运河"三字，以记录历史盛况。唐代高僧鉴真和尚第一、二、四、六次东渡，都是由此解缆入江。清代康熙、乾隆皇帝数次南巡，也从这里经过。

解放前后，文峰寺寺房尚有两进，加上两边的厢房，形成四合院，德林法师住寺。1957年、1961年，市人民政府两次对文峰塔进行修整。1980年10月，该处被辟为文峰公园，成为扬州塔、寺、园合一的景点。1998年4月10日与1999年4月14日，扬州市人民政府两次作出会议纪要，同意将扬州第五中学（今田家炳实验中学）内原万寿寺天王殿、藏经楼、戒台等古迹撤卸移迁至文峰寺修复，实行异地保护。2001年，文峰寺批准为对外开放佛教寺院，并于同年7月12日正式开放。2002年7月至2003年1月，文峰塔经过五个月的大规模修建，矫正塔身，撤除所有的水泥构件，恢复木结构原貌。2010年，文峰塔所有木作上全部刷上纯天然的"国漆"，恢复其旧貌。

旧时文峰寺的规模不大。如今的文峰寺已修建了天王殿、钟鼓楼以及大雄宝殿、僧寮等主体建筑。大雄宝殿下面建有400多平方米的般若讲堂，开展讲经说法活动。2014年9月29日，"文峰慈善基金会"在文峰寺正式成立，成为扬州市宗教界首个慈善基金会。2015年7月，文峰出土残缺石碑。碑文为雍正十一年所撰刻的《重修扬州文峰寺》。虽然具体内容有待进一步研究，但是此历史遗存无疑具有重要历史考证价值。

文峰寺二期工程将继续修建藏经楼、安养院、居士精舍、多功能讲堂等一系列建筑。文峰寺以"禅修、弘法、文化、养老、慈善"为自身定位，未来将发展成为具有一定规模、园林式的，集礼佛、观光、文化传承为一体的宗教活动场所。文峰寺现任方丈为能度法师。

祇陀林

祇陀林，又名祇陀精舍，原是一座女众道场，位于市区引市街84号。

民国初年，此处原是军阀徐宝山的宅邸。徐宝山（1866—1913），字怀礼，镇江丹徒人。因属虎，且为人善勇好斗，江湖上畏之如虎，遂得诨名“徐老虎”。徐宝山是著名的大盐枭，势力北及淮河、南至长江一带，盛时党徒曾有数万之众。1900年，受抚招安的徐宝山归附两江总督刘坤一，官至江南巡防营统领。辛亥革命中，他加入革命党推翻清廷之革命运动，率军光复了扬州、泰州等地，官至扬州军政分府都督。袁世凯复辟帝制后，徐宝山又叛变拥袁，任第二军军长，长驻扬州。1913年5月24日，革命党人张静江抓住徐宝山嗜好古董的特性，着人将炸弹放入预制的古董箱内，派人呈送鉴赏。徐宝山开箱时被炸，当场毙命。瘦西湖内的徐园便是当年祭祀徐宝山的祠堂。

徐宝山死后，他的二夫人孙阆仙皈依佛门，于1919年改宅为庵，初名祇陀精舍，后称祇陀林，并亲自为之题名。古印度富商须达多耗尽家财，以黄金铺地的代价向王子换得这一片广大的土地，建造“祇园精舍”，供作佛陀说法之处，发大愿将一切身外财富化为生命中智慧的泉源。这位自幼信佛、能诗善画的扬州传奇女子孙阆仙为这座尼姑庵取名“祇陀林”，可见其中用心。

事实上，孙阆仙当时并没有剃度出家，剃度出家的是她的堂妹，即徐宝山的三夫人，法号了悟。孙阆仙带发修行，直至1947年她病逝前三天才在此庵剃度出家，法号朗潜。了悟有弟子数人，三弟子明智帮助孙阆仙建庵出力最多。了悟之后，明智、源澄、宽敬相继住持此庵。祇陀林在“文革”期间佛像全部被毁，尼众全部被清走。1978年以后，庵堂陆续修复，佛像重塑，尼众回归。1982年4月，元庆师太从镇江金山寺请来释迦牟尼佛像，恢复主殿旧观，修缮庵房。1983年初，祇陀林被江苏省批准为对外开放的女众道场，当时有青年尼众11人。

黄墙朱门的祇陀林，内建筑以素雅见长，分左、中、右三条轴线。中轴线有五进建筑。首进为上嵌“祇陀林”金字石额的拱形庵门。其次为大雄宝殿，内供释迦牟尼佛、观世音菩萨、地藏王菩萨三尊佛像，大殿东西两壁挂有十六尊者画像。第三、四进为法堂，第五进为方丈室。左轴线建筑两进，前为云房，后为斋堂。斋堂西首念佛堂，内供千手千眼观世音镀金像，并陈列“佛说十法界图解”及彩色印制的观世音像。右轴线建筑两进，分别为玉佛殿和祖堂。玉佛殿内供有一尊1990年缅甸佛教徒赠送的释迦牟尼玉佛。庵堂东侧云房前有一院落，院中筑花坛，院东隔以黄墙，中开月洞门。这里曾是被誉为“佛国桃园”的小型园林，原存有两块罕见的黑峰石。

21世纪初，庵内女众搬去了瘦西湖的法海寺，祇陀林现为男众道场，由大初法师负责。当年徐公馆的热闹奢华早已烟消云散，而那位空有才情却生逢乱世的扬州奇女子以看破红尘的方式留下了流芳百世的声名。

愿生禅寺

愿生禅寺，民国期间扬州建造的最大庙宇，位于广陵区埂子街146号。扬州大盐商萧云浦（萧玉峰）的遗孀萧翟氏，潜心学佛，法号“惟昇”（一说“唯昇”），曾出资建造了长生寺三层弥勒阁。民国十九年（1930），她将位于埂子街上的朱长龄典当行及旌德会馆买下，改建为愿生寺，作为长生寺的下院兼萧氏家庙。时任长生寺住持的可端法师主持兴建愿生禅寺，后担任愿生禅寺住持。

抗战期间，寺院为日本宪兵队所住，解放前夕驻扎国民党军队。新中国成立后，寺院先后为扬州邮电局、扬州地委党校、扬州地区京剧团所用，寺内佛像由佛教协会迁往江西寺院。1959年，扬州地区京剧团全数上调省里，寺院里又搬进了扬剧团、文工团、木偶剧团等，成为剧团职工宿舍。2005年，市政府出台文件，计划重修愿生禅寺。此后，该寺归还扬州佛教协会，原有百余名居民陆续迁出。2010年，愿生禅寺的修复工作正式启动，来自九华山的扬州籍法师融善投资3000万元，重修愿生禅寺。

愿生禅寺坐东朝西，占地约50000平方米，其木结构古建筑面积为1650平方米。民国时期，全寺计有房屋近90间，是扬州城区最大的庙宇。该寺西北侧的明代楠木厅，是当年旌德会馆的遗存，是珍贵历史遗产。

重修后的愿生禅寺，第一进为山门殿，面阔五间，开大门三洞，两边有八字墙。正门上方嵌砌一块“愿生禅寺”石额，门前置一对石狮。殿内塑供弥勒佛，背后护法灵官，两旁站四大天王。第二进为大雄宝殿，殿前两侧各建三间厢房，殿内南悬钟、北架鼓，正中佛台上主塑消灾延寿药师佛，两侧塑工十八罗汉，佛台背后浮塑南海观音。第三进为三圣殿，供奉大势至菩萨、阿弥陀佛、观世音菩萨塑像三尊。殿前后两侧各开一个有过道的后门，殿上二楼为藏经阁。第四进原为惟昇阁，取萧翟氏法号谐音。惟昇阁历经搬迁后已不知去向，原地改建为供奉地藏菩萨的地藏殿。地藏殿南北两侧建有两座上下各七间的串楼，北串楼偏离中轴线，不与三圣殿相连。地藏殿后尚有新建的念佛堂，内有四面佛。山门殿北边有三间临街寺房，房后便是明代所建的楠木厅。楠木厅面阔 12 米，进深 9 米，檀 8.7 米，高 7 米，梁架保存完好。

2013 年元月，愿生禅寺经过两年的修缮后，全堂佛像开光，标志着该寺正式对外开放。老巷内，修缮一新的大殿飞檐翘角，戗脊上五只走兽矗立，檐角下悬风铃，风一稍作，风铃响彻云霄，古城寺庙风采重现。

兴善寺

兴善寺，旧名兴善庵，始建于明代万历年间，原址位于仁丰里旧城十巷阮家大院 30 号，2001 年迁至居士巷 11 号。

兴善庵位于老城区，在漫长岁月中历经遭损，尤其“文革”浩劫中，几番拆迁，庵堂佛像荡然无存，仅剩瓦屋数间。1992 年秋，住持道满礼请高旻寺德林法师的剃度弟子文禅法师接任监院。2001 年，古庵购得爱国侨眷李绍兰女士的 270 平方米私宅，遂将兴善庵从旧城十巷迁建到居士巷，更名为兴善寺，同时被批准为正式宗教活动场所，成为古城深处的一方净土。大明寺方丈能修亲自题写寺名，并任兴善寺顾问。

经过十五年的辛苦募建，原先狭小的院落已经建成占地一千多平方米的尼众道场。寺院建有山门殿、大雄宝殿、斋堂、客堂、寮房等数十间，两层楼的藏经楼初具规模。

寺院坐北朝南，第一进为山门殿，门开三洞，正中的大理石石额上刻有“兴善寺”三个大字。山门殿正中佛台供奉大肚弥勒佛全身像，背后为护法韦驮立像，佛台两侧立有四大天王彩塑像。过山门殿有院落与大雄宝殿相通。院内东西各有铸铁天香炉、宝鼎一座。院西有念佛堂，为常年诵经、讲经、弘法的场所。念佛堂匾额为扬州书法家李亚如手书，堂内佛台上供奉了阿弥陀佛、释迦牟尼佛、药师佛三世佛全身像，两侧塑供 48 座阿弥陀佛接应像。念佛堂外墙壁嵌有《兴善寺记》石刻和镇寺之宝——明末清初大书法家傅山手书《般若波罗蜜多心经》石刻。

全木结构的大雄宝殿坐落在院北，面阔五间。大殿内幢幡高悬，佛台主供 2.8 米释迦牟尼佛坐像一尊，迦叶、阿难侍立两旁。佛台背后为海岛观音三十二应身彩塑，佛台两侧半空之中围立着造型各异的十八罗汉像。观世音金身、地藏王金身分立大殿东北和西北角。大雄宝殿后建有两层的藏经楼。

作为尼众道场，每逢观音出家、成道、出生纪念日乃至“三八”妇女节、母亲节，兴善寺均举行相应的活动，弘扬慈悲精神与仁孝之风。该寺现任住持为文禅法师。

邗江区

法海寺

法海寺，曾名莲性寺，又名白塔寺，位于瘦西湖公园五亭桥东南，始建于隋末唐初，为女众道场。

早在公元 590 年的隋文帝时代，法海寺基址上就建有寺庙。明代嘉靖九年（1530），人们在寺内废井中发现一块刻有“庚戌开皇四年僧志德肇记”的石碑，将法海寺的历史上溯了千余年。据史料记载，法海寺重建于元代至元年间（1264—1295 年），由僧人正为所建。明太祖洪武十三年（1380），僧人愚勇重修。明英宗正统元年（1436），僧人福宏再修。

清康熙四十四年（1705），康熙皇帝南巡扬州，此时尚未建莲花桥（今五亭桥），法海寺在孤岛上，四周水面如莲花，有土埂脉自三山穿水接于岛如莲花茎。康熙皇帝赐名“莲性寺”，并赐“众香清梵”匾，御制《上巳日再登金山寺》诗一首，书唐人绝句和董其昌绝句各一首，寺僧皆勒石建亭供奉。此时前往平山堂的游船，必从寺桥通过。春秋季节，画舫箫鼓，终日不停。盛夏之时，水面莲花盛放，来此赏莲的信众络绎不绝。乾隆皇帝曾写下《莲性寺》一诗形容当时盛景：“一朵花宫结净因，四环绿水漾波新。歌台画舫何妨闹，恰是亭亭不受尘。”

乾隆年间，莲性寺西侧矗立起一座白塔。仿造北京北海的喇嘛塔建造的白塔，形制精致小巧，与瘦西湖相互映衬，极为和谐。传说是当年扬州盐商巨贾为了迎奉乾隆皇帝南巡来扬州特地赶建起来的。白塔外形似葫芦，青石塔座，塔位于台基中央，底层为砖砌须弥座。须弥座上使用大型砖块，满雕荷花瓣和莲子荷花纹，镶为上下两层。绕塔一周还有十二佛龛，塑十二生肖像，刻工精湛。中层为圆形覆钵体塔身，南有壶门，内供白衣大士像。塔身上端是由十三层圆圈构成的相轮，形如壶颈，顶上盖圆盘，盘上是铜质葫芦塔刹。白塔通体洁白，长顶矗空，素雅俊逸。乾隆皇帝在白塔建成后又写了一首《莲性寺》："一瓣一不皆具性，万不万瓣性皆空。庄严塔院有如是，无尽光明碧水中。"

咸丰年间，莲性寺毁于兵火，光绪年间再次重建。重建后的莲性寺，主要建筑有大雄宝殿、天王殿、藏经楼、云山阁、白塔及僧房。解放时住僧两三人，住持为道善法师。

莲性寺本名法海寺，解放后遵照民间习惯仍改称法海寺，后来寺院曾改为由尼姑经营的素菜馆。"文革"期间，寺内的佛像、法器、家具等被破坏殆尽，寺院一度被改建为具有革命教育意义的展览馆。1994年落实宗教政策，法海寺交祇陀林尼众管理。此时殿宇年久失修，破败不堪。1996年开始，原祇陀林住持宽敬及弟子演文发起并主持了法海寺的重建与复兴工作。1996年重建天王殿和山门殿，1998年建云山阁和寮房，2004年大雄宝殿落成。

重建后的法海寺山门朝向东北，两侧砌八字墙，黄墙红门，上盖绿色琉璃瓦，山门上嵌茗山大师手书"法海寺"石额。山门殿前有两层平台，下层作花坛，上层平台上有两棵老桧柏，正中置有长方形铁质香炉。山门殿后为大雄宝殿。新的大雄宝殿匾额为原中国佛教协会会长赵朴初所题，殿内主供释迦牟尼坐像，迦叶、阿难尊者侍立两旁。佛台背后为观音菩萨及善财龙女塑像。观音菩萨对面有普贤、文殊菩萨像。值得一提的是，法海寺大殿内满墙采用天然玉石精制而成的《佛说观无量寿经》壁画，是全国寺庙罕见的大型"经变画"。大殿左右两侧各有一月洞门。左月洞门正背面题额分别是"清凉地"和"解脱境"。进去有一庭院，内有两层楼僧房一座。右月洞门正背面为"莲界香云"和"一尘不染"题额，内有五楹三层的云山阁，上敷灰色琉璃瓦。院东有如意门直通白塔。

2005年5月22日，法海寺隆重举行了恢复重建十周年庆典暨大雄宝殿落成、佛像开光庆典法会，原住持宽敬法师荣升法主和尚，演文法师升座为住持。为培养专业佛教外语尼众人才，2013年法海寺与鉴真学院在法海寺开办了"鉴真学院尼众部"，第一期招收30名学僧，学制四年。作为扬州瘦西湖景区的经典名胜之一的法海寺，在扬州佛教史上书写着崭新的历史画卷。

观音禅寺

观音禅寺，扬州山寺的代表，位于蜀冈东峰之上，与大明寺隔壑相望。宋人在山上建楼，因其地势高耸，称之为“摘星楼”。元代，僧人申律在此开山建庵。明洪武十二年（1379），僧人惠整等募建天王、观音二殿，名为功德山，又名功德林。此后有僧人善缘建山门，额曰“云林”。明末清初，因寺中主供观音菩萨，遂改名为观音禅寺，山名也改为观音山。

乾隆六年（1741），扬州徽商、光禄寺少卿汪应庚捐以万金修葺。乾隆三十年（1765），乾隆帝皇帝南巡临幸该寺，赐题“功德林”“天池”二匾，楹联“绿水入澄照，青山犹古姿”以及“峻拔为主”四字。咸丰年间，观音禅寺遭太平天国兵燹被毁。同治九年（1870），两淮盐运使方浚颐复修山寺。光绪年间，寺院又被大火所毁。后由僧人润之、至岸等募化重建，历时十余年。

1951、1963年观音禅寺两次维修。“文革”后，寺空僧散。1968年，市“五七”干校进驻寺院。次年，大殿内佛像全部拆毁，作为礼堂。1979至1980年，在此进行大修，筹建“扬州唐城遗址文物保管所”，布置扬州唐代文物陈列展，对外开放。后又在此创办国家文物局华东文物干部培训班。1984年，寺院交还宗教部门，恢复观音山禅寺。时值美籍华人李长科还愿捐资，于是由方丈如皓主持，重修庙宇，再塑佛像，古寺由此焕发生机。

观音禅寺坐北朝南，依山而筑，建筑高低错落，寺因山而倍显巍峨，山因寺而独具灵气。山南麓建有八字墙拱门，门前一对石狮子，门上题额，南为“观音山”，北为“功德林”。沿着砖铺的山道向东北方向登山，坡路两边砌有半人高的砖墙。半山腰有山门殿三间，上刻“观音禅寺”石额一方，殿内塑有哼哈二将。过山门，迎面红墙上嵌横立碑石，镌刻楷书“名山胜景”四个大字，上下落款分别为“大清同治九年岁次庚午仲冬月”，“钦加步政使衔两淮盐运使方重建”。向左拾阶而上，有一满月门，门上刻“第一灵山”，再步行数米，便上山巅。山巅前为天王殿三间。殿前有宽敞平台石栏。站在平台之上向南远眺，扬州风景一览可尽。石栏外有一焚香池，供香客向庙外诸神敬香，称为“梵天香海”。殿东侧墙上王柏龄所题“钟楼”二字。殿西侧有一小堂，供释迦牟尼、阿弥陀佛、消灾延寿药师佛三尊玉佛。

1985 年重塑佛像后，加之多年来的修整，寺中布局与旧时记载的有所不同。天王殿正中设佛龛，前供弥勒佛，后为护法韦驮，两旁列四大天王。过天井为圆通宝殿，面阔五间，重檐花脊。殿前有宝鼎，镌“观音山摘星寺”及“千佛宝鼎”字样，殿内中央供奉高大的金身观音菩萨，两偏分立三十二尊应身，即观音菩萨的三十二位化身，法器俱全。十八罗汉像则被塑在观音像背后的海岛上。大殿东侧配殿为伽南殿和地藏殿，分别供奉文殊菩萨和地藏菩萨，西侧配殿内有一尊观音玉佛，殿门悬“妙法莲花”匾额。大殿背后是大悲楼（即藏经楼），共两层。楼下为般若堂，是宣讲佛法的地方。楼上供奉了千眼千手观世音菩萨，精致庄重。大悲楼西侧有一小院，院内东侧有一座两层的香光阁，面南有一座供奉华严三圣的普光明殿。院西有一角门，下行数阶，便是讲堂和斋堂，斋堂后有一门，出门可见一汪池塘，是当年乾隆皇帝作《题天池》五律一首赞誉的“天池”。

地藏殿内有一小门，上嵌“净居地”石额。此门通往鉴楼。相传观音山为隋炀帝所建“迷楼”旧址。唐代冯贽《南部烟花录》记载：“炀帝于扬州作迷楼，凡役夫数万，经岁而成。楼阁高下，轩帘掩映，幽房曲室，玉栏朱盾，互相连属。帝大喜左右曰：‘使真仙游其中，亦当自迷也。’”可是迷楼建成不久，他的亲信宇文化及等人，就趁农民纷纷揭竿而起之机，发动内乱，率领兵丁攻入江都宫玄武门，缢死了隋炀帝杨广。为警戒后人，故在此建造了鉴楼。但是，寺内僧俗更喜欢将这座楼称为迷楼。

观音禅寺平时香客不多，每逢农历二、六、九月的十九日，即观音诞生日、成道日、出家日香期，远近各地来此的香客商旅络绎不绝。尤其是六月十八日夜至六月十九日，人山人海，比肩接踵，夜间香烛之火照耀数里。香会已经成为观音禅寺的一大特色，也成为扬州独具特色的民俗风情。观音禅寺现任方丈为法融法师。

江都区

水陆寺

水陆寺，前身为水月庵，位于江都区樊川镇东南一里许，故地名亦称水陆寺。该寺始建于唐代永徽五年（654），清代乾隆十四年（1749）和光绪十八年（1892）两次增修。1946年，因战火而毁坏殆尽。2000年，寺院重建工作启动。

水陆寺原是一座小庙，名叫水月庵。相传，唐代的樊汉已是小镇，水月庵位于镇南三里许。宝华山隆昌寺寂光法师云游至此，见庵庙狭小，外来挂单僧人无处居住，于是募化禅房百间，扩建水月庵，形成了后来的水陆寺。另据《光绪续泰州志》卷十一记载："水陆寺在樊川镇，本唐高宗时赵兵部明远屯兵之地，永徽五年创建斯寺。乾隆十四年增修，光绪十八年僧华如与其徒本慈又建魁星楼，增屋十余间。"

经过唐至清代多次修葺增建，水陆寺从乾隆年间至抗战前夕，发展到顶峰。楼厅殿阁及生活用房计129间，前后五进，有东、西廊房与楼、堂、僧舍相连。水陆寺属于律宗，在当地影响很大，曾多次放戒。最后一次放戒是在清宣统三年（1911），历时约20天，受戒者多达千人。历史上，水陆寺举办过许多慈善事业，如设置京江义冢，收葬无地平民；邀请当地名医徐汉江义诊等。

1937年，抗日战争爆发，扬州沦陷。私立扬州中学一度迁至水陆寺，扬州大律师戴天球任校长。1938年冬，江苏省保安第三旅教导大队进驻该寺。1940年农历九月初一，日军进犯樊川，连续炮击水陆寺，山门殿、大雄宝殿部分尽毁。1942年春，伪军强拆剩余建筑，取木料修碉堡，将这座千年古刹破坏得面目全非。1944年冬，新四军解放樊川，道永法师主动将两株千年银杏树捐给新四军手榴弹厂。1946年，水陆寺不复存在。

古水陆寺寺门朝南，中轴线建筑前后五进，分别为天王殿、大雄宝殿、中厅和后厅。中轴线之东，有清光绪十八年（1892）重建的三层文昌楼，又名魁星楼。每年重九，文人雅士齐集于此，登高赋诗，以志其盛。中轴线之西有坐南朝北五开间两进僧房。全寺呈长方形，东西短，南北长，占地10余亩。

2000年，水陆寺重建工作启动，迄今已经建成牌坊、天王殿、大雄宝殿、东西廊房、玉佛殿等。由镇区去水陆寺，经延寿闸，从闸口起有条石路向东直达该寺。寺前数米有一座飞檐翘角的牌坊，上刻"水榭胜境"四字。过牌坊，便是山门。山门顶上有匾额一方，"古水陆寺"四个大字嵌砌其上。中轴线上第一进为天王殿，单层瓦顶，九架梁五开间。正中供奉大肚弥勒佛，北面塑护法韦驮。东西两侧的四大天王出奇地高大威猛。大雄宝殿古朴凝重，双层重檐，一楼檐下悬“人天教主”匾额，二楼檐下悬有三块匾额，自西向东分别为“妙法莲花”“大雄宝殿”“华藏世界”。古寺遗产留存有清代石碑三方、民国石碑两方、龙纹石刻、墓塔石构件、小石狮等。如今，大殿前西侧竖立有白矾石《扬州府泰州樊川镇水陆寺碑》，碑文为扬州府儒学教授金兆燕于乾隆五十年（1785）冬撰写。东侧有清嘉庆十七年（1812）修庙及庙产记事青石碑，由徐州府萧县儒学教谕、邑人王森堂撰文。

目前，水陆寺还在建设完善之中，该寺的负责人为法来法师。

开元寺

开元寺，位于江都区大桥镇境内，始建于唐玄宗开元年间（713—741）。开元年间，唐玄宗下令全国各州各建大寺一座，均以开元命名，因此全国许多地方都有开元寺。扬州城内有开元寺，城外亦不止一处。开元寺自唐至宋、元、明时期的兴废修葺已无法考证。

据江都县志记载，清顺治十八年（1661），开元寺迁移至镇西傅李桥（即今三丰村）。寺的东侧，仅一墙之隔有一座东岳庙，距东岳庙数尺之东还建有一座土地庙。三座寺庙形成了天上、地下、人间、佛祖、鬼王、土神共居一处的少有建筑布局，远远看来层层叠叠，错落有致，十分壮观。开元寺寺门朝南，主体建筑有山门殿、大雄宝殿、观音殿。大雄宝殿内塑三尊佛祖，两壁海岛上十八罗汉和诸多菩萨栩栩如生。寺内未供奉四大天王像。相传苏州原有两座开元寺，佛祖命哼哈二将和四大金刚抬一座到扬州。哼哈二将把开元寺一路抬到傅李桥，停下歇脚，等到四大天王换肩抬时，却抬不起来了。原来，开元寺的基脚已陷入土内数寸，就像落地生根一样。无奈，四大金刚回苏州向佛祖交差，哼哈二将就地看守。所以，江都开元寺中只有哼哈二将而无四大金刚，苏州开元寺中只有四大金刚而无哼哈二将。1925 年前，开元寺曾进行过维修，后年久失修。抗日战争中，住持风山法师接受陈毅“出家不出国”的动员，带动僧众支持新四军，在历史上留下一段佳话。

1955 年，风山法师圆寂，留有弟子应恒、宗泉。1958 年以后，开元寺停止一切佛事活动。1964 年，大雄宝殿等寺房全部拆除，仅剩大殿前的两棵银杏树。1994 年开始，开元寺得以重建，历经十余年，先后建成山门、天王殿、大雄宝殿、三圣殿、藏经楼、玉佛殿、客堂、斋堂、寮房、钟鼓楼、因果殿堂等。主体建筑大雄宝殿，由扬州建筑设计院设计，大殿彩绘由著名彩画大师、北京故宫博物院马田老先生主持设计。大雄宝殿为歇山复檐，翘角飞檐，高大雄伟。寺内供奉释迦牟尼大佛像等，佛身高大，气魄非凡。2000 年大雄宝殿竣工时举行了隆重的开光仪式，国内外名僧嘉宾云集，盛况空前。原中国佛教协会会长赵朴初赠书，原副会长茗山法师题写寺匾，雪松法师撰写楹联："圣教东来金人应梦，开元重建政策英明。"

重建后的开元寺占地面积 50 亩，建筑面积 5000 平方米，各种设施配套齐全，成为一座初具规模的滨江田园寺院。寺前有一人工湖，寺内三进殿房仍保持了中国寺庙前低后高、主体突出的特点。山门坐北朝南，是一座三跨牌坊式建筑，脊顶覆以琉璃瓦剪边，上部架构均以彩画装饰。门楣上方嵌刻茗山法师题写的"开元寺"三个金字。天王殿供奉弥勒佛与韦驮，东西两侧供奉四大金刚和哼哈二将。大雄宝殿选址正对当年的两棵古银杏树，为钢筋水泥屋架，橙色琉璃瓦屋面，歇山重檐式建筑。殿内高 8.8 米的佛祖释迦牟尼巨型塑像安坐中央，两侧有神态各异的五百罗汉。佛祖背后是海岛观音大型立体雕塑群。大殿后面紧挨的是三圣阁，大殿东侧为斋堂、客堂和寮房，西侧由南到被依次为普利堂、玉佛殿和藏经楼。

2003 年，开元寺向西在原东岳庙遗址拓地 30 亩，进行因果殿堂建设。几年来，由南到北次第建有鱼乐国（放生池）、钟鼓楼、岳王殿、十王殿等。因果殿的建设，恢复了中国佛教文化与道教文化相生共荣的传统。

如今开元寺每逢农历二月十九日、五月十八日、七月三十日香期，寺内香烟缭绕，礼佛者络绎不绝，场面壮观。2007 年，寺内募建了一座九级八面的楼阁式宝塔——万佛塔。新落成的佛塔高耸巍峨，站在开元寺佛塔顶，方圆数百里景观尽收眼底，江淮古刹绽放出新的光彩。开元寺现任方丈为闻谛法师。

真如寺

真如寺，原名真武庙，位于江都区小纪镇真武路。该寺初名地藏庵，相传建于唐代。寺内有迄今保存完好的古代楠木大殿。

据遗存石刻碑文记载，明弘治八年（1495）寺内重建前殿、大殿、藏经楼。清嘉庆二十四年（1795），又增建部分殿宇。清道光以后的寺院兴废，现已无考。1949年新中国成立时，真武庙仅存一座楠木大殿，殿内供木质真武大帝神像，故又称真武大殿。1963年和1976年，江苏省人民政府两次拨款修葺大殿。1982年3月，真武大殿被列为省级文物保护单位，寺庙更名为“真如寺”。20世纪90年代中期，镇政府筹资对大殿进行了落架大修。2000年，小纪镇先后投入数百万元，在大殿周围加建了天王殿、藏经楼和廊房等建筑，在寺院东侧新建了真如广场，自此古庙焕发生机。

真如寺坐北朝南，占地三万平方米。天王殿、古大雄宝殿、藏经楼、客堂、斋房由南向北依次排开。天王殿正门“真如寺”三字匾额由原镇江金山寺住持慈舟法师所题。古楠木大殿坐北朝南，歇山重檐，重檐间悬赵朴初题写的“大雄宝殿”匾额，为沿用宋元结构的明代建筑。殿门左右各置石灯笼一座，大殿内廊西侧嵌有重修石刻碑记，廊台东侧嵌有大明正德五年重建真武庙碑文。大殿总面积140平方米，高9米。正背两端饰有龙形吻，巨大的斗拱将戗背角端高高托起，内梁架为楠木明构。大殿内正中供释迦牟尼大佛像，左右侍立阿难和迦叶，东西供十八罗汉。正殿柱悬有镇江金山天禅寺心澄法师撰写并题书的楹联：“真实智真谛行三界四生知定慧，如是观如来法千贤万圣仰高明。”

连接山门殿与大雄宝殿的是东西两侧长廊。2008年，长廊内兴建了十分壮观的漆艺壁画——地狱变相图。地狱变相图为高1米、长50米的漆画长卷，原图由画家江逸子绘制，扬州漆器厂承制。大殿后身为上下两层的藏经楼，楼上为藏经处，楼下为念佛堂。再往后便是客堂、斋房两层小楼，楼下两侧供观音、地藏菩萨，楼上供僧、客居住。

2001年，紧傍真如寺的真如广场建成，广场设有牌楼、九龙壁、水乡歌台等，成为小纪镇区居民休闲娱乐的主要场所，同时也带动了真如寺的人气。每至香期或庙会，真如寺内摩肩接踵、人潮涌动。如今，真如广场北侧正在建一座新的大型藏经阁，假以时日，真如寺将以更加雄伟的风姿出现在人们的面前。目前，该寺的负责人为智海法师。

圣容寺

圣容寺，原名地藏庵，始建于宋代，重建于清代，位于江都区大桥镇圣容村（原嘶马镇）。

该寺前临长江，后靠大桥沿江开发区的三江大道，四面环水，如绕寺龙身。相传，开山始祖寿峰法师原在苏州修行，云游镇扬一带，在三江口登岸时，发现这里是一块龙地，于是欣喜地买地建造了此寺。整座寺院原占地面积6000平方米，坐北朝南，南面和东面原有小桥进出山门，当时的主体建筑有四进，分别为天王殿、大雄宝殿、地藏殿和观音楼。两侧隔墙外有侧房五进，即花厅、方丈室、寮房、斋堂等。寺内设有戒台受戒，僧侣众多。过去，每年正月十五有几千人从四面八方涌入寺内舞龙灯抢绣球，百条舞龙队同时舞动，也不觉得拥挤，正因为“盛大容多”而得名“圣容寺”，代代相传。

抗战期间，圣容寺失去了第四进观音楼。“文革”期间，地藏殿及外围五进侧房，均因年久失修，无人过问而倒塌，文献史料荡然无存。

圣容寺现存殿宇两进。天王殿面阔五间，殿后有一对神兽柱，东侧石柱的上端已经损坏，西侧完好，刻有“大明国扬州府江都县乙丑年”字样。整修后的大雄宝殿面阔五间，进深九檩，殿顶正脊高立，屋面陡峭，朝南一面铺盖筒瓦为原建筑遗物，瓦头纹饰有青龙、朱雀、花草等，殿内结构严谨，饰有斗栱，六扇隔扇门，平面近似方形，为四角外翘回廊式仿宋式建筑，被视为龙头。殿前有正八边形水井两口，东侧水井为宋代老井，如同龙眼。井后两棵树龄三百年的参天银杏树，阅尽沧桑，仍郁郁葱葱，如同龙角。殿后原有一株古老的罗汉柏，视为龙尾。

2005年以来，该寺先后修建了藏经楼和两侧楼房。藏经楼在寺院最北端，重檐五开间，青砖小瓦，隔扇门窗，古色古香。东西两侧楼房左右对称，上下两层各十间，总面积约1500平方米。西侧大殿采用宫殿式造型，重檐飞脊，雕龙画栋，气派不凡。2010年，藏经阁新增一座长4.8米、重13吨的缅甸玉卧佛，佛像造型饱满，面目安详宁静。自此，圣容寺以弘法、修持、教育、慈善为宗旨，掀开了历史上崭新的一页。目前，该寺的负责人为常定法师。

慈云寺

慈云寺，位于江都区宜陵镇西首，始建于清代康熙三十八年（1699）。

历史上的慈云寺，建有山门、天王殿、大雄宝殿、藏经阁、客堂、寮房等殿宇，还有康熙皇帝御笔亲书的“敕赐慈云寺”石额一块，是维扬东乡的名刹、宜陵镇上第一大寺。该寺于咸丰年间遭受过毁坏，同治、光绪年间进行过重修。宣统初年（1909），寺僧明心法师增建部分殿宇，购置了斋田。寺内设有戒台，每年按期放戒。江苏名僧仁山法师曾亲临讲经，盛极一时。抗日战争期间，慈云寺寺房大部分被日军拆毁，唯有康熙皇帝御笔丹青的石匾和原寺前的一对石狮幸存下来。1993 年时，慈云寺仅存寺房三间和一个门墙。

1989 年，慈云寺旧址上出土了康熙皇帝敕赐的石额。2002 年，旧址附近开始重建慈云寺。经过数年募化集资，现已建成山门、天王殿、大雄宝殿、观音殿、地藏殿、财神殿、斋堂、寮房、放生池等，寺院初具规模。“敕赐慈云寺”石额被安放在新建的慈云寺山门中央。石额上方的阳文篆字“康熙御笔之宝”清晰可见。

新建的慈云寺坐北朝南，环境静谧清新，占地十余亩。古典式三檐牌楼山门，三洞拱门，正门上方嵌刻“敕赐慈云寺”石额，背面刻二龙戏珠图，一对石狮立于门前。进入山门，西侧有一株 1693 年的红花继木，东侧为放生池。放生池中莲花座上塑立一尊观音像。第一进为天王殿，除了主供弥勒佛、韦驮及四大天王外，还供奉了文殊、普贤两位菩萨。第二进为2010年竣工的大雄宝殿，重檐翘角，高大宏伟。天王殿与大雄宝殿之间，左右侧各有两层八开间楼房，分别供奉观音菩萨和地藏菩萨。天王殿西侧有前后两进僧人用房。

2009 年，慈云寺拿出 10 万元作为“中国慈云励志基金”的启动资金，旨在帮助和救助社会中处于生命窘境和生活困境的人，让他们坚定人生的信念，扬起奋进的风帆。目前，该寺的负责人为心悦法师。

观音庵

观音庵，位于江都区仙女镇龙川街 193 号，始建于清乾隆二十六年（1761）。

龙川街在古盐运河南岸，是仙女镇上的一条古老的街道。街道呈东西向，路面以条石铺就，由于其形状像一条弯曲的长龙，又紧靠古老的运盐河，因而得名。古运盐河北岸便是古大圣寺。

关于观音庵的由来，有一个故事。乾隆年间，高邮一李氏姑娘，因和嫂子口角成仇，遂离家出走，后在仙女镇落脚。她利用原徽州会馆东南一空地搭建草棚栖身，并供奉一尊观音菩萨。后来，她的胞兄在京城做了官，多方打听，几经周转，终于找到仙女庙。无奈妹妹决意修行，于是出资为她建立了观音庵的前殿。姑娘削发为尼，法号明学，为观音庵的开山祖师。

民国七年（1918），戚墅庙王姓女子自幼信佛，父母去世后，变卖家产投奔观音庵，取法名“中圆”。她与师父丽池重修观音庵，增建了中殿、大殿和三进两间外加两厢半辅房。观音庵自此初具规模。过去，观音庵后殿中堂处曾经挂过光绪皇帝的老师翁同龢书写的楹联：“观书到老眼如月；得句警人胸有珠。”“文革”中，不仅楹联不知所踪，庵内的佛像也全部被毁，庵堂成为纱厂的厂房和办公室，也曾做过牙刷厂的厂房。20世纪八十年代后期，观音庵逐步恢复旧观，成为江都第一批开放的寺庙之一。

如今，观音庵庵门朝北临街，大门上方嵌有“观音庵”三字石额，上款刻“乾隆辛巳年建，民国七年重建”的字样。正对庵门有一尊观音半身玉佛像，东侧有一门进入庵内前殿。前殿七架梁两开间，上有阁楼，上下共四间。迎门是一座神龛，内供弥勒佛与韦驮像。前殿向南与中殿佛事堂之间为全封闭透明天井，一座外架楼梯上二楼，楼上西侧有厢房，有回廊相接，形成串楼。再往南经过小天井，便是供奉三世佛的大殿。大殿三楹，为硬山厅砖木结构。正中供奉释迦牟尼佛，东面供地藏菩萨，西面供观音菩萨。大殿西侧为念佛堂。寮房在念佛堂北面的小院中。观音庵前后左右均为老街民居，庵堂建筑也具有民居紧小精致的特点。

1994年1月15日，观音庵举行新中国成立以来首次佛像开光暨“佛七”活动，原江苏省佛协理事、扬州佛协名誉会长，八十六岁的雪松法师亲临主持，为佛像开光并讲经说法。目前，该庵的负责人为悟慈法师。

长生庵

长生庵，前身为薛家庵，始建于清乾隆三十六年（1771），2013年因拆迁而重建，新址位于江都区南吴社区薛家组23号。

相传当地薛家有一位姑娘不愿婚嫁，家人无奈之下修建三间房屋，供她静心修养，成为薛家家庵。同治十二年（1837），三江营人窦氏，未婚夫亡，仍坚守贞洁。她在原薛家庵的旧址上修建长生庵，削发为尼，出家修行，法号杲霞，成为长生庵的开山始祖。光绪三十四年（1908），杲霞圆寂后，肉身不坏，宣统末年，杲霞真身装金塑于殿中，成为扬州历史上极为罕见的高僧肉身像，可惜毁于“文革”。民国时期，长生庵住持为仁厚法师。仁厚弟子默凡九岁进长生庵，“文革”中蓄发，落实宗教政策后，经雪松法师剃度，复续佛缘，2005 年圆寂时，留下灵骨舍利花。

古长生庵东临张纲河，西与水木楠庭毗邻。山门内第一进为韦驮殿，后进为圈檐廊式大雄宝殿。前殿和后殿中间为空阔花圃。花圃内有两棵两百年树龄的黄杨与金桂合抱生长，蔚为奇观。两殿间东西有廊房、寮房和念佛堂。

进入 21 世纪后，随着经济振兴、乡村并兼、城市扩容的节奏，江都城南浦江路延伸，古长生庵有碍规划，经过数度协商，决定在距离旧址一华里的新址上重建长生庵。新庵于2012年四月六日奠基开工，占地 8.6 亩，建筑面积 3200 平方米，为明清风格的寺庵。

新建的长生庵坐北朝南，庵前有开阔的广场。天王殿五间，开寺门三洞，寺门正中嵌砌“长生庵”石额，为镇江金山天禅寺心澄法师所写。韦驮殿前供弥勒佛，后供韦驮。出殿向北，有一空阔的庭院，前行数十步拾阶而上，便可登临大雄宝殿。大殿内中供奉三尊大佛，高丈余的药师佛、释迦牟尼佛、阿弥陀佛自东向西一字排开。佛像采用纯手工彩绘艺术，呈现出潮衣出水的风格，色彩艳丽柔和，大殿东西玻璃龛中塑供十八罗汉像，亦舍弃佛像刷金的传统工艺，改为粉彩彩绘，与众不同。佛台背后为滴水观音佛像，观音佛像对面东西塑供文殊菩萨和普贤菩萨。整个大殿面目崭新、色彩艳丽、气势恢宏。大殿后为一幽静花园，内植牡丹花，春天时姹紫嫣红，煞是好看。古长生庵原花圃内的两棵合抱黄杨与金桂古树，也已经移入花园，继续生长。

2007 年，长生庵慈善募捐基金会得以创办，基金会号召每人每天节省 0.5 元，用来救助真正需要的贫苦人们。基金会自创办以来，所募集的善款均用于助学、助残、施诊、帮困等。目前，该庵的负责人为藏弘法师。

仪征市

地藏寺

地藏寺，始建于唐代，清末曾为高旻寺下院，2002 年重建，位于仪征市陈集镇丁桥村南窑组和红星村潘庄组交界处。

作为有“西山小扬州”之称的仪征市陈集镇镇南的名刹，该寺始建于唐代，毁于五代十国，宋代重建，又毁于宋元战火，明初重建，隶属于九华山管理。清末，高旻寺住持来果法师来此传经，塑有藏身像一尊，后将地藏寺列为高旻寺下院，战乱期间寺院被毁。1939 年，本澄法师等自筹资金重修地藏寺，建大雄宝殿及寮房 16 间，“文革”期间因破“四旧”被毁。

1999 年，觉熙法师在陈集镇汪云村周庄组重建地藏寺。2002 年 9 月，地藏寺再次移址于陈集镇镇南孔雀山遗址重建，规划用地 30 亩。孔雀山遗址在陈集街南一里，临近 333 省道，交通便利，环境优雅，传说曾有孔雀栖息，树木林立，曲径通幽，景色宜人。

2009 年，觉熙法师圆寂后，由昌尔法师主持地藏寺的建寺工作。目前，地藏寺开发建设占地 100 亩，总建筑面积达 6.2 万平方米，已经建成大雄宝殿、天王殿、观音殿、藏经楼、灵塔、钟楼、鼓楼、放生池和配殿等建筑。

重建的地藏寺坐北朝南，天王殿东西各建有一座色彩艳丽的钟楼和鼓楼，穿过天王殿，便见万缘桥，桥下为放生池，池水中央莲座上立有一座白色观音像。过桥后，南北大道东西两侧建有两层配殿，西侧配殿已经定名为伽蓝殿和财神殿。大道尽头便是大雄宝殿，歇山重檐，通往大殿的台阶中间有九龙石雕，殿堂外观彩绘绚丽。殿内供有木塑三世佛佛像，背后为海岛滴水观音像。大雄宝殿北面建有一座三层楼的藏经阁。藏经阁东侧为觉熙法师纪念堂。目前正在建设中的建筑为五百罗汉堂，殿堂内五百罗汉像被塑在巨型圆柱形墙壁内外，设计精妙，堪称佛教建筑的精品，令人期待。

自 2002 年迁址至今，地藏寺建设已经渐成规模，在不久的将来，地藏寺将成为扬州新的一座极具个性的佛教丛林。

东林寺

东林寺，位于仪征市刘集镇东首，始建于唐代，后历经圮废和重建。2014 年年底，东林寺搬迁至刘集镇白羊村洪巷组（白羊山南麓），由民居式寺院发展为一座颇有规模的山寺。

东林寺的历史悠久。相传北宋建隆元年（960）九月，淮南节度使李重进在扬州起兵反宋。十月，赵匡胤亲自率大军，沿汴河而下，征伐李重进时，曾在该寺住过。寺内原有一棵元代所植古银杏树。清初，东林寺年久失修，已经圮废。康熙年间重建该寺，至咸丰年间毁于兵火。再次重建时，改名东林庵，供奉观音菩萨，改由女尼主持。每年农历二月十九、六月十九、九月十九香会期间，人潮涌动，成为当时知名度颇高的庵堂。“文革”期间，庵内佛像被毁，古树被锯，大殿被改为农具厂仓库。

1984 年起，经多方募化，原寺院建筑得到全面修缮。修复了大雄宝殿，新建天王殿、斋堂、客堂、寮房等设施，新塑了药师佛、四大天王、弥勒、韦驮、送子观音等佛像，同时恢复了“东林寺”寺名，由隆生法师主持寺内事务。1997 年农历二月十五日，修缮后的东林寺举行了隆重的佛像开光大殿，吸引了四乡八镇的香客和群众观礼上香，大明寺、观音山禅寺、镇江金山寺也派僧人前往参加盛典。

随着时代的发展，东林寺由于地处闹市街道，发展空间狭小。2014 年，在地方整体规划的指导下，东林寺移址白羊山南麓新建，整体重建土地面积约为 7000 平方米，较原址南北延长 70 米，东西延长了 100 米。目前，东林寺已经初步完成了山门殿、大雄宝殿、居士楼、僧寮等建设。届时东林寺将以崭新的面貌，成为仪征市的大型佛寺之一。目前，东林寺的负责人为广行法师。

法华庵

法华庵，原名诸公庙，相传始建于宋代（一说始建于明代），位于仪征市大仪镇石桥村。

相传，宋朝名将韩世忠为纪念在大仪抗击金兵取得大捷中牺牲的将士，修建一座庙，名为诸公庙。清咸丰年间，曾改名为法华庵。诸公庙庙门朝南，原是一座四合院式建筑，有前殿三间、后殿三间、两边厢房七间。院中植有两棵银杏树。前殿内塑供都天、火星、瘟神等神像，后殿内塑供如来佛、阿弥陀佛、观世音、地藏王等佛像。厢房内设殿房、客堂、斋堂、寮房等。解放后，前殿及东厢房均被拆除。

1944 年，原江苏佛教协会副会长、南京市佛教协会会长、灵谷寺及栖霞寺方丈真慈法师在此剃度。1996 年，在真慈法师的资助下，由其师弟真元法师主持，重新修复寺院，恢复“法华庵”寺名。2005 年，真慈法师圆寂后，按照其回归故土的遗愿，弟子们将他的部分遗骨送回法华庵，安葬在灵塔之中。

如今，法华庵占地约三亩，山门正前方有一座灵谷寺赠送的三层铸铁香炉宝鼎，山门西侧有一片小竹林，竹林中矗立两座三层石灵塔，分属真慈和真元两位法师。前殿有一尊弥勒佛，背后为护法神韦驮，殿东有一只灵谷寺住持等捐资建造的铜钟，后殿供奉释迦牟尼、观音菩萨像。前殿、后殿、左右法堂构成一组灰瓦白墙朱门的四合院建筑。目前，法华庵负责人为本如法师。

清净庵

清净庵，原名虞都寺，始建于明代崇祯年间，2007 年重建，位于仪征市刘集镇六巷村（原纲要村）。

虞都寺为曹洞宗古刹，与扬州的观音禅寺一脉相传。该寺原有前后大殿两进八间，东侧厢房五间。大殿内供奉多尊泥塑佛像，有西方三圣、送子观音、药师佛、火神菩萨、地藏王菩萨等。每逢初一、十五，庵内香火旺盛，人声鼎沸。1925 年，性道法师带着徒弟净航主持虞都寺。1957 年，寺院在一场争夺产权风暴中被毁。

1984 年，在净航法师主持下，重建大殿四间。1986 年上半年，寺院请回木身西方三圣佛像，下半年建东厢房四间。1988 年又建斋房及辅房四间，从而构成一座四合院结构的庵堂，自此改名为清净庵，寓意清净庄严，出淤泥而不染。1990 年起，清净庵在净航法师及其弟子如新的带领下，相继请回送子观音、药师佛、释迦牟尼等佛神像，1999 年重建大雄宝殿五间。庵内也保持了每年三次法会和一次佛七的传统佛事活动。2002 年，曾经担任仪征市佛教协会副会长的如新法师圆寂。2005 年，净航法师圆寂。

2007 年，清净庵西移数百米，迁至现址。重建的清净庵已经完成了大雄宝殿的建设。崭新的大殿为重檐歇山顶式建筑，外观以红色为主色调，内殿天花装饰以蓝天白云彩绘，殿中供奉三世佛，四周有鼓神、钟神以及十八罗汉佛像矗立在半空之中。目前，清净庵仍在建设之中，负责人性空法师带领尼众为早日建成一座古朴庄严的佛教道场而艰苦奋斗。

古三官庙

古三官庙，位于仪征市新城镇三官村，始建于宋代，原为道教宫观，供奉天、地、人三官，因而得名。

明朝嘉靖十六年（1537）、清朝雍正十年（1732）、乾隆三十八年（1773）、光绪十二年（1886），该庙均曾进行过修葺。乾隆三十年（1765），龙门道者吴人灏为古庙敬书题写“古三官庙”并嵌刻在庙门上方。乾隆三十七年（1772），龙门道者朱扬震、朱扬霈将前后三殿修复如新，同时种松栽树千余株，令三官庙成为供奉香头要地。乾隆四十六年（1781），居士王必仕重修中大殿。民国二十三年（1934），又有地方绅士王声扬联合地方居士等数十人修碑修庙，整修了前后三殿及东西两廊。解放后，因道教在当地无传播而荒废。1984 年，古三官庙年久失修，中后两殿划给三官小学重建教室，庙内仅剩前殿一座，保留至今。

三官庙最为闻名的是门前的一棵巨型古银杏树，树身直径有 2 米之大，相传已经有 1300 多年历史，种植于唐高宗年间。令人称奇的不仅仅是因为它年代久远，而是其裂开的树干中间，又笔直地长出一棵银杏树，树中生树，两棵树成母子合抱状。相距这棵古银杏树约五六米处的庙内，还长着另一棵银杏树，为庙门外的银杏树落下的银杏果长成，距今约 300 年。这三棵银杏树被当地人称为祖孙三代银杏树，每年都为庙佛挂果增辉。

1998 年开始，由当地僧尼润慧发起，地方群众募资，重建古三官庙。将破旧的前殿修缮一新，又砌东廊衬托，加上银杏树陪伴，同时请进释迦牟尼、观音菩萨、地藏王菩萨三尊大佛以及送子娘娘。2007 年，再次修葺大殿，请回了弥陀佛、四大天王等佛像，古三官庙以佛教寺院的面貌重现于世。

如今的古三官庙为四合院式建筑，庙门上方镶嵌着一块汉白玉石，上书“古三官庙”。大殿内主供释迦牟尼佛，两侧供奉地藏王菩萨和观音菩萨，大殿内有四块石础，立四根木柱。2012 年，庙内请回了天官、地官、水官三尊菩萨，3 月 11 日举行了开光仪式，2013、2014 年正月十五，庙内举办庙会，反响热烈。古三官庙集佛、道为一家，成为当地宗教活动的固定场所。

高邮市

镇国寺

镇国寺，清代高邮八大名刹之一，始建于唐代，为唐举直禅师所建。

该寺如今位于高邮市京杭大运河河心岛上，寺内遗存一座唐代古佛塔。

相传唐僖宗李儇之弟看破红尘，削发为僧，周游各地，行脚高邮时，打算在城南择一处空地建造寺庙。僖宗应允后拨款助其修建寺院，赐寺名“镇国禅院”，并赐其“举直禅师”称号。举直禅师圆寂后，安葬于院内。寺外建起一座四面九层砖塔，供奉禅师舍利与经卷。该塔位于高邮城内西门湾，与东门外的净土寺塔遥遥相对，俗称西塔。

历史上，镇国寺又名光孝禅寺、醴泉寺，因史料缺乏而不详。清顺治十三年（1656），镇国寺毁于大火，雍正二年（1724）寺庙重修。乾隆四十三年（1778），镇国寺塔内失火，诸级楼板皆毁，成为空塔。清嘉庆十五年（1810），飓风刮落塔顶，塔顶坠地时损毁三层宝塔，故当地人称之为断塔。光绪三十二年（1906）修建时，改为七层，保存至今。清末兵燹，镇国寺遭到破坏。1956 年运河拓宽时，依计划镇国寺要被拆除，佛塔原也在拆毁之列，后经有关部门反复研究，认为要保存这一唐代遗物，报请中央人民政府批复时，周恩来总理特批：让道保塔。为保塔，运河改道，留下了一块占地 40 亩的河心小岛，镇国寺塔耸立其上，在塔的四周直径 100 米以内填土筑堤保护，塔岛不仅成为运河中一颗明珠，也成为船行到高邮的标志。从此，一座佛塔独自耸立在了河心小岛之上。

1957 年，镇国寺塔被列为省级文物保护单位。2000 年，高邮市为了弘扬佛教文化、发展旅游业，决定在河心岛上恢复镇国寺。镇国寺修复工程于 2001 年 6 月 28 日举行奠基仪式，规划面积 21300 平方米，建筑面积 7400 平方米。寺院建筑以镇国寺塔为中轴线，主体建筑物朝东南方向，由南到北依次设露天观音、天王殿、大雄宝殿、藏经楼等。一期工程建成大雄宝殿，二期工程建成天王殿和寮房，三期工程完成了钟鼓楼和五百罗汉堂，寺内殿宇错落有致，殿塔交相辉映。大雄宝殿与镇国寺塔之间正在建设的藏经楼，设计精巧，结构严谨，加上 2015 年 6 月完成的河心岛风光带亮化工程，复建后的镇国寺不仅是高邮西堤风光带的重要组成部分，也是扬州的一个重要景点。

新镇国寺从整个格局上看，像个船舫，也似菩萨的脚印。从寺院到陆地筑成宽阔的长堤，摆脱了去寺院唯有靠小船摆渡的局面，方便了人们往来寺院敬香参修。

整个湖心岛就是整座寺院。山门坐东朝西，门前数米有一座三檐牌坊，牌坊正中上书“镇国寺”三个金字，背面刻“来此为甚”。牌坊与山门之间的空地上站一座五层铜鼎。从进山门开始，穿过宽宽长长木栏质地、高低起伏的普渡桥，可到达寺庙入口。天王殿前的广场上有一座13米高的巨大白色观世音菩萨塑像，旁边有佛事流通处与斋堂。整个布局像是船头。

进入天王殿，弥勒菩萨安坐正中，两边立着四大金刚，背面为韦驮菩萨站像。出了天王殿，东西分别为钟楼和鼓楼。向北步行数米就是大雄宝殿，如同船身。新建的大雄宝殿面阔五间，建筑面积400平方米，四周有玉石栏杆，殿高16米，重檐翘角，为明清风格建筑，可容纳百名香客同时进香拜佛。大殿内主供一尊释迦牟尼像，阿难和迦叶站侍两侧。佛台背面塑滴水观音像，东西塑十八罗汉像。大殿两侧分别为东罗汉堂和西罗汉堂，共供奉503位罗汉。大殿后东侧有文殊殿，西侧有普贤殿，正北是千年不倒的镇国寺塔，仿如船尾，屹立在运河之上。

镇国寺塔身为青砖砌建，高32.8米，直径8.84米，呈平面方形，仿楼阁式，塔顶为四角攒尖式，顶端立有2米高葫芦形紫铜塔尖。塔池地基低于水平面，原先一半埋在土里，后经清理整修后出土成为塔底层。底层内供一尊缅甸玉佛，佛身后有一座千手观音屏风。塔内其余各层空置。塔身各层有拱形门，第一层南北开门，第二层东西开门、南北假门，第三层南北开门、东西假门，第四层至第七层四面开门。各层有腰檐，二至七层塔门两边建有小佛龛，三至五层塔门两旁有半圆砖柱，具有明显的唐代古塔建筑风格。2014年，该塔作为我国第46个世界遗产的京杭大运河的重要组成部分，被誉为“南方的大雁塔”。塔两侧的居士楼和五观堂，塔北的藏经楼正在建设中。

2014年4月20日，镇国寺隆重举行祈福中国千僧斋会，来自世界各地的大德高僧1200余人共为祈福。镇国寺以“运河佛城”的面貌成为扬州佛寺里的新翘楚。目前，镇国寺的负责人为心然法师。

护国寺

护国寺，清代高邮八大名刹之一，始建于北宋初年，位于高邮市界首镇石桥街16号，是高邮市全境唯一保存完好的寺庙。

护国寺的前身为一座三间房的小庙。明代，宦官魏忠贤结党营私，权倾朝野。地方官为献媚逢迎，将小庙改建为魏公生祠。魏忠贤事发被诛后，生祠改建为关圣殿。清代康熙年间，戒如法师重建殿宇。乾隆初年（1736），关圣殿改为镇国寺。乾隆九年（1744），乡绅何湘宜信奉佛教，因中年丧妻、老年丧子，遂剃度入佛门，拜高邮天王寺智慧和尚为师，法名广成，住持镇国寺，并献农田320亩作为庙产，农禅并重，多方募化，重建寺宇。至乾隆二十四年（1759），先后建起寺宇四进，分别为天王殿、关圣殿、大雄宝殿、法堂和方丈室，配房百余间，后苑广植松林，改寺名为护国寺。清光绪年间，乡绅张氏夫妇半生无后，双双入佛门，张妻入庵为尼，张氏带九百余亩田产入寺为僧，法号大果，后任住持。大果法师抱着"将此深心奉尘刹，是则为名报佛恩"的宗旨，苦行募化，弘扬禅宗。光绪三十一年（1905），大果退居，由智禅（又号镜如）任住持。

1927年，大果法师圆寂，为了弘扬大果禅宗典范，各地名寺高僧百余人云集护国寺，举行隆重的佛教祭仪，做斋教华严期，诵华严经81卷，为时21天，以资纪念。同年，智禅法师又举办了三坛大戒，延请了扬州等地的高僧，为各地前来的"青衣"授戒。三坛大戒是汉传佛教出家僧人的受戒仪式，依初坛、二坛与三坛正授，分别得到沙弥（尼）戒、具足戒、菩萨戒的戒体。这两次佛教活动成为护国寺的盛事。不久，智禅法师传位给澄波法师。

抗日战争期间，伪军驻扎在护国寺。在经历了"文革"破坏后，护国寺仅存三间大殿、五间后殿。1986年，云岭法师任住持，经多方筹募，募到约七千元的资金，对寺院进行了修复，残破大殿焕然一新。1987年农历四月初八日，护国寺举行了重新开放庆典和佛像开光大典，四方的僧尼、信众前来参加，整个寺院人潮如涌，钟鼓齐鸣，香烟缭绕，盛极一时。2003年，界首籍林姓人氏捐建新的大雄宝殿和天王殿。2013年，寺内新建厢房、居士楼和报恩塔。护国寺在原有的面积上西扩数十米，寺院颇具规模。

护国寺寺门朝西，门前有一条石板路，寺内遗存大殿尚有两座，分别是古大雄宝殿和古佛母楼。寺内自西向东有新山门殿、新大雄宝殿、古大雄宝殿、古佛母楼、厢房、居士楼等。新天王殿内供奉有弥勒佛坐像和韦驮站像，天王殿南侧有一座七层报恩塔。新大雄宝殿建在原天王殿的位置上，新大殿身后相隔不到五米，紧贴着就是古大雄宝殿。古大雄宝殿为清代建筑，殿内雕花梁架，主供释迦牟尼佛，南北玻璃龛内各供一尊观音菩萨和地藏菩萨，两侧墙上挂有十八罗汉画像。古大殿后为古佛母楼，殿内悬有“护国重光”匾额，内供三世佛母像。护国寺的扩建，揭开了这座高邮古刹历史上新的一页。目前，该寺的负责人为妙慧法师。

极乐寺

极乐寺，原名极乐庵，位于高邮市西后街 4 号，始建时间不详。

该寺原是一座女众道场，名为极乐庵，庵门朝南，有庵房 16 间。“文化大革命”期间被占用，拆去山门殿三间。1970 年代末，极乐庵成为高邮第一批开放的寺庵。庵房经过修缮，西边最南头一间屋顶被抬高，改作山门，从此庵门朝西。山门内供有勒佛坐像，背后韦驮站像前置有一座三足雕龙石鼎。进山门是一个大院，院北一座五楹大殿，殿门朝南，两侧悬挂一幅镇江金山江天禅寺住持慈舟法师题写的楹联：“诸恶莫作即是人间净土，众善奉行乃为佛法婆心”，殿前置一座塔式铁鼎，殿内正中供如来佛，东边供观世音菩萨，西边供地藏王菩萨，两侧悬挂十八罗汉彩色画像。院东有一排四间房，内供一尊观音手执宝瓶倾洒净水站像。庵内有僧尼十多人。

2013 年开始，高邮市开展穿心河沿线整治工程。在整治道路过程中，极乐庵的部分庵房因为让路而被拆除。庵内仅保留了一座大殿，同时占地范围南扩三十米，新建了天王殿和大雄宝殿。2014 年，极乐庵更名为极乐寺，成为男众道场。

如今的极乐寺，庵门朝南，门头上书“极乐寺”三个大字。寺内有三进建筑，分别为天王殿、大雄宝殿和念佛堂。大殿单檐三楹，内供三尊世佛，佛台背面为滴水观音像。天王殿与大殿之间东西两侧有配殿，东侧为观音殿，西侧为地藏殿。念佛堂在原极乐庵大雄宝殿的基础上改建而成，原有的五间大殿改为了三间。原先的极乐庵深陷民居之中，如今的极乐寺门前开阔，颇有规模。目前，极乐寺内驻有高邮市佛教协会的办公处所。

宝应县

定善禅寺

定善禅寺，位于宝应县曹甸古塔村境内，始建于东晋安帝隆安四年（400），开山祖师为高僧德聪。

定善禅寺鼎盛时有三座山门，东为文武殿，西为城隍庙，定善禅寺居中，三位一体，前后有房屋九十九间半，殿宇巍峨，楼阁参差，雄踞古泾河北岸。寺内有砖砌河道通往十三条河口，交通便利。寺外有大小两座宝塔，尤为著名。

七层宝塔名为镇海塔，建于初唐，八面砖石结构，高 26.5 米，拔地而起，直上霄汉。据说古塔监造者是唐开国功臣尉迟敬德。当时古塔之东是海口，常潮汛暴涨，浸田毁舍，尉迟敬德率民众围堤垦荒，兴修水利，后年年丰收，五谷丰登。百姓感念其功德，纷纷捐款捐物，建造了此塔。

五层宝塔名为大义塔，寺龛供奉第一功德祖仍是尉迟敬德。相传当年尉迟敬德依寺驻兵，其子尉迟宝林触犯军纪，尉迟敬德坚令将儿子处斩，埋首级于此。民众为其大义灭亲所感动，自发建造一塔，以表纪念。故当地人又称之为“塔儿头”。

寺后有一株古银杏，周长一丈，浓荫密布，传说唐代薛仁贵征东时，曾将战马系于树下，亦称“系马桩”。六十多年前，银杏树被锯倒，然而其伸向四面的残根吐出新芽，长作六株大树，依傍双塔，环绕古刹，形成一派葱茏茂密、气势恢宏的丛林奇观。

明清两代，定善禅寺每年香火最盛之时，以清明节为正期，有前后各十天的庙会。四面八方的善男信女纷至沓来，寺庙内外人山人海，泾河两岸车水马龙。每逢此时，各路贩夫携货赶集，相聚成市，购销两旺。

1966 年，定善禅寺僧侣被逐，佛像被烧，庙和宝塔相继被拆。改革开放后，住持天乐法师返回古塔村，在地方政府和百姓的支持下，陆续新建了后殿、前殿、观音殿、城隍殿和东西厢房，修复了一口唐代开凿的古井，砌了放生池。1980 年代重建大小二塔。

如今，定善禅寺面积增扩数倍，全新的观音殿和大雄宝殿已经建成，殿内塑像即将完工，寺门前新添了小桥流水和一座水中弥勒佛与孩童嬉戏塑像群。省二级公路泾安公路从定善禅寺门前经过，东连新长铁路，西距京沪高速泾河道口仅 5 公里。这里与外界的距离正在缩短，定善禅寺以崭新的风貌重现古刹的魅力。目前，该寺的负责人为本融法师。

潼口寺

潼口寺，位于宝应县夏集镇郭桥村，始建于唐贞观九年（635）。

唐代该寺称为东寿安院，殿堂楼阁数百间，蔚为壮观。“唐建潼口禅寺”门额和大雄宝殿匾额相传为唐代大书法家颜真卿所书。寺内有万历钟、千佛楼、地藏殿、罗汉堂等建筑。宋代，该寺改名为圣寿院，后来称潼口寺。明代宝应人、河南道监察御史乔可聘曾为该寺撰文立碑。相传，满清入关初年，寺内有一座泥鼻子大钟，声音能传八九里的范围。此后，这座泥鼻子大钟，在寺内又沿用了若干年，躲过了战火，可惜到了 1958 年大炼钢铁时，大钟被敲碎，投进了冶炼的火炉。

民国初年，该寺曾多次传戒。抗日战争期间，宝应县中曾经移至潼口寺。日军侵华，寺内多次遭到破坏。十年动乱时期，该寺正殿佛像被毁。“文革”后，该寺院基地等尚在。2002 年，潼口寺在旧址上重建，现有天王殿和大雄宝殿两进建筑。大殿内为人字形梁架及红色大梁柱，内供释迦牟尼像及十八罗汉。大殿东侧植有六棵大雪松，另有大面积的塔松、风景松等树木，高大挺拔，在丛林古刹中较为罕见。寺内尚存一块刻有寺名的明代石碑。

宁国寺

宁国寺，旧名宁国禅寺，始建于唐贞观十一年（637），原址在宝应县城大新桥东，叶挺路东首北侧。僧人无尘开山，历代僧、官多加修建，为宝应一大丛林。

古宁国寺寺门朝南，前临大街，后依城墙，规模宏阔，寺内藏有明万历年间铸造的一口大铜钟，大雄宝殿匾额为唐代书法家颜真卿所书，寺后有千佛楼，寺内有数百间殿堂楼阁，素有“跑马关山门”之说。据 1991 年出版的《宝应历代县志类编》中的清朝《道光志》记载：“宁国寺规模宏阔，大雄宝殿额为颜鲁公书，多精舍，邑士读书其中，入寺则书声梵音洋洋可听。万历十九年，僧庆聪修大殿、四周用砖实砌，又建通慧门，蝴蝶厅等，千佛楼每根梁柱都有木雕佛像，数以千计，姿态各异，庙后有一城墙，每块砖上有浮雕造像，时人称之为‘有神无庙’。”清道光丙戌年大殿、颜公书迹毁于大火。

清兵入关后，因为宁国寺规模宏大，常被过境和驻防兵士所据。道光六年（1826）大雄宝殿被大火烧毁之后，宁国寺日渐凋敝。解放后，寺院改建为大众电影院，所剩殿宇陆续拆毁，仅存一座破败不堪的蝴蝶厅。

20世纪九十年代初，宝应县政府决定在原城隍庙旧址之上重建宁国寺。按照1998年调整后的新规划，新建的宁国寺东自安宜南路，西至回龙巷，北起东门大街，南临宋泾河，占地面积在一万平方米以上。规划中的寺院，依中轴线由南到北依次有寺前广场、山门殿（钟鼓楼）、香海、三圣殿、宁国多孔桥、放生池、玉佛殿、丹墀、大雄宝殿；中轴线两侧为东西配殿；西部是讲经堂、戒坛、禅堂及寮房；东部文物展览室、碑廊、塔院、停车场和外围仿古建筑门市带等。建筑之间以连廊相结，构成完整的院落广场。

目前已经建好的寺院建筑有藏经楼、东门天王殿、东北角和东南角沿街仿古建筑带、大雄宝殿、普光明殿、客堂、玉佛殿等。东门天王殿临街，两层单檐，面阔三间，底层为走道，与安宜南路相通，在临河山门殿未建之前，担负着进出宁国寺的通道功能。

大雄宝殿和玉佛殿位于南北中轴线上，与左右配殿围成四合院落。大雄宝殿坐北朝南，金色琉璃瓦，重檐飞角，气势雄伟。总建筑面积为480余平方米，高19.99米，寓意寺院复建于1999年。“大雄宝殿”匾额为原全国政协副主席、中国佛教协会会长赵朴初先生题写。门前两侧的红色圆柱上镌刻着由明波法师和高沛雨先生撰稿，扬州著名书画家李亚如题写的楹联：“苍茫运河哺育安宜稻花莲藕，万顷香溢九洲古刹新辉笼大地；文化名城遥念真如功绩史话，千秋瑞呈八宝宁国富民耀中天。”大殿内，正中须弥座上主供释迦牟尼佛，法身高大庄严。立在佛祖左右二边的分别是迦叶和阿难二位弟子。佛祖像背后是海岛观音雕塑群，共有109尊塑像。大殿东西两侧站立的十八尊罗汉雕像，为仿真人香樟木立式雕像，采用98%纯度的金箔贴塑。2000年，大殿东面重建了一座两层藏经阁，该楼的木框架为清代遗留，工匠在木框架内砌了砖墙，加盖屋面，基本保持原貌，目前底层为客堂。

玉佛殿在大殿的南面，又名观音圣殿，前后设有走廊与东西配殿通连。玉佛殿正中供奉3米高的白玉紫衣观音，殿堂的梁柱为国内仅存的八根鎏金红木龙柱，穿心1.2米。玉佛殿后壁镶有八块汉白玉浮雕——“释迦牟尼八相成道”图。这八块汉白玉原先供奉在上海静安寺的古大雄宝殿内。2005年，上海静安寺住持慧明法师为报答先师明波、贤愿二位长老的教导之恩，在静安寺修葺之机，赠送给宁国寺收藏。

东配殿目前为奇石展览厅，内存玛瑙状硅化木。西配殿为普光明殿，底层正中供奉了一尊玉观音，四周500格金黄色的佛龛中供奉了500尊罗汉，神形俱备，悠然自得。这里罗汉像全部采料为世界名贵树木——生长于非洲岛国的小叶紫檀，工匠花了两年多的时间，精雕细刻而成，因此普光明殿又称罗汉堂。二楼光华阁为文物展厅，内存紫檀木如意、紫檀木雕观音、古铜钱、宋朝夹带、清朝《法界源流图》、象牙朝笏、宣德炉等珍贵文物。二楼南首房间内还藏有镇寺之宝——释迦牟尼的真身舍利。

宁国寺获得此镇寺之宝有一段缘由。抗日战争时期，太虚大师组团前往印度等国家访问，得到了印度总统圣雄甘地和总理尼赫鲁的亲自接见。印度为了表示和中国结为友好关系，特别向太虚大师一行赠送了国宝——佛祖舍利，太虚大师为保护好此宝，避开战乱，辗转至台湾，传慈航法师保存，后慈航法师再传宽裕法师保存，供奉于台湾秀峰山古弥勒内院内。宽裕法师和宁国寺原住持明波法师既是同乡又是同门弟子，且共同修行多年，2004年，明波法师向宽裕法师提出分一份佛陀舍利在宁国寺供奉瞻仰的请求后，宽裕法师欣然应允。因此宁国寺是当今全国少有的、受到海外馈赠佛祖舍利并能有缘供奉的寺院之一。

重建宁国寺的规划以恢复大雄宝殿为先导，如今仍然在紧张有序地实施逐步完善的计划。一座以古建筑群为代表，辅以独特佛教文化特色的功能性寺院和佛教文化旅游景区指日可待。宁国寺现任方丈为清纯法师。

龙竿寺

龙竿寺，初名文殊院，位于宝应县射阳湖集镇，始建于唐代。

相传，唐王李世民即位称太宗帝时，为平藩扫寇，大都督尉迟敬德率军东征，曾扎营于古射阳镇，并在此建造都督府。尉迟敬德平藩扫寇成功，班师回朝，将此官邸留于佛门。贞观二十年（646），礼请德观大师为开山住持，题名为“文殊院”。大历四年（755），院内有百年老竹，垂曲长成龙形，寺僧见状甚喜，视为天降祥瑞，遂报于官。官上奏于朝廷，唐玄宗见奏，龙颜大悦，御赐匾额“龙竿禅寺”。明洪武四年（1371），僧人如灌修建寺院。此后，历代僧侣多曾修复。龙竿寺成为宝应东荡地区的大寺，清朝后期，龙竿寺常住僧众数百人，建筑宏伟，香火旺盛，四众皈依，盛极一时。

龙竿寺原建筑群有前殿、大雄宝殿、大悲楼（藏经楼），东西厢屋、志善堂等，房屋近百余间。寺西侧为城隍庙。大殿正脊二龙戏珠，垂戗二脊有走兽，坡度平缓，莲花瓦当色呈金黄，光彩四溢，气势雄伟。寺内有三合院，为方丈室。院中有枯枝牡丹一株，长有六个花枝、主杆高近三尺，花枝蔓延半院，开花时朵朵牡丹开满花枝，芳香四溢，每年阳春三月为观花节，都举办法会，历时三天，吸引了周边四乡八镇的群众前来。

民国二十一年（1932），龙竿寺开堂师天祥法师传授三坛大戒，放戒僧众160余人，历时45天，是该寺历时最长的一次佛教盛会。1938年，日本发动了侵华战争，由于龙竿寺庙宇宽敞，抗日战争时期成为地方上训练壮丁抗日救国的场所。1940年，日军飞机轰炸射阳镇，龙竿寺被炸毁。1944年，以龙竿寺方丈天祥为首，在射阳区组织僧抗会，众多僧人报名参加，该协会在共产党的领导下参加抗日运动。

2004年7月，为了弘扬古镇佛教文化，宝应县人民政府批准重建龙竿寺。龙竿寺计划逐步建设山门天王殿、大雄宝殿、藏经楼、文殊殿、普贤殿、地藏殿、钟鼓楼、香海、寮房、斋堂、文丈室、七层宝塔、功德碑廊、中诚天祥纪念亭、臧洪陈容塑像、竹林、放生池等20个建设项目。目前，龙竿寺重建工程已完成了大雄宝殿、寮房、天王殿，四周围墙、文殊讲堂、居士楼，西侧后面建了竹林花园景观。大雄宝殿重檐双匾，一层檐下悬“妙相庄严”匾额。殿前有九层铁塔。殿内供三尊佛像，两侧为二十尊者天王。殿前尚有唐代遗存小石狮一只。古寺从此换新颜。龙竿寺现任方丈为果成法师。

二、 城区佛教建筑遗存

天宁寺

清代扬州有八大名刹，天宁寺居首位。天宁寺，位于丰乐上街3号，天宁街对面护城河北岸，相传为东晋太傅谢安的别墅。太元十年（385），谢安镇广陵时居此处，后其子司空谢琰舍宅为寺，初名谢司空寺，后易名兴严寺。据《重修扬州府志》中记载：“（东晋）义熙十四年（418），有梵僧佛驮跋陀罗译《华严经》于此。”也有学者考证，译经梵僧不是佛驮跋陀罗而应是伽达多。

关于天宁寺的历史，目前确凿的资料源自宋代《宝祐惟扬志》。书中记载武则天证圣元年（695），以年号为名，在扬州建证圣寺。唐僖宗广明二年（881），改名正胜寺。北宋真宗大中祥符五年（1012），又改名兴教院。宋徽宗政和二年（1112），全国重要州府均建天宁寺，宋徽宗应昭庆军节度使蔡卞之请求，赐予此寺“天宁禅寺”之名。南宋绍兴十三年（1143），改名报恩光孝寺，以奉徽宗皇帝香火。元末寺毁。明洪武十五年（1382）重建，仍称天宁禅寺，香火鼎盛，堪称“淮南第一禅林”，寺内高僧道彝法师曾奉史日本。寺院历经正统、天顺、成化、嘉靖间修葺，沿袭至今。

天宁寺规模宏伟，清代康熙、乾隆年间达到极盛。乾隆二十二年（1757），乾隆皇帝第二次南巡时颁赐“江南诸寺之冠”，不仅令天宁寺在佛教史上占有一席之地，更令它成为扬州重要的文化遗产。

清代康乾盛世，扬州的繁华臻至极致。康熙皇帝六次南巡，幸临扬州，驻跸天宁寺，先后赐给天宁寺“萧闲净因”“皓月禅心”“寄怀兰竹”“般若妙源”四块匾额和“禅心澄水月，法鼓聚鱼龙”、“珠林春日永，碧溆好风多”两副楹联。康熙皇帝还授命两淮巡盐御使曹寅在寺内设立“扬州诗局”，主持刊刻《全唐诗》，纂修《佩文韵府》，两部典籍成为中国文化史上重要的里程碑。雍正皇帝虽然没有驾临天宁寺，但命僧人明彰出主本寺，赐御选语录及紫衣。乾隆皇帝南巡，驾幸扬州，最初也是驻跸于天宁寺。清乾隆二十年（1755），为迎接乾隆皇帝南巡，扬州盐商于天宁寺西侧建行宫、御花园，寺前建御码头，乾隆皇帝这才移驾天宁寺行宫。

天宁寺下院建在行宫的御花园中，有大观堂和文汇阁。文汇阁，建于乾隆四十五年（1780），又名御书楼，是清代七大藏书阁之一，颁贮《古今图书集成》及《四库全书》副本全帙。咸丰四年（1854），太平军一举攻入扬州，天宁寺及其行宫一起毁于战火，文汇阁亦不能幸免，所藏书籍荡然无存。

同治四年（1865），僧人真修向两淮盐运使方浚颐请求拨款重建天宁寺。光绪七年（1881），复建藏经楼。藏经楼三层七楹，上层供佛像一万一千一百尊，为扬州佛寺第一崇楼。光绪十七年（1891），寺内建御碑亭两座，寺外建牌楼，规模壮丽。宣统三年（1911），又建华严阁二层，寺院规模逐渐恢复。天宁寺寺门朝南，门开五洞，正门上端嵌砌“敕赐天宁禅寺”石额，山门殿前坐两只石狮。寺院建筑群前后有五进，分别为山门殿、天王殿、大雄宝殿、华严阁、藏经楼，东西两廊百米配殿连接，故有“一庙五门天下少，两廊十殿世间稀”之说。

民国初年，熊成基烈士灵柩回扬州，在天宁寺举办追悼会。抗日战争期间，天宁寺为侵华日军所占。抗战胜利后，寺院成为国民党兵营，寺院建筑遭到破坏。解放时，天宁寺仍有寺房百多间. 住僧百余名。解放初期，寺内开办军区干部学校，拆除牌楼、御碑亭，改建钟鼓楼、藏经楼等。1955 年后，部队迁出，寺内改办扬州专区文艺学校，设立社会主义教育展览馆直至 1959 年。后又改造殿房，设扬州专署第二招待所。至 20 世纪七十年代末，天宁寺已面目全非。为拯救这一古建筑群，1984 年初至 1987 年 10 月，国家和省、市政府累计拨款 140 余万元重修天宁寺。大修后的天宁寺占地 11908 平方米，建筑总面积 5000 多平方米，中轴线上有山门殿、天王殿、大雄宝殿、华严阁以及东西廊房等 92 间，整体建筑布局对称严谨。另有约 20 间现存的原天宁寺配房，作为居民住宅，被圈在今寺院墙外。整修后的新寺内未塑佛像。1988 年 10 月，扬州博物馆从史公祠迁入天宁寺内。2005 年，扬州博物馆迁入新城西区双博馆。2007 年，天宁寺内万佛殿（藏经楼）修复工程开工。2008 年，天宁寺内建成国内建筑面积最大、信息传播最全面、展示方法最新颖的佛教文化专题场所——中国扬州佛教文化博物馆。2014 年，万佛殿入藏商务印书馆出版的原色原样仿制版《四库全书》（文津阁本）。

如今的天宁寺，历经沧桑浩劫后留下了一群巍峨建筑，沉寂了荣耀与繁华后成为了无僧侣的文化遗产。这座有着太多历史和传说的寺庙在新的时代里以新的方式发挥着普及佛教文化知识的作用。

西方寺

西方寺，前身是隋朝所建的避风庵，旧址在江边，江中有大风大浪时，行船多会停泊在庵前避风。相传唐朝初年，当地人见庵前江畔夜放光明，就地挖掘出三尊两尺多高的石佛。唐太宗听闻此事，以为吉兆，特敕赐“西方禅寺”额。后来寺庙倾圮。唐顺宗永贞元年（805），僧人智宪迁建西方寺于西方寺巷（今驼岭巷 18 号），《江都县续志》

中由此记载西方寺始建于唐永贞年间。

明洪武五年（1372），僧人普德重建西方寺。明永乐十四年（1416）僧人宗铎等重修。清康熙年间（1662—1722），南源禅师驻锡该寺三十余年，有托钵偈三十余首，收入《百丈清规》。他向两淮巡盐御史刘锡、盐商闵世璋等募化再次重建寺院。乾隆十三年（1748），高邮人张启山施田30亩。乾隆二十八年（1763），“扬州八怪”之一的画家金农殁于西方寺，金农寄寓该寺时，西方寺已是满目疮痍，以至于金农留下“无佛又无僧，空堂一盏灯”的诗句。乾隆四十八年（1783），僧人实润向扬州知府恒豫、江都知县杨恪曾、甘泉知县陈太初募化，集资重修。此时的西方寺应已倾圮，需要多方集资才能重修。咸丰三年（1853），西方寺遭太平天国兵燹，除大殿外，其余寺房皆毁，住持达仁以身殉寺。同治初年，达仁之徒松厓返寺，决心重修庙宇，并作《复生记》，自号复生。光绪初年，僧人道澄与其徒久亭续建西方寺，但均未能恢复旧观。

民国以后，西方寺的住持先后为达修、普诚，有寺田150亩。1912年，在寺内办起务本镇北小街国民学校，1949年10月迁出。1949年后，寺房先后为步兵学校、美术公司、公交公司、市文管会使用。

西方寺身在古巷，坐北朝南，寺外不足百米有槐古道院遗存的唐代古槐树一棵，寺内有前后三进，分别为山门殿、大殿和经堂。东有厢房，西有菜园。菜园北边有两进房构成一个幽静的院落，方丈室、客座均在其内。如今西方寺建筑仅存明代大殿和晚清复建的廊房、方丈室。大殿后有古银杏一株，树干数围，枝叶繁茂，为明代遗物。大殿面阔三间，下为石台座，上为重檐歇山顶，所有构架多为楠木制成。柱顶做卷杀，成覆盆形式。所有梁架全部露明造，正中缝做抬梁形式，为月梁形制。大殿内彩绘系五彩遍装，不用藻井。主要部分梁、檩、枋的彩绘多用连枝图案，花纹轮廓简单，为明代早期彩绘之风格。柱子、斗栱原来都有彩绘，现仅存小片彩绘和一些痕迹。即便如此，步入大殿也足以让人感受到当年的庄严与辉煌。

因为“扬州八怪”代表人物金农晚年寄居西方寺，1993年11月，西方寺古建筑改为扬州八怪纪念馆，并在原山门殿处新建了门厅，成为国内唯一以展示和弘扬“扬州八怪”艺术成就与创新精神的专业性纪念馆。

铁佛寺

铁佛寺，位于邗江区平山堂东路，汉广陵王墓东侧约500米。

该寺始建于唐代光化年间（898—901），本为淮南节度使杨行密故居。唐昭宗天复二年（902），杨行密被封为吴王后舍宅为寺，初名光孝院。宋建隆四年（963），寺院内铸造铁佛，遂改名为铁佛寺。此后经年，该寺数易其名。天圣中名为光化寺，崇宁中改为崇宁寺，政和二年（1112）改名天宁万寿寺，三年后更名为兴孝院。铁佛寺地处蜀冈边缘，地势较高，据说寺门槛与天宁寺屋顶平。寺门朝南。寺中原有宝塔，名光化塔。寺周多枫树，每至秋天红叶一片，景色宜人。宋代韩琦、苏辙、秦观皆有诗赞光化塔及秋景。南宋理宗端平年间（1234—1236），寺圮废，塔不存。淳祐九年（1249）重建寺院。明宣德九年（1434），僧人怀极再修。

清代，铁佛寺为游览胜地，大殿后有两棵桧柏，寺内植有桃树，清代多位文人流连在此。扬州盐商江春曾经对该寺进行整修，并在寺西建筑“秋集好声寮”别墅，20世纪三十四年代，铁佛寺坐北朝南，占地约20亩，四周围墙高砌，寺内树竹繁茂。山门殿三间，上悬“古铁佛寺”匾额。寺内有一座三楹楠木大殿，大殿前设走廊，廊两端各设圈门。殿内正中佛台上供三尊木雕大佛，上悬“功德无量”四字大匾，两侧塑供十八罗汉，墙壁上嵌砌两块石碑，镌记铁佛寺的兴衰。另有客堂、方丈室和僧舍等，计有房20多间。寺南古邗沟上有砖砌单孔拱桥，名为回龙桥，为铁佛寺过邗沟的南向通道。桥两端各有一眼水井，称龙眼井。

解放前夕，铁佛寺住持为同元法师。解放后，僧人陆续离寺。1959年4月，大殿佛像被拆除，剩余僧人全部离寺，寺房用于创办城北农业中学。1967年，山门殿被拆除。1980年左右，学校撤并，寺房及校舍全部交给农用。

目前，铁佛寺楠木大殿及东边配房尚存，寺南的古邗沟已改建，回龙桥不在。1986年，铁佛寺楠木大殿列为市级文物保护单位。1989年维修，后殿东壁嵌有石碑《广参和尚行迹》。伴随着扬州申遗的脚步，铁佛寺再现“铁佛红枫”景观的那一天指日可待。

准提寺

准提寺，清代扬州二十四丛林之一，位于东关街安家巷治淮新村内。该处原为明代疏理道公廨，是管理盐务的衙门，明代末年改建为准提寺。

梵语“准提”有“清净”之意，意为“心性洁净”。清康熙十二年（1673）寺院重修，留有施舍田亩碑两块和禁除营卫、地租碑一块。清顺治二年（1645）清兵攻占扬州屠城十日时，准提寺大殿被焚。康熙六十年（1721），扬州官员孙仲彝等人捐金修葺准提寺，立前殿和后楼。雍正九年（1731），御史陈伯闻来扬州视察两淮盐务，与老师孙仲彝一道主持重建了山门和大殿，使准提寺成为扬州的一大名刹。嘉庆十一年（1806），著名学者阮元在东关街二郎庙的菜园发现了宋代石刻“三公石”，移置准提寺东廊，后嵌砌在西楼壁上。道光八年（1828），准提寺再次整修。咸丰三年（1853），准提寺毁于太平天国兵燹。同治、光绪年间，寺僧先后复建。

1949年扬州解放，准提寺主要建筑尚存，能勤法师任住持。五十年代，寺院成为治淮指挥部，后来改作水利物资仓库。六十年代以后，准提寺周围逐步建立起居民新村——治淮新村。2002年初，为保护古建筑，市政府决定重修准提寺，经过一年多的全面整修，准提寺外观焕然一新，寺内已无佛像。

准提寺寺门朝南，第一进是山门殿，门开三洞，两旁为半圆砖圈门，中间为石细圈脸门，上嵌“大准提禅寺”石额。第二进为天王殿，面阔五楹，门上嵌“不二法门”石额。第三进是两层大雄宝殿，重檐翘角，上悬“大智圆融”匾额。殿内供奉的准提菩萨是佛教密宗莲华部六观音之一，为佛教诸佛之母，传说有三目十八臂，能消除一切苦厄，增进福德智慧，使众生延年益寿。殿前天井中原植有两棵银杏树，现仅存西边一棵。天井两边均有齐整的配房。第四进为藏经楼，楼上下各五间，楼前两侧各有楼梯道房三间。藏经楼檐口上悬“山藏海纳”匾额，楹柱上可见挂有楹联两幅，中间为“近水楼台开梵宇，平山栏槛倚晴空”，两旁为“作客为谁听二分明月箫声依稀杜牧，主人休问有一管春风词笔点缀扬州”。宋代石刻三公石已踪迹不见。藏经楼东边有上下各三间的方丈楼，楼东侧建有楼梯房。藏经楼正脊为瓦条筒花脊，两端为龙吻和砖细吻座；中部是“双龙戏珠”砖浮雕，正、背面分别安装了“佛日增辉”和“莲华藏海”砖雕字匾，外墙为清水清灰墙面。

2005年，山门殿内开设扬州民间收藏展览馆，首期展出的收藏品有火花、烟标、票券、雨花石和民间古床等。2012 年，准提寺被打造为“民间收藏品市场”，成为目前扬州最大、最具规模、设施齐全的古玩交易市场。准提寺民间收藏品市场大门朝北，开在藏经楼后墙，隔街面对扬州工艺美术大楼。原本治淮新村内朝南的寺门四周已经砌上围墙，常年上锁。逛玩的人们只能从盐阜东路 6–1 号的门进入寺院，倒着游览这座具有明代建筑风格的佛教建筑遗产。

重宁寺

重宁寺，清代扬州八大名刹之一，位于长征路 15–1 号，与南面的天宁寺隔街相望，合称“双宁”。此地本为郡城八景之一“平冈秋望”的故址。乾隆四十八年（1783）春，乾隆皇帝第六次下江南的前一年，扬州的盐商开始准备接驾事宜。乾隆皇帝前几次南巡均驻跸天宁寺及天宁寺行宫，如何在下一次接待皇帝时有新意，让盐商与地方官员费尽心思。重宁寺就是在这样的背景下建造而成。在以两淮盐业总商江春为首的一众盐商吁请下，经两淮盐政（巡盐御史）伊龄阿上奏，以为皇帝祝寿为名，筹建寺宇，拟定名为“万寿寺”。

乾隆四十九年（1784），寺建成，首任住持为临济宗第 35 代传人了凡（法名实智）。乾隆皇帝敕赐“万寿重宁寺”匾额及“普现庄严”“妙香花雨”两额，亲撰《万寿重宁寺碑》，勒石于大殿内。碑文对寺名进行了解释：“赐额曰‘万寿重宁寺’，盖合万姓之寿以为寿，所以万寿也；以下民之宁为宁，所以为重宁也。”重宁寺最初作为天宁寺的下院分房，与天宁寺相通。重宁寺因为是奉旨而建，所以规模、形制、质量都胜过一般寺庙。重宁寺的装饰特别华丽，采用扬州少见的彩绘，重宁寺最有名的壁画，系扬州八怪之一的罗聘所绘。

由于有皇家的垂恩，又受盐商的资助，香火旺盛的重宁寺规模宏大。门外植古榆树数十棵，筑有一座大戏台，成为扬州昆曲的重要演出场所。山门内第一进为天王殿，塑四大天王。第二进大雄宝殿以八根质地坚硬而沉重、难燃于火、易沉于水的铁藜木为殿正柱，殿中佛像、罗汉像，金身高大，出于宁波名塑工之手。殿顶天花及中央斗八藻井，均彩绘典丽，为佛教及吉祥图案，色彩鲜艳。大殿之东有文昌阁，阁高三层，登上可望江南诸山。大殿之西有廊房，直连山门。近大殿外有门通方丈室，门内四周植竹，中间有方塘，方丈室前堂后阁，其西有禅堂、僧厨，池对面有饭堂。重宁寺东边的东园原来是江春建的私家园林，乾隆皇帝第六次南巡时，江春见驾，为表示祝皇上大寿而自愿捐出东园，作为重宁寺的组成部分。园内有梅花岭、熙春堂、俯鉴室等景致。

咸丰三年（1853），寺与园均毁于太平天国兵燹。同治初（1862），僧人海云在旧址上建了几间房屋。光绪十七年（1891）僧人瑞堂募资重建山门、大殿。光绪二十七年（1901），僧人长惺与徒弟雨山、宝茎等再度重建。第一次重建中，山门、天王殿尺寸均比皇家例制有所扩大。第二次重建恢复了藏经楼，原两层七开间歇山重檐建筑改为三层五开间楼阁，与天宁寺三层楼前后相望。至此，重宁寺又形成了一定的规模。寺西另有一园，旧有北宋书画家米芾书写的“城市山林”匾额，园中有放生池，后荒废。民国年间，重宁寺规模虽大不如前，但在全国佛教界的地位依旧很高，1929年曾代表扬州参加中国佛教会全体理事会。解放前夕，重宁寺有庙房约九十间，住僧百多人，住持为深源法师。解放后，天宁寺开办军区干部学校，重宁寺内也设立步兵学校，寺内和尚被分散到其他寺庙中去。后重宁寺陆续被体育学校、武警支队、文化局、扬州国画院使用。

如今，重宁寺所有佛像已经不知所踪，寺内原有的一对青石狮被移置于大明寺牌楼前。中轴线上的天王殿、大雄宝殿、藏经楼基本保存完整，局部还留存了三合院式僧房，是城区现存规模较大、寺庙布局较为完整的古建筑群。大殿内高2.26米、宽0.96米、厚0.16米的《万寿重宁寺碑》被存放于天王殿正前方的草坪上。1990年整修过的天王殿正面有三个朱红色拱门，中有石额刻着“波罗蜜门”四个大字。大雄宝殿及2005年1月曾经遭受火灾的藏经楼目前均处于封闭状态。院内西侧小院目前为扬州市曲艺团和扬州市文物考古队所用。

2007年1月，《扬州文化博览城建设规划纲要》正式出台，重宁寺为规划中一处重要建筑。同年6月，天宁寺、重宁寺作为中国扬州佛教文化博物馆的一、二期工程被列为城建重点工程。2008年4月，天宁寺改建完毕对外开放，规划为佛教文化体验区的重宁寺一旦拂去身上厚厚的历史尘埃，一定也会同天宁寺一样璀璨夺目！

第六章　史籍中的圮废寺院

东汉和三国时期，佛教在扬州打下了很好的基础，此后历代建寺度僧，古刹众多。然而，漫长的历史长河里，兴衰废替作为一种自然规律，无可规避，加之战争频仍，扬州地域上许许多多的著名寺院湮没不彰。它们有的留存在史籍，有的停留在人们的记忆中，成为扬州古城的历史文脉和遗产。

晋代及以前的寺院

天宫寺

天宫寺，又名天宫慈院，原址位于宝应县射阳湖境内，因地处高阜，昔日龙河环绕，取龙行九天之意而得名。据现存文献记载，该寺始建于东汉永平年间，宋政和八年（1118）僧人普潮重建，明洪武六年（1737）僧人行斌修建，清代亦有修缮，“文革”中寺房被毁。

1983年出版的《江苏省宝应县地名录》中，标准名称“天宫寺”的备注为：“汉永平年间，此庄曾建一寺，北宋政和八年重建，历称天宫寺，因此命庄。”东汉永平十年（67），我国第一座佛寺白马寺建立，由此推断天宫寺的初建应在公元68年至75年之间，是扬州历史上最早的寺庙。1991年出版的《宝应历代县志类编》中记载：“天宫寺，在鹤儿湾，距县六十里。宋政和八年建。”其中的《万历志》中写：“天宫慈院，在县治东南六十里三阿乡。宋政和八年（1118）僧普潮开山。洪武六年（1737），僧行斌修建。”

现存有关天宫寺的详细文献资料尚不足，近几年，宝应县射阳湖镇槐树村陆续出土了三方硕大的正殿石质柱础、浮雕凤凰麒麟纹饰的两块门鼓墩、两方记录寺庙历史遗痕的石碑及古建筑砖瓦构件等物。两座石碑，一座立于清嘉庆年间，另一座则立于民国二十四年（1935），记录了该寺庙的历史以及面积变化等等。三方东汉石质柱础，最大的一方长约76厘米，宽约77厘米，每一方上有密密的孔洞，坚硬沉重。由此可推测，曾经立于其上的寺宇建筑规模宏大，超乎想象。

2003年，槐树村在出土遗址上重建天宫寺，村民及信众纷纷捐资献物，赠送佛像。2004年4月，天宫寺大雄宝殿告竣，并举行了隆重的落成暨开光典礼。目前天宫寺内有天王殿、大雄宝殿、地藏殿、功德亭，为佛教固定活动场所。值得一提的是，大殿后有一棵直径四尺有余、高达数丈的宋代古槐树。古槐曾在1948年被锯倒，被锯后的第二年，在树桩旁又窜出两根并生的枝条，如今已经长成直径尺余、高达三丈的大树，这两棵并生的槐树与天宫寺一道成为当地村民祈福平安之处。

香阜寺

香阜寺，清代扬州二十四丛林之一，原址位于扬州便益门外高桥河东岸五台山上，洼（凹）子街东北边，如今的五台山路2号。相传为三国时吴国所建，隋唐时名为五台山寺，又称香山寺，俗称五台寺。唐僖宗光启三年（887）至唐昭宗景福元年（892），毕师铎、秦彦、杨行密、孙儒混战江淮，寺宇被毁。在此后很长一段时间里，该寺销声匿迹于岁月的长河中。

清康熙二十二年（1683），僧人野静化募重修。因为开凿运河时堆积土堆，北头地势高于南头，便将寺庙建在五台山北头运河拐弯处，时称“小五台”。康熙三十八年（1699），皇帝第三次南巡时，临幸该寺，御笔书寺名“香阜禅寺”额，又为大殿书“台麓化成”匾额，写楹联“绀宇晴空，翠岚浮蜀阜；祗林香霭，禅月湛邗流”，并赐予寺中《金刚经》《康熙字典》等书物。四十二年（1703），康熙皇帝再次南巡，又赐“名香清梵”四字额。乾隆十六年（1751），乾隆帝第一次南巡，天宁寺未建行宫，香阜寺设大营供憩息，由香阜寺入天宁寺钞关码头。后增建天宁寺行宫，香阜寺大营就改为坐落（歇息停留之处）。乾隆皇帝留下诗注云：“从香阜寺易轻舟，由新河直抵天宁寺行宫，乃众商新开。既表敬公之心，且以工代赈。”

香阜寺山门朝南，寺门对古运河弯道，有一通道到运河边。寺西运河边有一放生池，河对面是高桥街，河北岸是大王庙，寺西河岸有华表二座，分别刻有“华封献祝”和“云蒸霞蔚”。皇帝从龙船上岸，过华表经御道迎驾寺内，香阜寺蓬荜生辉。寺内有山门殿三间，门前有一对公母石狮子。另有前殿三间，后面正殿五楹，两旁厢房百余间，四周围墙高砌。

咸丰初年，僧人苇舟建后楼，修葺山门和御书楼等处。咸丰三年（1853），因靖宁将军都兴阿驻军于寺，香阜寺幸免于太平天国兵燹。光绪末年（1908）两淮盐运使赵滨彦废寺为缉私营驻地，寺内建筑陆续遭毁，康、乾两帝赏赐之物，仅存紫衣一袭，御碑数块。五台山历来是扬州的战场。据史料记载，太平军三进扬州，清军不断反扑，两者多次交战于五台山一带。民国十六年（1927）春，北伐军十七军与直系军阀孙传芳所属直鲁联军也在五台山发生过激烈战斗。香阜寺建筑毁坏程度可见一斑。1937 年底，扬州沦陷，香阜寺驻扎过汪伪孙良诚部队。解放前夕寺中仅有僧人 13 人，住持为空尘法师。

1957 年，香阜寺改建为江苏省复员军人精神病疗养院，后扩建为江苏省扬州五台山医院，延续至今。古寺大殿、寺房均不存，仅存原大殿前栽种的两棵数百年的银杏树，成为见证过当年两帝驾临盛况的遗迹。

石塔寺

石塔寺，清代扬州二十四丛林之一，原址位于市区文昌中路246号。该寺始建于晋代，原名蒙因显庆禅院。南朝宋文帝刘义隆元嘉十七年（440）改名慧照寺（又名惠照寺、惠昭寺、慧照教寺），又称高公寺。唐玄宗先天元年（712）改名安国寺，肃宗乾元年间（758—760）又改名为木兰院。唐文宗开成三年（838），寺内得古佛舍利，建石塔供奉，寺以塔名，从此称为石塔寺，香火益盛。

石塔原在西门外古木兰院内。南宋绍定年间（1228—1233），石塔倒塌后重建。嘉熙年间（1237—1240），石塔移至城内浮山观之西。宝祐年间（1253—1258），枢密行府设在扬州，时任两淮宣抚大使加同知枢密院事的贾似道重新修葺石塔寺。明崇祯年间（1628—1644），僧人三昧重修寺及塔，建藏经楼。明崇祯十年（1637）正月，寂光三昧律师在石塔寺开戒。清康熙四十七年（1708），僧人抚生再次重修，新建大悲阁、石戒台。雍正七年（1729），知县陆朝玑恢复古木兰院旧额。乾隆年间，知府李逢春再修时，曾将唐代《藏舍利石塔记》碑砌塔下。咸丰三年（1853），石塔寺毁于太平天国兵燹，仅存石塔与戒台。同治年间（1863—1874），寺僧月辉重建寺宇，赎斋田百余亩。光绪二十九年（1903）僧人祥坤复续建，又赎斋田 150 余亩。

20 世纪 30 年代，石塔寺住持为祥坤法师。40 年代初，住持为松涛法师，后移居旌忠寺，1958年松涛任扬州市佛教协会会长。50年代，住持为印波法师，后为旌忠寺方丈。新中国成立之初寺内大殿被部队征用，成为步校仓库。以后庙房全部为邗江县招待所占用。1978年，拓宽马路时，石塔寺大部分建筑被拆除，楠木藏经楼和石塔原地保留。1974年以后，扬州西门外扬州师范学院在基建工程中，陆续发现部分唐代寺庙遗物，有石雕佛像、莲花瓣瓦当、唐砖及“咸通十四年”纪年石刻经幢等法物。1980年6月，又在地下四米处发现《大唐惠照寺新修佛殿志》刻石碑一方，印证了寺院所在地点及寺名的演变。1986年，两层楠木藏经楼原址内南移30米，临近马路，石塔则在原地，与塔东城城隍庙内唐代一棵银杏树一道被保存在石塔路（今文昌中路）中的绿化岛上。

石塔寺原有天王殿、大雄宝殿和藏经楼。天王殿内没有神像，大殿正中是三世佛像。藏经楼面阔五楹，楠木梁架上有彩绘，明间脊枋上有“大明崇祯丁丑年腊月四日……”题记。楼下供奉一尊大弥勒佛，楼侧为戒台。大楼东西厢房为僧舍和厨房。石塔在寺院内东南角，为仿楼阁式建筑，青石构筑，通高10.09米，下为须弥座基。底层与座基平，石上刻有鹿、马、牛等动物。座上有白矾石栏板，雕云龙、莲花图案。塔有塔顶，共五层六面，塔身南北两面一、三、五层有拱形洞门，其余每层各面均刻有浮雕佛像，共24尊。塔顶为六角攒尖式，上冠葫芦形塔刹和宝瓶、宝珠。石塔当年有着鲜丽的色彩，久经风霜后，雕像色彩完全剥落，石质风化，“文革”中所有佛像面部更被铲毁。1982年塔尖维修时，在塔周加设了防护栏杆。

今天，石塔以古迹之貌伫立在城市滚滚车流之中，而当年的楠木藏经楼则以现代商铺之形服务于人民大众。

法云寺

法云寺，原址在文昌中路与国庆路交界处，即今文昌中路绿岛银杏古树附近。万历《扬州府志·方外》记载：“法云寺，在大东门外。世传为谢安故宅。”东晋时期，随着北方士族百姓纷纷南迁，佛教徒随之而来。广陵佛教蓬勃兴盛，扬州兴建了许多寺院，除兴严寺（天宁寺）外，法云寺也是谢安家族兴建的。

李斗在《扬州画舫录》中提到“又城中《法云寺志》云：‘晋宁康三年，谢安领扬州刺史，建宅于此。至太元十年，移居新城，其姑就本宅为尼，建寺名法云，手植双桧。’又曰：‘谢太傅祠，安故宅，内有法云寺，旧有双桧。’”王振世在《扬州览胜录·新城录·扬州城之变迁》中说：“谢太傅祠，在运司街南，祀晋太傅谢安，祠即谢安之故宅。安镇广陵居此，手植双桧，至唐犹存。内旧有法云寺，乃其姑为尼所建。岁久，僧觉庵以寺易门额。雍正九年，经台省学使核整之，建碑立于门壁，并补植双桧，建堂祀焉。乾嘉以后，屡有兴修，今为谢氏家祠。”从史料来看，可以确定的是法云寺是谢安的姑母住家为尼，在老宅里兴建的寺院，寺内有二株桧树。

法云寺，经过东晋和南朝宋、齐、梁、陈六朝，历隋唐，一直保留到北宋政和年间，两棵桧树也存活到南宋建炎年间。雍正九年（1731），法云寺早已不存，原址上建谢公祠。如今，谢公祠也已不见踪影，唯有一棵银杏古树诉说着这里曾经有过的历史。

日后，世人只能读到刘禹锡在扬州游览了法云寺后的赋诗《谢寺双桧》：“双桧苍然古貌奇，含烟吐雾郁参差。晚依禅客当金殿，初对将军映画旗。龙象界中成宝盖，鸳鸯瓦上出高枝。长明灯是前朝焰，曾照青青年少时。”又有张祜的《扬州法云寺双桧》：“谢家双植本图荣，树老人因地变更。朱顶鹤知深盖偃，白眉僧见小枝生。高临月殿秋云影，静入风檐夜雨声。纵使百年为上寿，绿阴终借暂时行。”

关于法云寺的资料不多。值得一提的是，唐代法云寺僧人明空曾经为日本佛学史上最早的佛学著作、圣德太子的汉文撰著《胜鬘经义疏》（611）而撰写的《胜鬘经义疏私钞》。后来，此书流传至日本。中国人为日本汉文著述作注疏，在日本明治维新之前仅此一例。作为法云寺，也因此而为日本佛教界所认知。

白塔寺

白塔寺，唐代著名寺院，建于南朝陈太建三年（571）之前，宋熙宁五年（1052）还名存于世。原址位于古运河支流白塔河沿岸，为通往扬州城内的必经之处。

据《续高僧传》卷一《释法泰传》中记载，太建三年，因传播摄论而知名海外的居士曹毗曾请僧正明勇法师在白塔寺开讲诸论。由此推论，白塔寺应建于公元571年之前。陈朝名僧法泰晚年居住在白塔寺，僧荣、法侃等名僧也曾来此讲论。隋代时，白塔寺内建有七层木塔，慧日道场高僧慧觉驻锡白塔寺，从事弘法活动。南京栖霞寺高僧慧布在白塔寺讲“三论”，盛况空前。唐代著名高僧义净为整顿律制，也曾到白塔寺讲论。

在唐日佛教交流史上，白塔寺具有一席之地。唐代，日本遣唐使赴扬州府内都会路过白塔寺。随行日僧与白塔寺僧人有所接触与交往。日僧圆仁在《入唐求法巡礼行记》中写到白塔寺僧人慧云与神玩。此外，白塔寺僧玄湜曾受日僧荣睿之托，书写、校勘《肇论疏》。

值得一提的是随鉴真大师东渡日本的弟子法进，原为白塔寺僧人。法进精研律学和天台教义，鉴真在日本东大寺讲律，他是律师，有仅次于鉴真的“第二和尚”之称。后来，鉴真移居唐招提寺，法进接管东大寺唐禅院和戒坛。光仁天皇宝龟五年（774），法进出任大僧都。法进与鉴真二人均是为日本僧侣界熟悉与尊敬的高僧。

在学术文化史上，白塔寺也发挥过作用。南朝梁昭明太子组织编著《文选》，日后形成以研究和注释《文选》为专门学问的文选学。唐代，扬州人李善正是在白塔寺完成为《文选》做注的工作。

隋唐寺院

山光寺

山光寺，始建于隋代，原址在禅智寺以西的蜀冈上。隋大业元年（605）隋炀帝杨广在江都（今扬州）修建数十座江都宫。北宫就在茱萸湾。相传，北宫落成后，占卜得贲卦，指“山下有火”，炀帝唯恐日后不吉利，遂舍宫为寺，赐名山火寺，后改为山光寺。北宋真宗天禧四年（1020）改名胜果寺，后又复名山光寺，寺址迁至扬州东郊的湾头镇。另有一说，唐代扬州有两处山光寺，一处在唐城附近，即为隋炀帝所舍行宫；另有一处在湾头，都为大寺庙。后唐城附近山光寺遭兵火，不复存在。

清嘉庆八年（1803），浙江巡抚阮元题“隋山光寺”额，悬于二门之上。道光十八年（1838）改名福慧寺。咸丰三年（1853）寺院遭兵火，后虽经修复，但已不复旧观。同治、光绪、宣统年间，寺院陆续修复。日军入侵后，山光寺开始衰败。西部平房改为学堂。新中国成立后，山光寺的佛像被拆除，寺房改做荣军学校和荣军速成中学，一部分房屋改做湾头粮管所，一部分房屋改成湾头小学，僧陵改建为湾头中学。

1960年到1967年间，寺内两棵银杏树被锯倒，大殿被拆除。“隋山光寺”石额砌入墙内，除山门殿外的其余寺地为江阳船厂船舶技工学校宿舍和粮管所所用。

山光寺三面环水，状若半岛，寺门迎漕河朝北而开，东边紧依湾西镇门，门外河边有一个大停船码头，以供舟船靠岸上下，是内运河进入扬州登岸的要口。北宋靖康二年（1127）正月，徽宗赵佶将皇位让给儿子赵桓后，一路南逃，到达扬州，住于山光寺。南宋建炎元年（1127）十月，宋高宗赵构退避扬州，也曾暂住山光寺。清代康熙六次南巡（1707–1751），乾隆六次南巡（1751–1788），也都在湾头下船，在山光寺拈香游憩。山光寺成为一座经历多位帝王巡行的寺庙。

旧时的山光寺寺房近百，规模宏大，是茱萸湾一带的虔诚佛教信徒烧香敬佛之地。山门殿内供奉弥勒佛和韦驮菩萨，寺内大殿门朝东，大殿两座，前殿为天王殿，内塑四大金刚，大门上端嵌挂一块“隋山光寺”匾额，后殿是大雄宝殿，殿内塑供如来佛，十八罗汉还有海岛，两殿之间中有石井，两旁有配殿，内供数尊菩萨，大殿之西有斋堂、僧房、晒场，大殿之南有两棵高大的银杏树。山光寺寺产丰厚，最盛时有田720多亩，分布在扬州和兴化。寺内有大晒场，为收租后晒谷之用。僧人最多时有300余众。此外还有僧人塔院葬地18亩。

时代几经变迁，曾经气势恢宏的山光寺不复存在。阮元亲笔题字的阴刻隶书“隋山光寺”，原砌嵌在墙上，后来庙被拆毁，碑石随之落地，碑之一角已被损，原保存于湾头小学，后不知所踪，一说现存于茱萸湾公园内。扬州东郊湾头镇上老街的最西端，一间普通旧宅的门楣石额上，留存的“福慧禅寺”四字楷书清晰可辨，隐约可知当年山光寺的雄姿。

禅智寺

禅智寺，即上方寺，又名竹西寺，原址位于城东北便益门外，今城北乡三星村境内，是隋唐时期扬州著名的寺庙。

关于禅智寺的建立，有两种说法。其一，禅智寺始建于隋大业二年（606），原为隋宫，后改建为寺。《嘉靖惟扬志》中记载：“上方禅智寺，在（江都）县东大仪乡，一名竹西寺，隋大业年间建。……蜀井在内，本隋故宫。”其二，根据唐代诗人刘长卿所写的《禅智寺上方怀演和尚，寺即和尚所创》中的诗句“买园隋苑下，持钵楚城中”，推断该寺为怀演和尚募化创建。目前，前一种说法较为普遍。

关于禅智寺的旧址，史料多有记载。唐宝历二年（826），盐铁使王播为辟水源，开合渎渠，自城南闾门西七里港，开河引水东行，经禅智寺桥，通旧官河。元《资治通鉴》胡三省注：宋白曰，“禅智寺在扬州城东，寺前有桥，跨旧官河。”《明一统志》记载：“（禅智寺）在府城东一十五里，本隋炀帝故宫。”《清一统志》云：上方寺在甘泉县北五里蜀冈。民国《扬州览胜录》记载：“禅智寺即上方寺，在便益门外五里，地居蜀冈上，冈势至此渐平，寺本隋炀帝行宫。”综合推断，禅智寺应在大明寺以东，蜀冈的东尾，官河岸边。

禅智寺气势恢宏，与相距二里余的大明寺在高冈之上东西呼应，为当时全国名寺。相传寺内有房九十九间半，寺门朝南，门外冈下有河，河上建月明桥。门前有牌楼，上额“鹫岭云宫”四个大字。山门石额上刻“敕赐上方禅智寺”。寺左建竹西亭，寺右筑昆丘台。山门里有大殿，左右有庑房。左通芍药圃，圃前有门，门内五楹，中间为甬道；圃前另有蜀井，圃内夹植槐榆，又有三间厅房，厅房东边有长廊。廊壁上嵌有《三绝碑》及苏东坡《次伯固韵·送李孝博诗》石刻。廊外有吕祖照面池。大殿后原有正觉堂，后改建为僧楼。

五代时期，军阀会战，扬州城饱受战争。北宋，扬州城址南移，禅智寺逐渐褪去了隋唐时的辉煌，日渐荒芜。清初，禅智寺仍在，并保留八景。寺外有月明桥、竹西亭、昆丘台，寺内有三绝碑、石刻苏诗、吕祖照面池、蜀井、芍药圃等。因禅智寺又名竹西寺，故又称为“竹西八景”。其中，三绝碑尤为著名。据阮亨《广陵名胜图记》记载：寺中有一块石刻三绝碑，画的是南北朝时期的高僧宝志公像。画家为唐代名家吴道子，像赞出于李白，由颜真卿书写。后来碑上又加有赵孟頫跋。原碑已毁，现存扬州唐城遗址博物馆的三绝碑由明代寺僧本初重刻，碑高155厘米，宽73厘米，碑下刻有明人题跋，上部嵌白矾石碑额一块，镌有隶书“三绝碑”三字。

清顺治十八年至康熙四年（1660—1665），王士祯在扬州为官期间，多次于禅智寺会友唱和，编成《禅智寺唱和集》。乾隆皇帝南巡，亦数次游幸禅智寺，御笔题额“竹西精舍”。乾隆五十年（1785），扬州八怪代表人物罗聘与王文治、周载轩等同游上方寺，留下诗作。咸丰三年（1853），禅智寺毁于太平天国兵燹。同治、光绪年间，寺僧慈光、月沁先后募建未成。光绪三十四年（1908），禅智寺仅建成正觉堂五楹和旁舍十余间，旧时面貌不复。抗日战争期间，伪军拆毁殿房两进、两边厢房各三间，寺庙渐废。1965 年 5 月，禅智寺残余寺舍改建为城北第二农业中学，拆除大殿，建两排平房作为教室。1979 年农中改为普中，更名为城北第二中学。至此，禅智寺古建筑不复存在。1994 年，城北二中和城北中学合并，在原址上建邗沟中学，目前邗沟中学的外墙上，嵌着一块“禅智寺”的文保牌，校内还保存着一口蜀井，成为禅智寺仅有的遗存。

古大圣寺

古大圣寺，与仙女庙齐名，是江都名刹，原址位于仙女镇运盐河北，紧邻古仙女庙。该寺建于唐朝高宗年间（649—683），期间历经多次修建。明代天启年间，清代康熙三十五年（1696），同治光绪年间均曾进行过修葺。民国五年（1916），住持仁山、宏谟重修殿宇，佛像装金，寺院焕然一新。后北洋军、伪军、国民党军等都曾在这里驻扎，对寺院的破坏性很大。解放前夕，寺内庭院荒芜，杂草丛生，殿宇毁坏，香火冷落，仅剩下住持牖山和几名和尚。解放后，江都县粮食局设于寺内，房屋进行改造，古大圣寺不复存在。

历史上古大圣寺规模宏大，气势雄伟，四周环水，环境幽静，山门直对北玉带河上的长桥。山门上方有清康熙年间翰林编修顾图河题写的门额“古大圣寺”。寺内有天王殿、大雄宝殿、念佛堂、藏经楼、斋堂、禅堂等建筑。其中，大殿殿宇宽敞，能容数百人。正中供奉佛祖释迦牟尼，迦叶、阿难分侍两旁。佛像庄严肃穆，金碧辉煌。殿中高挂琉璃灯一盏，日夜长明。东西两侧分供十八罗汉鎏金塑像，殿后朝北是千佛山，居中为手持观音瓶的观音大士塑像。

大殿后的藏经楼前有一个大院落，院东植有一株老柏树，西侧植有一棵银杏树。大院两侧有厅房，东厅房称为“环碧山房”，两楹一厢，是当年扬州冶春后社诗人江石溪、林小圃、凌仁山、严绍曾、王景琦等骚人墨客吟诗聚会地之一。古大圣寺僧人大多博学多才，颇有名望。民国以后，振远、仁山、宏谟、明祥、牖山等法师先后任过住持。振远擅长诗画，仁山、宏谟精通佛学，明祥擅长儒学，牖山弈棋精妙。每到初秋，银杏树果实累累时，寺僧便大摆百果宴，在此邀请地方文人雅士，一边品尝，一边吟诗挥毫，成为佳话。清末，江北刻经处著名刻经大师妙空，曾连续三个月来大圣寺放生池放生。

1989 年 4 月，台湾佛光山住持星云法师率领国际佛教促进会弘法探亲团回乡省亲，数度提及小时候生活在江都时家门口的大圣寺。1993 年 11 月，江都县人民政府作出决定，将 1851 年建造的、位于江都镇芒稻河畔的金龙四大王庙改名为大圣寺。1999 年 4 月底，大圣寺的修建改造工程基本完成。5 月 1 日，雪松法师为大圣寺主持开光，古大圣寺以崭新的面貌对外开放。

大云寺

唐代扬州有四十余寺，大云寺是其中极具代表性的一座。由于历史久远，史料缺失，有关该寺沿革、寺址等问题说法不一。尤其是大云寺、龙兴寺、开元寺三者之间的关系错综复杂，众说纷纭。

大云寺的设立，在《唐会要》《旧唐书》以及《新唐书》中均有记载。公元 690 年，67 岁的武则天登基，称“神圣皇帝”，改国号为周。武则天以女身称帝，有违中国的传统儒家文化观念，而《大云经》里女菩萨为转轮圣王的预言正好适合她。因此，《大云经》被颁行天下。同年 10 月，武则天敕令两京（长安、洛阳）、各州都建一座大云寺，珍藏《大云经》，并总遣千名僧人，到各地讲解《大云经》。全国各州统一各置一寺，统一命名。扬州的大云寺就是根据武则天的这一命令而设立的。但是，相关史料表明，各地的大云寺基本都不是新建的，而是利用当地有代表性的寺庙改名来设立的。相传扬州的大云寺就是由始建于隋代的长乐寺（长乐道场）改建。

天授元年（690），大云寺设立，唐中宗神龙元年（705），武则天交权退位，大云寺改名中兴寺。历史上，扬州大云寺只存在了短短的十五年，却能够名垂青史，其中很大的原因是因为唐代高僧鉴真在此出家，大云寺是鉴真大师的出家祖庭。

大云寺因为存世时间短，缺少史料，所以寺院的原貌无从得知。因为年代久远，大云寺确切的地址也无法考证，大部分旧志只说是在“南江阳县境”。晚唐在扬州生活的新罗人崔致远在《桂苑笔耕集》卷十六《求化修大云寺疏》中说：“城西大云寺，虽临楚甸，实压蜀冈。旧创仁祠，高标兑位。雨洗烟窗之色，万朵前山，风敲月砌之声，千株古木。在一郡乃偏为胜景”，“与城东禅智寺，双肩对耸，两目齐张。夹隋帝之遗宫，拥淮五之仙宅”，此说证实大云寺在扬州城西蜀冈之上，加之鉴真大师回扬后驻锡大明寺的缘故，坊间流传大云寺即大明寺的说法。这种推断目前没有史料可以证明。受较多专家认同的，是扬州籍名中医、文物专家耿鉴庭先生 1963 年发表在《文物》的《从扬州的南宋城砖砖窑谈到唐代大云寺的寺址》一文中提出的论断：大云寺遗址在今天扬州黄金坝北面和东面。

1963 年，扬州市政府在黄金坝之北的田地中，立了一块“唐大云寺遗址”碑。2010 年，黄金坝路与竹西路交叉口建竹西公园，公园西北侧原大云寺旧址上建大云寺碑亭。亭子正中央立着一块石碑，上写“鉴真和尚出家处　唐大云寺故址　鉴真和尚逝世一千二百年纪念委员会立　一九六三年”等字样。此石碑即是当年修道路时从黄金坝田地里迁移出的那块石碑。

龙兴寺

龙兴寺，唐代扬州第一大寺。唐神龙元年（705），中宗复位，下令全国各州设一寺一观，初名中兴，后改龙兴。据《全唐文》记载，唐中宗废大云寺，设置中兴寺，是为了去除武则天篡朝的影响，庆贺李姓重掌皇权。后来又觉得李姓王朝的连续性，比说李姓王朝中兴更好，又改中兴寺为龙兴寺。依据《宋高僧传·唐扬州大云寺鉴真传》记载，大云寺后来改为龙兴寺。日本留学僧圆仁也在《大唐求法巡礼行记》中说“就中过海来鉴真和尚本住龙兴寺”。如此看来，龙兴寺的前身就是前文提到的大云寺。大云寺改名为龙兴寺后，作为龙兴寺存在于世，直到北宋之后，才在历史上湮没无闻。

龙兴寺寺门朝南，寺内有普善堂、琉璃殿、大佛殿、罗汉堂、法华院以及观音院、经律院、弥陀院、山子院、讲经院等分院。殿宇台阁院落内有许多当时名画师绘制的佛事壁画。寺东有宝塔，称为东塔院。

唐代龙兴寺出过两位律学高僧。一位即是鉴真大师。鉴真大师第一次东渡前、第二次东渡后、第五次东渡失败后，数次回扬，均住在龙兴寺，前后三十多年。天宝十二年（753），鉴真大师从龙兴寺出发东渡成功。及至鉴真大师圆寂，14 年后的大历十二年（777），日本来使到扬州龙兴寺报丧。扬州僧齐集龙兴寺，举行了三天的隆重法事，哀悼这位伟大的扬州僧人。开成四年（839），日本留学僧圆仁来扬州，在龙兴寺的东塔院见到了“过海和尚素影”，在中门内见到《过海和尚碑铭》。画像和碑亭都是纪念鉴真大师为佛法渡海之事。寺内还有淮南节度使杜佑的写真像和赞文的石刻。另一位与鉴真大师同住龙兴寺，同在扬州弘律的，是被誉为“淮南东塔宗大师”的法慎大师。法慎年少时两次前往长安研习律法，声震京师。后扬州诸寺恭请法师归乡为僧俗领袖，法慎东归扬州，成一方化主。法慎弘扬佛法时善兼采儒流，合而为一。与人子言首谈孝道，与人臣言首谈忠君，与官家言首谈仁政，与百姓言首谈礼敬，因此，声名远播，朝廷官宦名士蜂拥而至拜访。天宝七载（748）农历十月十四日，八十三岁的法慎大师示寂于扬州龙兴寺别院。

龙兴寺历史上相传曾经失过一次大火，除了鉴真大师曾经住过的院坊，大部分殿堂都在火灾中被焚毁了。宋初，僧人慧礼重建龙兴寺，王安石在《扬州龙兴讲院记》中有所提及：“予少时，客游金陵，浮屠慧礼者从予游。予既吏淮南，而慧礼得龙兴佛舍，与其徒日讲其师之说。”宋代龙兴寺有大佛殿、罗汉堂、法华院、讲经院等，而山子院、罗汉院、观音院、弥陀院四院中的芍药更盛名远扬。相传正是从龙兴寺传播出去的芍药，造就了“扬州芍药天下奇”的名气。南宋初年，金人南下，龙兴寺毁于兵火。

古天宁寺

古天宁寺，始建于唐代景龙三年（709），原址位于仪征市前进路北侧，与扬州护城河北岸的天宁寺同名。

唐中宗景龙年间，一位泗州僧人在此建造七层佛塔，又在塔后建永和庵供僧人居住。到了宋代，真州（今仪征市）成为漕运的中转枢纽，南方各地的粮食从长江进入运河，都要在这里卸落，然后转运到北方的汴京，加之淮南的产盐又在这里集散，这就大大推动了真州的繁荣。简陋的永和庵改建为规模宏大的报恩光孝禅寺，后改名为天宁万寿禅寺，简称天宁寺。塔以寺名，从此称为天宁寺塔。寺前有河，河上有桥，原名文惠桥，因为附近多粮仓，江淮发运使衙门也在附近，于是又叫仓桥。塔、河、桥相映成景，形成仓桥塔影一景。南宋到清初，该寺几经兴废，多次整修。咸丰年间，天宁寺毁于兵火，佛塔得以幸存。同治六年（1867），再次动工重建寺院。光绪三年（1877），由于寺内炊火之灾，大火烧毁天宁寺塔塔身原有刹件、腰檐、平座等砖木结构，仅存一砖筒塔身。

民国期间，寺内常住僧人约 20 人。民国初年，曾有知名武僧了缘居住在此。民国二十八年(1939)十月，仪征众弟子为了缘法师立碑，记述了缘的生平。该石碑目前存于仪征市博物馆。解放后，天宁寺陆续改作粮食仓库、油米加工厂等，大部分寺房被拆除。

天宁寺建筑有五大特点：殿大、佛大、钟大、鼓大、宝鼎大。该寺寺门朝南，寺内主要殿宇有八殿、二十五堂、二十四楼和其他建筑，共计 182 间，另有寺田 700 多亩，被誉为“东南第一丛林”。大雄宝殿两侧墙壁上嵌有石刻罗汉五百幅，殿内三尊主佛身高高达 5 米。天宁寺塔高近 70 米，为正八面形砖木结构楼阁式宝塔，外部层层有回廊，塔体内部为四方形，层层收缩，交错上升，气势十分壮观，历代文人多有慕名来寺登塔者。后来由于地面增高，将塔座埋没，加之塔顶被毁，现存塔高只有 47.2 米，即便如此，天宁寺塔仍然是江苏省境内最高的古塔。

2002 年 10 月，天宁寺塔被列为江苏省重点文物保护单位，仪征市对该塔进行了修复，并围绕宝塔新建了一个市民广场。如今天宁寺已经不存，唯有壮观的天宁寺塔矗立在市民广场之中，成为仪征市标志性景观建筑。

开元寺

开元寺，唐代扬州著名寺院。唐开元二十六年（739），唐玄宗下令全国各州各建大寺一座，均以开元命名，扬州也不能例外。由于史料缺失，关于扬州开元寺的起源、寺址、沿革等事项尚不清楚。关于开元寺的建立，目前有三种说法，说者各持其据。一说开元寺是龙兴寺改名而成，大云寺—龙兴寺—开元寺一脉相承；一说开元寺是在龙兴寺的基础上分设而成，开元寺是龙兴寺的别院；还有一说指开元寺和龙兴寺实际上是两座独立存在的寺院。无论哪一种说法，有一点可以确定，开元寺与龙兴寺有着千丝万缕的联系。

根据日僧圆仁在《入唐求法行礼巡记》中的记载：“今此开元寺，江阳县管内也。扬府南北十一里。东西七里。周四十里。从开元寺正北有扬府。”按照当时唐城的位置，“扬府”在唐牙城（子城）内，罗城在其南面。因此推测开元寺的位置应该在罗城内，也就是城内。

开元寺的规模较大，寺门朝南，寺东有一座宝塔，称为“东塔”。日僧圆仁抵达扬州时，经过东郊的禅智寺，到扬府觐见大都督府长史李德裕，申请巡礼台州公验。因为要等待批复，圆仁滞留在了扬州，住进开元寺，并将这座寺院记录在了自己的行记当中。

关于开元寺，目前能找到的史料很少。可以确定的是，到鉴真逝世时，开元寺仍是扬州大刹，唐代提及此寺的诗歌有刘长卿的《冬夜宿扬州开元寺烈公房宋李侍御之江东》，卢纶的《雨后登开元寺南楼因寄西岩警上人》以及罗隐的《广陵开元寺阁上作》。大约到了南宋末年，改朝换代之际，开元寺毁于兵火。

唐玄宗开元年间，许多地方都有开元寺，也有学者认为扬州城内开元寺后来迁移到江都三丰乡，成为江都的开元寺。

地藏庵

地藏庵，始建于唐代，后毁于兵火，清代重建，原址位于市区宛虹桥。今宛虹坊 34 号遗存有一座两层木质结构后楼，可依稀辨认出当初的模样。

地藏庵寺门朝南，门前有一座照壁。第一进为山门殿，内供弥勒佛、护法韦驮、四大天王。第二进即大雄宝殿，主供地藏菩萨。第三进是上下各三间的楼房，楼内供地藏娘娘。山门殿到大殿的东侧有走廊。大殿到后楼的东侧建有方丈室、客堂、斋堂、僧舍等房屋二十多间。大殿到方丈室有暗室通行。

解放后，地藏庵大部分庵房为宛虹桥小学（今为广陵小学宛虹桥校区）使用，经过校舍改造后，已经面目全非。宛虹桥校区内目前还存有一座小藏经楼，已荒废。另有一座后楼被隔在校外，成为居民住宅，使用至今。1958 年搬入的居民当年在后楼之中曾经见到过废弃一旁的众多佛像。

扬州市区的地藏庵不止宛虹桥的这一座，距离宛虹桥几百米外的古旗亭 58 号，也有一座始建于清同治二年（1863）的地藏庵。解放后为古旗亭小学使用，后被拆除。

宋代寺院

建隆寺

建隆寺，清代扬州八大名刹之一，原址位于南接梅岭西路中段的建隆巷扬州教育学院宿舍区附近。

北宋建隆元年（960）正月，赵匡胤陈桥兵变称帝。九月，淮南节度使李重进在扬州起兵反宋。十月，赵匡胤命石守信为扬州行营都部署，亲自率大军，沿汴河而下。十一月，赵匡胤扬州城下督军攻城，城破，李重进叛军被平定。建隆寺，就是宋太祖赵匡胤为祭慰扬州之战的阵亡将士而建。《宋史·太祖本纪一》记载，建隆二年（961 年）正月戊申，赵匡胤“以扬州行宫为建隆寺”，以年号命为寺名。

北宋时，建隆寺建在扬州城西二十里处（今西湖镇胡场村），一说在瘦西湖万花园东侧。该寺规模宏大，占地百亩，寺内供宋太祖像，存有赵匡胤当年攻城所用御榻。至道二年（996），王禹偁任扬州知府，受建隆寺住持义隆法师请托，撰写了《扬州建隆寺碑记》。《碑记》云：“自国初至今，凡四十载，日供僧凡六十人。像设庄严，经教具备，礼佛有殿，演法有堂，斋庖在东，僧寝在右。……先是太祖将返銮舆，留其御榻，忌辰供帐，于今尚存。”可惜，该寺毁于南宋建炎初年金兵入境之时。

南宋嘉熙三年（1239），建隆寺得以重建，寺址选在宋大城寿宁街堂子巷。宝祐年间（1253—1258），寺院加以修葺后，有山门、大殿、彰武殿，两侧建有廊庑，僧厨、僧舍、浴室、库房均在其中，方丈室前有一株连理柏，是当时扬州的大寺之一。明代，建隆寺虽有修缮，但到清初时已衰败。乾隆十年（1745），住持宗森法师重修建隆寺。在此立南山派，并传徒复显。后邑绅、安徽歙县人黄晟，奉母命还愿重修殿宇，并增建藏经楼、戒坛等殿阁。乾隆皇帝南巡时曾临幸该寺，亦有赏赐。建隆寺的大雄宝殿书额不同于其他寺庙，为“大雄之殿”，寺中僧人多习艺文。道光十八年（1837），宗森法师弟子昌立（号小支），将有关建隆寺的建置、历史、宗系、艺文等重新辑纂，编纂成《建隆寺志略》，成为扬州仅有的寺庙专志。书中还收录了前代诗人梅尧臣、苏轼、王禹鼐及清代文人蒋士铨等人诗文，当时游寺名人辑亦皆记其中。据《建隆寺志略》记载，该寺寺宇房屋 250 多间，占地约 60 亩，在漕河以南，与天宁寺遥遥相望。

乾隆时期，清代琢玉工艺的发展达到鼎盛。大型玉器的琢制工作，几乎均由两淮盐政所在地扬州来完成。清代中期，建隆寺曾被辟为两淮盐务办公之所并为朝廷琢玉。据《建隆寺志略》记载：“两淮见寺内房屋宽敞，用为办公之所。乾隆四十年在寺鸠工九龙玉瓮、大禹开山图玉山。乾隆五十五年办高宗纯皇帝万寿庆典物件。”“大禹治水图”

玉山是我国古代最大的玉器，这件无价之宝在扬州建隆寺琢制成功，标志了扬州琢玉工艺的巅峰地位。

建隆寺作为琢玉场所，一直延续至嘉庆年间。咸丰三年（1853）兵火后，建隆寺大部庙房毁圮，其后稍有修复。扬州解放前夕，由僧人印隆任住持，寺中僧人不足5人。解放后，龙卷风刮倒大殿，后所遗寺房改作儿童用品厂厂房。1978年，拆除剩余旧房，原址辟为住宅区。

今西湖镇胡场村开辟一条建隆路，路西重建的建隆寺旨在追忆北宋时城西的建隆寺。而南宋后建立的建隆寺则活在了城北建隆巷附近老城居民的心中。

静慧寺

静慧寺，清代扬州八大名刹之一，原址位于南门外运河西侧，今开发区裴庄村境内。 唐代时为席氏园，宋代初年改为寺。清顺治年间，僧人照吉始建禅堂，江南著名高僧道忞（法名木陈）居住在该寺。后道忞应诏入京，赐号弘觉禅师。道忞之后，静慧寺逐渐衰落。后来，与汪应庚齐名的徽商吴家龙重修寺院，河道总督杨茂勋建大殿。康熙二年（1663），巡盐御史张政、知府雷应元重建天王殿及寮房；四十四年（1705）康熙皇帝南巡，为寺赐“真成佛国香云界，不数淮南桂树丛”楹联；四十六年（1707）康熙帝又赐“静慧寺”匾额及诗扇、金佛等物。此时的静慧寺周长一里多，前有照壁，后有竹林，殿宇错落，木陈塔矗立寺中，成为城中名刹。清咸丰三年（1853）静慧寺遭兵火后，殿宇圮废，木陈塔被毁。同治年间，僧人慧莲、月航相继筹资营建，其后云林、洁舟、印道又建后殿、禅堂等处。

清代画坛高僧石涛来扬州多次住在静慧寺。康熙十二年（1673），道忞去世前一年，石涛第一次来扬州，拜见师祖道忞，住在静慧寺，并在寺里作《采药图》。康熙十五年（1676），石涛来扬州，再次住静慧寺，绘《山水册》八帧。康熙二十八年（1689），石涛来扬州，住在静慧寺，这一年他在平山堂受到康熙皇帝的召见，因为感动于“天子呼其名”，写下了纪事诗两首，并作《海晏河清图》献给康熙。其后，石涛多次来扬州，在定居扬州之前，绝大多数时间住在静慧寺。康熙三十二年（1693），石涛收纳静慧寺住持元智破愚的门人耕隐为绘画弟子。

清代的《扬州府治城图》标明，静慧寺南有石马桥，北有银锭桥。

民国年间的静慧寺，寺门朝南，迎面一堵照壁。照壁后种有四棵银杏树，门前一对石狮。前殿三间，开山门一洞，殿内供哼哈二将。第二进是弥勒殿，内供弥勒佛和护法韦驮。殿后有一口池塘。第三进是大雄宝殿，高大雄伟，宽敞明亮，翘角重檐，四面设廊。正中佛台上主供如来佛，两侧塑十八罗汉。大雄宝殿前面两侧各建一排厢房。第四进一座殿房为禅堂，方丈室亦设在其内。禅堂至大殿之间两侧各建一排廊房。寺院后部是一个竹园。

清末，清军“定字营”驻寺内。辛亥革命浪潮波及扬州，市民孙天生进入静慧寺，发动定字营士兵起义。宣统三年（1911）9月17日晚，孙天生率领定字营部分士兵，高举“光复大汉”“还我河山”旗帜，冲进扬州城，宣布扬州光复。民国二十五年（1936）以后，修建扬六（六合）公路、建通扬桥时，将静慧寺后部切断。当时静慧寺的住持是智海法师。

抗日战争期间，伪军驻在静慧寺内，日军的弹药亦存放寺中。解放战争期间，国民党军队在寺内设仓库。因多年驻军，寺院一片荒凉凄惨。扬州解放时，寺内住僧人约20人。后来，住持僧松山法师离寺，其余僧人还俗，庙宇房屋相继为扬州纱厂（通裕集团）、淮扬人家饭店所用，静慧寺古迹今已无存，据说现仅有的一对石狮沉没在与古运河相连的安墩河中。

万寿寺

万寿寺，前身为东隐庵，原址位于市区万寿街26号。万寿街是一条百多米长的东西向街，西自皮市街，东到大双巷与安乐巷相接处，以街北侧的万寿寺得名。万寿寺西侧相邻的便是兴教寺。因为万寿寺内曾有过一座唐代《尊胜陀罗尼经》石幢，所以猜测该寺可能始建于唐代。但是，唐代石幢后世流传甚广，上述猜测尚无史料证实。目前市文物保护牌上记录该寺始建于宋代，明景泰七年（1456）寺重建。清嘉庆二年（1797），寺僧性恬募化改创丛林，并请官府改名万寿寺。因寺内有唐代大中年间所建石幢，又称戒幢寺。嘉庆四年（1799）春，僧妙圆建前殿并铸造大钟。咸丰三年（1853）寺院毁于太平天国兵燹。光绪中，僧人源浩着手重修万寿寺，寺院规模逐渐恢复。其后，僧人道澄募化复建前殿，示寂时将建寺重任托付其徒印真（一名寂山），寂山担任住持后，修建藏经楼，寺院日渐兴旺。

光绪二十九年（1903），寂山入京迎请大藏经，经内务府准请，获颁《龙藏》一部。与此同时，朝廷赐额“万寿戒幢律寺”和御书“福”“寿”字各一方，万寿寺成为律宗寺院。《龙藏》是清代官刻汉文大藏经，始刻于清雍正十一年（1733），完成于乾隆三年（1738），是我国历代官刻大藏经中极为重要的一部。万寿寺请到《龙藏》，并得赐名，一时间声名鹊起。此后十年间，寺院屡有营建，斋田增至1200亩，放戒四五次，万寿寺进入全盛时期。继寂山之后，其徒鉴澄兴建戒台，放戒一次，完善了放戒的制度仪轨。鉴澄之后，润田、永清（又号融净）相继任住持，直至解放后。

万寿寺坐北朝南，原有建筑六进，分别为山门、天王殿、中板楼、大雄宝殿、藏经楼、卧佛殿（内设方丈室）。卧佛殿后偏西筑高台，上建屋三间，为戒台。按照佛教规制，“小庙出家，大庙受戒”，戒台是拥有放戒资格的寺院才能拥有，可见万寿寺的规模。戒台之东有一小院落，南北各建屋三间，中间有一放生池，池心筑小亭，房与亭之间有小木桥相接。作为十方丛林，原福缘寺住持日照、原扬州佛教协会会长瑞霞、原大明寺住持能勤等知名僧人都曾经在万寿寺听经、修持、读藏。1935年9月30日，万寿寺举行抗日阵亡将士追悼大会。解放初期，扬州僧众在万寿寺为佛教改革派领袖仁山法师举行过追思大会。

1949年5月，兴教寺与万寿寺一道被并入扬州师范学校新址，其时寺内尚有僧人二十余人。1950年，寺内所藏《龙藏》连同樟木经柜，全部移至旌忠寺保存。1952年后，寺内僧人陆续离寺，佛事渐衰。1955年，政府拆除天王殿，改建为教学用房，其他寺房基本未动。1968年，扬州师范学校改为扬州市第五中学（今田家炳实验中学）。七十年代，校内五间斋堂失火烧毁。1992年9月，万寿寺移至旌忠寺藏经楼的《龙藏》遭火焚而灰烬。1998年4月10日与1999年4月14日，市政府两次作出会议纪要，同意将扬州第五中学内原万寿寺天王殿、藏经楼、戒台等古迹撤卸移迁至文峰寺修复，实行异地保护。2006年7月24日，天王殿在文峰寺奠基，标志着文峰寺和万寿寺合二而一工程进入正式实施阶段。

如今万寿寺不复存在，目前戒台还驻留在田家炳实验中学的校区内，日日与生机勃勃的青年学子为伴。已经从万寿寺迁出的天王殿，与砖木结构的文峰古塔相映成景，以文峰寺主体建筑的身份重现于世。

兴教寺

百多米长的万寿街上，除了万寿寺之外，还有一座始建于宋代的兴教寺。两座寺庙一墙之隔，东边的万寿寺门前小，里面大；西边的兴教寺向后缩了几米，门前明显开阔了许多，寺院的面积却小一些。兴教寺因为名气没有万寿寺响亮，后又与万寿寺合并划入扬州师范学校校区，所以人们往往只知有其一、不知有其二了。

兴教寺，前身为西隐庵，又名梵觉寺，相传为宋正胜寺遗址。明代扬州文人陆弼游兴教寺后留下了诗词：“古寺萧条绿水湾，入门秋潦没斑苔”，更加证实了兴教寺的存在与境况。清嘉庆十三年（1809），寺内修筑戏园丰乐园，成为扬州开设戏园的肇始。同治六年（1867），僧人海文重修寺庙，改名兴教寺，购置斋田。光绪三年（1877），僧人济川募建，后僧人朴禅也有修葺。抗日战争期间，寺内万佛楼遭遇火灾，一昼夜之间尽毁。1949 年 5 月，兴教寺与其东邻万寿寺一道被划入扬州师范学校新址。经校舍改造，大部分寺房被拆，唯有大雄宝殿作为重点文物保护予以保留，成为学校大礼堂。1968 年，扬州师范学校搬至他处，原址设立扬州市第五中学。

兴教寺寺门朝南，鼎盛时期有殿宇五进。前殿三间为山门殿，门前一对石狮，门上方嵌砌一块“兴教寺”石额，殿内塑供哼哈二将，故又称哼哈殿。第二进为天王殿，殿门上方嵌砌“梵觉寺”石额，殿内塑供弥勒佛和韦驮菩萨。第三进为大雄宝殿，重檐翘角，楠木梁柱。殿内东悬钟、西架鼓，正中佛台上塑供如来佛，两侧塑供十八罗汉，佛台后浮塑海岛。第四进为法堂。第五进是上下各三间的万佛楼，楼内有许多泥塑、木雕佛像。李斗在《扬州画舫录》中提到：“邹若泉，善画人物山水，以画兴教寺万佛楼壁五百应真得名”，可见万佛楼内有姿态万千的佛像绘图。寺东边有廊房十多间，西边有花园一片。解放前后，兴教寺住持先后有稻香、松山、宝筏（一名印觉）。

20 世纪八十年代，兴教寺残破不堪，唯有楠木大殿尚存。该大殿初建于南宋淳熙十四年（1187），景定二年（1261）毁于火，后屡加复建。现存大殿系明代遗存，梁架斗栱完好，装修大部被毁。1993 年市政府为了修建琼花观（旧称蕃釐观），异地移建了兴教寺的楠木大殿，既恢复了三清殿旧貌，也保存了兴教寺遗产。如今扬州市第五中学已经改名田家炳实验中学，在皮市街北段东侧另开大门，而原在万寿街上朝南的大门被水泥围墙封闭，万寿街上再也看不出当年两寺争锋的景象。

此外，在扬州北城区的平山乡堡城村象鼻桥西侧还有一座始建于南宋宝祐年间的北兴教寺。该寺寺门朝南，又名“将军庙”，门前立有两根两米高八角形石柱，俗称“将军柱”。后因年久失修，又遭战火，寺庙圮废。相传清嘉庆十二年（1907），都察院右副都御史、浙江巡抚阮元在扬州北郊兴教寺寺南一里多远的水塘中得八角石石柱，磨灭无字，是寺中旧物。阮元将八角石柱移至堡城城隍庙前树立，并重书题名。此石现存扬州唐城遗址博物馆，石上刻有阮元于嘉兴十二年、十八年的两次题识。因此，阮元题识的兴教寺应指的是北兴教寺，与万寿街上的兴教寺并无关系。

慧因寺

慧因寺，清代扬州八大名刹之一，原址位于北门外问月桥之西，今绿杨邨茶社（原名冶春茶社）以东，红园花鸟鱼虫、民间收藏品市场西首。

该寺始建于南宋宝祐年间（1253—1258），初名舍利庵。明洪武年间，僧人德云重建。清初，清世祖顺治皇帝御书“敬佛”匾额赐给舍利庵僧具足。乾隆三年（1738），邑绅汪宜晋过寺，见此庵紫荆、翠竹盛美，独资兴建，使其楼殿堂阁俱备。郡守高士钥率绅士迎请晓闻和尚任方丈，称邗上梵刹。乾隆十六年（1751），清高宗乾隆皇帝首次南巡扬州，乘舟过寺，赐名“慧因寺”，并赐“慈缘胜果”匾。寺旁旧为王洗马园，亦归于寺中，慧因寺因而能与其他名寺相辉映，成为扬州名刹之一。

慧因寺山门朝南，迎护城河而开，门前设码头，前往瘦西湖的画舫均经过寺门。门前一条大道，大道东头建一座四柱牌楼，寺西连斗姥宫（遗址在今红园内）。寺内建筑据李斗《扬州画舫录》记载：“寺楼十楹，楼下门供布袋像，大殿供三世佛、十八应真，对面为楼下经堂。殿左为方丈，右为云堂。云堂两庑为僧寮。中设讲座，座后设屏，屏后小川堂，入大士堂。两旁具十八尊者石刻，为永明寺慈化定慧师道潜请于忠懿王求塔下金刚罗汉像之拓本。其外为御碑亭，珠宫璇室，鹿苑鹦林，北郊景致，乃其始也。”

咸丰三年（1853），慧因寺毁于太平天国兵燹。光绪年间，旧址处粗建寺宇三间，改山门东向。后虽又续建几间，但寺庙规模甚小，远逊于前。解放前夕，僧人岚权住持该寺。解放后绝大部分寺房拆除，就地改建为扬州花木商店（即扬州红园）的办公地点和生产园地。

明代寺院

古泰山殿

古泰山殿，始建于明朝嘉靖四十年（1561），原址位于宝应县城北门外牌楼口处，是宝应境内历史上最大的古典建筑群。

该殿起初是一座供奉运河保护神泰山娘娘碧霞元君的寺观，仿照东岳泰山碧霞祠和玉皇顶而建。明朝后期增建观音阁，遂成佛道合一的江淮巨观。据《宝应县志·康熙志》记载："泰山殿，在晏公庙旧址。明嘉靖四十年建。一曰碧霞宫，殿宇弘敞，楼阁辉映，为江淮巨观。"明隆庆、万历、清康熙、光绪年间陆续增建，遂形成前后殿宇七进、占地二百余亩、殿房三百余间，佛像数千尊的"宝坊金刹"。整个泰山殿建筑群巍峨壮观，层层殿阁金碧辉煌，檐牙高啄，画栋雕梁，气势极为宏伟，其香火之盛为东南数省之冠。清末以来，泰山殿屡遭战乱和火灾，至上世纪中叶，除了门前一对石狮和山门的廊柱外，其余均荡然无存。1951 年国庆节前，县政府派建筑工人至泰山殿搬迁走最后的石狮子，泰山殿完全消失。

古泰山殿坐北面南，山门两侧为八字形照壁，中间耸立一座高大的石基木斗栱形牌楼。牌楼为四柱三檐，石础上矗立四根粗大方柱，正中匾额上为乾隆御书斗楷"天下第一名山"。牌楼之下，左右各踞一座石狮。石狮前各有一根旗杆。牌楼前面有一照壁，遮护山门。门前以方石为路，宽约丈余，向内纵深有百丈之遥，每隔一个大天井便是一座大殿，前后殿宇共达七进，气势极为宏伟。

过牌楼，第一进为天王殿，殿有三个大门。东门前有水井一眼，圆石板覆盖。殿中间供奉一尊弥勒佛坐像，两侧为四大天王。殿前有一匾额，上书"泰山岩岩"四个大字。第二进为岳王楼，上下两层，楼上供奉岳飞坐像。第三进为无梁殿，供奉二十八宿神像。殿的东侧为娘娘殿。第四进为两层梳妆楼。民国二十五年更名为"大悲楼"。楼上供奉一尊神像。第五进是建于明代嘉靖四十年（1562）的碧霞宫，又称圆通宝殿，是泰山殿的主体建筑。第六进为玉皇阁，玉皇阁后为大观阁，两阁之间的大天井宽有三十余丈，一河由西向东从中流过，河两岸有四棵参天银杏，相传植于隋唐年间，挺拔茂盛。中有砖桥一座，名为丹墀桥，因为人们常到大观阁向观音求子，俗称保子桥。第七进为大观阁，又名观音阁。泰山殿七进正殿的两侧为两排整齐的僧房。僧房之外的两端，东侧为厨房和方丈室，西侧为祖塔，历代和尚安葬于此。

为了挖掘宝应县历史文化内涵、强化老城区保护、打造文化古城、促进旅游业，带动和加快其他产业及地方经济发展，2015 年春，泰山殿重建项目已正式启动。重建的泰山殿将依托泰山殿古寺，规划占地 180.8 亩，建筑面积近九万四千平方米，分佛文化展示区和综合文化服务区两大板块。建成后的泰山殿将重振古泰山殿江淮巨刹的雄风，成为千里京杭大运河上一道靓丽的历史人文景观。

藏经院

藏经院，明万历年间（1573—1620）建寺藏经，赐额“万寿”，原址位于宛虹桥 53 号。明天启年间，僧人镇满建毗卢台、戒台。清咸丰年间，藏经院毁于战火。同治年间，扬州参将朱元松重建藏经院。光绪年间又增修了内院。院中有《扬州藏经院流通教典记》碑，记述该院刻经缘起。民国三十四年（1945），瑞霞法师接替三藏侍者道生任藏经院住持。民国以后，扬州藏经院继续刻印经籍，寄往全国各地。解放前夕，停止雕版。上世纪六十年代前仍有存经寄出。解放后，藏经院和地藏庵一道为宛虹桥小学（今广陵小学宛虹桥校区）所用。

藏经院院门朝南，藏经楼紧贴东面的地藏庵。第一进为山门殿，内供弥勒佛、护法韦驮及哼哈二将。第二进为大雄宝殿，内供千手观音菩萨。第三进即藏经楼，楼上下各三间。殿西有斋堂、客堂、方丈室等建筑，计有院房 40 多间。今宛虹桥校区西侧巷内的宛虹坊 58 号居民住宅区里还遗存了部分藏经院建筑。

民国初年，印光法师多次来藏经院校刻经书。抗日战争时期，法藏寺经版曾经迁至藏经院。历史上刻经的地位以及印光法师等高僧来往栖止的影响力成就了藏经院永世的声名。

福缘寺

福缘寺，清代扬州八大名刹之一，原址位于南门外通扬桥南侧运河东岸。该寺始建于明代，为僧人明道创建，初名福缘庵。明崇祯年间，僧人门道开为丛林。清顺治年间，赐名福国寺，两淮盐运御史杨文愿为寺建燃灯佛阁。雍正元年（1723），住持僧济生法师率寺僧建三层万佛楼，并在寺北建塔院。乾隆十六年（1751），乾隆帝南巡时，寺中僧人超宗法师迎帝驻跸寺内，乾隆亲书“福缘寺”匾额赐寺，从此改名为福缘寺。乾隆四十九年（1784），怡亲王允祥赐“法雨香风”匾额和全部《藏经》。嘉庆初年，万佛楼毁于火灾，后僧人明见复建此楼。咸丰三年（1853），福缘寺毁于太平天国兵燹。从同治初年起，僧人默斋募化十三年复建，其徒玉堂、石珩、德纯、拂迷等又继续修缮。后方丈信林营建楼殿，又于楼后堆土垒石为山，种竹其上，并筑室以供游览。从此寺内宏戒、讲经、育习不辍，成为名刹。

福缘寺寺门朝西，迎运河而开，门前一对石狮。山门殿三间，门开一洞。门上方嵌砌一块“福缘寺”石额，门旁置一对石鼓。殿内塑供四大天王。山门殿之北有一个竹园。第二进为大雄宝殿，重檐翘角，四周皆设走廊。殿内正中佛台上主供释迦牟尼，两侧塑供十八罗汉，佛台后浮塑海岛。后殿三间，殿内主供观音大士。大雄宝殿与观音殿的南边，建一座面南的上下各七间的藏经楼。此外还有楼殿、偏殿、配房等，计有寺房约 80 间。

抗日战争期间，福缘寺的不少寺房为日军堆放马草之所。抗战胜利后，部分寺房被作粮食仓库，寺中佛事渐衰。解放时，寺内住和尚约 10 人，住持为仁海法师。解放后，寺房为苏北机米厂所用。上世纪六十年代，大雄宝殿被大火烧毁。其他寺房逐步被拆除，改建为厂房。1976 年，苏北机米厂更名为扬州啤酒厂。1984 年，寺内最后残存的七楹藏经楼被拆迁移建到大明寺，改建为五楹藏经楼。1994 年 10 月，扬州啤酒厂被青岛啤酒股份有限公司全资收购，成立青岛啤酒股份有限公司扬州啤酒厂。寺院旧址一直被该厂使用至今。

关于福缘寺的掌故，值得一提的有两件。一是民国五年（1916），谛闲法师在福缘寺讲《楞严经》，各地僧人聚集扬州，景况颇盛。一是朱自清先生在《看花》一文中提到“在高小的一个春天，有人提议去城外 F 寺里吃桃子去……那一园子的桃花，想来总该有些可看”，想来民国时的福缘寺里满园桃花，煞是好看吧。

清代寺院

龙衣庵

龙衣庵，始建于清初，原址位于邗江区裴庄村南首，杉湾大桥北侧，“运河三湾”之新河湾的西岸，与文峰塔隔河遥遥相望。

该庵堂本为尼姑修行的草庵。清朝康熙皇帝南巡时，途经此地遇雨，淋湿了龙袍，便靠此停船，进庵暂憩，晾吹湿衣，从此得名“龙衣庵”，并留下了“六月六，晒龙袍”的传说。后来逐步扩建，乾隆年间更着力修缮，使其庵房具有一定规模。咸丰年间，庵房毁于太平天国兵燹。后经同治、光绪年间重建，又使其恢复一定规模，计有山门殿、大殿及配房等16间庵房，占地三亩多。庵门朝北，山门殿前有两棵银杏树，运河边有石驳岸停船码头。到扬州解放时，此庵尚有尼姑7人，住持福宽。

1951年，龙衣庵内办起了新河湾小学。1988年，新河湾小学迁出，两座殿房和四间厢房为公安部门所用。目前，仅存的庵房为居民住宅。作为“雨湿龙袍”的重要见证，原山门殿前的两棵400多年树龄的古银杏树如今生长在路边，依然生机勃勃。运河边石驳岸依稀仍可辨认出当年的样子。

长生寺

长生寺，初名长生禅林，原址位于缺口河东小街北侧古运河边，今跃进桥东北侧凯运小区所在地。相传唐代即有此寺。清嘉庆十六年（1811）僧人大茎募资扩建，改名长生寺。协办大学士、两江总督百龄为其作碑记。咸丰三年（1853）太平军攻占扬州。兵火中，长生寺大部分殿宇被毁，余房仅供僧人栖息。光绪三十四年（1908），镇江金山寺画僧竺仙以画代募，建殿楼五楹，后由其徒性莲、普霞等继续营造，长生寺的规模逐年恢复。

民国初年，大盐商萧云浦（萧玉峰）的遗孀萧翟氏是长生寺最大的施主，被称为“护法施主”。她出资于山门殿之南、临古运河边建筑了一座六面三层砖木结构的弥勒阁。该阁高约20米，重檐翘角，六角攒尖顶，上置铜质葫芦顶，各层设门和木格窗扇，底层每面各有一拱门，阁内供有玉佛。

民国十二年（1923），长生寺开设华严大学院，成为现代扬州佛教教育机构的发端。同时期，出版《佛光日报》。《佛光日报》先后改版更名为《佛化觉世报》《狮子吼丛刊》《大中华佛学公报》等刊物。民国十九年（1930），时任长生寺住持的可端法师受萧翟氏之托主持兴建愿生禅寺，作为长生寺的下院。寺成之后，可端前往愿生禅寺任住持，长生寺由其徒文修负责。民国二十九年（1940）文修病逝，可端复回长生寺，次年将寺院交予另一弟子宏度住持，自己仍驻锡愿生禅寺。

抗战胜利后，长生寺一度为国民党团管区侵占，作为从四乡八镇抽抓壮丁的集训和中转基地。解放初，长生寺住有 7 位僧人，1950 年雪明（法号能忍）到寺任住持。后该寺先后为民生造纸厂、利民铁工厂和苏北植物油厂使用，寺内众僧人陆续离寺。寺院中轴线上的殿、楼及北部的建筑，均被拆除改建，仅部分寺房和南部的三层弥勒阁立在厂区之中。1982 年 6 月，弥勒阁被列为市级文物保护单位，称为长生寺阁。2000 年，一场大火烧毁了所保留的寺房和弥勒阁建筑。2002 年政府在运河东岸按照原图重新建造了长生寺阁，成为扬州城区继文昌阁、四望亭后的又一座塔阁建筑。

民国期间，长生寺寺门朝西，迎古运河而开，全寺共有寺房近百间。第一进的山门殿开大门一洞，寺门上方嵌砌一块“长生禅寺”石额。殿前两侧砌八字墙，门前一对石狮。殿内塑供弥勒佛、护法韦驮、四大天王。第二进为大雄宝殿，面阔五间，重檐翘角，正中佛台主供如来佛，两侧塑供十八罗汉。第三进是上下各五间的藏经阁。中轴线以南、山门殿南面建一座六面三层塔式弥勒阁。弥勒阁后有一座上下各六间的楼房，两座各五间的殿宇和配房，客堂、斋房、寮房均在其中。山门殿以北建有一座万佛楼，楼内有泥塑、木雕、浮雕等数千个佛像。

2004 年，古刹原址上的厂房被推为平地，由凯运房屋开发公司在此建筑商品房屋。2015 年 4 月 26 日， 长生寺阁内突发大火，阁内木质结构被毁，外部砖石构架尚存。当往日繁华烟消云散，唯有一座长生寺阁寂寥地驻守在古运河边，看着滔滔江水奔腾向下，永不停留。

吉祥庵

吉祥庵，相传始建于清代嘉庆年间（1796—1820），原址位于淮海路北段双井巷 8 号。

该庵为尼姑庵，所收女子均为未婚，也兼收盲、哑女子及童女。

1956年，双井巷连同吉祥庵一起划入苏北师专附中（今扬州大学附中）范围之内。1958年，校园校舍改造，庵房被拆除，改建为宿舍大楼和操场。

吉祥庵门朝南，有韦驮殿，供奉三世佛的大殿，供奉如来佛、观世音、地藏王和十八罗汉的二殿，以及观音殿、客堂、祖堂、斋堂、方丈寮、退居寮、尼众寮，还有大厅、花厅等九十余间，规模较大。庵内有两个大庭院，植有柏树、牡丹，另有富户布施的斋田千余亩。庵中法器应有尽有，尼众除了各自修持外，每天早晚上殿，午时过堂吃饭，颇具丛林规模。

吉祥庵尼众有十三房（系）五支法，除盲哑尼不传法外，其余五支法系皆有权收徒传法。尼众法号按字排辈，其字辈顺序是：福、会、星、源、湛、永、怀、道、昌、隆。平时，庵中正常接待香客，从事法事活动。尼众最多时达104人，是当时扬州最大的尼姑庵。解放初，吉祥庵尚有尼姑14人，住持尼源明。

吉祥庵另有三大特色，为世人乐道。首先是牡丹。庵内所种牡丹品种繁多，享有盛名。出名的品种有粉红玉楼春、金带围大紫红和白牡丹。每株牡丹花开百朵。每逢花开季节，扬州男女老少咸来观赏。其次为刺绣。庵中尼众有刺帛绣花的传统技艺，用针精巧，彩色绚丽，颇具名气。乞巧节前后，吉祥庵的女红不仅有市民购买，也有商人前来收购。最后便是茶斋了。吉祥庵的素茶斋清新淡雅，茶气袭人。

众香庵

众香庵，原址位于宛虹桥37号。与地藏庵、藏经院隔街斜对。该庵始建于清代，咸丰年间毁于太平天国兵燹，后由僧人月朗等三代人努力，复建庵房30余间。

庵门朝北，没有门殿，庵门建一座小牌楼，门上方嵌砌一块“古众香庵”石额。该庵的建筑不是按中轴线排列的，而是沿街而建，摆布较杂。其中有大殿三间，殿内主供千手观音。方丈室三间两厢，构成一天井，天井内植一株天竹。另有二十间两厢，僧厨、斋堂、客堂、棺厅等皆在其中。西北角是一座上下各四间的楼房，楼内用板壁分隔，有明门，有暗道，结构复杂，俗称“迷楼”。全庵共有庵房38间。“迷楼”东南有一口古井。

晚清时候，著名画僧莲溪曾经寓居在此。解放时庵内有住持佛宝及其徒梅和尚二人。解放后，众香庵改作居民住宅，部分庵房被拆除改建，西北角的楼房和 16 间庵房尚存，现为居民住宅。

在藏经院的影响下，众香庵也设有刻经流通处所，名为“众香庵法雨经房”。当时有僧人三四人，职工十多人。所印经尾署为《版存扬州宛虹桥众香庵流通处》。藏经院和众香庵的木刻经版大多集中封存于藏经院一间厢房的阁楼上。“文革”后，尚余经书数千册，后迁至旌忠寺文选楼上。1992 年 9 月，文选楼失火，珍贵的遗产化为灰烬。

如今的众香庵小牌楼尚存，门上方石额字迹完全消失，沿街都是老城居民住宅，西北角迷楼依旧，楼上圆形砖砌窗口让人依稀遥想当年的庵堂。

第七章　栖灵古刹——大明寺

扬州地处长江下游，临江面湖，地势低平。唯北郊地表起伏隆升，形成一条横亘东西的蜀冈，宛如卧龙，成为守护千年古城的龙脉。蜀冈之上山峦叠翠，南可俯瞰扬州繁华城景，远处可见江南诸山隐约静卧。蜀冈有三峰，三峰突起，峰峰精彩。古刹大明寺，居中峰龙脊之上，背山面水，虽历经1550余年，屡经兴废，但庙址从未改变。这里黄墙绿树、朱楼绀亭、巍峨宝塔、小桥流水浑然一体，构成一幅清幽古雅、气韵生动的佛国画卷，令四海僧俗心生向往。

苍松翠柏环抱的这座名闻遐迩的古刹——大明寺，因建于六朝刘宋大明年间而得名。除了历史悠久及清代两帝临幸的殊荣外，其声名远扬还有另外三个重要原因：一是唐代的鉴真大师在这里接受日僧的邀请东渡出海；二是这里是历代文人墨客留下诗文最多的文化名胜；三是这里有着独具风韵的寺庙园林。大明寺宛如鲜活的中国历史文化遗产长廊，展示着远古的高冈、南朝的古刹、隋代的宝刹、唐代的高僧、宋代的名堂、明朝的老树、清代的御碑、民国的先驱、当代的玉佛……

如今的大明寺风景区分为左、中、右三部分区域。南北中轴线上有牌楼、山门殿兼天王殿、大雄宝殿。大殿东西各有“文章奥区”与“仙人旧馆”两门相对，出两门便是东西二园，夹山寺而立。东园内也分为左、中、右三个区域，各成体系。南北中轴线偏东的左区域为鉴真纪念堂建筑群，中间是平远楼和藏经楼，再向东延伸的便是塔区。塔区以栖灵塔为中心，顺时针排列着弘佛亭、卧佛殿、药草园、钟楼、鼓楼。西园分建筑与园林两个区域。紧贴大雄宝殿西首的是书院区，由南至北依次排列着平山堂、谷林堂、欧阳祠。再向西向下延伸至水边，便为园林区。绕水而立有乾隆御碑亭、待月亭、第五泉、美泉亭、天下第五泉、康熙御碑亭、鹤冢、听石山房等名胜。

大明寺占地500亩，已经成为国内著名的集佛教庙宇、文物古迹和园林风光于一体的游览胜地。大明寺现任方丈为能修法师。

千年沧桑

大明寺，清代扬州八大名刹之一，位于平山堂东路1号。该寺始建于刘宋孝武帝大明年间（457—464），故以年号命名。

隋仁寿元年（601），笃信佛教的文帝杨坚，在自己六十寿辰时，下诏在全国三十个州内立三十座塔，供奉舍利。其中一座就建立在大明寺内，称为栖灵塔。塔高九层，寺以塔而闻名，寺亦从塔名，时称栖灵寺。大明寺因为位于扬州郡城之西，又称西寺。唐会昌三年（843），栖灵塔遭大火焚毁。会昌五年（845），武宗诏令毁全国大寺四千余所、中小寺院四万余所，大明寺亦未能幸免。唐末，吴王杨行密占领扬州，重修殿宇，命名为秤平。

自南唐入宋，战乱迭起，大明寺与寺塔屡遭破坏，直到宋真宗景德元年（1004），僧人可政化缘募捐，集资建七级多宝佛塔。扬州太守王化基奏报朝廷，宋真宗赐名“普惠”。寺院自此历经南宋、元至明初，沿称大明寺，其间兴废无常，鲜有文字记载。

明天顺年间（1457—1464），僧人智沧溟决心重建庙宇，经师徒三代经营，终于在平山堂东侧的旷野上，重建大明寺。后经正德、嘉靖、隆庆三朝，寺院失修荒颓。期间有光禄署丞火文津出资千金，复兴大明寺。明万历年间（1573—1619）郡守吴秀重建大明寺。崇祯十二年（1639）盐漕御史杨仁愿再度重建寺庙。明末，农民起义爆发，明政权土崩瓦解。清军南下，江北四镇割据扬州一带，扬州城内外大乱。随后，扬州遭十日屠城，大明寺僧徒离散，寺院被毁。

清顺治十四年（1657），扬州人赵有成联合僧佛生、佛霭以及本地士绅，请扬州郡守傅哲祥发书，延请焦山寺住持受宗旨和尚来扬州，重新复兴大明寺。受宗旨和尚主持寺院以来，开发荒废土地，修葺倾圮殿宇，拟立寺院禅规，升堂讲经说法，四方僧众重新汇聚而来，大明寺重获新生，遂成为此山开创祖庭之始。受宗旨及其弟子道宏、行昱成为开创祖庭的初、二、三祖。

清代康熙、乾隆二帝多次南巡维扬，该寺不断增建，规模逐步宏大。其中，扬州徽商、诏授光禄寺少卿衔的汪应庚为复兴寺院出力颇多。清廷因忌讳“大明”二字，许多场合皆称栖灵寺。乾隆三十年（1765），清高宗第四次巡游扬州时，御笔题书“敕题法净寺”。咸丰三年（1853），法净寺毁于太平天国兵燹。同治九年（1870），两淮盐运使方浚颐重建寺庙。民国二十三年（1934），国民党中央执行委员王柏龄（字茂如）一度重修寺庙未成。民国三十三年（1944），住持昌泉禅师与游客程帧祥募集资金，全面修葺法净寺，整个工程历经三年。

解放后，法净寺得到保护和修缮。1951 年，国家抽调资金，修建法净寺。1957 年 8 月，法净寺被列为江苏省文物保护单位。1963 年，为迎接纪念唐代大和尚鉴真圆寂1200周年盛会的召开，寺庙修缮一新。1966 年，“文革”浩劫时期，红卫兵以破四旧为名，要砸烂寺庙佛像。由于周恩来总理的电谕，要坚决保护寺内文物古迹，同时扬州地方政府采取封闭庙宇的措施，法净寺这才成为扬州城唯一佛像未被捣毁的寺院。1973 年，鉴真纪念堂建成。1979 年 3 月，江苏省人民政府拨款对寺庙全面维修，所有佛像贴金箔。1980 年 4 月，为迎接鉴真大师坐像从日本回扬州“探亲”，法净寺正式复名为“大明寺”。此后，大明寺宗教活动逐步恢复，寺内香火不断，中外宾客蜂拥而至。1985 年 4 月，福缘寺的藏经楼被移建至大明寺内。1988 年，大明寺住持瑞祥法师在东园内重建栖灵塔，立奠基石。1995 年岁末，栖灵塔建成。2003 年 3 月，国家宗教事务局发文同意扬州大明寺筹办“鉴真佛教学院”。2011 年 3 月，国家宗教局正式批复设立“鉴真佛教学院”。

大明寺历来交通便捷，建寺时就选址在广陵城西南，距城极近。唐以后，扬州城池逐渐南移，但是抵达蜀冈大明寺的路途始终通畅。明清时，扬州城范围大大缩小，唐宋城址沦为大片农田，大明寺这才处于扬州城北郊。清乾隆年间，为迎接帝王，从城中御码头乘船可直抵大明寺山脚下，往来方便。当年天宁寺居清代扬州八大名刹之首，李斗在《扬州画舫录》中为大明寺鸣不平，“诸山皆以为是寺为郡中八大刹之首”。今日再看，大明寺当之无愧。

伽蓝佛殿

踏上苍松翠柏掩映的百级台阶御道，便见一个三面陡坡、拔地凌空的旷地。大明寺山门立其上。山门前耸峙着一座牌楼，四柱三楹，下甃石础，仰如华盖。中门之上刻有篆书“栖灵遗址”四字额，纪念昔日栖灵塔和古栖灵寺。因为此地曾归属大仪乡丰乐区，所以石额背面相应刻着“丰乐名区”四字匾。牌楼为明代火文津复兴寺院时所建，民国四年（1915），两淮都转盐运使姚煜重修，因此石额上两幅篆书为姚煜手书。牌楼前雄踞的两只青石狮原是乾隆年间重宁寺的遗物，1961 年被移置此处，与牌楼相互呼应，竟然也浑然一体。

山门两侧院墙上对称地各嵌有一方字大如斗、笔力遒劲的五字楷书横碑。东侧横碑立于雍正年间，为清初书法家蒋衡所书“淮东第一观”，取材自宋代秦观为唱和苏辙的七律《平山堂》所作的《次子由平山堂韵》中“游人若论登临美，须作淮东第一观”的诗句。宋时，扬州属于淮南东路辖区，自秦观以“淮南第一观”赞颂了平山胜景的秀丽景色后，大明寺平山堂之景便名扬天下。西侧横碑上刻有清代雍乾年间书法家王澍的手笔“天下第五泉”。唐代张又新《煎茶水记》中引用刘伯刍的话，将国内最适宜煎茶的七处水源评定等次，大明寺泉水列位第五。其时汪应庚筑西园得泉，遣人向王澍索字。当时王澍身体有恙不能动笔，便要来人前往无锡惠山歇马亭拓下其少时所写的“天下第二泉”石刻，改“二”为“五”，所以现在看两地的字迹完全相同。

牌楼后，踏石阶数级，即见山门殿正门。石额上“大明寺”三个大字是从隋朝《龙藏寺碑》中集字而镌，古风流溢。大明寺山门殿与天王殿共用一殿。殿内正南佛龛供弥勒佛坐像，背面为护法神韦驮。殿内东西两厢高高站立着威严的四大金刚，姿态各异，栩栩如生。

从山门殿的北门出来，随山势踏步而上，便是大雄宝殿了。大殿坐北朝南，面阔三间，带回廊，三重檐歇山顶，灰瓦屋面，镂空花脊，前后附加硬山披廊，庄严肃穆。殿内迎面供奉三尊大佛，巍坐复莲高台的是释迦牟尼佛，左边为东方琉璃世界消灾延寿药师佛，右边是西方极乐世界阿弥陀佛。站在释迦牟尼佛两边的弟子是年高德重的迦叶和多见多闻的阿难。两厢拱卫着十八尊金身罗汉像。相传佛祖在圆寂之前，嘱咐十六位大阿罗汉要常往世间为众生培福造德。五代以后，加上《法住记》的作者难提密多罗和《十六罗汉因果识见颂》的作者摩拿罗多，组成十八罗汉。北边盘坐的是禅宗六大师祖。

佛坛后是海岛观音泥塑群像。观音脚踏鳌鱼头，龙女、善财童子站两旁，四周依照《法华经·普门品》作“观音救八难”的故事，一百零六尊塑像散布在整个画面中，气势磅礴。

大明寺主体建筑依山势由低而高逐渐登升，反映出中国寺院建筑的典型特点。其后三十年间，寺院陆续增建鉴真纪念馆、藏经楼、卧佛殿、栖灵塔、钟鼓楼诸建筑，虽偏离中轴线，但位置合理，与主体建筑呼应，如日月般彼此衬托，交相辉映。

鉴真纪念堂建筑群在大明寺南北中轴线的偏东位置，大雄宝殿后身。它包括了陈列室、门厅、碑亭、正殿四部分，同样也形成一个南北中轴线的建筑群体。纪念堂由著名建筑学家梁思成主持方案设计，草创于 1963 年，1973 年 11 月建成，保持了唐代寺庙建筑的艺术风格，是国内罕见的建筑精品，2004 年被国家列为经典建筑。

由鉴真纪念堂碑亭前小道东行，有下山坡道，坡尽头已进入东园。东园内前有平远楼，后有藏经楼。1985 年复建的藏经楼坐落在一座花墙环绕、拱门小启的小院之中，院门上刻“华藏世界”石额。入院有桥栏，迎面见一座二层五楹的楼宇，门楣上悬“育才弘法”的玻璃镜匾。清代汪应庚在寺东建造的藏经楼毁于天平军与清军多次拉锯战的兵火之中，如今的藏经楼是将福缘寺中残存的七楹藏经楼拆迁移至此改建而成。楼外轩阔疏廊，楼前筑有月台，围以石栏，两侧砌有石阶。二楼檐下悬赵朴初题写的“藏经楼”金字匾额，正厅内供有香港弘勋法师赠送的南无本师释迦牟尼佛白玉坐像。正厅两侧立柱悬赵朴初集《金刚经》经句题联：

当知是处恭敬供养，不可以百千万劫说其功德；

若复有人受持读诵，已非于三四五佛种诸善根。

藏经楼是佛教寺院中珍藏佛教经典的场所，赵朴老两句话道尽其中深意。从藏经楼前行，进入文章奥区，即见平远楼。平远楼高三层，阔三间，单檐歇山顶。楼下前置卷棚廊，矮寺一层；二楼槛窗横陈，与寺持平；三楼正中悬“平远楼”匾额，高寺一层。此楼初建于清雍正十年（1732），由汪应庚建平楼，其孙汪立德增高为三层，取宋代画家郭熙《山水训》中“自近山而望远山，谓之平远”句意为名。咸丰年间毁于兵火，同治年间方浚颐重建，增题“平远楼”额，并撰联：

三级曩增高，两点金焦，助起杯中吟兴；

双峰今耸秀，万株松栝，涌来槛外涛声。

联语中可见楼外风景之壮丽。楼前为宽敞幽静的庭院，东侧尚存“印心石屋”四字横碑，是道光皇帝题赠两江总督兼两淮盐政陶澍之物。南隅有一株古琼花，距今已逾三百年，为康熙年间大明寺住持道宏禅师亲手所植，如今依然茎叶繁茂，每年五月花开时，八朵五瓣，聚时如联珠幽雅，散开如雨蝶飞舞。

栖灵雄姿

隋文帝仁寿元年（601），大明寺内建栖灵塔，塔高九层，雄踞蜀冈，塔内供奉佛骨，被誉为隋文帝所建舍利塔中尤为峻峙的一座。隋唐时期的扬州，千帆云集，商业发达，繁华仅次于长安、洛阳，往来游客商贾甚多。当时的栖灵塔是扬州主要的胜迹，著名诗人李白、高适、刘长卿、刘禹锡、白居易等均曾登临栖灵塔，赋诗赞颂。可惜在唐武宗会昌三年（843），栖灵塔遭火焚，一代胜迹化为焦土。宋景德年间，虽有僧人可政募缘集财在原地建七级佛塔，终不成气候，不久倒塌。

1980年，鉴真大师塑像回扬“探亲”，各界人士倡议重建栖灵塔。1988年，大明寺方丈瑞祥法师在该寺东园选址，重建栖灵塔并立奠基石。瑞祥法师圆寂后，能修法师主持大明寺工作，率众僧省吃俭用，募化资金，虔心操劳。从1993年8月27日开机钻探，12月7日正式动工打桩，到1995年12月竣工举行庆典，耗资千万元以上，无数海内外缁素大众、护法檀越，解囊资助，栖灵塔终于重现人间。

如何以一流的风采，恢复当年栖灵塔之优峻，这是困扰大明寺众僧的问题。能修法师特地请扬州建筑设计院精心设计，古建筑专家潘德华先生应设计院之聘，接受了这一重任。

栖灵塔在历史上未留下任何形式的图纸，但唐代诗人登临此塔留下的诗篇却透露出大量的信息。刘长卿诗中“遥对黄金台，浮辉乱相射。盘梯接元气，半壁栖夜魄”，说明栖灵塔寺用盘梯形式上到顶层的；李白诗中“万象分空界，三天接画梁。水摇金刹影，日动火珠光”，说明塔刹顶上有镏金的火珠；刘禹锡诗中“步步相携不觉难，九层云外倚阑干”，说明塔外走廊上有栏杆可以倚靠；白居易诗中“共怜筋力犹堪在，上到栖灵第九层”，再次证明栖灵塔是九层宝塔。这些资料都为拟定设计方案提供了凭据。

仅靠诗歌不足为据，能修法师与设计师潘德华一道前往河南、陕西、山西等地考察，专门去洛阳永宁寺塔遗址调研，并拜访了白马寺方丈海法大和尚，讨教塔内佛像的布置。海法大师见到栖灵塔复原设计草图后赞叹不已，断言此塔建成后当为全国第一，当场为建塔捐出一千元。

通高73米的栖灵塔设计方案终于拿出来了。经过专家的论证和市领导班子的认可，1993年8月，大明寺隆重举行法会，正式破土开工。

经过两年零三个月的精心施工，栖灵塔工程竣工。原中国佛教协会会长赵朴初题写了塔名。这座仿唐宝塔为仿木构楼阁式，主体结构为钢筋混凝土,内部木结构楼阁式,总建筑面积1865平方米。塔身方形,共九层,置于2.5米高的承台之上,塔下设地宫。东西南北每面四柱三间,一门二窗,平座与屋檐由斗拱支撑。塔高各层不一,包括地宫在内总高度为73米。塔底层供奉四尊通体雪白皎洁的玉佛,面对四方,为1996年缅甸仰光市市长所赠送。同时赠送的还有一尊卧佛,供奉于卧佛殿内。1250年前,鉴真大师东渡日本带去了3000颗舍利,2003年在日本唐招提寺长老益田快范、唐招提寺执事西山明彦的护送下,其中的3颗被送回大明寺供奉。这3颗舍利与大明寺原收藏的舍利一道,安奉于栖灵塔二层楼上的金丝楠木座上。宝塔第三层至第九层,每层在塔心须弥座上依东西南北四个方位置四尊释迦世尊并过去贤劫七佛如来像。自底层向上,九层塔内层层悬挂系列佛教图画《善财童子五十三参》。组画作者为扬州画师李赖贤先生,书与画相得益彰,体现尊师重教、学而不厌、诲人不倦的精神,引导人们追求真、善、美。

栖灵塔的落成,标志着扬州恢复古迹的一项壮举,再现历史文化名城的风貌。为此,大明寺立碑以纪其胜。重建的栖灵塔在东园的偏南处突兀而起,塔前钟楼、鼓楼互为犄角,塔北的卧佛殿、弘佛亭,东北的鉴真药草园等一众匍匐在栖灵塔下,众星拱月,辉映成趣。绿杨城内多处可远眺到这座矗立于蜀冈之巅的宝塔。

千年古城南有文峰高耸,北有栖灵风姿,双塔对峙,蔚为壮观。2015年1月,大明寺栖灵塔观光电梯改造工程正在积极开工建设,观光电梯设在塔的中央位置,乘坐电梯登栖灵塔观扬州美景不再是一种梦想,传统与现代在这一瞬间融为一体。

欧苏胜迹

大明寺西侧有一个八角形门洞,上嵌"仙人旧馆"砖额。穿过门洞,便是从佛光世界进入了文人天地。

"仙人旧馆"四字为光绪年间住持星悟禅师所题,取自唐代王勃《滕王阁序》中的诗句"俨骖騑于上路,访风景于崇阿;临帝子之长洲,得仙人之旧馆"。欧阳修素有"文仙"之称,苏东坡的《平山堂》词中也写道"十年不见老仙翁"。欧公任扬州知州时在蜀冈之巅建造了平山堂,仙人旧馆便是由平山堂、谷林堂、欧阳文忠公祠构成的一组极具人文色彩的馆堂。

北宋文学家、史学家、诗"文革"新运动领袖欧阳修,参与范仲淹的“庆历新政”，失败后遭贬谪，先贬去滁州，后迁至扬州。北宋时的扬州，节制淮南十一郡之地，政务繁杂，应接尤多。欧公倒也“各有条理，纲目不乱”，闲暇时则寄情诗、酒、山水之间，排遣内心失意的郁悒之情。庆历八年（1048），他在蜀冈中峰、大明寺西侧，构建了一座山堂作为讲学、游宴之所，并在堂前亲植柳树。因远望江南诸山，含青吐翠，飞扑于眉睫而恰与堂平，加之欧公当时的心绪，故定堂名为“平山堂”。北檐下所悬清光绪二年（1876）林肇之所题匾额“远山来与此堂平”亦点明内中涵义。

平山堂确是个幽静所在，也是个驰目骋怀的好地方。门外建了石棚，棚上爬满藤蔓，走入时一片荫凉。堂前古藤错节，芭蕉肥美，通堂式的敞厅之上，方浚颐手书的“平山堂”三字匾额高悬。堂为敞口厅，面阔五间。堂前有石砌平台，为行春台。台前围以栏杆，栏下为一深池，池内修竹千竿，绿荫苒苒。欧公在这里宴会宾客，饮酒作诗，好不快活。宋人叶梦得的史料笔记《避暑录话》中记载了当年欧公宴客发明了“传花喝酒”的游戏：

欧阳文忠公在扬州作平山堂，壮丽为淮南第一。堂据蜀冈，下临江南数百里，真、润、金陵三州，隐隐若可见。公每于暑时，辄凌晨携客往游，遣人走邵伯湖，取荷花千馀朵，以画盆分插百许盆，与客相间。遇酒行令即遣妓取一花传客，以次摘其叶，尽处则饮酒，往往侵夜载月而归。

那一年，生活在扬州的欧阳修更像是纯粹的文人欧阳修，是抛却官场的虚伪，沉醉于发现生活的情趣与爱意的欧阳修。欧公来扬州上任时，“督府繁华久已阑”，蜀冈上的唐代子城一片废墟。平山堂的兴建不仅成就了扬州“淮东第一观”的景观，对宋代扬州文化的兴旺也起到了催化的作用。

欧公从扬州“退迹”后，仍时常怀念这里的风景和生活。八年以后，他为出任扬州太守的刘敞饯行时作《朝中措·平山堂》词：

平山栏杆倚晴空，
山色有无中。
手种堂前垂柳，别来几度春风？
文章太守，挥毫万字，一饮千钟。
行乐直须年少，樽前看取衰翁。

字里行间，无不寄托了欧公对平山堂的情思。南宋绍兴（1131—1162）末，平山堂毁于兵火，后时兴时废，与大明寺之兴废大致相同。清康熙元年（1662），平山堂并入寺院。历史上，平山堂最后一次重建是在同治九年（1870），堂上众多楹联大都作于此后。其中，徐仁山集范仲淹的《岳阳楼记》、欧阳修的《醉翁亭记》、王禹偁的《黄冈竹楼记》、苏轼的《放鹤亭记》四大名篇里的句子而成的楹联颇为精妙：

衔远山，吞长江，其西南诸峰林壑尤美；

送夕阳，迎素月，当春夏之交草木际天。

楹联中巧妙地利用集句手法以古拟今，生动地表现出平山堂迷人的景色，字里行间画面跃然眼前。正堂两侧悬挂的“风流宛在”“坐花载月”横匾，多少有些抚今追昔的意味。

平山堂以北，随山势高出数阶即是谷林堂。平山堂与谷林堂以高敞的廊庑作中线相连，形成一个前后相属的整体。这廊庑把人们从“衔远山，吞长江，送夕阳，迎素月”恬淡、平远、舒阔的境界里，引入典雅、幽丽、明净的庭院之中。

谷林堂坐北朝南，面阔五间，单檐硬山式。堂前老坛有老梅、天竹数株，庭中古松挺拔过檐，每逢隆冬，百花凋零，这里却黄梅绽放、天竹嫣红、古松青翠，好一幅色彩艳丽的松、竹、梅三友图。相传此堂建于宋代元祐七年（1092），是苏轼为了纪念老师欧阳修所建。

苏轼出自欧阳修门下，在欧公担任扬州太守之后，曾经三过扬州。元丰二年（1079），苏轼第三次经过扬州，应好友之邀在扬州稍作逗留，并登平山堂作《西江月·平山堂》凭吊去世十年的恩师欧阳修：

三过平山堂下，半生弹指声中。

十年不见老仙翁，壁上龙蛇飞动。

欲吊文章太守，仍歌杨柳春风。

休言万事转头空，未转头时皆梦。

后人将这首情真意切、脍炙人口的词刻石，嵌于堂前西侧廊壁上。日后，苏轼上任扬州，公事之余，常常到平山堂诗酒流连。为纪念欧公，他在平山堂后建了谷林堂，并作《谷林堂》诗一首：

深谷下窈窕，高林合扶疏。

美哉新堂成，及此秋风初。

我来适过雨。物至如娱予。
稚竹真可人，霜节已专车。
老槐若无赖，风花欲填渠。
山鸦争呼号，溪蝉独清虚。
寄怀劳生外，得句幽梦余。
古今正自同，岁月何必书。

从此欧苏的师生情谊成为传颂千古的文坛佳话，欧苏遗迹也成为后人瞻仰的文学胜迹。

谷林堂再往北便是欧阳文忠公祠。为纪念欧阳修知扬州之德政，扬州人当时曾建生祠于旧城，岁久祠废，移祀平山堂后。乾隆五十八年（1793），运使曾燠按内府藏本临摹欧阳修像，刻石嵌于祠堂壁间。咸丰年间祠毁于兵火。光绪五年（1879），两淮盐运使欧阳正墉重建。欧阳祠面南而建，方梁方柱，挑角飞檐，迎面装一堂雕花楠扇，正中三间，北侧两边设落地罩槅，四面设卷棚。堂内中楹上悬“六一宗风”横匾，原为欧阳正墉所立，原匾已毁，1980 年书法家武中奇补书该匾。欧阳修晚年号六一居士。他在《六一居士传》中写道：

客有问曰：“六一，何谓也？”居士曰：“吾家藏书一万卷，集录三代以来金石遗文一千卷，有琴一张，有棋一局，而常置酒一壶。”客曰：“是为五一尔，奈何？”居士曰：“以吾一翁，老于此五物之间，是岂不为六一乎？”

至于“宗风”指的是“家风”，是作为欧公族裔的欧阳正墉的自谓。

中楹北墙面南的墙壁上，嵌有一方光绪年间重镌刻的欧公石刻像。像的上部有欧阳正墉临摹乾隆皇帝于壬申（1752）初夏为欧阳修画像所题之御书。像的左侧下方刻有“光绪己卯秋九月裔孙欧阳炳敬摹邗江朱静斋镌”20 字。欧阳修裔孙、江苏候补道欧阳炳临摹滁州醉翁亭之清宫内府藏本欧公像，交由邗江石工朱静斋勒石。朱静斋刀工细致生动，石像更巧妙运用光线照射的变化，令欧公的胡须远看为白，近看为黑。并且从任何角度看，欧公双目都可以与观者对视，双足均正对观者，可谓神奇。相传朱静斋当时年事已高，自思几十年间虽然名驰大江南北，却从未在家乡扬州留下过得意之作，于是便欣然应聘，呕心沥血，殚精竭智，用了半年多的时间才刻成了这幅留名后世的神品，为了说服雇主让这幅画像永驻扬州，朱静斋甚至放弃了酬金。只可惜当年寺僧为了防止石刻在“文革”中被砸，用石灰覆盖表面，虽然石刻保住了，但那纤细入微的胡须已连成一片，难以再现当年的风采，令人唏歔叹息。

欧阳文宗公祠东南侧圆门可通鉴真纪念堂，西南侧圆门则通往一座御苑——西苑。

西苑芳圃

从文人天地步入寺庙园林，只需通过一座刻有“真赏”石额的满月门。李斗在《扬州画舫录》有“杭州以湖山胜，苏州以市肆胜，扬州以园亭胜，三者鼎峙，不分轩轾”的说法，可见乾隆嘉庆年间，甲天下的是扬州园林。园林在扬州自成一格。它们既有北方皇家园林高大壮丽的特色，又不乏江南园林的建筑小品。西苑即是其中的典范。

西苑亦称御苑、芳圃、西园，位于平山堂西侧的蜀冈之上。初建于清雍正年间，后为迎接皇帝南巡陆续修建。清乾隆元年（1736），汪应庚购地数十亩扩建芳圃。至乾隆十六年（1751），乾隆皇帝首次来扬时，西苑已初具规模。乾隆皇帝数度南巡，这座御苑日臻完善。当时的《平山堂图志》如此描述：

园在蜀岗高处，而池水沦涟，广逾数十亩。池四面皆岗阜，遍植松、杉、榆、柳、海桐、鸭脚之属。蔓以藤萝，带以梅竹。夭桃文杏，相间映发。池之北为北楼，楼左为御碑亭。内供圣祖书唐人绝句，我皇上御书诸碑刻。楼前东南数十步为瀑突泉，高可丈余，如惊涛飞雪，观者目眩。楼西度板桥，由小亭下循山麓而南，又东有屋如画舫浮池上，遥与北楼对。舫前为长桥数折以达于水亭。亭在池中，建以覆井。井即应庚浚池所得。谓即古之第五泉者也。亭前兀起为荷厅，筑石梁以通往来。舫后南缘石磴循曲廊东转，缘山而下，临池为曲室数楹，修廊小阁，别具幽邃之致。阁东复缘山循池而东，山上有小亭，过其下折而北，穿石洞出，明徐九皋书“第五泉”三字刻石在洞中。洞上为观瀑亭，亭后又北为梅厅，西向。厅前列置奇石，石上有泉，即明释沧溟所得井，金坛王澍书“天下第五泉”五字刻于石。泉以南数步，又一瀑突泉与厅对。园中瀑突泉二，以拟济南趵泉林之胜，无多让焉。泉北逾山径，由石磴延缘而上，东至于平山堂。

可惜，此园在咸丰年间毁于兵火。同治时有所修复，清末亦增修。然而民国三十一年（1942），王振世撰写《扬州览胜录》时，西苑还是陷入“惟余古木藤萝，荒池怪石，使怀古者增无穷感喟”之境。解放后，西苑进行了三次大修。1951 年政府拨款维修大明寺时，同时整理西苑。1963 年，重新叠石堆山，新筑井亭，从市区壶园移建船厅至此；1979 年，在园内水池南岸临水处迁建市区辛园的柏木厅三楹，在水池西北阜上迁建市区南来观音庵的楠木厅三楹，在水池西侧埠上新建方亭一座，同时切除美泉亭通往听石山房（柏木厅）池埂，完善康熙碑亭西侧临水处的黄石大假山，在待月亭东侧叠山筑洞，开辟环园石径。此后经年，在多次修缮后，西苑臻于完善。

西苑占地数十亩，四周丘陵起伏，层峦叠翠，开阔粗犷，远视如深山大峰；与东侧雄壮的大明寺、栖灵塔交相呼应。园中凹陷若釜，一池清泓，碧波沦涟，为一旁的恬淡的平山堂增加了一丝灵气。池北有砖舫，浮现水际，小轩隐现；池东黄石假山拔地而起，中空外奇，外部森严石壁，似不可攀跻，内部空透异幻，洞壑磴道各抱险势。园内建筑依山傍水，因势嵌缀，错落有致。顺时针有乾隆御碑亭、待月亭、第五泉、美泉亭、天下第五泉、康熙御碑亭、鹤冢、听石山房、楠木厅等名胜古迹。加之鸟鸣不绝，水流潺潺，立其中顿觉襟怀爽畅。

北丘之上有一座三开间的楠木厅，为清初建筑，1979 年从城区南来观音庵迁来，原本设为“佛光艺术宝殿”。1993 年秋，大明寺能修法师立石涛墓塔于楠木厅北侧，同时，立莲溪法师、能勤法师、瑞祥法师墓塔于其旁。石涛是清代著名书画家和理论家。他身为明代靖江王后裔，早年为僧，画风极大地影响了后来“扬州八怪”画派。康熙三十一年（1692），石涛定居扬州。康熙四十六年（1707），石涛在扬州圆寂，葬于大明寺平山堂后，原墓湮灭无存。2011 年，在能修法师的主持下，以楠木厅为主体，建成了石涛纪念园。纪念园由塑像区、纪念区、墓碑区、经幢区四部分组成，呈一弧四区的布局，纪念这位南来的奇僧画家。

从楠木厅前沿石径蜿蜒东去，经过一片茂密的树林，复由石阶登亭，又见满月门，游毕西苑方知欧公诗中“遥知我为留真赏，恨不相随暂解颜”深意。

第八章　禅宗古道场——高旻寺

明代隆庆以后，黄河水由清口南下流入运河，从瓜洲、仪征等运河口排入长江。淮水绕扬州城东南，过文峰塔湾，经龙衣庵，向南十里，至三汊河分流，南流至瓜洲，西流至仪征。瓜洲运河和仪扬运河作为早期运河通江的主要渠道，不仅承担了淮河分洪任务，更是沟通南北的交通干道。大运河、瓜洲运河与仪扬运河交汇处的三汊河口西岸，高耸着一座佛门天中塔，如灯塔般为来往的船只指引方向。“三汊洪流，从地涌出一刹海”，这涌出的“一刹海”便是禅宗古道场——高旻寺。

民间，高旻寺有“九龙地”之说。因为寺前有三条河流，如三条水龙，三河两岸河埂为六条陆龙，加起来共九条龙，高旻寺恰似九龙追逐的一颗明珠，赋予九龙鲜活的生命力。在这块“扼三汊洪流，距九龙真脉”的风水宝地上，清代中期确实数次迎来人中之龙——帝王的驻跸，高旻寺承继的是皇家的风范，成就了“千秋万代法王家”。然而，这座美轮美奂的梵宫琳宇在历史长河里与其生根立足的古扬子津渡一道经历了几度兴废。

如今的高旻寺主体建筑分为三个区域，它们是以大雄宝殿为核心的宝刹区，东部天中塔与旧山门遗址区，后山禅房与西部水域形成的弧形禅修区。三个区域各具构建理念，形成相互映照的轴心与轴线。正山门则不依附于任何一个区域，而是以整体寺院为参照物，居中而立，与绕寺围墙融为一体。

高旻寺在中国佛教史，尤其是禅宗历史上享有极高地位。过去，清代康熙皇帝在此坐香，近代禅宗泰斗虚云老和尚在此开悟。如今，经历了三十年重建岁月后的高旻寺一门深入，始终如一颗不受尘埃沾染的明珠，被海内外禅宗丛林尊为范本，成为海内外参禅僧众高山仰止之地。究其原因，在于这里保存了禅宗根本道场的纯粹性质。这里不卖门票，不卖香火，不做经忏佛事，也不在社会上广为化缘，这里以参禅悟道为旨归，是一座清净庄严、道风纯正、清规严谨的禅宗最高学府。高旻寺现任方丈为文龙法师。

善法缘起

高旻寺，清代扬州八大名刹之一，位于今邗江区冻青村运河组。相传三汊河口地区是九龙佛地，所以从隋代起就在此建寺，但是不知何故屡兴屡废。又传隋炀帝曾在此营建过一座豪华侈丽的临江宫，并在凝晖殿大宴百僚，此后湮没无闻。

据现有文献资料记载，清顺治八年（1651），南河漕运总督吴惟华因为扬州频遭水灾，于是购地备材，在三汊河建起了一座七级浮屠，称为“天中塔”，希望以此塔镇锁风水，纾缓水患，指引航向。四年后，天中塔建成，吴惟华自作两篇碑记以示纪念。塔成后，在塔的左营增建了三进梵宇，称作“塔庙”，召来僧人侍奉香火。清乾隆三十七年（1772），高旻寺住持昭月法师的《天中塔记》中详细记载了这段历史：

扬州城南茱萸湾高旻寺，本曰塔庙，始于顺治八年辛卯。恭顺侯漕台大人吴公讳惟华者，念维扬黎庶水患频遭，心伤意惨，发心购地，庀材积料，于是年春兴工创建天中宝塔，于十一年甲午秋，周四年而功成。七级之中，吴公均有诗章碑记存焉。

由此看来，当年的塔庙即是高旻寺的前身。三汊河自从建了天中塔后，被称为“宝塔湾”，简称“塔湾”。塔庙寺僧对于天中塔竭诚供奉，晨昏洒扫。香客游人至寺，也必登天中塔。

康熙皇帝前两次南巡，均未有驻跸高旻寺的记载。康熙三十八年（1699），康熙皇帝第三次南巡至扬州，视察运河时，看见天中塔年久失修，想要修葺该塔，为皇太后祈福。两淮盐商得到消息后，就在江宁织造曹寅和苏州织造李煦倡导下，争相捐金，修缮天中塔，扩建塔庙。康熙四十三年（1703），康熙皇帝第四次南巡，当他登上天中塔后，凭高远眺，南眺镇江，北望蜀冈，心旷神怡，回去后亲自赐了匾额“高旻寺”。“旻”意即“天”，旨在赞扬该寺直入云霄，高入天际。第二年，康熙皇帝又御制《高旻寺碑记》，颁赐如来脱沙泥金佛一尊。

《高旻寺碑记》中记载：

朕自三十八年，奉皇太后鸾舆偕行，晨昏侍养。视河既毕，勉从舆请，济江而南，览吴会民生风俗。见茱萸湾塔岁久寖圮，联欲颁内帑，略加修葺，为皇太后祝厘。而众商以被泽优渥，不待期会，踊跃赴功，庀材协力，惟恐或后，不日告竣。旧刹式廓鼎新，壮严宏敞，兼以翚飞杰阁，凭高四眺，临大江，通南北。因书额赐之曰“高旻寺”。勒文于石，垂示久远。

曹寅因为修庙和接驾有功，被擢升为两淮巡盐御史。为了安置御赐金佛和碑石，高旻寺在正殿后面增建了金佛殿和御碑亭。为感圣恩，两淮盐商和普通百姓纷纷为寺庙捐金。

当时寺内尚无住持僧。曹寅到任扬州后，访得马迹山的高僧纪荫避世梵修，高行可任，因而会同李煦，以扬州文武官员、商民人等的名义，延请纪荫出山。据说当时纪荫请辞，但是曹寅等人再三说明高旻寺是皇上临幸之地，又赐有金佛，为佛门重地，纪荫这才欣然接受。纪荫入寺院后即开法坐香打七昼夜，成为高旻寺的第一代住持僧。

康熙四十二年（1702），曹寅、李煦和两淮盐商在高旻寺旁开始修建行宫。曹寅在康熙四十三年十二月初二日的奏折里写道：

所有两淮商民顶戴皇恩，无由仰报，于臣未点差之前，敬于高旻寺西起建行宫。工程将竣，群望南巡驿，共逐瞻天仰圣之愿。

虽然，康熙皇帝在奏折上的朱批是“行宫可以不必了”，但并未严加制止。于是，寺西的塔湾行宫不日建成。行宫规模远远超过寺院，寺院在行宫东侧，后缩数丈，毗邻河道，行宫的大宫门居中朝南，寺院山门朝东，处于从属地位。行宫内东院筑宫室，西院建花园，凿地为池，引活水到池中，环池杂栽花树，叠石为峰，构木为桥，间以亭台楼榭，极水木清幽之胜。

康熙四十四年（1705）春，康熙皇帝第五次南巡，驻跸新建的行宫。由于新建宫室大大超过了原寺的殿宇，以至于康熙皇帝几乎把高旻寺当成了一座新建的寺庙，因而写下“春梦深沉新刹中，陡闻清磬在林东”的诗句。日后曹寅和李煦二人隔年交替做两淮盐运御史，直至曹寅过世，也算是皇帝对他俩的奖赏了

康熙皇帝第六次南巡以及以后乾隆皇帝的六次南巡，均曾驻跸于行宫，留下诸多诗词、匾额和楹联。康熙皇帝赐予的匾额就有“晴川远适”“禅悦凝远”“萸湾胜览”“水月禅心”等，乾隆皇帝留下的有“江月澄观”“邗江胜地”“江表春晖”等。高旻寺获此殊荣，越发大兴土木，建有大山门、御牌坊、无梁殿、大殿、御书楼（五云楼）、禅堂、方丈、僧寮、客舍等，层楼杰阁，参差耸立于河西，地位也高于扬州其他名刹。

在乾隆皇帝六次南巡所驻跸的各地行宫之中，高旻寺行宫显然居

于特殊地位。乾隆皇帝在二十一年六月初三日的上谕中说：

明年南巡一应预备事宜，已降旨该督抚等，令其遵节妥办矣。所有各处行宫内，从前皆陈设玩器。此等物件，或系假借应用，或用重价购买。承办之员往往张皇其事，藉以邀结上司，而对人则苦称赔累。即乡绅铺户，亦纷然传为口实。在朕不过偶尔驻跸，而伊等先期多方觅置，至临时又或照料不及，易至遗失。甚至不肖家人胥役，即有乘间藏匿者，种种情弊，俱所不免。此次南巡，除扬州高旻寺行宫，原系商人自行置办，仍听预备，但须交收清楚外，其余各处行宫，概无得陈设玩器。惟洁净轩窗，布置裀褥，足供顿宿可矣。若罗列膺鼎，以图饰观，甚属无味，殊可不必。将此传谕该督抚等，务各凛遵。尚仍前预备，必于尹继善、喀尔吉善等是问。

有了这道圣旨，高旻寺行宫俨然具有宫室的富丽堂皇，高旻寺也成为名副其实的皇家寺庙。《扬州画舫录》中说："晚戌时，行宫宝塔上灯如龙。五色彩子铺陈古董字画，无计其数，月夜如昼"，应该不是夸张描述。乾隆皇帝每次南巡到扬州，都先住进高旻寺，次日才骑马入扬州城，至天宁寺行宫，再乘船游平山堂等处。

高旻寺在清代中叶达到了最鼎盛时期，然而盛极必衰，即便是佛寺也难逃此历史规律。乾隆三十六年（1771）夏天，寺僧发现天中塔层层渗漏，于是向河督高晋、盐宪季质颖禀告。还没来得及修复，七月五日突然刮起一场飓风，吹断了塔顶中柱。金顶、轮套等物件坠落，打损塔身。当年，两淮盐商集资重新修建。次年二月初十日竖立塔心中柱，三月十七日上顶合尖。新塔虽然建成，却留下了不祥的预兆。

果然，这座经历康、雍、乾、嘉四代盛世的名刹，随着大清国运的日趋衰败而式微。道光二十四年（1844），存世一百九十年的天中塔再次倒塌，此后未再重修。咸丰三年至六年（1853—1865）间，寺院、僧舍、行宫和御花园等建筑竟被太平军一把火烧得干干净净。旧时宫室，荡然无存。同治年间到光绪初年，寺僧锐意修复，募建殿堂，恢复庙宇。寺内存至近代的主要殿宇及亭台僧舍，多数都是这一时期建筑的。光绪中叶，在月朗法师的住持下，继续有所增拓，建造了御云楼等建筑，只是天中塔一直未能复建。

1918年，来果禅师接位住持高旻寺，前后三十五年，扩建寺庙，整顿寺规，严明宗约，断绝经忏，自营碾坊、粉坊、酱坊、农具坊、榨油坊、织机坊、缝衣坊，僧众日常食用的稻米、蔬菜也实现了自种自给，再现了我国南朝及隋唐时代寺院经济的制度与规模。自此，高旻寺宗风大振，以禅规整肃闻名于世，与镇江金山寺、宁波天童寺、常州天宁寺并称为“禅宗四大丛林”，成为禅门的中流砥柱。

来果禅师晚年由于病重，曾传法位，1942年，弟子妙善奉来果之命，出任高旻寺住持，1944年辞位，离开高旻寺，前往普陀山，日后成为普陀山全山方丈。来果禅师病愈后复任住持。1950年，来果禅师因病卸住持位，离寺前往上海，在凤阳路侯在里崇德会内，辟静七茅蓬道场，领众坐香，一开上海禅风。来果禅师离开高旻寺后，寺内组成了事务委员会，由弟子道定任主任，行住持职，德林担任副主任。此后，德林法师跟随来果禅师前往上海静七茅蓬，被来果授予心印，成为临济正宗第四十七世传人。

1966年，高旻寺受“文革”冲击，佛像全部被捣毁，文物、法器被抄一空，僧人被赶出寺门，工厂、学校入驻其中。殿宇任意改建，连大雄宝殿也于1975年被拆除。1980年，在弥光、德明法师等人的积极推动下，加速了高旻寺宗教信仰自由政策的落实。1983年，高旻寺被列为汉族地区重点开放寺庙之一，政府拨款数百万，先后迁出寺内的蚕丝厂、中学、印刷厂等，进行恢复重建工作。不久，道定老和尚在旧城七巷圆寂。经妙善长老推荐，原任高旻寺事务委员会副主任的德林法师被请回担任方丈。

德林法师接任之初，高旻寺断垣颓壁，满目蒿莱。但是，他毫不气馁，亲自绘制和设计重建禅寺的蓝图，以“扶刹竿于即倒”的决心，“一日不作，一日不食”，带领高旻寺众僧，历经三十年艰辛，先后建成禅堂、大雄宝殿、天中塔、法堂、上客堂、大斋堂、讲经堂、来果老和尚纪念堂、罗汉堂、藏经楼、山门殿、水阁凉厅等。除重建寺院建筑外，德林法师以恢复重建祖庭、重振宗风为己任，恢复坐香门庭，一门深入，冬参夏学，一座崭新的、庄严的禅宗古道场重新矗立在三汊河畔。

庄严宝刹

沿润扬路出扬州城，一直南行，约七公里处，东转进入高旻寺路，天际处矗立着一座奇特的建筑物，仿佛是一朵拔地升腾的蘑菇云，又像是一个转动着的藏经筒。再靠近时，才发现这是个十六角等边腰鼓形建筑物。作为高旻寺最新的建筑杰作——巨型钟楼“钟之巅”，自

2011年奠基以来即将完工。这座底座直径为30米、上端直径为36米、高58米的钟楼，最上层将悬挂一口重10吨的宝钟。不久的将来，当高旻寺洪亮的晨钟响起，南可传至瓜州渡口，北达古城扬州，声声动人心魄。“钟之巅”的设计者和主建者德林法师为之题写了献言：

钟之巅 别有天

拔地而起 高矗云端

游子游方游至此

望巅生叹 归心似箭

顷刻间 拾级而上 渐入佳境 风光无限

钟之巅 功能全 既可凭眺 又可消遣

一杯清茗在手 正恁么时 忽闻古刹钟声 如梦初醒 换了人间

（钟是法界 一切法趣此钟 是趣不过）

“兴丛林，建道坊”，是德林法师自1984年接手高旻寺后一直在做的事情，三十年来，高旻寺内大大小小的建筑几乎都融入了老和尚的心血。人人都说高旻寺一楼一阁都造得奇，隐得巧，又有着禅意道法在其中，仅“钟之巅”就已经让人大开眼界。

当巨型钟楼越发清楚，看得见每层十六尊佛像时，便已来到高旻寺山门前。高旻寺山门多，一道又一道，楹联对联也多，一句又一句。沿途甬道树木郁郁葱葱，鸟声啁啾。

正山门面南而立，四柱三檐，与高旻寺围墙融为一体。正中门额嵌有“高旻寺”三字金匾，四周饰以双龙戏珠浮雕，颇具皇家气派。门额左右两侧为青莲底色金字楹联，正是那句“三汊洪流从地涌出一刹海，九龙真脉千秋万代法王家”。两侧为“自在”“庄严”门楣。山门背面上书“正法久住”四字，左右对联“风清月白全然自在天机，鸟语花香尽是真如妙性”，两侧门楣为“解脱”与“吉祥”。山门对面有个照壁墙，墙上四个金字“歇即菩提”。仅仅一个正山门，已道尽高旻寺所有真谛。

正山门西行两百米有西山门，名为“开甘露门”，后有“天外天中天”门。北行两百米有二道山门，二道山门比正山门略低略宽，正中有朱色金字门额“禅宗古道场”，楹联是禅宗祖师慧能的偈语“本来无一物，何处惹尘埃”。背面上额“茱萸湾胜览”， 楹联为“此是选佛场，心空及第归”。过了二道山门，便进入了一片高阔宽敞、气势恢宏的佛国世界。

山门往东进入宝刹区域。这个区域里的殿宇处处充满奇思妙想又处处不离禅法。

中轴线上第一进是弥勒宝殿，歇山顶飞檐翘角的大殿建在数米高的基座之上，比一般的天王殿来得高阔。至于为何改了历史传袭的“天王殿”名称，德林法师说：“殿中央供的是弥勒菩萨，自是以弥勒菩萨为主，四大天王是两边站立的，为此，当然不能叫天王殿了。”不仅如此，大殿内的格局也与众不同。正中端坐着弥勒菩萨，两侧墙壁一层玻璃龛内供奉菩萨，高大威猛的四大天王则高高站立在墙壁二层的四个角落，从天而降。东方持国天王站在东方，南方增长天王站在南方，西方广目天王站在西方，北方多闻天王站在北方，一切分得清清爽爽，一目了然。

出了弥勒殿，迎面是一座造型独特的建筑，屋顶耸立出一面如帆的尖顶，上刻“息心亭”三个字。这里不是佛殿，是专供信徒饮茶调心的歇息处。试想从喧嚣烦躁的尘世走入这片净土的人，尤其是远道而来的人，很难刹那间让心平静下来，心不静则难脱世俗的烦躁，在这里坐下来，饮饮茶、歇一歇，然后再参佛。

息心亭以北是空阔宽敞的广场，中轴线上有一只巨大的铜香炉，直径 4 米，高 1.25 米，重 13 吨，名为“大香海”，供善男信女们焚香敬佛。香炉后面正对寺院的主殿——大雄宝殿。大雄宝殿两旁是两座三层的藏经楼，大雄宝殿前方东西两面是两座将近一百米宽、四层楼高、极为壮观的五百罗汉堂。大殿代表佛宝，藏经楼代表法宝，五百罗汉堂代表僧宝，再加上大殿前方的弥勒宝殿，高旻寺把住持三宝统一到一个四合院中，形成了一个整体。这种建筑构想既符合美学原则又能够表明佛法，在海内外独树一帜。

广场北面长宽皆为 40 米的大雄宝殿，三楹二重檐，飞檐翘角，底层设宽大走廊，六根朱红廊柱，前后左右十米不与其他建筑物连接。殿外东西墙上有石雕壁画，画尽佛的一生。殿前右立青狮，左立白象。青狮是文殊菩萨的坐骑，白象是普贤菩萨的坐骑。文殊菩萨代表“智慧”，如同人的眼睛；普贤菩萨代表“大行”，如同人的双脚。释迦佛自修成佛，教化一切众生从凡夫到成佛都要“目足兼备”。单有智慧，什么都不做是不行的；单是莽撞前行，没有智慧也是不行的。唯有目足兼备，方可以到清凉池，达到成佛的目的。

大雄宝殿装饰华丽、金碧辉煌，巨大的圆塔形光明灯焕发出金色光芒，俨然是皇家寺院风范。殿内一改过去32根巨柱支撑的传统模式，仅留有两根直柱，空间开阔。正中佛坛上供奉的释迦牟尼佛，左手自然垂放于膝上，右手拈一支金色优钵罗花。相传当年灵山会上，释迦牟尼佛没有像往常一样开口说法，而是把面前的一支优钵罗花拈在手上，举示大众，一言不发。众人面面相觑，不知所以。唯有大迦叶一人会心一笑，明白了佛的心思。于是，佛说："吾有正法眼藏，涅槃妙心，实相无相，微妙法门，不立文字，教外别传，咐嘱摩诃迦叶。"大迦叶就成为禅宗第一祖。日后，大迦叶传予阿难，阿难传予商那和修，代代相传，直至今日。释迦牟尼佛"拈花示众"主题，明眼人一看，就知道这里是禅宗道场。佛两旁站立的两位侍者是目犍连和舍利弗。前者神通第一，代表定力，后者智慧第一，代表智慧，和青狮白象一样，也是用以彰显大行与智慧妙理。

传统佛寺，主位的佛像左右两边必是十八罗汉或十六尊者像。高旻寺大殿的不寻常之处在于十六尊者不是立于从地面起座的神台上，而是站在高高的空中楼阁之上。四大天王站得更高，悬空而置，分别据守东南西北四个方向。每个方向站两位天王，八位天王守护大殿。释迦牟尼佛，在人间成道，在人间教化众生，在地上接受僧众的膜拜。这样的布局实现了圣人和神在天上、佛和人在地上的理念。释迦牟尼佛像背面有三尊佛，中间为海岛观音像，东面楼阁的佛龛里坐消灾延寿佛，西边佛龛里坐阿弥陀佛。有意思的是，大殿底层四壁镶有四大名山图，五台山、普陀山、峨眉山、九华山在地上齐聚首。高旻寺让佛、罗汉、天王、名山各自归位，既清楚表明了禅法，表达了对神的尊重之意，又充分利用了大殿立体空间，留出了地面空间，这才实现了让500人同时上殿礼佛朝山的理想。

大殿左右有两座高大的藏经楼，一般寺院只有一座藏经楼，高旻寺建两座，代表佛度众生的权教和实教两个法门，要度尽众生，单是权权善诱不行，单是真实告之也不行，必须要权实结合。这个构想在全国来说，也是独一无二的。藏经楼分为三层，第一层是阅览室，第二层正式存放藏经，第三层称为多宝楼，存放贵重文物。高旻寺请了两套宣纸线装本《乾隆大藏经》，为了供这两套大藏经，特意定做了红木经盒和红木经柜，存放在藏经楼中。

广场两侧的五百罗汉堂，第一层是客堂及各殿堂，如文殊殿、普贤殿、地藏殿、观音殿等，第二、三层是正式供奉五百罗汉的地方。这里供奉的五百罗汉像是采用天然玉石粉制成的七宝泥壁画，背景丰富、色彩绚丽、人物形象栩栩如生。五百罗汉像就是五百幅美轮美奂的艺术作品。五百罗汉楼的第四层，供奉三百多尊释迦牟尼佛和各宗各派的历代祖师的景德镇瓷版影像，实属世间罕见。

每个寺院都有独属的风格，高旻寺空间布局、佛像安置的庄重奇巧，融入了设计者和建造者德林法师三十年的心血，其中的心思缜密与奥妙设计让人叹为观止。

梵门塔影

清代高旻寺和行宫内建筑物的分布情况，在扬州府县志和《扬州画舫录》等地方文献中，均语焉不详。乾隆时《南巡盛典》中有幅《康熙、乾隆南巡驻跸高旻寺行宫图》，令世人对高旻寺的面貌有了大概的认识。清代高旻寺和行宫的范围，较今高旻寺所占面积稍大，但行宫占地约五分之四，寺院仅占五分之一左右。行宫大宫门居中，高旻寺在行宫东侧，又比行宫围墙东南角后缩数丈，处于从属地位。高旻寺山门在寺院东南角，朝东邻河而开，进门右转，有大殿五楹，殿后左右建御碑亭两座，再后为金佛殿，四周围以高墙，为前院。围墙北开左右二门，通后院。后院内为天中塔和藏经楼、念佛堂等建筑。前院和后院的东廊房外，又分别围成前后两个院落，僧寮客舍，大多建于院内。

重建后的高旻寺，宝刹区域已经地处当年行宫的范围，宝刹区东部有一组黄墙蓝瓦黑窗组成的院落，与金碧辉煌的殿宇群恍然两个世界，这里才是高旻寺曾经的寺院梵域，这里有虚云法师开悟的禅堂，有高旻寺的老山门，还有高旻寺的灵魂——天中塔。

沿着大雄宝殿东侧北行，东面红色墙上开一门洞，门旁注明“生活区域”。过门洞，沿狭窄走道东行数十米，左侧便是斋堂，门上悬五观偈匾额，名为“五观堂”。斋堂很宽敞，一进门处是一片数米宽的空地，尽头是一供台，正中供奉着稀迦牟尼佛像。餐桌是简单的长木桌，打禅七的时候屋内可同时容纳七八百人就餐。

五观堂往北，有一座普普通通的两层小楼，明黄色的外墙，绿色明瓦，黑木格子窗，这里是大寮，也是虚云法师时代的禅堂。大厅迎门靠北墙玻璃龛内坐一座弥勒佛像。禅门临济宗第四十三代师虚云法师打坐开悟的地方就在原来禅堂的西边，如今大寮西首坐一尊手举铜锤的南无大圣紧那罗王菩萨。想当年茶杯应声破碎，虚云法师疑根顿断，如梦初醒，悟透禅机。如今，大寮之中热气腾腾，大铁锅里煮沸着饭食，解决那些为断疑根、参研禅机的僧众的温饱，也算是一种禅缘。

从大寮回头，转入左侧的胡同，便进入了塔院。宝塔是一寺之主，高旻寺的宝塔被佛家认为是三汊河九龙之神珠。清代有诗赞："宝塔一层灯一层，灯光直上天光下。一更二更灯初红，照见隔水清芙蓉。十里五里灯尚见，明星隐约疏林中。"当年来果法师住持高旻寺，将恢复建塔列为首要任务。他选取苏州金山麻石为建塔石料，自办大小四条船只，往来苏州扬州，专门运输建塔石料。1930 年，又派僧人下南洋劝募，三年后化回玉佛七十八尊，预备九层八门的宝塔上每门供一佛。1933 年 3 月，宝塔动工建造，仅修好一层，备好二层石料，就因为战乱而终止了。至"文革"时，当年化募来的玉佛被毁尽。1984 年，德林法师接手高旻寺后即开始筹划重建宝塔，1998 年一座全新的高 86 米、重约万吨、坐落在 50 多米深的钢筋桩基上的九层天中塔合尖了。

天中塔，又名法华塔，底层塔身四周精雕细刻了整部《妙法莲华经》经文，石基上刻有法华经缘起图。第一层塔周 63 米，向上逐层收身，各级回廊均保持两米宽度，以利于登临者远眺。全塔不用木料，杜绝了水火之患。每层塔芯的莲花座上，各供玉佛八尊，全塔共有七十二尊玉佛。佛塔外观呈八角形，每个角都有龙形翘角，每个檐角上都挂着大铜铃。风吹起时，铃声浑厚、响亮，连成一片。塔四周林木茂密，鸟鸣不绝。中天塔往东即是围墙，运河水道在墙外，墙内听得见水流潺潺。登临塔上，望长江滚滚，览云树苍茫，感天地悠悠，令人百感萦怀。

塔院南面是高旻寺的老山门。原本宝塔和山门靠得极近，由于中间房屋阻隔，现在从塔院去老山门，必须原路返回。沿大雄宝殿东侧小道往南数米，过生活区域，向东入一门，前行便见一小小四合院，北面二层小楼是旧时天王殿所在地，南面的平房是德林法师刚回高旻寺时居住的方丈房，正东便是老山门了。老山门开拱门一洞，门前置一对石狮，正门上方嵌砌康熙手书 "敕建高旻寺"汉白玉石额，左右贴对联“一轮红日乾坤照，万道霞光进寺门”。高旻寺本是临水寺，“门前为退津，方袍自安处”，老山门原在水边，朝东迎河而开。自从地基垫高后，老山门与高旻寺围墙连成一体，与河道间隔出了一条小道。小道上还存有当年水道码头边接驾时的四个青石所制旗杆墩。如今看深埋在地下的旗杆墩，厚重工稳，雕镌细致，就可以推断当时的水位，可以想象当年皇帝驾临的场面何等壮观了。

老山门与天中塔已经位于高旻寺最东面，再往东便是河道和码头。老山门正对的水边现立了一块石碑，上书“高旻寺行宫”。与老山门隔河相望的江心洲上有一座尼姑庵——普同塔院。普同塔院是高旻寺的下院，常住上有需要，普同塔院的人就过来帮忙，两院来往以码头摆渡为主。过去，普同塔院拥有二百多亩地，包括寺院周围的松树林和低洼荒地，还有东南面的一条放生河。相传当年康熙南巡驻跸高旻寺时，随师父们进禅堂坐香，因禅堂紧靠大运河，河上往来船只频繁，纤夫号子此起彼伏，康熙皇帝以为这样的环境影响师父们参禅用功，一声令下，大运河改道从普同塔院东南面而过。然而“死水不藏龙”，没有了声音，师父们坐在禅堂里尽打瞌睡。康熙看到禅堂里死气沉沉，这才恍然大悟，又令运河回归旧道，而改道的新运河则赐予高旻寺作为放生之用。除了作为女众道场，普同塔院还是安放高旻堂上历代祖师舍利的地方。塔院东南角建有天慧彻祖墓碑，一旁来果老和尚的舍利塔靠着江。每年六月初十至七月三十日，超度亡灵的地藏幽冥钟，也就在此地叩响。

水阁风天

如果说大雄宝殿东部区域能够让人回溯往事，那么大雄宝殿后部与西部连成的弧形区域便是高旻寺的灵魂区域——禅修重地。

东藏经楼后面有一门，是进入禅院的第一道大门，门楣为“阿蘭若处”，意为静修之处。穿过这一道门，恍若换了一番天地。这里的建筑不再高大雄伟，而是别具韵味，东面一座幽静的二层小楼，为德林法师的居处。西面穿过一个月亮门，便是僧人和居士禅修住宿的区域。四周茂密林木掩映着各式精巧仿古的建筑，紫薇、茶花、香橼等等说不上名字的花草点缀在峰回路转的院落里，满院鸟语花香，颇具江南园林的风格。月亮门旁有对联：“有佛处不可住，无佛处即走过”，横批“念佛是谁”。高旻寺是专门的禅宗道场，参的就是“念佛是谁”。

禅宗道场必须有禅堂，禅堂是禅寺的心脏。那座闻名遐迩的可容纳五百人同时坐禅的高旻寺大禅堂就这么不显山不露水地融入了这片江南风味的园林式建筑群落里。

进入禅院的第二道大门上横批为“最高学府”，从两旁的对联“不于其中起分别，是故此处最吉祥”来看，不是夸耀高旻寺的禅堂是最高学府，而是普天下的禅堂都叫做最高学府。只不过，这里的禅堂是最特殊的一座。

高旻寺的禅堂有个专门的名字，叫道海堂，是高旻寺的第四代禅堂。第一代是虚云老和尚开悟的禅堂，现在的大寮；第二代是来果法师使用的禅堂，现在的法堂；第三代是德林法师最初建造两座男女禅堂，后拆除改建为如今的大禅堂。道海堂虽隔在宝刹区之外，空间方位上却对准了以大雄宝殿为核心的中轴线。禅堂对面有一座韦驮殿。从外面看，禅堂是方方正正的四边形建筑，正上方嵌有“选佛道场”四个字，外表和其他房子没什么两样。进入禅堂的大门，就可以看到里面还有一堵墙，这道墙一隔，禅堂就不是四边形的了，直角消失了，呈现为不等边八角形，这样便圆融了许多，方便大众师傅们环绕跑香。因为跑香时是围绕禅堂中央的佛龛在跑，把四个直角切掉后就形成了四个弧形，跑起香来就不用拐弯。此外，内墙的建设也起到了隔音、调光、调温的作用，可以降低外界的杂音音量，避免阳光直射入禅堂，隔开了外部环境的冷热。禅堂内部铺的全是木板地，下面的地基是中空的，可以防止地下水气上升，保证了禅堂的干燥。

道海堂的特殊之处不仅在于一改传统禅堂空间狭窄、光线幽暗、夏天闷热、冬天湿冷、不利于僧众长时间坐禅静修的弊病，更在于中央佛龛里面向各个方向的八尊佛像。八尊佛像围绕禅堂正中的一根千斤柱，形成一个圆圈。坐在禅堂里，无论从哪个角度来看，都对着释迦牟尼佛，都能得到佛的加持。当禅修的僧人妄想纷飞不能自持时，睁开眼睛一看，释迦牟尼佛正看着你呢，即刻就能把心猿意马给收回来，老老实实继续参禅。在禅堂里供八尊佛像，是高旻寺的一个重要首创。

从禅堂向西，往北穿过一夹道，出曲径通幽门，是高旻寺的后园。这里独具特色，蕴含禅机，让人回味无穷。北山坡上有一片紫竹林，林中高处隐约可见一座来果禅师当年建造的六角亭，西边院落里有亭台水池、假山、花草树木构成的园林，如梦如幻、似真似假，正是“有花有月有楼台，无一物中无画藏”。

走出这片别具洞天的禅修天地，继续西行，天地豁然开朗，诗情画意的田园风光与庄严壮美的佛门建筑倒影在一片绿荷葱郁的湖水当中。这才发现，已经从东藏经楼的东侧，穿过大雄宝殿的后身，绕至了西藏经楼的西侧。这片湖是当年德林法师带领僧众一铲土一铲土挖塘引水而成。作为寺中的放生池，湖东侧即为宝刹区，湖南北各有栈道通往湖中，北栈道湖心亭供奉海岛观音，南栈道口建有一座水晶宫，湖心还有一座拥红叠翠的孤岛，岛上有石室，是寺里高僧闭关修炼的关房。湖、岛、亭台背衬着雄伟的大殿建筑群和耸立的天中塔，构成了一幅壮丽而诗意的美景。

湖岸西侧如今新建了一座圆顶大禅堂，作为高旻寺弘法的大讲堂。再前行，是一片生长着绿油油菜蔬的田园，一小块一小块的，划分得整齐有序，种植着各种菜蔬，有居士和僧人戴着遮阳的草帽在田园里忙碌着。湖中有白鹅，游来游去，田园里有白兔，东奔西跑，好一幅世外桃源风光。

禅悦凝远

高旻寺属禅门临济宗法脉，自开山以来，一脉相承，恪遵禅宗要旨，传至今日已是第四十七世，与镇江金山寺、常州天宁寺、宁波天童寺合称为中国禅宗四大丛林。四大丛林中，高旻寺的损毁最为严重，重建工作一度落后，但是高旻寺如今凭借坚实的禅宗教义声名远播，名气不逊于其他三丛林。

禅宗自称“传佛心印”，又称“佛心宗”，主张以结跏趺坐，心专一境的禅定为佛家修习的全部工夫，强调“以无念为宗”和“即心是佛”“见性成佛”。历史上，不少禅宗丛林，往往需要应酬佛事，不能静心坐香参禅。来果禅师接任高旻寺住持以后，下决心辞去一切佛事，他曾经说道：“我宁愿讨饭、饿死，不做经忏的主人。”1924年起，高旻寺将万年水陆改为净七一场，二百余人打七，成为佛教界的盛事。自此以后，高旻寺绝不对外做佛事，每年定期打禅七，七月十五日大进堂，九月十五日加香，十月十五日开始打七，打禅七成为高旻寺最重要的佛事活动。

关于禅七，相传是因为雍正皇帝仰慕已经圆寂的玉琳国师，想要寻找玉琳国师的后人，结果就找来了玉琳国师门下最得力的弟子天慧实彻禅师。雍正皇帝一看天慧禅师的偈就知道，他还有那么一层未捅破，犹如明月底下的一层薄纱。为了帮助天慧禅师早日打破迷障，见性成佛，雍正帝下了一道圣旨，将天慧禅师关在了禅房，怕他逃跑，特意用大锁锁了门，并把尚方宝剑悬挂在了门口，派人守候，命他七天后要开悟，开不了悟就要杀头。七天就要过去了他却还没有开悟，急得在里面直转圈圈，越跑越快，一头撞在了柱子上，结果一下子就开悟了。雍正帝遂赐紫衣袈裟，并令他住持高旻寺，其后法席盛极一时，禅风大震。后人效仿天慧禅师开悟的因缘，于是便有了禅堂的跑香制度，把香板做成宝剑的形式用来警策，也就有了天下香板出自高旻寺一说。

过去高旻寺是专门的禅宗道场，既不讲经，也不说法，以禅堂为主，德林法师住持高旻寺，一门深入，专参“念佛是谁”，倡导冬参夏学。

冬参指的是每年的农历十月至次年正月十七，打二十个“禅七”。一个七为七天。自农历十月十五日起七，到腊月二十五日解七，共70天。每个七的首日，由方丈开示讲经说理，参禅者以此静思、静虑。每年这时，寺院到处贴满“念佛是谁”“照顾话头”的红纸条，僧众处于闭关状态，不准出入山门，不准与外界联系，不准随便言语等，从早到晚在禅堂参禅。

据说临济宗第四十三代师的虚云法师当年就是在高旻寺打禅七悟了道。那时，高旻寺禅七法会，一连有十二个禅七，共计八十余天，到了第八七的第三晚六支香开静时，护七师倒开水的时候，不小心冲到了手上，茶杯骤然间落地，茶杯应声破碎，虚云疑根顿断，如从梦醒，悟透了禅机。故有云：“杯子扑落地，响声明沥沥。虚空粉碎也，狂心当下息。烫着手，打碎杯，家破人亡语难开，春到花香处处秀，山河大地是如来。”

禅七期间，参加打七的人从早上四点三十分早梆起床后就进入禅堂，一直到晚上十一点休息，除了下午三点到五点休息两个小时，及早中晚各有二十分钟进斋时间外，都不离开禅堂，都在禅堂跑香坐香。坐香是高旻寺僧人的必修功课。一支香坐不下来，则没有资格参禅打坐。传说康熙皇帝第五次南巡来到高旻寺，他听说高旻寺素有坐香的功课，必须敛神静气，排除一切杂念，便也想到禅堂坐香凑热闹。当他很虔诚地放下架子，盘膝而坐一个时辰后，再也按捺不住，脑子里出现了无数其他的场景。这时，禅堂负责监察的维那拿了一块香板，在康熙皇帝左肩上种种敲了两下。康熙皇帝欲怒，一抬头，看见禅堂正中高悬“南无阿弥陀佛”，知道这不是皇宫而是禅堂，只得按捺住性子。坐香开禁后，康熙皇帝责问方丈：“孤家按照佛家规矩，在禅堂坐香，维那为什么打我？”方丈叫来维那，维那理直气壮地回答：“万岁坐下只一个时辰，心已经不在禅堂之上，我怎能不打？”康熙皇帝汗颜无语。

高旻寺的禅七还有两个与众不同的特点，一是出坡打七两不误。在风和日丽的日子里，主法老和尚会让打七的僧众从禅堂里走出来，参加劳动，既调节身心，又可考察师父们的工夫。二是高旻寺允许同为佛弟子的出家、在家女众进入禅堂。

夏学倡导的是“农禅并重”的出坡、讲经、诵经活动。德林法师认为，禅宗一直标榜不立语言文字，但并不是说完全不需要语言文字，离开了语言为文字的显理，那只是盲修瞎练。“禅”虽为一切法的根本，是人人本有，个个不无的，但如果不知道十法界的因因果果，不明白这些道理，参“念佛是谁”往往就会“不得其门而入”，因此夏学就有其必要。高旻寺每年夏学从二月份开始，诵一部一百卷的《大方广佛华严经》，诵 21 天的《妙法莲华经》，学习各种大乘经典。德林法师也会亲自给众僧讲经。

高旻寺夏学讲经诵经活动一个重要特点，就是安排在晚上，因为白天僧众要在德林法师的亲自带领下，进行实修，出坡劳动，耕种收获。高旻寺继承百丈老人所制定的“一日不作，一日不食”的清规，至今仍保持一种“农禅并重”的家风，自给自足，苦守一支静香，支撑如来正法家业，实属不易，在当今佛教界，也极为罕见。

农禅并重，冬参夏学，高旻寺禅堂内一年四季静香不断，冬季举行禅七，夏季结夏安居，农历二月华严法会，三月至八月讲经法会，九月法华法会。在 21 世纪的今天，高旻寺仍苦心坚守自己的旧日禅风，这才是其备受关注与尊崇的根本原因。天下丛林不止单，守禅制者，独有高旻寺耳！

第九章　扬州佛教刻经事业

秦始皇统一中国以后，历经汉唐盛世，中华民族无论文化还是经济都得到了繁荣发展。隋唐以来，政府实行科举选拔制度，随着读书人数量的增加，书本的需求量也不断提高，手工抄书的形式已经远远不能满足需要。面对书籍生产需求的扩大，雕版印刷技术产生并迅速提高。佛教自两汉传入中国，到隋唐臻于鼎盛，不仅佛教徒及信众数量大大增加，佛教经书的需求量也随之增加。据《开元释教录》记载，佛教传入，经历代翻译包括中国佛教著述在内，到唐开元时，共有1076部、5048卷。中国的佛教徒有着强烈的复制图文传播佛教的愿望，又肯不惜气力地多方探索和实践，同时，大量复制佛经也是祈求佛陀保佑降福的一种方式。因此，佛教经像的刊刻成为推动雕版印刷技术的重要动力。

扬州雕版印刷肇始于唐，发展于宋、元、明，兴盛于清代。千百年来，雕版印刷术在扬州代代相传。宋代，沈括的《梦溪笔谈》首次刊刻就在扬州完成。清代，扬州印刷行业更是跃居全国之首，家刻、坊刻、官刻规模宏大。康熙年间，曹寅在天宁寺主持刊刻《全唐诗》；嘉庆年间，扬州刊刻阮元等编纂的《全唐文》，都是当年轰动一时的事情。扬州民间的写经和佛教寺院里的藏经，在全国都颇具影响。早在隋代，隋炀帝曾经派人广收各地佛经，运到扬州由高僧整理，数量近十万轴。唐代，扬州龙兴寺内大佛殿的后面东廊有十三间刻经处，刻制《法华经》等经板。明清以来，特别是近代，一些扬州佛教界热心人士，为振兴佛教致力于佛经的校刻与流通。同治年间，江北刻经处为近现代史上第一个佛教经籍出版机构。此后，扬州藏经院以及宛虹桥众香庵法雨经房，相继开雕印经，刻印的经籍发往北京、上海、长春、香港等地佛学书局。所印经籍雕刻精良，校勘认真，被称为“扬州刻本”，常作新印佛教经籍校勘对照本，誉及海内外。

一、扬州的书籍刻印传统

扬州的书籍刻印事业，早在我国印刷术发明不久的中唐时期就开始了。唐代诗人元稹在《〈白氏长庆集〉序》中说白居易的诗歌深受人们的喜爱，“至于缮写模勒，炫卖于市井，或持之以交酒茗者，处处皆是”，有人将白居易的诗集刻印出来到处叫卖，甚至换酒换茶。元稹在这段文字下面注明：“扬、越间多作书模勒乐天及予杂诗，卖于市肆之中也。”“模勒”便是刻印的意思，可见扬州一带民间私刻书籍的风气很盛。此外，《全唐文》中也有记载：“剑南两川及淮南道皆以版印历日鬻于市。每岁司天台未奏颁下新历，其印历已满天下。”扬州作为淮南道治所，《全唐文》里的历书刻印记录也印证了当时雕版印刷术在扬州民间的广泛应用。

宋代，扬州虽然屡遭战乱，却依然在遍布全国的刻书业里扮演了一个重要的角色。南宋乾道二年（1166），扬州州学教授汤修年主持刻印了北宋科学家沈括的《梦溪笔谈》，成为该书的最早刻本。元、明以来，扬州刻书事业一直没有停顿过。明代，太祖朱元璋采取一系列措施巩固政治、发展经济，江南一带刻书出版业兴旺起来，这一时期，官方刻书规模较大。据明人周弘祖《古今刻书》记载，当时扬州府刻书达 75 种。从嘉靖至崇祯年间，扬州、泰州、高邮、江都、兴化、宝应、仪征、靖江等府、州、县官署刻印地方志 12 部。至清代，扬州书籍刊刻规模之大、质量之精前所未有。无论是官刻、坊刻还是家刻，均发展迅猛，且善本频出。扬州与苏州、南京并列为江南三大刻书中心。清代扬州主要的官办刻书机构有扬州诗局、扬州书局、淮南书局。

清康熙四十四年（1705），江南织造、两淮巡盐御使曹寅，在扬州天宁寺创办以编校刊刻内府书籍为主的古书出版机构。这一机构为奉旨刊刻钦定《全唐诗》而设，故又称为扬州诗局。

扬州书局的情况有点复杂。康熙五十一年（1712），康熙皇帝命江宁织造曹寅、苏州织造李煦、杭州织造孙文成等在扬州开刻《佩文韵府》。之所以将刊刻地点定在扬州，应该与之前曹寅在扬州成功校刻《全唐诗》有关。曹禺前次奉旨刊刻的是一部断代诗集，所以机构定名为扬州诗局，此次奉旨刊刻的是一部大型类书，因此在两淮漕察院设立的刊刻机构的名称顺理成章地定为了扬州书局。但是，扬州书局并非常设机构，而是有事才开局。嘉庆五年（1800），董诰、阮元等近百人奉旨编纂《全唐文》，共计1000卷。此书编成后，即颁发扬州，并在扬州设立扬州书局，由督理两淮盐政阿克当阿等负责校刻。嘉庆二十四年（1819），该书刻成，后人称之为“扬州官本”。后来，淮南书局在刊刻《困学纪闻》时，也曾经署名“扬州书局刊”，可见扬州书局符合古代因修书而设局的传统。

同治八年（1869），盐运使方浚颐在扬州琼花观街设立淮南书局，整理补修旧有《盐法志》及各种官方残版，刊刻地方文献，重刊经史子集古书，重建遭到太平天国兵燹重创的扬州文化。淮南书局从建立之年起，到光绪二十九年（1903）归并于金陵书局止，共刻印书籍60种，1701卷。

清代扬州雕版印刷业兴盛，除了官府的提倡外，民间盐商文士也做出了贡献。据《扬州画舫录》记载，当时扬州盛行举办文人雅集，集会上完成的作品“诗发即成刻，三日内尚可改易重刻，出日遍送城中矣”。扬州兴盛的文风与发达的雕版印刷相辅相成，由此可见一斑。

此外，清代家刻本甚多，有马氏、秦氏、阮氏、陈氏、黄氏等多家刻本。其中，兴建梅花书院的著名徽商马曰琯、马曰璐兄弟好藏书，尤喜刻书。雍正七年（1727）以“广陵马氏小玲珑山馆”名翻刻宋本《韩柳二先生年谱》，后陆续刊刻《韩江雅集》《说文解字》《玉篇》等经典及时人诗文，校刻俱精，世称“马版”。为两淮盐政延聘为仪征乐仪书院掌教的秦恩复，收藏丰富，鉴别精确，勘定古书，刊有《列子》《鬼谷子》《扬子法言》《骆宾王集》等善本，雕刻精美，世称“秦版”。秦氏藏书室名“石研斋”，所刻丛书《石研斋四种》，收入了五代王定保的《唐摭言》。《唐摭言》是一本记录唐代科举制度、文人风貌、诗人文士的遗闻轶事的书，极具史料价值。清以前全书仅靠抄本流行，直至卢见曾的《雅雨堂藏书》，才开始以全录本付刊。石研斋刻本与卢氏刻本同为《唐摭言》的最足本，成为后代刊印此书的依据。扬州学派重要人物、九省疆臣阮元及其家人汇辑阮氏在扬州所刻书籍34种、487卷，合为《文选楼丛书》，成为阮氏经典刻本。

流风所及，扬州僧人也曾刻印诗集，康熙五十一年（1712），大明寺僧行昱在六一堂自刻《晴空阁集》十卷，以诗编年，时间从康熙十九年开始到四十四年，跨度二十三年。祇园庵僧湛汛自刻诗集《药庵集》。乾隆三十七年（1772）重刻时，改名为《双树堂诗抄》，为《四库存目》著录。雍正十一年（1733），“扬州八怪”之一的金农自编其诗为《冬心先生集》，同年十月镂版于广陵般若庵。全集为吴郡邓弘文仿宋本字画录写，每卷后雕以篆书“雍正癸丑十月开雕于广陵般若庵”字样。金农另有《冬心斋砚铭》一卷，也是吴郡邓弘文仿宋本字画录写，虽然未具镂刻时间与地点，但从两书体制来看，如出一辙，应该是同时期所刻印。

清代，扬州除了官刻、私刻外，还有坊刻。扬州有名的书坊就有数十家，这些书坊不仅刻书，也兼顾卖书，除了供应书院教书用的教科书、试卷之外，主要刻印小说、字典、医书、俗曲等民间通俗读物。出名的有带经堂、文富堂、广陵聚好斋、醉经堂、集贤斋、维扬述古堂等。金陵人柏华升在扬州青莲巷内开了一家书坊，刻有《安陆集》《人寿金鉴》等，流传至今。柏华升作为南京名匠，选择在扬州开书坊刻印书籍，可见清代扬州刻书之盛。

晚清，太平军在扬州前后占据 11 年，进出 14 次，扬州城各处破坏严重。但是，太平军在占领扬州后，成立了删书衙及镌刻衙机构，充分利用扬州的雕版印刷技术，刻印了大量的书籍、文件和《三字经》等通俗宣传读物，并且将很多扬州刻书匠人调到了天京（今南京），某种程度上推动了扬州书籍刻印业的发展。从同治年间开始，扬州官府与文化界人士努力恢复文化建设，雕版印刷也生机盎然起来。近代佛经刊刻机构，如江都砖桥的江北刻经处、皮市街宛虹桥的扬州刻经处都在此时成立。扬州佛经的刊刻工整，校勘认真，远销海内外，被学术界、宗教界称为“扬州刻本”“砖桥刻本”。

清末，石印、铅印兴起，雕版印刷日趋衰微，而扬州雕版刻印书籍一直运作到民国后期，因受到战争的影响，才大大萎缩。解放后，民国书坊知名如陈恒和书林等先后加入了公私合营的扬州古旧书店，并于 1958 年正式成立扬州市广陵古籍刻印社。1962 年，该社迁至高旻寺，将原来藏于南京、苏州、杭州、扬州等地的 20 万片左右的古书版片，集中保存于高旻寺内，经过整理、修补，出版了一批古书。1978 年，广陵古籍刻印社恢复运作，更名为江苏广陵古籍刻印社。此外，脱胎于扬州古旧书店的扬州古籍书店曾经出版过许多有价值的佛教相关书籍，如《历代高僧传》《四朝高僧传索引》《大藏经索引》等。

2006年6月，扬州雕版印刷技艺以传统手工技艺的身份被列入我国首批国家级非物质文化遗产项目，2009年9月30日，又被联合国教科文组织批准列入《人类非物质文化遗产代表作名录》。

扬州有着如此辉煌的书籍刻印传统，不难想象扬州佛教刻经事业的发展较之其他地区的确有着先天的优势，而扬州寺院也常常成为刻书作坊及存放古籍的最佳处所。

二、天宁寺里的扬州诗局

清代，康熙皇帝组织纂辑了收字四万九千多的《康熙字典》、一百八十卷的《大清会典》、一百零六卷（拾遗一百零六卷）的《佩文韵府》、九百卷的《全唐诗》等鸿篇巨制，成为中国文化史上里程碑式的典籍。其中《全唐诗》和《佩文韵府》的刊刻，就是在扬州天宁寺内进行的。

清代康乾盛世，扬州的繁华臻至极致。康熙皇帝多次南巡，驻跸扬州天宁寺。康熙四十四年（1705），康熙皇帝第五次南巡，下了一道日后举足轻重的命令——校刊《全唐诗》。据《进全唐诗表》中说："康熙四十四年三月十九日奉旨颁发《全唐诗》一部，命臣寅刊刻，臣定求、臣沈三曾、臣中讷、臣从律、臣士鋐、臣树本、臣鼎晋、臣汪绎、臣嗣瑮、臣梅等校对。"此时，曹寅的本职是江南织造（官署在今南京），并正在首次兼任两淮巡盐御使任内。康熙皇帝之所以将内府刻书改放在扬州，有三点原因：

首先，时局稳定，江南尤其是扬州物价平稳，人民富足。其次，扬州文人荟萃，自古就有藏书刻书传统。当时，北京、南京、苏州、扬州是最繁华的都市，号称"两京两州"，刻工印匠多集中在江南，扬州当地有着相当多娴熟的技工。此外，曹寅身份特殊，他自幼侍读东宫，其母又是康熙乳母。作为一个既是被特别指派到地方的满洲包衣，又是结交广泛、有着一定名望的诗人和资助人，主持这项文化盛举应该能达到更好的效果。于是，康熙皇帝在四十四年三月南巡的时候，把这个重任交给了曹寅。

康熙皇帝把刊刻《全唐诗》的任务交代给曹寅后，立即安排了编校人员。彭定求、沈三曾、杨中讷、潘从律、汪士鋐、徐树本、车鼎晋、汪绎、查嗣瑮、俞梅这十位江浙两省的在籍翰林被皇帝钦点来编校《全唐诗》。曹寅奉旨后，着手筹备，打算于五月初一在天宁寺开诗局。之所以选择佛教寺院天宁寺，也有其用意：

首先，天宁寺在扬州城北，为清代扬州八大刹之首。相传东晋时为太傅谢安的别墅，其子谢琰舍宅为寺，后有梵僧在此译《华严经》，历史悠久。其次，康熙三十八年（1699）、四十二年（1703）、四十四年（1705）南巡，康熙皇帝都曾驾幸天宁寺，可见康熙对此寺的喜爱与重视。再则，天宁寺寺宇宽敞，氛围清净，可以大规模不受干扰地进行编校与刻印，寺内僧人也可以做些书籍整理与服务工作。也有学者认为，曹寅把扬州诗局设在天宁寺里，是因为天宁寺内就驻有巡盐御史的行署，属于两淮巡盐御史的房产，而且十多年前孔尚任曾住在天宁寺东廊待漏馆。扬州诗局设在天宁寺，既不用出去另外找房子，也便于管理，有利于提高校刊《全唐诗》的质量，加快校刊《全唐诗》的速度。

康熙四十四年（1705）五月一日，扬州诗局开局，编校词臣陆续到位。当时，刻书流行软字（即楷书）精刻，要刻印《全唐诗》这样的大部头书籍，书写尤其需要精工。为此，曹寅特上奏康熙皇帝，说："臣细计书写之人，一样笔迹者甚是难得，仅择其相近者，令其习成一家，再为缮写，因此迟误，一年之间恐不能竣工。"为此，曹寅在七月时，专门召集文人训练名手缮写和雕刻《全唐文》。现在看《全唐文》参用唐代欧阳询、元代赵孟頫的笔迹，取代了官刻长期沿用的宋体字，九百卷前后字体几乎一致，一丝不苟，正是曹寅重视手写上版的效果。因为字体风格独特，所以该扬州诗局刻本日后成为清代雕版史上的杰作。

曹寅用了一年零五个月的时间完成了收罗二千二百多诗人、四万八千九百多诗作、篇幅达九百卷的《全唐诗》的刻印，仰仗的不仅仅是雄厚的书写人员、杰出的校勘人员队伍，还有扬州熟练的刻印装订工匠和扬州盐运丰厚的财源。

在完成钦定《全唐诗》的校刊任务之后，曹寅又从自己丰富的私人藏书中挑选了部分善本，翻刻流传，包括有《楝亭藏书十二种》《曹楝亭五种》和单行本《隶续》。扬州诗局刻本在扬州地域优良刻书传统的基础上精益求精，开创出康熙版式的时代风范，并以精详的校勘文字，成为清代官刻本中的典范。天宁寺的历史履历上也因此增添了灿烂的一笔。日后，乾隆皇帝在天宁寺的下院设立文汇阁，颁贮《古今图书集成》及《四库全书》副本全帙，成为清代七大藏书阁之一，大概也是受到了前朝这里内设诗局刻印书籍的影响。

三、砖桥镇的江北刻经处

晚清太平天国战乱结束后，曾国藩等人开始在江南各处创立官书局，并从日本等海外收集中国已经失传的古籍进行刊刻。遍布江苏、江西、浙江、两广、两湖的官书局发行的刻本被后人称为“局本”。官书局主要刊刻的是儒家及文学经典，刊刻佛教经典的任务就落在了以金陵刻经处为首的佛教书坊之中，而扬州的江北刻经处则与金陵刻经处有着特殊而又极为密切的关系。

清同治五年（1866），安徽省石埭县人杨文会居士在南京鸡鸣山北极阁约集十多位同道之人，其中包括了友人郑学川，分别劝募资金，刻印魏源辑《净土四经》。同年，郑学川在南京出家并受具足戒，法号妙空，自号刻经僧。《净土四经》的刊刻，标志着金陵刻经处的诞生。金陵刻经处成立伊始，又称为“经局”。事实上，在金陵刻经处筹备期间，扬州的江北刻经处已经正式成立，成为近现代史上第一个佛教经籍出版机构。创办江北刻经处的正是妙空法师。

同治七年（1868），杨文会在北极阁发布《金陵刻经处章程》和《募刻全藏章程》，请妙空担任刻经处主僧。因此，在人事关系上，妙空法师身兼二职，既是金陵刻经处主僧，又是江北刻经处负责人。在此期间，为了加快刻经上市流通，他还陆续创办如皋、常熟、苏州、杭州等地五所刻经处，其中常熟刻经处又在虞山开设虞山刻经分处，由江北刻经处主持总揽一切事项。

同治十三年（1874），杨文会原打算在北极阁筹资建房，请僧人住持。但是，由于储藏经版的北极阁的产权出现纠纷，杨文会不得不将刻经处迁至自己位于常府街的寓所，不久又迁到花牌楼附近的屋子里。这件事情间接导致妙空法师返回砖桥镇的江北刻经处，从此彼此各自为刻经事业继续努力。

妙空法师本是江都人，最初他在家乡选定砖桥镇䴗鸡园道院作为刻经基地。不久，又在院后建了一座念佛社，名为接引禅院，在此建立江北刻经处。江北刻经处与金陵刻经处分工合作，相互补充，共同完成全藏刊刻的目标。为配合金陵刻经处《大藏辑要》的刊刻，江北刻经处刻印经籍时，大凡收入《大藏辑要》或拟与金陵分工刻印的经籍，书籍的行数、字数、版式大小均保持与金陵完全统一的标准，而自行刻印经籍，刊刻形式则无统一的标准。江北刻经处为金陵刻经处《大藏辑要》刻印的经籍如今尚存 24 种。由于妙空与杨文会在刻经事业上的精诚合作，后人称他们为“南杨北郑”。

江北刻经处规模较大，单从镇江、丹徒等地聘请的刻经匠就有数十人。妙空法师带领着一批刻经支持者，四处募化资金、刊写及校对经书、绘画佛像，最后呈现出“写刻工整，校勘认真，印制精良”的刻本，世称“砖桥刻本”。

光绪六年（1880），《大般若经》刻至四百二十五卷，九月初六，妙空法师圆寂。弟子本贤接管刻经处，继续刻经事业。秦邮放生寺住持藕香清梵法师与妙空一向交好，妙空在世时，清梵常来鸡园小住。妙空圆寂后，在清梵的主持下，江北刻经处完成了《大般若经》六百卷的续刻工作。

光绪二十九年（1903），清梵法师去世。妙空的另一位同道密友，朗月法师听说接引禅院房屋狭小简陋，经版难以存放，毅然出山募化资金，帮助本贤买下接引禅院西边的废屋，就地兴建寺院。光绪三十二年（1906），呈批立案。宣统元年（1909），新建寺院竣工，与原先的东院相连，更名为法藏寺。原先的接引禅院内建金刚殿、天王殿、大殿三进殿宇，西院则成为江北刻经处的生产车间和贮藏经版的库房。宣统二年（1910），曾经协助妙空经营江北刻经处三十年的居士胡广礼，正式削发为僧。在他的苦心经营下，江北刻经处再现辉煌。

宣统三年（1911），本贤圆寂，弟子觉行（号定一）接棒主持江北刻经处。觉行也成为法藏寺最后一任住持。后来，定一法师双目失明，由弟子昌霖（号润之）及徒孙隆堪将刻经事业延续下去。至 1931 年，江北刻经处已有工作人员二三十人，刻板、印刷、装订等车间和经版储藏室一一具备。1935 年，砖桥刻经处与法藏寺分开，单独成立刻经局，由工匠王忠本负责，在对外营业的同时，仍然负责经版的修补工作。

1937年底，日本侵略军攻陷扬州，法藏寺位于扬泰公路线上，成为日军往来于扬泰间的必经之处。1938年、1939年，法藏寺两次被日军纵火焚烧，烧毁了前殿、大殿、廊房、寮房等殿宇，所幸，经版储藏室未及破坏。情急之下，住持定一组织人力，将全部七万多块经版转移到砖桥镇西三里的广庆庵保存。1940年冬天，定一法师与扬州东关无量寿佛院海曙法师协商，将全部经版雇船运至无量寿佛院。1945年，日军投降后，驻扎在无量寿佛院的国民党军队竟然将经版劈开当柴烧，经版损失过半。当时扬州诸山长老竭力抢救，和闻讯赶来的昌霖、隆堪一道将剩余经版转移至宛虹桥藏经院存放。

解放后，昌霖写信给中国佛教协会负责人赵朴初，反映经版下落。1953年起，在赵朴初派人协助下，江北刻经处共计22968块经版运往南京金陵刻经处。1959年，金陵刻经处在清点整理后，剔除破损无法使用的9块经版，共接收了江北刻经处22959块珍贵经版。其中包括了《大般若波罗蜜多经》600卷、《华严经》80卷、《大智度论》100卷、《长阿含经》22卷、《增一阿含经》50卷、《高僧传》系列等。根据如今藏于上海图书馆中的《（1956）金陵刻经处流通经典目录》记载，江北刻经处刻印见存经籍有194种，具体如下：

类目	数量	类目	数量	类目	数量	类目	数量
华严部	10	方等部	62	净土部	12	法相部	2
般若部	21	法华部	8	涅槃部	2	小乘经	12
秘密部	21	大乘律	4	小乘律	5	禅宗	10
传记	4	纂辑	5	宏护	2	导俗	1
诗文	3	丛书	1	书本忏仪	9		

江北刻经处自清代同治年间创办，前后历经七十余年。妙空法师开创并主持刻经处15年，此后经年，多位法师继承了妙空的遗志，将刻经处竭力经营下去，刻印各种佛经以及妙空法师所著《楼阁丛书》共4600多卷。与金陵刻经处分工合刻《全藏》近3000卷，《大般若经》600卷，对佛学经典的传承及流布贡献卓著。江北刻经处虽然没有金陵刻经处的名气大，但是它对于金陵刻经处的贡献以及它在中国出版印刷史上的地位永远无法抹灭。

四、宛虹桥的刻经流通处

宛虹桥是扬州城区一条东西向的巷道，东起皮市街，西至茂盛桥。就在这条仅 3 米宽、300 米长的巷子里坐落着多家寺庙，如藏经院、地藏庵、众香庵、都天庙、火星庙等。其中，藏经院和众香庵内因为设有刻经流通处而留名史册。

扬州藏经院

同治五年（1866），《净土四经》的刊刻，宣告金陵刻经处成立。两年之后，金陵刻经处发布杨文会执笔的《募刻全藏章程》和《金陵刻经处章程》。根据这两项章程中的相关条款，妙空法师担任刻经处主僧，参与章程制定的杨文会、杨西华、余莲邦、陆凯臣、赵季梅、龚熙亭、徐璧如、许灵虚、黄桐轩、魏槃中、唐端、汤衣谷等人则成为金陵刻经处的劝募人。劝募人当中最著名的为许灵虚。正是这位许居士发起了扬州藏经院的刻经事业。

许灵虚，名息庵，字相室，其兄许樾在北京位居军机大臣，但是许灵虚却毫无入世之念，反而热衷于佛学。不久，他出家为僧，法号贯如，在扬州主持藏经院，从事刻经事业。藏经院从收藏佛经开始，成为刻经流通处。

扬州藏经院位于宛虹桥 53 号，明代万历年间建寺藏经，赐额“万寿”。明天启年间，僧人镇满建毗卢台、戒台。清咸丰年间，藏经院毁于战火。同治年间，扬州参将朱元松重建藏经院，光绪年间增修了内院。贯如法师任藏经院住持期间，曾经试图想和日本合作，采用铅印方式印刷佛教大藏经。后与金陵刻经处分工合作，刊刻《大藏辑要》中的唐菩提流志译《不空羂索神变真言经》三十卷。还参与刻印《造像量度经》《大佛顶首楞严经玄义》《宗范》《楞严经正脉疏》等五种经籍。杨文会在编撰《佛学书目表》时将扬州藏经院所刻印的 22 种经籍收入表中。民国初年，法藏寺江北刻经处的镜之法师（本贤）与扬州藏经院配合，续刻经藏数百卷。

关于扬州藏经院，值得一提的是近代佛教大师印光曾经多次来此校刻经书。刻印流通佛教典籍，是印光法师应世弘法的一个主要手段。印光对于佛经善书的质量十分注重。1911 年阴历七月，友人送给他一本北京龙泉寺四月石印的《三国佛教略史》，其字迹已经稍微有些模糊，这是由于当时洋纸容易退墨造成的问题。为此，印光多方呼吁不要用洋纸印佛经。流通《安士全书》是印光的夙愿，早在1908年的时候，他就曾劝四川李天桂居士刻印流通，并撰写了序言，却因为多种原因没有印成。这次有居士愿意出资刻印，印光自然要采用传统的刻印方式，以保证质量。印光法师经过多方比较后，选择了扬州藏经院。

1918年7月，印光法师从上海经南京到达位于扬州城内宛虹桥的藏经院。在藏经院安顿下来后，先刻了《拣魔辨异录》《三十二祖传》及《安士全书》三种旧籍。他把底本交给住持，商定了字号版式，其中《安士全书》除原来的内容外，后面又附录几位高僧大德的重要文章。

这三本书都在1919年出书。《拣魔辨异录》《三十二祖传》二书是有关禅宗的著述，出自清世宗雍正皇帝之手，对于考察清初禅宗史以及发展近现代的禅宗有重要的参考价值。《安士全书》是清代周梦颜所辑，旨在劝人勤修净业、力敦伦常。该书说理深入浅出，文字雅俗共赏。1881年，《安士全书》出过张守恩扬州藏经院刻本。印光此次旧地重刻，对文字进行了详校。

在扬州藏经院期间，印光法师还将《万善先资》和《欲海回狂》从《安士全书》中挑出，在藏经院另刻单行本，流通全国各地。1918年后，印光法师因为刻印经书，频繁往来于普陀、上海、扬州等地，开启了他十余年流通佛经善书以及到各地随缘说法的事业。1922年，印光法师在上海商务印书馆铅排《印光法师文钞》的基础上木刻扬州藏经院本。扬州藏经院刊印的《印光法师文钞》，分作四册，价格比商务馆的版本贵出许多，经版留在了扬州。1925年，中华书局排《文钞》的增广本时，也分为四册，依据的就是扬州藏经院的排版。

民国以后，扬州藏经院继续刻印经籍，寄往全国各地佛学书局销售。抗日战争时期，法藏寺江北刻经处经版曾经迁至院中存放。解放前夕，藏经院停止雕版。20世纪六十年代前仍有存经寄出。按照现存书目统计，截至1958年，扬州藏经院共刻经1018卷。藏经院内立有《扬州藏经院流通教典记》碑，记述了该院刻经缘起。

众香庵法雨经房

在刊印与发行尚未出现专门分工的明清时代，书坊既是刻印机构，又是从事销售的书肆。它们集刊印、销售于一身，紧跟市场需要，经营灵活，在古代书籍流通过程中起到无法替代的作用。经坊作为书坊的一种形式，也具有较强的商业性。经坊的主要功能是刻印和流通宗教典籍，佛教文献是经坊刻印的主要内容。经坊除了接受寺院交办的刻经任务，也为个人刻经。清代道光以后，经坊分为社会上的经坊和寺院经坊，活跃时间在同治、光绪年间，主要功能包括印造、藏版、流通和寄售。清末扬州宛虹桥的众香庵法雨经房就是一座新兴的经坊。

众香庵，位于宛虹桥 37 号，与藏经院隔街斜对。该庵初建于清代，咸丰年间毁于太平天国兵燹，后由僧人月朗等三代人努力，复建庵房 30 余间。在对街藏经院的影响下，众香庵也设有刻经流通处所，名为“众香庵法雨经房”。众香庵法雨经房在建立时间与规模上远逊于江北刻经处与藏经院，但是在商业流通功能上则较之前两家更为灵活。

目前见存的比较早的众香庵法雨经房刻印经籍为《佛说佛名经卷》光绪三十年（1904）刊本。另有《大方广佛华严经》二十四册，民国丁卯年（1927）刊本。左右双边，花口，版心刻书名，单鱼尾，鱼尾下刻目录和页码，半叶九行，行二十字，宋体，断句画圈。卷末印“民国丁卯年清河月谨识，扬州宛虹桥众香庵法雨经房存版”，又刻“普为施资，读诵回向偈曰：愿以此功德，消除宿现业，增长诸福慧，圆成胜善根，所有刀兵劫，及与饥馑等，悉皆尽灭除，入各习礼让，一切助成人，辗转流通者，现眷咸安乐，先亡获超升，风雨常调顺，人民悉康宁，法界诸含识，同证无上道”。

众香庵法雨经房写刻、流通面向大众，并接受民众募资刊印任务，在民国时局动荡时期，依然坚持刻印经籍。解放后，经房中仍有僧人三四人，职工十多人。所印经尾署为“版存扬州宛虹桥众香庵流通处”。

解放后，藏经院和众香庵的木刻经版大多集中封存于藏经院内一间厢房的阁楼上。“文革”后，尚余经书数千册，后迁至旌忠寺文选楼上。1992 年 9 月，文选楼失火，珍贵的遗产化为灰烬。

第十章 扬州寺院建筑特色

中国的寺院有着明显的中国古代建筑文化的烙印，无论是总体布局，还是单体结构，它们都散发着浓郁的中国文化审美倾向与价值取向，成为反映不同阶段历史、文化、情感的“实物的历史”。扬州佛寺建筑的个性与扬州地形特征以及地方历史文化特色密不可分，成为扬州2500年厚重历史文化的一个不可忽略的重要组成部分。

扬州的佛寺建筑种类多样，有平原寺、临水寺、山寺、民居寺院等多种类型，但布局上总体呈现为纵轴样式，即主要的殿堂布置在一条南北走向的中轴线上，每座大殿的东西两侧各有一座配殿，形成一个院落。稍具规模的寺院由三进或更多的院落组成。此外，扬州寺院布局极具地方个性的特色还在于寺院内往往配套有花木园林。寺院园林化成为扬州佛寺的显著特征，扬州寺院不仅仅是宗教场所，其平面展开的建筑，和缓而错落有致，诗意而平易近人，充满着人文气息。

从单体寺院建筑来看，扬州现存的寺院殿堂多为抬梁式木构架结构建筑，以重檐歇山式为主要屋顶样式。寺院古佛塔除了法海寺白塔为喇嘛塔造型外，绝大部分为楼阁式砖木结构宝塔。

如今，部分扬州佛寺保持或恢复了数百年前初建时的面貌，有的寺院虽然没有恢复旧貌，但主要殿堂尚存，它们都是中华民族文化遗产中的宝贵财富，极具历史价值与艺术价值。当代扬州新建了不少别具特色的寺院建筑，鉴真纪念堂建筑群、鉴真佛教学院建筑群以及高旻寺建筑群为其中杰出的代表，它们均有各自准确的风格定位，一方面发扬传统文化，另一方面以功能性以及富有扬州地方色彩为建筑理念，不仅在扬州本地有着较大的影响，也是中国当代非常值得借鉴的佛教建筑典范。

一、寺院古建筑布局

中国现存佛寺与早期的佛寺建筑有很大的不同，经历了一个从以塔为主到以殿为主的发展阶段。中国第一所佛寺——洛阳的白马寺就是以一座大方木塔为中心建立的寺院。唐代，中国佛寺建筑布局有了很大的变化，塔的位置逐步降低，殿的地位日益提高。最后，塔被放置于室外，或另建塔院，而殿被放置在了寺院建筑群的主体位置上。这样的设计，符合了中国传统阶级社会制度及宗族正统观念。到了宋代，以殿为中心的佛寺，又被禅宗发展为“伽蓝七堂”的建筑模式，包括了山门、佛殿、法堂、僧房、库房、浴室、西净（厕所）七种不同用途的建筑物。至此，从印度传来的寺院布局完全中国化了。

扬州寺院布局

中国佛教建筑源于印度，但又与印度的佛教建筑有着明显的外观区别。印度寺院建筑是孤立分割、单元独立的，中国寺院建筑则表现为一个建筑群。中国寺院布局中，应用地域最广、使用时间最长的样式是纵轴式。自隋唐开始，纵轴式布局的寺院建筑群流行于各地，成为后来佛寺建造的主要布局形式。

纵轴式寺院一般布局为：牌楼、山门、前殿（天王殿）、东钟楼西鼓楼，为第一进院落；正殿（大雄宝殿），两侧东西配殿，为第二进院落；法堂，东西配殿，为第三进院落；藏经阁，东西配殿，为第四进院落。这些院落的两旁，还分别建有其他的殿堂和生活居住区。如此布局是中国古代“天圆地方”宇宙观的具体表现。中轴对称表示“天圆”，因为圆是典型的中轴对称图形。四方形院落则表示“地方”。佛殿法堂等排列的主次秩序则表现了中国古代“居中为正”“长幼有序”“内外有别”的等级思想。

扬州的大明寺、天宁寺、观音禅寺、旌忠寺、准提寺、重宁寺等佛教建筑，主要殿堂都是布置在一条南北中轴线上，坐北朝南，由低向高逐渐登升，与中国寺院纵轴式建筑布局一致。但是，历史上扬州作为开放性移民城市，历代造寺者都努力做到因地制宜，随势造景，因而又形成各自不同的建筑布局和风格。举例来看：

天宁寺：规正的四合院式建筑群

天宁寺是平原寺的代表，此处地势平坦，该寺采用平原寺的构寺方法，后靠重宁寺，前临御码头，西有御花园，东傍梅花岭。清代康熙皇帝、乾隆皇帝南巡，都曾驻跸天宁寺，因此天宁寺以皇家寺院的布局得以修整，形成殿阁巍峨、重楼映日的特色。山门殿、天王殿、大雄宝殿、华严阁、藏经阁同牌楼、华表在同一条中轴线上。从天宁门北望，一庙五门，气势阔大，一座座佛殿由低到高，层层递进。山门殿、天王殿、大雄宝殿为歇山式，华严阁、藏经殿为立山式；山门殿、天王殿为单檐，大雄宝殿为双檐；前三进为单层，后两进分别为二层、三层的楼房。除了中轴线上的五座宝殿外，两旁还有白衣大士殿、文武帝君殿、钟鼓楼等，配殿与主殿之间高低错落、虚实相生，配置和谐，相得益彰。大殿两旁对称排列东西廊房百数十楹，天宁寺成为规正对称封闭的四合院式寺庙建筑群。

高旻寺：轻灵的临水式建筑群

高旻寺是临水寺的代表，虽也是清代皇家驻跸的寺院，却融汇了南北方的风格。活泼轻灵的建筑，构成了曲折幽深、幽雅含蓄的空间。寺院占地千亩之广，受古运河走向的影响，主体建筑包括三个区域：以大雄宝殿为核心的宝刹区，东部天中塔与旧山门遗址区，后山禅房与西部水域形成的弧形禅修区。各区域有其独特的构建理念，形成相互映照的轴心与轴线。正山门则不依附于任何一个区域，而以整体寺院为参照物，居中而立，与绕寺围墙融为一体。这里的殿宇较普通佛寺更为气势恢宏、雄伟壮观，而主建筑外围的僧舍、禅堂、闭关岛、莲花湖等处却极为婉约柔美。禅堂、念佛堂、藏经楼、西楼、水阁凉亭、寮房等各抱地势，高低错落，与流水融为一体，自得天趣，可谓是中国佛教建筑的杰出之作。

观音禅寺：曲折峻拔的山寺建筑群

观音禅寺是山寺的代表，它位于蜀冈东峰之上，与大明寺隔壑相望。因地势高耸，所以构寺才大胆使用山寺的构造方式。不强调对称，而是在山体顶峰，随山势筑殿。山上古树蔽日，块石垒基，红墙高耸，楼殿参差，山与庙俨然一体。从山前道路上山，曲折逶迤，砖铺山道，蜿蜒陡峭。山上有山门殿、圆通宝殿、普光明殿、鉴楼、紫竹林等，这些建筑都不在同一中轴线上。寺处山巅，依山而筑，建筑高低错落，寺因山而倍显巍峨，山因寺而独具灵气。

祇陀林：舍宅为寺的扬州民居建筑

祇陀林是住宅式寺院的代表，由军阀徐宝山的宅邸改建而成，极具扬州民居“一宅数进”以及“三间两厢加庭院”的平面布局特征。祇陀林内建筑以素雅见长，中轴线上有五进建筑。依次为庵门、大雄宝殿、法堂和方丈室。大殿后有小天井，左厢房为念佛堂，右厢房为玉佛殿和祖堂。东侧云房前有一院落，院中筑花坛，构成小型园林。祇陀林的布局为“前厅为佛殿，后堂为讲堂”的典型范例。愿生寺、江都观音庵也都呈现出此类扬州民居建筑特点。

扬州寺院园林

扬州寺院极具地方个性的特色在于寺院园林化、风景化。扬州本身就是一座闻名遐迩的园林化城市，扬州寺院里往往配套以花木园林。园林不作为寺院的附属物，而作为一个重要的组成部分，与佛教殿堂浑然一体、相互辉映、相得益彰。

历代有关扬州寺院的诗词，很多都是文人游览寺院园林时有感而发。历史上，扬州寺院园林以禅智寺为最。禅智寺自唐代以来，就是诗人盘桓的地方。诗人杜牧的一首《题扬州禅智寺》已经成为吟咏扬州的经典之作。清初，禅智寺内仍保留“竹西八景”。寺外有月明桥、竹西亭、昆丘台，寺内有三绝碑、石刻苏诗、吕祖照面池、蜀井、芍药圃等。

始建于晋代的石塔寺，原名蒙因显庆禅院。南朝宋文帝时改名慧照寺，唐肃宗乾元年间又改名为木兰院。唐代时，木兰院不仅有石塔，还有泉池、花树、双鹤，是一处石塔静谧、树木繁茂、池水清澈、木兰花香的寺院园林。

此外，天宁寺东侧方丈兰若里的罗汉松，西侧行宫御苑内的叠石；静慧寺里错落有致的竹林；铁佛寺内秋日里的菊花，龙兴寺品类冠绝的芍药，建隆寺北池盛放的莲花，福缘寺的满园桃花，吉祥庵的百朵牡丹，还有西方寺、旌忠寺、开元寺里的银杏树，无不为寺院增添了一份独特的韵味。

现存寺院园林中最有名的当属大明寺里的西苑。西苑，又名御苑、芳圃，在大明寺西侧，初建于清雍正年间，后为迎接乾隆皇帝南巡陆续修建。清代乾隆元年（1736），光禄寺少卿、扬州徽商汪应庚购地数十亩扩建芳圃。至乾隆十六年（1751），乾隆皇帝首次来扬时，西苑已初具规模。乾隆数度南巡，这座御苑日臻完善。西苑占地数十亩，四周丘陵起伏，层峦叠翠，开阔粗犷，远视如深山大峰，与东侧雄壮的大明寺、栖灵塔交相呼应。园中凹陷若釜，一池清泓，碧波沦涟。池北有砖舫，浮现水际，小轩隐现。池东黄石假山拔地而起，中空外奇，外部森严石壁，似不可攀跻，内部空透异幻，洞壑磴道各抱险势。园内建筑依山傍水，因势嵌缀，错落有致。苑内有乾隆御碑亭、待月亭、第五泉、美泉亭、天下第五泉、康熙御碑亭、鹤冢、听石山房、楠木厅等名胜古迹。

高旻寺西侧清代康熙四十二年（1702）开始修建行宫。塔湾行宫内东院筑宫室，西院建花园，凿地为池，引活水到池中，环池杂栽花树，叠石为峰，构木为桥，间以亭台楼榭，极水木清幽之胜。重建后的高旻寺除了殿宇宝刹之外，更是集田园风光、水景湿地于一体。寺院西侧有一片人工放生池，湖东侧为殿宇宝刹，湖南北各有栈道通往湖中，北栈道湖心亭供奉海岛观音，南栈道口建有一座水晶宫，湖心还有一座拥红叠翠的孤岛，岛上有石室，是寺里高僧闭关修炼的关房。湖岸西侧为一片生长着绿油油菜蔬的田园，一小块一小块的，划分得整齐有序，种植着各种菜蔬。湖中有白鹅，游来游去，田园里有白兔，东奔西跑，好一幅世外桃源风光。

还有位于蜀冈—瘦西湖风景区内的法海寺，寺院本身就成为景观园林的一部分。寺院四面环湖，左有五亭桥，右有藕香桥，后有白塔，既是瘦西湖上的名刹，亦为湖之胜景。

二、寺院古殿堂结构

中国佛寺殿堂在材料选用、结构发展、平面处理和艺术造型方面，都有许多自己的特点，在世界建筑中别具一格。在外观上，单体建筑大致可分为台基、屋身和屋顶三部分。其中，屋顶的形式有庑殿、歇山、悬山、硬山、卷棚、攒尖、盔顶、盝顶、平顶等，其组合形式又有丁字脊、十字脊、勾连搭、重檐等。屋面使用的材料有木、竹、陶瓦、琉璃、石板、金属等，屋身包括墙、柱、门、窗等，台基包括基座、踏步、栏杆等。以上各部分随着比例尺度、材料、色彩的不同而千变万化。

中国传统建筑的结构方式根据建筑材料的不同分为木构架、竹构架和砖石构架等。木构架有抬梁式、穿斗式和井干式三种类型。扬州现存寺院古殿堂多采用抬梁式木构架结构。

木构架结构是汉传佛寺殿宇的主要结构方式，以柱网作为基本手段。建筑的间数多少视柱网的排列而定，一般多为奇数。抬梁式木构架最迟在春秋时代已经初步完备，后经过不断提高，产生一套完整的做法。这种木构架是沿着房屋的进深方向在石础上立柱，柱上架梁，再在梁上重叠数层短柱和梁，最上层梁上立一根脊短柱，构成一组木构架。在平行的两组木构架之间用横向的枋联络柱的上端，并在各层梁头和脊短柱上安置若干与构架成直角的檩。这些檩上除排列椽子承载屋面重量以外，本身又将构架加以联系，如此由两组木构架形成的空间称为“间”。一座房屋通常由二、三间乃至若干间组成，沿着面阔方向排列为长方形平面。宝应县射阳湖镇槐树村曾经出土了三方硕大的正殿石质柱础，最大的一方石础长约 76 厘米，宽约 77 厘米，每一方上有密密的孔洞，坚硬沉重。由此判断，曾经立于其上的大殿建筑的规模应该极为宏大。

扬州古殿堂建筑里还比较多地采用了斗栱。斗栱是抬梁式木构架建筑特有的结构构件，由方形的斗、升和矩形的栱、斜的昂组成。在结构上挑出承重，并将屋面的大面积荷载经斗栱传递到柱上。斗栱有一定的装饰作用，是屋顶和屋身立面上的过渡，也是建筑尺度重要的衡量标准。扬州佛寺的大雄宝殿，内柱顶部离梁有二、三米，内柱组成井形构架，用枋、斗、栱纵横层叠而上，逐层出挑，形成托座。明代的大殿，斗、栱之间，则完全用榫铆连接。准提寺原为明代疏理道公廨，是管理盐务的衙门，明代末年改建为寺。从临街的藏经楼内靠东墙的楼梯上去，可以清晰地看到梁柱之间皆用榫铆连接，不用一根铁钉的屋顶内构架。

清代时，置梁于柱上，用木椼架取代了斗栱，成为风尚。但扬州大寺院殿堂主柱间距大，木梁无法直接承受屋檐的重量，因此仍然需要借助斗栱。此外，屋檐转角处也需要借助斗栱起翘和出挑，以保护墙身及木构件免于雨淋腐朽，也有利于遮阳兼具美观作用。江都区真如寺楠木大殿内梁架为楠木明构，外部巨大的斗栱将戗背角端高高托起，既实用又壮观。

与抬梁式木构架结构有关的技术处理方式中，藻井是扬州寺院殿堂运用得比较多的一种。藻井作为殿堂室内顶棚的一种独特做法，一般做成向上隆起的形状，外形像个凹进的井，周围饰以各种花藻井纹、雕刻和彩绘。扬州寺院一般用于大殿的正中，在佛像座之上。现存相当完好的藻井彩绘在重宁寺大殿天花上。重宁寺大殿歇山重檐顶式，面阔五间，殿内以铁藜木作柱，殿顶天花及中央斗八藻井，均彩绘典丽，色彩极为鲜艳。当然也有例外，今扬州八怪纪念馆所在地为西方寺原址，馆内现存明代大殿，面阔三间，所有构架多为楠木制成。柱顶做卷杀，成覆盆形式。所有梁架全部露明造，正中缝做抬梁形式，为月梁形制，不用藻井。

扬州寺院殿堂也极为注重屋顶的建造样式，以重檐、歇山顶为主。大明寺大雄宝殿为三重檐歇山顶，西方寺、江都开元寺、真如寺大殿以及重宁寺藏经楼等都是重檐歇山顶。扬州佛寺多为明清重建，明清寺院大殿的屋顶，一般为重檐。鉴真纪念堂因为根据日本唐招提寺的金堂设计而成，呈现出唐代建筑的风格，因此它的屋顶为单檐庑殿顶。江都区仙女镇龙川街上的观音庵大殿屋顶则为硬山厅样式。

当两个屋面相交成为屋脊，两条脊或三条脊相交就会产生一个集中的结点，在结点上往往会有一些动物、植物或者几何形体等富有涵意的装饰，如鉴真纪念堂屋顶正脊两端有一对鸱尾。这对鸱尾不仅与鉴真东渡的史实有关，还兼具防火的功能和美观的价值。唐代的鸱尾卷曲向正脊中央，明清殿宇的鸱尾则向外弯曲，而且垂脊上有吻兽。宝应县龙竿寺大殿正脊上有二龙戏珠图形，垂戗二脊有走兽装饰。2013年修缮后的愿生禅寺大殿飞檐翘角，戗脊上特别矗立了五只走兽。

三、扬州寺院古佛塔

中国佛教寺院中，有一种特殊类型的建筑——塔。塔是中国古代佛塔的简称，俗称宝塔。塔在印度原称为窣堵波或塔婆，后又被称为浮屠或浮图。梵文中的本义就是坟冢。塔原本是佛祖释迦牟尼圆寂后，保存和供奉舍利的建筑物，是佛教徒们崇拜的对象。

传说，释迦牟尼在世时，有弟子问：我们如何才能真正表达对您的虔诚呢？释迦牟尼沉思了一会儿，把他身上穿的方袍平铺在地上，再把他的化缘钵倒置在方袍上，然后又把他的禅杖竖立在化缘钵之上，于是，那方方正正的基座，圆形的塔身和细长的尖顶就构成了佛塔的基本样式。释迦牟尼死后，他的弟子们就把他的舍利供奉在佛塔这种建筑形式中。此后，佛塔成为佛教寺院不可或缺的建筑物。佛教传入中国的同时，佛塔也随之传入，并在佛教传播过程中，在结构、形式、功能、材料以及建造位置方面都发生了根本的变化。

早期中国寺院平面布局大致和印度相同，塔内藏有舍利，位于寺院的核心区域。到了唐代，寺院的中心另建大殿，供奉佛像，进行佛事活动，出现了塔和殿并重的局面。后来，供奉佛像的佛殿逐渐成为寺院的主体，佛塔变得次要了。宋代出现了将塔建于佛殿之后的布局方法，再往下发展，则打破了寺塔一体的局面，出现了有塔无寺、有寺无塔的情况。佛塔已经不独为佛祖一尊所有，出现了双塔相伴甚至三塔、四塔等的局面，乃至发展到僧人同葬的塔林。宝应县的定善禅寺外就有大小两座宝塔。

扬州是多塔之区，因用材不同有石塔、砖塔、砖木混合塔；外观上有圆形、四方、六面、八面不同；因地理环境和历史发展的区别，形成了单层、密檐、楼阁式、喇嘛式多种塔形。扬州古佛塔目前尚存七座，它们是古木兰院石塔、仪征天宁寺塔、文峰塔、镇国寺塔、法海寺白塔、仪征天宁寺塔、净土寺塔，加上重建的栖灵塔和天中塔，共计九座极具特色的佛塔。其中古木兰院石塔、仪征天宁寺塔、净土寺塔因为寺院不存，已经完全衍变为景观建筑艺术品。此外，高旻寺来果法师墓塔为单层、八角、砖砌塔，外面建亭保护，是典型的亭阁式墓塔，成为扬州僧尼墓塔的代表作。

古朴的石塔

石塔坐落于文昌中路的绿化带中，原名古木兰院石塔或者石塔寺石塔，始建于唐文宗开成三年（838），属于楼阁式石塔。如今，石塔已经完全衍变为一处知名的景观建筑艺术品。

石塔以青石构筑，通高 10.09 米。塔基为须弥座，底层与塔基平，石上刻有鹿、马、牛等动物。塔基上有白矾石栏板，雕云龙、莲花图案。塔身为六角形，共五层六面，塔身由下而上逐层收缩，每层的转角处有圆形倚柱，南北两面一、三、五层有拱形洞门，其余每层各面均刻有浮雕小佛像，共 24 尊。石塔每层檐上均凿成筒瓦形，坡度平缓，角檐戗脊向外伸出，微微向上反翘。塔顶为六角攒尖式，上为仰覆莲座，塔刹为葫芦形。整体造型典雅古朴。石塔当年有着鲜丽的色彩，久经风霜后，雕像色彩完全剥落，石质风化，颜色呈现为石头本色。遗憾的是，“文革”中所有浮雕小佛像的面部被铲毁。

壮观的天宁寺塔

仪征天宁寺塔位于仪征市工农南路与前进东路交叉口，是江苏省境内最高的古塔。该塔始建于唐代景龙三年（709），毁于五代十国，宋代重建，又毁于宋元战火，历代屡建屡毁。现存古塔为明洪武四年（1391）重建，明代修成后历经战火，多次维修，光绪三年（1877）由于寺内炊火之灾，仅存塔身。

天宁寺塔原为砖身木檐楼阁式宝塔，高近 70 米。清代光绪年间的一场大火，原有刹件、腰檐、平座等砖木结构均在大火中塌毁，仅存一座砖筒塔身，后来由于地面增高，将塔座埋没，加之塔顶被毁，现存塔高只有 47.2 米，即便如此，天宁寺塔仍然是江苏省境内最高的古塔，总体气势壮观。现存塔身八面七级，每面用砖柱分为三间，明间辟壶门，次间置灯龛。最下层开四门，其余各层开八门，四明四暗相间，明的为真门，暗的为假门。塔体内部为四方形，层层收缩，有梯可达各层。

雄伟的文峰塔

文峰塔矗立于城南文峰寺内，始建于明万历十年（1582），是目前扬州所有寺院中最古老的塔。因寺院位于古运河畔，自明朝起，文峰塔即成为船只由京杭运河出入扬州城的地标性建筑。清康熙七年六月（1668 年 7 月 25 日），山东郯城发生了有记载以来最大的地震，震级达 8.5 级，波及扬州，文峰塔塔尖倾倒坠地。次年天都闵象南捐资修葺，得良材一株，将塔尖增高一丈五尺。

文峰塔是标准的砖木结构楼阁式宝塔。它的最突出之处，在于木塔心座形制，极为少见。塔身七层八面，青砖青瓦，下为砖石须弥座，底层回廊围绕。每层八拱门，底层为轩廊式回廊，二至七层为挑廊做法，青砖塔身是塔的主要承重构件，廊为木结构，塔顶为八角攒尖屋顶，通高 44.75 米。远处眺望，文峰塔既玲珑又雄伟，体现了中国古塔建造的高超技艺。相传每当朝阳升起，文峰塔的塔影倒映在九峰园的池水之中，如笔蘸砚池，成为一景。

厚重的镇国寺塔

镇国寺塔位于高邮市京杭大运河河心岛的镇国寺内，又名西塔，始建于唐僖宗李儇（874—888）年间。原为九层，清嘉庆十五年（1810）被大风损坏三层，光绪三十二年（1906）修为七层。1956 年拓宽运河时，为保护文物，在塔的四周直径 100 米以内填土筑堤保护，形成运河中的一个小岛。

镇国寺塔属于楼阁式砖塔。塔身为青砖砌建，高 32.8 米，直径 8.84 米，呈平面方形，塔顶为四角攒尖式，顶端立有 2 米高葫芦形紫铜塔尖。塔池地基低于水平面，原先一半埋在土里，后经清理整修后出土成为塔底层。底层内供一尊缅甸玉佛，玉佛身后有一座千手观音屏风。塔内其余各层空置。塔身各层有拱形门，第一层南北开门，第二层东西开门，南北假门，第三层南北开门，东西假门，第四层至第七层四面开门。各层有腰檐，二至七层塔门两边建有小佛龛，三至五层塔门两旁有半圆砖柱，具有明显的唐代古塔建筑风格。2014 年，该塔作为我国第 46 个世界遗产的京杭大运河的重要组成部分，被誉为“南方的大雁塔”。

高邮还有一座七层六面的砖塔，名为净土寺塔。该塔原在净土寺内，后寺毁塔存。因为在城东，又称为东塔，与西塔遥遥相望。

素雅的白塔

白塔位于瘦西湖畔的法海寺西侧，建于清代乾隆年间，是仿造北京北海白塔式样建造的喇嘛塔，是藏传佛教寺院中的一种特殊形式的建筑，造型与印度的窣堵波很相近。传说当年扬州盐商巨贾为迎奉清乾隆皇帝南巡来扬而特地赶建起来的。

白塔外形状似葫芦，高 30 余米，腹部周长 24 米，底座台高 26 阶，面积 89 平方米。青石塔座，外粉石灰，塔身为砖石结构，塔身中空，塔底建台，塔圆台方，寓意天圆地方。台基为正方形，四周围有栏板，可从两侧拾级登临。塔位于台基中央，底层为砖砌须弥座。须弥座上使用大型砖块，满雕荷花瓣和莲子荷花纹，镶为上下两层。绕塔一周还有十二佛龛，塑十二生肖像，刻工精湛。中层为圆形覆钵体塔身，南有壶门，内供白衣大士像。塔身上端是由十三层圆圈构成的相轮，形如壶颈，顶上盖圆盘，盘上是铜质葫芦塔刹。白塔通体洁白，长顶矗空，素雅俊逸。

峻峙的栖灵塔

栖灵塔位于蜀冈大明寺内，始建于隋文帝仁寿元年（601），塔高九层，雄踞蜀冈，塔内供奉佛骨，被誉为隋文帝所建舍利塔中尤为峻峙的一座。唐武宗会昌三年（843），木结构的栖灵塔遭火焚，一代胜迹化为焦土。宋景德年间，虽有僧人可政募缘集财在原地建七级佛塔，终不成气候，不久倒塌。

1993 年 8 月，大明寺隆重举行法会，破土开工，重建栖灵塔。1995 年 12 月，栖灵塔工程竣工。重建的栖灵塔为仿木构楼阁式塔，主体塔身为钢筋混凝土，其余为木构，共用杉木近 1000 立方米，总建筑面积 1865 平方米。塔身方形，共九层，置于 2.5 米高的承台之上，塔刹下设天宫，塔基下设地宫。东西南北每面四柱三间，一门二窗，平座与腰檐由斗栱支撑。塔高各层不一，一层为 3.4 米，二层 3 米，三层 2.9 米，四层 2.85 米，以上各层递减 0.05 米，包括地宫在内总高度为 73 米。

塔底层供奉四尊通体雪白皎洁的玉佛，各自面对四方。1250 年前，鉴真大师东渡日本带去了 3000 颗舍利，2003 年在日本唐招提寺长老益田快范、唐招提寺执事西山明彦的护送下，其中的 3 颗被送回大明寺供奉。这 3 颗舍利与大明寺原收藏的舍利一道，安奉于栖灵塔二层楼上的金丝楠木座上。宝塔第三层至第九层，每层在塔心须弥座上，依东西南北四个方位放置四尊释迦世尊并过去贤劫七佛如来像。自底层向上，九层塔内层层悬挂系列佛教图画《善财童子五十三参》。

2015 年初，大明寺栖灵塔观光电梯改造工程积极开工建设，观光电梯设在塔的中央位置，乘坐电梯登栖灵塔远眺观扬州城美景不再是一种梦想。

巍峨的天中塔

天中塔，位于三汊河口西岸高旻寺内，始建于清顺治八年（1651）。南河漕运总督吴惟华因为扬州频遭水灾，于是购地备材，在三汊河建起了一座七级浮屠，称为“天中塔”，希望以此塔镇锁风水，纾缓水患，指引航向。四年后，天中塔建成。塔成后，在塔的左营增建了三进梵宇，称作“塔庙”，召来僧人侍奉香火，成为高旻寺的前身。乾隆三十六年（1771）夏天，飓风吹断了塔顶中柱。金顶、轮套等物件坠落，打损塔身。当年，两淮盐商集资重新修建。次年二月初十日竖立塔心中柱，三月十七日上顶合尖。道光二十四年（1844），存世 190 年的天中塔再次倒塌，此后未再重修。

来果法师主持高旻寺时，计划重修天中塔。1930 年，他派僧人下南洋劝募，三年后化回玉佛七十八尊，预备九层八门的宝塔上每门供一佛。1933 年 3 月，宝塔动工建造，仅修好一层，备好二层石料，就因为战乱而终止了。至“文革”时，当年的化募来的玉佛被毁尽。1984年，德林法师接手高旻寺后，再次筹划重建宝塔。1998年，一座全新的高86米、重约万吨，坐落在50多米深的钢筋桩基上的九层天中塔合尖。

天中塔，又名法华塔，为楼阁式砖塔，巍峨壮观。底层塔身四周精雕细刻了整部《妙法莲华经》经文，石基上刻有法华经缘起图。第一层塔周63米，向上逐层收身，各级回廊均保持两米宽度，以利于登临者远眺。全塔不用木料，杜绝了水火之患。每层塔芯的莲花座上，各供玉佛八尊，全塔共有七十二尊玉佛。佛塔外观呈八角形，每个角都有龙形翘角，每个檐角上都挂着大铜铃。风吹起时，铃声浑厚、响亮，连成一片。

四、当代寺院新建筑

当代中国，随着经济的兴盛，文化也进入到复兴时期。传统文化受到了广泛的重视，佛教信仰也在复兴中，信徒大量增长。不仅佛教界重视佛寺建设，各地方政府也倾向于将佛寺建设当做创建地区文化品牌、拉动旅游经济的重要手段。扬州城区及各县市重建及恢复了大量佛教寺院，新建了鉴真纪念堂、鉴真佛教图书馆、高旻寺禅堂等极具代表性的当代佛教建筑。2015年开春，宝应县还将重建明代江淮巨刹泰山殿，打造泰山殿历史文化风景区。

鉴真纪念堂建筑群体

大明寺内有一座具有特别意义的当代佛教建筑——鉴真纪念堂。鉴真纪念堂是梁思成先生指导设计的仿唐建筑的典范，1973年建成，1982年被定为江苏省文物保护建筑。1984年获得国家城乡建设环境保护部“全国优秀设计一等（一级）奖”，并获国家计划委员会颁发的国家优秀设计金质奖章。2004年，鉴真纪念堂被国家列为经典建筑。

鉴真纪念堂由陈列室、门厅、碑亭和正殿四部分组成。陈列室和门厅均由历史建筑改建而成。陈列室在最南端，设在晴空阁内。晴空阁初建于清康熙四十年（1675），面北三楹，单檐歇山，镂空花脊，前有廊庑，后加抱厦，中堂置楠木落地罩格。晴空阁外有穿廊，北行尽头便是门厅。门厅由四松草堂改建而成，面南三楹，单檐歇山，前后两进六架梁房屋。中开古式大门，两侧各有一只抱鼓石。门厅正门门楣上悬挂篆书“鉴真纪念堂”匾额，黑底衬石绿色字，庄重肃穆。后进东墙壁上嵌有鉴真大师像回国巡展纪念碑一方，分别刻有日本唐招提寺森木孝顺与中国佛教协会会长赵朴初合题的碑文。

门厅以北数米矗立着一块仿唐风格的汉白玉横碑，高 1.25 米，宽 3 米，下设莲花须弥座。碑的正面横刻郭沫若手书“唐鉴真大和尚纪念碑”9 个大字，背面镌刻赵朴初于 1963 年为纪念鉴真大和尚圆寂 1200 周年撰写的长篇竖写碑文，碑身下部镌刻唐代特有的卷叶草与花朵结合的图案。横碑上建亭保护，碑亭为歇山顶，东侧阶下立石碑一方，为赵朴初《调寄梦扬州》诗碑。碑亭东西各有延伸约 40 米的回廊与正殿衔接，成环抱状。

正殿、碑亭和回廊，成为一个方正的院落，院落以纪念碑为中心，形成十字走道，四周以白色石子点缀环境，总占地面积为 2540 平方米。正殿建在石台基上，面积 537 平方米，高度 5.24 米。面南五楹，南面三门。单檐庑殿屋面，屋顶正脊东西两端饰有鸱尾。屋面坡度平缓，莲花纹瓦当，出檐深 3.3 米，桩头有斗栱三重，所有窗户均采用唐代直棂窗制式，为当代新建建筑。

鉴真纪念堂的设计方案，最先由扬州建设局的工程技术人员草拟提交。著名建筑学家梁思成针对纪念堂、碑亭、回廊的比例、尺度和建筑风格方面作了诸多修正。正殿式样完全仿照日本奈良唐招提寺金堂改建而成，金堂原本面阔七间、进深四间，受地势限制，纪念堂改为面阔五间、进深三间。屋顶坡度依照金堂屋顶最初的标准，定位大约 1∶2 的坡度铺设。金堂左右无毗邻的廊屋，为创造一种唐代佛寺的气氛，结合扬州当地寺院风格，在正殿与碑亭间以抄手回廊连接。正殿柱梁、枋、斗栱等部分则沿袭扬州风格，采用紫檀木色，配以白垩墙壁。

鉴真纪念堂建筑群将新建建筑与历史环境相互融合，以建筑与园林的语言，彰显唐代佛教文化的同时，也成为扬州城市文化延续和发展的重要组成部分。

鉴真佛教学院建筑群

大明寺位于扬州城区西北的“蜀冈—瘦西湖风景名胜区”内，属于城市佛寺中的郊区佛寺。大明寺总体规划布局体现了新老建筑分区处理的原则。寺院分三部分：西南为历史建筑群，包括鉴真纪念堂，东南为栖灵塔及附属建筑，北部便是鉴真佛教学院（简称“鉴真学院”）。三部分相对独立，互相呼应。风格从古至今，协调统一。由于地处蜀冈中峰，受地势影响，反而没有过于强调中轴线、对称性，分区布局合理高效，在国内现存佛教建筑中难能可贵。

鉴真学院南接大明寺，东邻观音山，北倚平山北路，西连扬子江北路。规划面积 308 亩，建筑面积约 3.5 万平方米，整体设计采用仿唐建筑风格，总投资约 4 亿元。第一期工程为图书馆、教研楼、行政楼、宿舍楼，于 2007 年投入使用。第二期工程完善生活区及配套设施。

大明寺的历史建筑群原本就采用了方阵布局，整个建筑群依山就势，空间灵活丰富。西侧园林为建筑群增色不少，体现了江南园林的空间特色。东侧的栖灵塔区与西侧相比疏朗开阔，留有了举行大型法事活动的空间。鉴真学院位于上述区域的北面，整体按照组团布局，分为四组。南部为教学区域，中部为图书馆和公共活动区域，北部为生活起居和居士接待，分区合理高效，不仅适合风景区保护，也适合学院的教学要求。学院只有图书馆位于主轴线道路上，与寺院的大雄宝殿对应。南侧两组教学建筑和北侧两组起居建筑都分居道路两侧，形成一条虚轴。其他建筑位于轴线以西。道路两侧建筑并不对称，但是体量大致相当。这样，既照顾了原有轴线，又不安排过多建筑在中轴线上，功能合理，形式也不失庄严。

建筑空间而言，鉴真学院除了北边图书馆采用了严格的对称布局外，其他建筑群都采用了江南庭院园林式多重院落穿套组合布局，大量使用室外长廊，景观层次丰富通透，空间灵活穿插。此外，学院建筑材料单纯朴素，瓦屋顶，白粉墙，清漆木材，石质台基，局部大厅用轻钢结构。建筑材料不超过五种，风格淡雅，柱子和墙面也不用颜色区分。虽然鉴真学院名义上为仿唐建筑，但是实际上整个建筑群除了屋面形式外，并没有使用斗栱，却不仅传达出唐代建筑的意味，也形成了具有扬州地域色彩的当代建筑风格。

值得一提的是，按照国际一流的图书馆建立的鉴真图书馆，占地 100 亩，建筑面积 16000 多平方米，以单体设计，整个工程都由台湾佛光山负责实施筹建，属于大跨度公共建筑。鉴真图书馆的建筑，一方面延续了梁思成赋予鉴真纪念馆的唐风设计理念，将图书馆设计为传统殿堂式中轴对称布局建筑。由于建筑体量庞大，平面成正方形，屋顶采用经过变形处理的庑殿顶形式，正好与方形平面相互吻合。另一方面和台湾佛光山一贯的“环保、生态、节约”理念保持一致，斗栱采用现代环保生态的“GRC”空心水泥纤维材料，屋顶中心位置设置为采光天顶，屋身部分除了保留梁柱、斗栱等唐代建筑结构特征外，其余采用现代玻璃幕墙处理，完美结合了传统造型与现代工艺。

图书馆的主体是四坡顶主殿，连着回廊的厢房围绕四周，形成院落。沿着东厢房，依次为美术馆、滴水坊、宿舍楼、教学室、办公区等场所，分布着 7 个多媒体教室和 500 平方米的展览室。三层建筑的四坡顶主殿，底层为半地下庭园。采取半地下设计，主要是因为唐式建筑有宽高比为 2∶1 的比例要求。在决定向地下要高度的同时，为了解决地下通风采光的问题，半地下庭园的构想由此产生，创下了扬州建筑史上地下建筑采光模式的典范。四坡顶主殿一层为书库和远程教学中心、文印中心。二层为书刊借阅处，阅览室可容纳 200 名读者，另有 44 张坐椅及 4 个小型讨论室。三层为报告厅，采用无柱大空间结构，有 905 个座位，空调和声光设备齐全。

鉴真佛教学院建筑群一方面为了与历史建筑协调以及发扬传统文化而采用仿唐屋顶和部分墙面装饰，另一方面以具有功能性和扬州地方色彩作为建筑理念，准确的风格定位令其成为当代扬州杰出的佛教建筑。

高旻寺创新建筑

每个寺院都有自己寺院的风格，高旻寺空间布局、殿堂结构的庄重奇巧，融入了设计者和建造者德林法师三十年的心血。重建后的高旻寺建筑其创新性在当代国内佛教建筑中独树一帜。

高旻寺的大雄宝殿长宽皆为 40 米，三楹二重檐，飞檐翘角，底层设宽大走廊，6 根朱红廊柱，前后左右十米不与其他建筑物连接。这座占地 1300 平方米的大雄宝殿一改过去 32 根巨柱支撑的传统模式，采用 60 米大跨度、2 根柱的建筑结构。这种空旷、大跨度承重结构为佛教建筑之首创，既具有现代化空间开阔的功能，又不失传统佛教建筑巍峨庄严的美学风格。

高旻寺的禅堂有个专门的名字，叫道海堂，是高旻寺的第四代禅堂。其建造突破了旧有传统，是禅堂建造史上的一次改革和创新。传统的禅堂大多呈长方形，空间狭窄，光线幽暗，夏天闷热，冬感湿冷，不利于僧众长时间的坐禅静修。高旻寺大胆设计改革，建造了这座占地 400 多平方米高大宽敞的禅堂，青砖墙，绿琉璃瓦屋面，紫铜宝鼎，外观古朴壮观。从外表看，禅堂是方方正正的四边形建筑，和其他房子没什么两样。进入禅堂的大门，就可以看到里面还有一堵墙，这道墙一隔，禅堂就不是四边形的了，直角消失了，呈现为不等边八角形，方便师傅们环绕跑香。因为跑香时是围绕禅堂中央的佛龛在跑，把四个直角切掉后就形成了四个弧形，跑起香来就不用拐弯。此外，内墙的建设也起到了隔音、调光、调温的作用，可以降低外界的杂音音量，避免阳光直射入禅堂，隔开了外部环境的冷热。高旻寺禅堂的这种内墙构建，目前在国内独一无二。禅堂内部铺的全是木板地，下面的地基是中空的，可以防止地下水气上升，保证了禅堂的干燥。

道海堂的特殊之处还在于堂内中央有一根直径 1 米的天心柱，天心柱上按八个方向雕嵌了八尊佛像。八尊佛像围绕禅堂正中的这根千斤柱，形成一个圆圈。坐在禅堂里，无论从哪个角度来看，都可以正对释迦牟尼佛，都能得到佛的加持。此创意又是高旻寺的一个重要首创。

高旻寺最新的一座创新建筑是一座巨型钟楼，名为“钟之巅”。这座十六角等边腰鼓形建筑物，外形奇特，像是一朵拔地升腾的蘑菇云，又像是一个转动着的藏经筒。该钟楼 2011 年奠基，即将完工。这座底座直径为 30 米、上端直径为 36 米、高 58 米的钟楼，最上层将悬挂一口重 10 吨的宝钟。未来，当洪亮的晨钟响起，南可传至瓜州渡口，北可达古城扬州，声声动人心魄。

第十一章　文学化的扬州佛教

佛教作为一种外来宗教，从中土士人对它被动的接收到主动的吸纳，进而与中国文化水乳交融，这一过程中，僧人的角色身份也在发生转换。译经僧和讲经僧被推到佛教舞台并不显眼的一隅，继之而起的是工诗善文、抚琴作画的僧人。

扬州自古重视文化教育，文学风气浓郁，名人文士数之不尽。因此，与别处佛教寺院不同，在扬州，不仅诗僧、画僧多，文人和寺院的关系也极为密切。诗人画家们在寺中生活创作、诗酒雅会，留下的笔墨成为扬州文化历史上的经典。寺院与文学结缘，成为扬州独特的不自觉的文化行为。在寺院可以参研佛理，更可以读书交流、艺术创作、交流文化，这一模式就此沿承下去。神秘幽邃的宗教氛围和独特的人文魅力，令扬州佛寺有了别具一格的魅力。

一、工诗善文的僧尼

通晓文艺，善于诗作之僧，称为诗僧。最早的诗僧活动中心主要集结于庐山及会稽山、天台山地区，中晚唐时期，诗僧的分布广及长江流域。长江吴越一带沿线山水秀丽，气候适中，是江南开发最早的区域，不乏文人旅游的足迹，亦是僧人乐于栖止的场所。唐代扬州是一个繁华的、发达的、国际化的大都市，工商业迅猛发展，绘画、文学、哲学、医学、园林建筑、工艺美术等文化艺术交相呼应，相当一部分扬州寺院的僧人能诗善文，多才多艺，加之与官吏文士交往密切，形成了扬州寺院独特的文化氛围与特征，延续至今。

唐代诗僧的鼻祖

虽然从东晋开始，就有僧人诗流传下来，但是到唐代才出现了“诗僧”一词。刘禹锡在《刘梦得文集》卷二十三《澈上人文集纪》中说：“世人言诗僧，多出江左。灵一导其源，护国袭之；清江扬其波，法振沿之。”刘禹锡口中所说的唐代著名诗僧灵一，正是扬州的和尚。

诗僧先锋灵一（727—762），俗姓吴，广陵人。家境富裕，自小信佛。弱冠之年，投奔龙兴寺法慎，削发为僧，受具足戒，学习相部律。灵一先后在扬州庆云寺、延光寺以及杭州宜丰寺居住。唐代宗宝应元年（762），灵一在杭州龙兴寺圆寂，享年三十六岁。

灵一前半生生活在家乡扬州，后半生活跃于两浙。一生虽然短暂，但他凭借精深的佛学造诣和出色的诗才，赢得了“唐代诗僧的鼻祖”的声誉。唐代扬州龙兴寺出过两位律学高僧，一位是传灯大法师鉴真，另一位便是淮南东塔宗大师法慎。法慎当时是著名的律师，轨度端明，精研律部，为僧俗宗仰。作为法慎的高足，年轻的灵一在扬州度过的应该是一段戒行森严的生活。但是，唐代扬州又是一个有着浓郁文学气息和文化色彩的大城市，生活环境给予一个十几岁少年的影响无疑是巨大的。灵一成年后，这种潜移默化的影响就显现出来了，他的才智在诗歌领域一览无余。

作为一个名副其实的诗僧，诗在灵一的生活中占据了重要的位置。他的诗歌很少宣扬佛徒的宗教意识，甚至将这种意识压抑到最低限度。相反，他的诗歌中充满了浓厚的世俗情调。譬如《送明素上人归楚觐省》：

能将疏懒背时人，不厌孤萍任此身。
江上昔年同出处，天涯今日共风尘。
平湖旧隐应残雪，芳草归心未隔春。
前路倍怜多胜事，到家知庆彩衣新。

单看这首诗，谁能看出这是僧人送僧人的诗？诗中“疏懒”“孤萍”“风尘”“旧隐”“芳草”等语句无一不是当时文人爱用的辞藻。这一点也是扬州诗僧的普遍特点，不拘泥于佛教思想，更在意诗歌本身的魅力。不过，灵一诗歌的独到之处在于写景，他擅长于描绘幽暗沉静和冷寂的景色，刻意表现光与影的变化。如《栖霞山夜坐》一诗中：

山头戒坛路，幽映云岩侧。
四面青石床，一峰苔藓色。
松风静复起，月影开还黑。
何独乘夜来，殊非昼所得。

月色中的景物因为光线变化而色彩丰富，别具趣味。作为一名高僧和诗人，扬州僧人灵一在当时的文坛是个有影响的人物，他为日后诗坛的僧俗交流开了风气。

清代扬州的诗僧

清代扬州成为中国重要的文化中心，同时也是刻印中心，印刷条件很好，文人的诗文很容易编辑成集出版发行，即便是唱和之作都能刊刻成集，这在其他地方是很难想象的。

清代扬州诗僧辈出。大明寺顺治年间住持僧行吉、咏堂、秋圃，康熙年间住持僧行昱、乾隆年间僧人慧琳、莲舟，都是当时出名的诗僧。

行吉，字远村，又名依麓庵上人，居住在大明寺东廊，著有《远村诗抄》。行昱，字丽杲，与王士祯、宋荦、曹寅等往来，康熙南巡时，行昱参与接驾，赐“淦旷”二字。康熙五十一年（1712），行昱在六一堂自刻《晴空阁集》十卷，以诗编年，时间从康熙十九年开始到四十四年，跨度二十五年。慧琳，字寰宗，著有《晓月山房集》。莲舟，法名觉岸，扬州世家子，兼精书法，著有《春蚕集》。大明寺僧人诗名远扬，士大夫都乐于往来于寺院，与之唱和。

自刻诗集的僧人还有湛汛和释源。湛汛，江都人，一名湛性，字药根，一说药庵，扬州祇园庵僧人，自刻诗集《药庵集》。乾隆三十七年（1772）重刻时，改名为《双树堂诗抄》，为《四库存目》著录，存目中称其诗风宗法王士祯，“结体修洁，时有隽语”。此集二册，目前收藏在北京大学图书馆。释源，号竺溪，青浦人，乾隆五十六年（1791）来高旻寺参禅，擅长作诗。据说释源所写的七言绝句均记载在台阶前落下的黄叶上，被后人编次成集，道光六年（1826）刻成《竺溪老人黄叶诗稿》，目前该诗稿收藏在浙江图书馆。

乾隆年间，高旻寺里还出了两位著名的诗僧，他们是如鉴和方聚师徒。

如鉴（1754—1803），俗姓宓，名达澄，号古光，又号清凉上人，江宁府上元（今南京）人。达澄年幼的时候，便已经聪慧过人，天性超凡。十二岁，他跟随修竹庵无瑕和尚出家，二十岁受具足戒于隆庆寺岫雯禅师。后来，他听说高旻寺昭月了真禅师道行精深，远近归仰，因此前来参禅，从此便驻锡高旻寺，随伺在昭月身边九年，并继昭月之后成为高旻寺住持。

清代文学家吴锡麟在《如鉴大师塔铭》中说：“高旻寺当南北之冲，为士大夫往来之会，势不能闲如野鹤，懵如痖羊。师乃以本色柱山，以实力学道。”如鉴禅师不仅佛学修养高，更喜好与文人名士禅餐酬酢。

他交友甚广，座上宾包括了在文学史上占有重要地位的桐城代表人物姚鼐、诗人和历史学家赵翼、文学家王文治太守、学者洪亮吉、彭绍升居士等人，彼此互赠唱和诗，记录他们之间的文字因缘和深厚友谊。如鉴喜爱在寺内种牡丹，赵翼就在《高旻寺鉴公房夜看牡丹》一诗中就调笑他“老僧深夜对红妆”，可见他们是十分稔熟的知交。为了有交友栖息之所，如鉴在放生河上建造绿阴山房，他与文人名士清谈赋诗，互有唱和，传为一时佳话。如鉴著有语录二卷，诗集一卷，可惜如今均没能保存下来。

如鉴的弟子方聚，俗姓梁，名悟成，号石谷，安徽寿春人，在金陵礼皓清和尚受律，为了进一步深造，来到高旻寺，参谒并皈依了如鉴禅师。如鉴对他的佛学理论深为嘉许，称他为“禅状元”。方聚学贯儒释，也非常有才气。据记载，他“笔走龙蛇，书如智永；句标清越，诗是皎然”，诗文之外还著有《方聚语录》三十卷、《方聚年谱》一卷。后来，方聚受到皓清和尚的邀请，前往金陵封崇寺任住持八年。如鉴圆寂后，高旻寺受其遗命，邀请方聚回寺接任住持，这一住持便是二十二年。

民国才女尼朗潜

民国时代，重宁寺出过两个很有名的和尚，一位是广陵琴派的雨山法师，有着令人称道的古琴功底；一位是跟随著名书法家包世臣学书法的海云法师。其时，还有一位能诗善画、兼工古琴的佛门女弟子朗潜，其文采以及传奇人生为后人津津乐道。

尼朗潜（1883—1947），俗名孙阆仙，又名朗仙，晚称阆潜、铠隐庐主人，曾经是著名的大盐枭、扬州第二军军长徐宝山的侧室，徐宝山被刺杀后，年方三十的孙阆仙心如止水，皈依佛门，1919 年将引市街 84 号的徐宝山家园改成为庵堂，初名祇陀精舍，后称祇陀林，并亲自为之题名，宣扬佛法。古印度富商须达多耗尽家财，以黄金铺地的代价向王子换得这一片广大的土地，建造“祇园精舍”，供作佛陀说法之处，发大愿将一切身外财富化为生命中智慧的泉源。这位自幼信佛、能诗善画的扬州才女孙阆仙为庵堂取名“祇陀林”，可见其用心。

事实上，孙阆仙当时并没有剃度出家，剃度出家的是她的堂妹，即徐宝山的三夫人，法号了悟。孙阆仙则带发修行。祇陀林作为家庵，不外接经忏佛事，也不接待外来信徒。平时只有徐氏亲戚来庵念佛养性。度日经济来源一方面是原有积蓄，另一方面也靠变卖杂物、房屋出租来维持日常生活开支。孙阆仙笃信佛法后，参阅经典，对《楞严经》《华严经》诸多大乘佛教尤多领悟。

孙阆仙自幼天资聪颖，能诗善画，擅弹古琴，是位才女，却命运多舛，一度流落青楼。坎坷的经历却造就她坚毅、豁达的个性。1911年底，她响应北伐号令，登台演讲，宣传动员，募集粮饷，组织女子北伐队。她钦佩扬州妇女界先锋人物郭坚忍的“敢于天下先”的女杰作风，积极捐款资助郭坚忍创办女子学校。她也广做善事，曾经变卖细软，在瓜洲修建了一条30里长的河堤，并为瘦西湖整修长堤春柳，补种数百株垂柳。

孙阆仙尤其喜好与文人交往，她认为“文人有书卷气，如对夏鼎商彝于座侧”。据记载，她常与冶春后社名流如吉亮工、方泽山、吴召封、陈含光、孔小山、周谷人、蒋孟彦等人谈诗论文，可惜其诗作一般不留底稿，所以如今留存的诗稿仅有9首，比较有名的是《壬戌花朝杂感》：

侠骨柔肠都是梦，琴心剑胆总销魂。

良辰恰遇花朝日，春水平湖绿到门。

《汴京怀古》一诗中则表达了自己对时局的哀叹：

天上黄河一道开，送将王气入燕台。

纷纭汉宋成陈迹，瑰丽江山产异才。

自昔宏文夸纸贵，而今残局使人哀。

有谁望气知天运，愁绝鹃声自北来。

在《蝉》中她借物言志，诉说自己壮志难酬的心情：

百虫当夏急，依草有繁声。

尔独鸣高树，萧寥动客情。

莲塘朝雨润，槐树午阴清。

饮露平生志，超然何所营。

即便她在祇陀林带发修行，仍与众文人吟唱于湖山之中。

孙阆仙也擅长绘画。扬州著名画家顾伯逵少年父母双亡而失学，曾寄食于孙阆仙门下。镇江金山寺画僧竺仙在孙阆仙家指导顾伯逵习画。孙阆仙在旁观看，平时也取顾伯逵案头画本观摩，于是自学绘画门径，纵笔画来，竟独具苍老逸趣之风。孙阆仙尤其喜爱画梅，日绘数幅，大小不拘，观者无不称赞。如今还留有绘梅石刻嵌于徐园壁间。孙阆仙也是广陵琴派的传人。她请扬州古琴名家孙绍陶、王艺之教授她古琴。相传孙阆仙奏以《平沙落雁》请孙绍陶指教，孙绍陶听后，惊赞说：“吾操琴数十年，从未见过如此者，夫人真天人也！”

民国三十六年（1947），孙阆仙去世前三日在祇陀林剃度，正式出家，法号朗潜。

二、文人与扬州寺院

扬州寺院历来是文人骚客流连的地方，留下众多相关的诗篇。究其原因，一是扬州寺院身在繁华的通都大邑，却依然能够兼具山水幽静与园林禅趣之美，其闹中有静，俗雅结合，对文人极具吸引力；二是生活在文化名城的扬州寺僧不乏饱学多识、多才多艺者，他们或精通诗词、或擅长琴瑟、或妙善丹青、或长于弈棋。可以与僧人吟诗作文，泼墨丹卷，谈禅论玄，成为文人流连寺院的又一重要原因。

唐代诗人流连扬州寺院

唐代扬州佛教发展盛极一时，佛寺林立。日本僧人圆仁在唐文宗开成三年（838）来扬州时，就留下了“扬州有四十余寺”的记载。唐代佛教的传播对诗人们产生了很大的影响，佛寺成为他们寄托精神、宣泄感情的重要场所。扬州受诗人们钟爱的有栖灵寺、禅智寺、法云寺以及被写进诗歌的白塔寺、开元寺、慧照寺等，诗人们或游居佛寺抒怀解忧，或登临佛塔凭吊寄兴，在诗歌里真实地表达了希望与忧患、坦然与幽独的复杂情感。

仅栖灵寺塔，就留下了李白的《秋日登扬州栖灵塔》、高适的《登广陵栖灵寺塔》、刘长卿的《登扬州栖灵寺塔》、白居易的《与梦得同登栖灵塔》、刘禹锡的《同乐天登栖灵寺塔》、陈润的《登栖灵寺塔》以及蒋涣的《登广陵栖灵塔》等诸多诗篇。唐开元十五年（727），李白第一次来扬州登栖灵寺塔，写下了这首《秋日登扬州栖灵塔》：

宝塔凌苍苍，登攀览四荒。
顶高元气合，标出海云长。
万象分空界，三天接画梁。
水摇金刹影，日动火珠光。

鸟拂琼帘度，霞连绣栱张。
目随征路断，心逐去帆扬。
露浴梧楸白，霜催橘柚黄。
玉毫如可见，于此照迷方。

此时的李白正值青壮年，四处游历，还未入仕途。在栖灵塔上他感受到天地之势，万物之盛，宝塔之瑰丽。他站在高高的佛塔之上，许下愿望，祈求佛指点迷津，护佑自己的心愿得以实现。

安史之乱后，高适出任扬州大都督府长史，扬州一跃成为全国首屈一指的经济大都市，经济的迅猛发展带动了文化，尤其是文学方面的发展。高适在扬州任职期间所作诗歌大多表现出一种豁达开阔的襟怀和昂扬向上的人生态度。他在登览栖灵塔时，作《登广陵栖灵寺塔》一诗：

淮南富登临，兹塔信奇最。
直上造云族，凭虚纳天籁。
迥然碧海西，独立飞鸟外。
始知高兴尽，适与赏心会。
连山黯吴门，乔木吞楚塞。
城池满窗下，物象归掌内。
远思驻江帆，暮时结春霭。
轩车疑蠢动，造化资大块。
何必了无身，然后知所退。

这首诗在气象上不输给李白的诗歌。高适在扬州官高位显，意气风发。他站在塔顶看到的是碧海连山、乔木林立、城池整齐的壮观景象，并且这些盛景都在自己管辖的境内。他志得意满的同时深知盈满则亏的道理，于是借用佛教的禅意警戒自己。

安史之乱令唐王朝由盛而衰，而扬州却抓住了此机遇，发展迅猛。虽然扬州经济依然繁华，但那种劫难重重的情感始终萦绕在诗人心头。刘长卿是天宝年间进士，安史之乱后在扬州任盐铁转运使判官。他在扬州流连的寺院很多，留下的诗篇也多。他登栖灵塔时留下的诗篇里，一句“稍登诸劫尽，若骋排霄翮”道尽游寺登塔的目的。刘长卿不是为了饱览凌空塔的雄姿，而是祈望佛的神力可以令自己劫难度尽。

唐净宗宝历二年（826），刘禹锡卸任和州（今安徽和县）刺史，白居易也被罢任苏州刺史。刘、白二人年过半百，都经历了官场的起伏，白居易此时更有丧子之痛，二人回京述职，路过扬州，受到了时任淮南节度使的王播以及刚刚调任淮南节度行军司马的李德修的盛情款待。逗留扬州期间，刘、白二人少不得要去寻访古迹遗踪。当日二人携手登上了栖灵塔的最高层第九层，写下的却是感受不同的诗句。白诗云：

半月腾腾在广陵，何楼何塔不同登。

共怜筋力犹堪任，上到栖灵第九层。

刘禹锡的语调则轻松许多：

步步相携不觉难，九层云外倚栏杆。

忽然笑语半天上，无数游人举目看。

上文提到的淮南节度使王播，也曾与扬州寺院有过一段恩怨纠结。据五代时人王定保所撰《唐摭言》记载，王播，字明歇，太原人。因为父亲王恕担任扬州仓曹参军，于是全家定居扬州瓜洲。由于父亲早逝，家境贫寒的少年王播就寄居到了扬州木兰院，跟随僧众生活。有一天，众僧故意开饭后才敲钟，等王播闻声赶到时，僧人们都已经吃完了。这件事令王播感到非常难堪，于是他在寺壁题了两句诗："上堂已了各西东，惭愧阇黎饭后钟。"二十年后，这个曾向寺院讨饭吃的王播，已经位居淮南节度使高位。当他重访木兰院时，看到当年所题旧诗被僧人用碧纱精心地笼罩，不禁深感人情冷暖，世态炎凉。于是他挥毫续完前诗，又新作一绝，这就是《全唐诗》所记载的王播《题木兰院二首》：

二十年前此院游，木兰花发院新修。

如今再到经行处，树老无花僧白头。

上堂已了各西东，惭愧阇黎饭后钟。

二十年来尘扑面，如今始得碧纱笼。

诗的意思是说，二十年前游此庙时，木兰正在盛开，寺庙也在新修。今天再到这里，树老了，僧人也老了。那时，我听到钟声后才来吃斋饭，不料僧人们都已吃完，只留下惭愧的我。经过二十年的仆仆风尘，而今我的诗才得到碧纱笼护的待遇。当日题完诗后，王播的百感交集与僧人们的狼狈惶恐，可想而知。日后，王播在淮南节度使任上，曾开凿扬州七里港河，通城内旧官河，便利交通航运，为扬州的发展做出了贡献。

宋代苏轼来扬州做知州时，听闻此事后，为木兰院的僧人鸣不平。苏轼认为，王播不应该对僧人有意见，相反应该感谢他们。正是因为木兰院的和尚独具慧眼，看出王播不会久居人下，如不采用激将法刺激他一番，他也许会成为庸人。苏轼为此写下《石塔寺》一诗，引子说："世传王播饭后钟诗，盖扬州石塔寺事也。相传如此，戏作此诗。"诗中写道：

饥眼眩东西，诗肠忘早晏。
虽知灯是火，不悟钟非饭。
山僧异漂母，但可供一莞。
何为二十年，记忆作此讪？
斋厨养若人，无益只贻患。
乃知饭后钟，阇黎盖具眼。

苏轼作诗也许是一种调侃，无论如何，"饭后钟""碧纱笼"从此成了文人常用的典故。王播也在扬州佛教历史上也留了名。

经历武宗灭佛和唐末的战乱，晚唐很多佛寺已经没有了昔日的风光。但是，扬州寺院依然吸引着诗人，只是这时诗人们在寺里感情凝重起来，所作诗歌或怀古哀叹，或哲理意浓。

晚唐诗人张祜曾经在淮南节度使李绅幕下做客，久居扬州，多次游览扬州的寺院，作有《禅智寺》《扬州法云寺双桧》和《纵游淮南》等描写寺院的诗。《禅智寺》虽然摹写寺院的陡峭走势、建筑的精美细致，抒发的却是自己的思乡之情。《扬州法云寺双桧》借寺中的两棵桧树的荣枯生老，慨叹人生易老。而《纵游淮南》一诗盛赞扬州的繁华盛美，因为洒脱地说出葬在扬州的佛寺也是一件很美的事情而为世人乐道，诗中写：

十里长街市井连，月明桥上看神仙。
人生只合扬州死，禅智山光好墓田。

月明桥是初唐时禅智寺的住持演如法师捐资，在寺外的浊河上修建的拱形石栏砖桥，旧称禅智桥。相传西域高僧禅山到访时，乘着月色到禅智寺外巡视，见清辉朗月照在桥面上，突然想起曹孟德《短歌行》中"月明星稀，乌鹊南飞"的诗句，于是挥毫写下"月明桥"三个遒劲大字，月明桥的称号从此便叫开了。扬州的确美好，但从张祜波折的经历来看，这种洒脱难掩内心无奈的感喟。

寺院的萧寂与城市的热闹对照，也能引起诗人的感慨。唐开成二年（1837），诗人杜牧的弟弟杜顗患眼疾，在禅智寺养病。杜牧带同州名医石生，从洛阳来到扬州为弟弟治疗眼疾，也住进了禅智寺。期间，杜牧写下了《题扬州禅智寺》一诗：

雨过一蝉噪，飘萧松桂秋。
青苔满阶砌，白鸟故迟留。
暮霭生深树，斜阳下小楼。
谁知竹西路，歌吹是扬州。

禅智寺在城东，寺前有桥，跨旧官河。竹西路在官河岸边，与禅智寺一河之隔。那边是客流不断，热闹繁华，这边却是寂静萧索。此诗虽然用幽寂的寺院衬托出了扬州城的繁华，却隐藏了诗人对世事变幻的思索。杜牧这首诗广为流传，后人因为这首诗，称禅智寺为竹西寺，而诗中“竹西”一词，成为日后扬州的代称。

关于禅智寺，的确是唐代诗人乐于书写的扬州寺院。刘长卿在《禅智寺上方怀演和尚，寺即和尚所创》中曾经写过禅智寺的来历以及寺院环境的空阔明净：

绝巘东林寺，高僧惠远公。买园隋苑下，持钵楚城中。
斗极千灯近，烟波万井通。远山低月殿，寒木露花宫。
绀宇焚香净，沧洲摆雾空。雁来秋色里，曙起早潮东。
飞锡今何在，苍生待发蒙。白云翻送客，庭树自辞风。
舍筏追开士，回舟狎钓翁。平生江海意，惟共白鸥同。

又有一说指禅智寺本是隋炀帝故宫，是隋炀帝梦见阿弥陀佛和智者大师，醒后顿悟，将上方行宫改建成佛寺。根据这一创说，唐代诗人又有了繁华如梦的叹息与哀伤。此类诗歌有罗隐的《春日独游禅智寺》、赵嘏的《和杜侍郎题禅智寺南楼》。

游览寺院的文人，侧重于历史变迁的感慨。在寺院生活过的文人，更多是对人事哲理的沉思。扬州既有千年的历史沧桑变迁，又有着规模庞大的寺院群，唐代诗人及以后历代的文人，偏爱在扬州寺院中留下笔墨，或排解愁绪，或寻求慰藉，或抒发豪情。

此外，值得一提的是唐代有一位著名诗僧皎然，他留下了许多送友人前往扬州的诗歌，如《送僧游扬州》、《送契山人游扬州》、《送辩聪上人还广陵》、《春日又送潘述之扬州》、《秋日毗陵南寺送潘述之扬州》、《京口送卢孟明还扬州》、《买药歌送杨山人》、《送崔判官还扬子》、《兵后与古人别，予西上，至今在扬楚，因有是寄》。细读这些送别诗，僧人皎然的态度有别于其他诗人。他承认扬州的确繁华，正是“摇荡春风乱帆影，片云无数是扬州”，他的僧友们为此纷纷前往扬州。于是，皎然很担心，因为在他的心目中，扬州并非清净的修身养性之地，是极具诱惑的水城。他在《送契山人游扬州》写道：

西陵古江口，远见东扬州。

渌水不同泛，春山应独游。

寻僧白岩寺，望月谢家楼。

宿昔心期在，人寰非久留。

诗中说青山绿水的美丽景色，是应该独游独赏。如果想要寻找同道的僧友，该去白岩寺；如果想要欣赏美丽的月色，该去谢家遗楼。最后，皎然希望契山人不要太迷恋扬州，不要长久居留在此。诗僧皎然的担忧不无原因，但是当他冷眼旁观扬州的真实而惨烈的历史时，依旧阻止不了身边的人前赴后继地前往这座神奇的城市。

宋代文人最爱平山堂

大明寺内有一处著名的文化遗迹——平山堂，它是蜀冈上一个标志性文化景观。北宋庆历八年（1048），由一代文宗欧阳修兴建，此后迄今近千年，平山堂屡废屡建，为历代文人来扬州朝圣之地。

庆历八年春夏，欧阳修迁至扬州不过数月。经过三年滁州之贬后，走出仕宦低谷的欧阳修来到了数百年歌舞不休的繁华之都。单纯物质化、世俗化的扬州表象已经不足以令欧阳修满足，他需要的是寻求或者说创建一处新的精神休闲之所。最终，欧阳修选中了城郊的蜀冈，但见“山横天地苍茫外，花发池台草莽间”，这一块曾经的、现在的、未来的佛教圣地俨然可以让欧阳修拂去身上的尘垢，涤荡心头的烦恼，释放无拘无束的个性，再次焕发蓬勃的生命力。不久，一座壮丽的建筑矗立在蜀冈之上，这就是平山堂。

公元 1048 年夏日的清晨，欧阳修邀集一众文人墨客和江南才俊汇聚在平山堂上，又派人骑马到邵伯湖中摘取刚刚开放的荷花百余枝，遍插盆中。宾主们纵情诗酒。酒过三巡，欧阳修命一歌妓取出一枝荷花，穿插往来于宾客之间，每经过一个客人身旁时就让他摘取一瓣荷花，摘取最后一瓣荷花的人就必须作一首诗，喝一杯酒。宴会一直持续到明月当空时，大家才散席回去。皇祐元年（1049），这一幕“太守之宴，与众宾欢”的动人情境被欧阳修自己写在《答通判吕太博》一诗中：

千顷芙蕖盖水平，扬州太守旧多情。

画盆围处花光合，红袖传来酒令行。

舞踏落晖留醉客，歌迟檀板换新声。

如今寂寞西湖上，雨后无人看落英。

诗中自注：予尝采莲千朵，插以画盆，围绕坐席。又尝命坐客传花，人摘一叶，叶尽处饮，以为酒令。南宋初年，叶梦得也将此景写进《避暑录话》。自那以后，蜀冈之上不仅听得到暮鼓晨钟，更盛行着文人唱和诗会。康熙十六年（1677），平山堂复建落成，扬州太守金镇召集孙枝蔚、汪懋麟、汪耀麟、邓汉仪等共计十九人，在平山堂即席限体赋诗，成为文坛盛事，朝野俱闻，引得王士祯、曹溶、吴祖修、罗坤等五十余人作诗遥和，俨然秉承了欧阳太守的遗风。

关于平山堂，历代文人留下了无数诗词，其中以宋人的诗词尤为出名。宋仁宗至和三年（1056），欧阳修留别扬州整整七年，为送别友人作《朝中措·送刘仲原甫出守淮扬》：

平山栏杆倚晴空，山色有无中。手种堂前杨柳，别来几度春风？

文章太守，挥毫万字，一饮千钟。行乐直须年少，樽前看取衰翁。

这首抚今追昔之词，情感深沉厚重。欧阳修在仕途上几番沉浮，备尝人生悲凉人情冷暖。即便人生有可愤慨之处，人生亦有可赏爱之处。欧阳修的豁达表现在追怀扬州时，不会像张祜般说出“人生只合扬州死，禅智山光好墓田”，也不会如杜牧般感慨“十年一觉扬州梦，赢得青楼薄幸名”，他所追忆的是一段充实而美好的时光，他要表达的是一种处逆境而自若的生命态度。

宋神宗元丰二年（1079）春，此时的苏轼还未经历仕宦生涯的大起大落，他登临平山堂，追怀已经仙逝的恩师，隔空写下一首唱和之词《西江月·平山堂》：

三过平山堂下，半生弹指声中。十年不见老仙翁，壁上龙蛇飞动。

欲吊文章太守，仍歌杨柳春风。休言万事转头空，未转头时皆梦。

自幼深受佛教思想熏陶的苏轼，对于人生的虚幻性非常敏感。可贵的是，悲哀的根芽上开出的是积极的生命之花。历史证明苏轼并没有陷入悲观的泥沼，而是努力地去思考和寻求生命的意义。

元丰三年（1080）寒食前，苏辙受弟弟苏轼的牵连被贬至筠州（今江西高安市），经过高邮，与秦观游赏唱和。游扬州时，苏辙作有《扬州五咏》，其中第二首名为《平山堂》：

堂上平看江上山，晴光千里对凭栏。
海门仅可一二数，云梦犹吞八九宽。
檐外小堂阴蔽芾，壁间遗墨涕汍澜。
人亡坐使风流尽，遗构仍须子细观。

秦观当即作和，题《次韵子由题平山堂》，诗云：

栋宇高开古寺间，尽收佳处入雕栏。
山浮海上青螺远，天转江南碧玉宽。
雨槛幽花滋浅泪，风卮清酒涨微澜。
游人若论登临美，须作淮东第一观。

苏辙虽被贬，心态却平和，他与秦观二人尽享平山堂美好风景。大明寺山门墙壁上至今仍存有“淮东第一观”石刻大字，即从当日秦观的诗句而来。

元祐七年（1092）二月，苏轼上任扬州，距离欧阳修任扬州太守已经过去了近半个世纪，时任扬州通判的是“苏门四学士”之一的晁补之。苏轼再次以《次韵晁无咎学士相迎》发出生命感慨：

每到平山忆醉翁，悬知他日君思我。
路旁小儿笑相逢，齐歌万事转头空。

岁月更替，时光荏苒，欧、苏之后，一个个新的世纪出现、流逝，唯有平山堂诗文薪火代代相传，融汇成扬州的城市精神。1921 年，日本著名作家芥川龙之介来到平山堂。他说：“当我们跨进光线昏暗、有股凉飕飕尘埃气味的平山堂时，也不知为什么，有一种很高兴的心情。我时而读着匾额和对联，时而观赏着栏杆外的景色，在堂中久久徘徊。平山堂的主人欧阳修不用说，就是那到此游过的乾隆皇帝，一定也像今天的我一样，曾经享受过这般悠闲的心境吧。从这个意义上说，我虽一介凡夫俗子，也与古人达成了默契。”与古人默契，这才是千年前打造平山堂的欧阳修留给扬州最宝贵的文化遗产。

三、清代帝王的文采

扬州历史上不乏帝王的驾临。隋炀帝杨广继位前在扬州展开各种信佛活动，登位后第二次南巡，就建成了宏丽壮观的江都宫，后又舍宫为寺，赐名山火寺，后改为山光寺，在扬州佛教史上留下重重一笔。北宋建隆元年（960）正月，赵匡胤陈桥兵变称帝。九月，淮南节度使李重进在扬州起兵反宋。十月，赵匡胤命石守信为扬州行营都部署，亲自率大军，沿汴河而下。十一月，赵匡胤扬州城下督军攻城，城破，李重进叛军被平定。建隆二年（961 年）正月，宋太祖赵匡胤将扬州行宫改建为建隆寺，追祭扬州之战的阵亡将士。北宋靖康二年（1127）正月，徽宗赵佶将皇位让给儿子赵桓后，一路南逃，到达扬州，住在山光寺。南宋建炎元年（1127）十月，宋高宗赵构退避扬州，也暂居山光寺。

直至清代康熙、乾隆两帝的频繁驾临，不仅直接推动扬州复建、扩建及新建大量佛教寺院，更写下了无数匾额、楹联和诗文，将帝王的文采留在了扬州。

匾额

康熙、乾隆两位皇帝南巡，曾经为天宁寺、龙光寺、静慧寺、慧因寺、上方寺、香阜寺、高旻寺、重宁寺、莲性寺、观音山禅寺等寺院赐匾额。受匾最多的是天宁寺。康熙赐“萧闲净因”“皓月禅心”“寄怀兰竹”“般若妙源”四块匾额。乾隆赐“淮南香界”“浮山华海”“淮南丽瞩”“神威拥护”“省方设教”“大雄宝殿”和“万佛楼”七块匾额。

楹联

清代帝王为天宁寺、慧因寺、香阜寺、高旻寺、法净寺（大明寺）等寺院赐楹联，巧妙而形象地描绘出各寺的景致与特色。

康熙扬州寺院楹联集锦：

定地生欢喜，
香台普吉祥。
——题扬州天宁寺

珠林春日永，
碧淑好风多。
——题扬州天宁寺

禅心澄水月，
法鼓聚鱼龙。
——题扬州天宁寺

闾里讴歌闻乐恺，
轩窗烟景遍清嘉。
——题扬州天宁寺

楚尾吴头开画境，
林光鸟语入吟轩。
——题扬州天宁寺

众香馥郁凝华盖，
多宝光明驻法轮。
——题扬州天宁寺

琉璃瓶水资功德，
缨络龛云现吉祥。
——题扬州天宁寺

商鼎周彝自典重，
楹花苑树相芬芳。
——题扬州天宁寺

花雨南天，灵文传妙谛；
香空蜀阜，藩墅表名区。
——题扬州天宁寺

西竺驻祥轮，三摩合证；
东南留净业，二谛俱融。
——题扬州天宁寺

殿洒杨枝水，
炉焚柏子香。
——题邗江高旻寺

龙归法坐听禅偈，
鹤傍香烟养道心。
——题邗江高旻寺

蜀冈云淡山光近，
江渚潮分水脉清。
——题邗江高旻寺

松梢香露滋瑶草，
庭畔薰风和玉琴。
——题邗江高旻寺

笔架书签宜永日，
波光林影共清机。
——题邗江高旻寺

潮涌广陵，磬声飞远梵，
树连邗水，铃语出天中。
——题邗江高旻寺

龙归法座听禅谒，
鹤傍松烟养道心。
——题扬州大明寺

大护法不见僧过，
善知识能调物情。
——题扬州静慧园

真成佛国香云界，
不数淮南桂树丛。
——题扬州静慧园

蒲团竹几通宵坐，
扫地焚香向昼眠。
——题邗江化城寺

乾隆扬州寺院楹联集锦：
绿水入澄照，
青山犹古姿。
——题扬州摘星寺功德林

窗意延山趣，
春工鬯物情。
——题扬州行宫

窗虚会爽籁，
坐静接朝岚。
——题扬州行宫

绿野农欢在，
青山画意堆。
——题邗江高旻寺天中塔

宇宙以来此山色，
冲融之际荡烟光。
——题邗江高旻寺

清风明月取无尽，
山峙川流用不穷。
——题邗江高旻寺

众水回环蜀冈秀，
大江遥应广陵涛。
——题邗江高旻寺行宫

法云回荫莲花塔，
慈照长辉贝叶经。
——题邗江高旻寺天中塔

塔铃便是广长舌，
香篆还成妙鬘云。
——题邗江高旻寺天中塔

诗意岂因今古异，
山光长在有无中。
——题扬州平山堂

对时真惬农桑庆，
宁道非关视听娱。
——题扬州平山堂

树将暖旭轻笼牖，
花与香风并入帘。
——题扬州行宫

成阴乔木天然爽，
著雨闲花自在香。
——题扬州行宫

钧陶锦绣化工卷，
松竹笙簧仙籁谐。
——题扬州行宫

潮海广陵，磬声飞远梵，
树连邗水，铃语出中天。
——题扬州大明寺

淮海奇观，别开清净地，
江山静对，远契妙明心。
——题扬州大明寺

竹里寻幽静，
梅间卜野居。
——题扬州大明寺

绀宇晴空，翠岚浮蜀阜，
祇林香霭，禅月湛邗流。
——题扬州香阜寺

此外，雍正皇帝为法净寺（大明寺）留下了楹联“万松月共衣珠朗，五夜风随禅锡鸣”。

诗歌：

康熙皇帝留下的诗歌有咏天宁寺 4 首、高旻寺 3 首。乾隆皇帝的诗作数量就多很多。据嘉庆《重修扬州府志·巡幸》记载，乾隆皇帝的诗作，咏天宁寺 16 首、高旻寺 22 首、平山堂 57 首、观音山 4 首、法海寺 4 首、重宁寺 1 首、上方禅智寺 3 首、香阜寺 4 首、慧因寺 4 首，共计 115 首。

天宁寺极盛时期是康熙皇帝南下的巡幸地，乾隆皇帝南巡时的行宫所在，康乾二帝在这里留下了较多诗篇。祖孙二人从北国来到扬州，住在天宁寺的心情都是较为愉悦的。

天宁寺　　清·玄烨（康熙）
小艇沿流画桨轻，鹿园钟磬有余清。
门前一带邗沟水，脉脉常含万古情。

天宁寺小憩　清·弘历（乾隆）

昨朝望里云烟渺，今日坐觉春光舒。

阿大中郎留别业，优娄比邱得广居。

鸟是南音真惬听，花欺北地无虚誉，

平山更在绿云外，俯畅楼窗恰受虚。

康熙四十四年（1705）三月，康熙第五次南巡，在落成不久的高旻寺行宫下榻。行宫的奢华，令康熙皇帝感到不安。他联想到了汉文帝筑惜露台被后世议论，隋炀帝沉湎琼花而江山易主，于是写下了一首自警诗。

述怀近体诗并序　清·玄烨（康熙）

朕每至南方，览景物雅趣、川泽秀丽者，靡不赏玩移时也。虽身居九五，乐佳山水之情，与众何异！但不至旷日持久，有累居民耳。所以一目即过者，亦恐后人借口实而不知其所以然也。至于茱萸湾之行宫，乃系盐商百姓感恩之诚而建，虽不与地方官吏，但工价不下数千。尝览汉书，文帝惜露台百金，后世称之。况为三宿，所费十倍于此乎？故作述怀近体一律以自警，又粘之壁间，以示淮扬之众。

又驻塔湾见物华，先存蔀屋重桑麻。

惠风遍拂维扬市，沛泽均沾吴越家。

作鉴道君开艮岳，长嘘炀帝溺琼花。

浇胸经史安邦用，莫遣争能纵欲奢。

乾隆皇帝六次南巡，每次南巡驻跸高旻寺行宫时，都要把康熙爷爷的那首述《怀近体诗　并序》拿出来读一番，并且要依韵和诗一首，表示不忘圣祖力崇节俭的煌煌圣训。

塔湾行宫恭依皇祖诗韵　清·弘历（乾隆）

南来逐处仰重华，此日重教韵和麻。

但得一心常守敬，从知四海永为家。

省方咨度惟耕织，悦巳奇裘戒鸟花。

数宇行宫无藻缋，昭垂作法恐其奢。

然而，高旻寺既有宫室的富丽堂皇又有寺院庭园的清幽别致，乾隆皇帝住在高旻寺行宫难免会流连忘返。

高旻寺行宫即事　清·弘历（乾隆）

塔影遥瞻碧水隈，北来驻跸又南来。

风光一日更春夏，俯仰几时经往回。

燕蹴残红点瑶席，鹤行浓绿印苍苔。

江城畹晚犹牵兴，堤外兰舟且漫催。

《高旻寺行宫即事》写于乾隆二十二年（1757）春夏之交，乾隆皇帝南巡返京再驻高旻寺时，在文字中透露出了这种心情。

四、寺院里的书画家

康熙中叶，扬州商业经济高度繁荣，已经形成了成熟的书画市场。北京、南京虽然求画者也多，但是达官贵人求画的代价不过是馈赠一些玩品，或一次宴请而已。扬州则不同，扬州地处运河南北要冲，又是淮盐集散地，各方商贾云集，风雅之风盛行。商人们附庸风雅也好，真心喜好也好，用于馈赠也好，他们乐意于用重金大量购藏字画，也愿意将书画文人奉为上宾。此外，扬州还流行“堂前无字画，不是旧人家”的民谚，普通百姓也爱购置字画作为家庭装饰，这样就形成了稳定而庞大的消费市场。《扬州画舫录》中记载康雍乾三世画人，有名可考者多达四百余人，但凡擅长绘画者，皆能在扬州获得立锥之地。一时间，扬州成为书画家荟萃之地。

书画家来扬州就寄居在寺院里，在此生活、创作，并与寺僧关系甚密。石涛寄寓静慧寺，郑板桥寄居竹林寺，金农租住西方寺，杨法客居地藏庵，天宁寺里也曾接待过石涛、郑板桥、金农、李鱓等众人。郑板桥有名的“画竹多于买竹钱”的板桥润格，就是天宁寺拙公和尚要他写了谢客用的。罗聘则为重宁寺绘制了大型壁画。

扬州不少寺院里都有很好的书法、绘画作品。不仅因为这些知名的书画家们的作品被寺院收藏，也因为寺僧很多也擅长书画，如大明寺住持僧惕元和正廉工写兰竹，藏经院三藏侍者道生精通书法，地藏庵方丈小山上人工于诗画，护国寺住持僧澄波擅绘墨竹，高旻寺住持僧松月精于书法，尤善左手书……同治、光绪年间，画家郑箕（芹圃）寄居准提寺，以画花草闻名一时，跟从他学画的弟子数以十计，大多是准提寺僧人。在内涵上，扬州寺院更像是一处文化场所，其中蕴涵的中国传统文化精髓远胜于其他地方的宗教场所。

寓扬的清代画僧

以“扬州八怪”为代表画家的清代扬州画派中，多人寄寓寺院，画家与僧人之间交往密切、友谊真挚，造就了扬州佛教文化史上独有的现象。除了文人之外，清代扬州也生活着一批著名的画僧。

苦瓜和尚石涛

石涛，原姓朱，名若极，法名元济，别号苦瓜和尚、清湘老人、清湘遗人、大涤子等。其人身世复杂，原为明代皇室后裔。其父自命监国被杀，这位刚断奶的幼子由宫中仆臣负出，又逢明亡清立之时，为生存，只有遁入空门，在广西全州的深山古寺里作了一名小和尚。

明清时代的政治中心在北京，文化中心却是在江浙一带。石涛十四岁开始作画，十六岁云游江浙，二十岁滞留南京。他和师兄喝涛拜倒在能诗善画的高僧旅庵本月的门下，成为禅僧。旅庵是木陈道忞的法嗣，道忞从顺治十四年开始住持宁波天童寺，后长期居住在扬州静慧寺，最后逝于扬州，静慧寺内建有木陈塔。

清康熙十二年（1673），道忞去世前一年，石涛第一次来扬州，拜见师祖道忞，住在静慧寺，并在寺里作《苦瓜采药图》，流传于世。康熙十五年（1676），石涛来扬州，在广陵僧舍为好友汪舟次绘下《山水册》八帧，“前四开设境灵奇，山石、屋宇、林木、人物全用白描；后四开，深细精微，虽香光烟客，无以过之”。《山水册》成为石涛在扬州绘画中的精品。

石涛不断往来扬州，是在康熙二十一年（1682）到二十八年（1689）间。这一期间，扬州已经成为两淮盐运的枢纽，商业繁荣，文化发达，大江南北文人名士荟萃于此。石涛来扬州结识了许多名僧、画家等，饱览寺院里收藏的古代名画，开拓了绘画视野。康熙二十一年（1682），石涛在平山堂作《水云仙寻图》，并且参与了孔尚任春江社友的秘园雅集活动。当时石涛寓居扬州大树堂，常在堂中邀集知交，畅谈山水，作诗作画。著名的《华山胜景图》就在此时完成。

康熙二十六年（1687），石涛北上未能成行，滞留扬州三年，寄居静慧寺。康熙二十八年（1689），石涛来在平山堂受到康熙皇帝的召见。这是继南京长干寺初遇康熙皇帝后第二次相见。因为感动于见面时“天子呼其名”，石涛写下了《客广陵平山道上见驾恭纪二首》，并绘制了一幅《海晏河清图》献给康熙皇帝。事后，石涛离开扬州北上进京。

石涛在京城住了三年多，南归时，选择了扬州作为自己的定居地。从此时算起，石涛定居扬州历时十六年，直至生命的终结。在扬州大东门外，他临水建屋，取名大涤堂，特别绘制出《大涤堂图》。在这个古木悠悠、兰竹丛生的大涤堂里，石涛留下了许多宝贵的书画艺术珍品。

石涛山水自成一家，下笔古雅，设想超逸。竹石梅兰，均极超妙，笔墨苍莽高古，境界夭矫奇辟，处处有引人入胜之妙。所著《苦瓜和尚画语录》及许多题画诗跋中阐述了他的艺术思想，对清代扬州画派尤其是“扬州八怪”的形成影响极大。石涛画论的精髓，如“搜尽奇峰打草稿”“法自我立”和扬州八怪的“师法自然”“我用我法”的主张一脉相承。

石涛一生坎坷不平，京城之行令他成为画坛的领军人物，他却选择了商业书画市场成熟的扬州为定居地，卖画为生。生活虽清苦，却终于能脱去袈裟，束发从道，由禅门转往俗家。晚年的石涛在扬州寄情于书画，广收门徒，以奇恣笔墨道出一位“苦瓜和尚”的心声。

康熙四十六年（1707），石涛在扬州圆寂，葬于大明寺平山堂后，后墓碑湮灭无存。1993 年秋，大明寺能修法师重立石涛墓塔于西苑楠木厅北侧。 2011 年，又以楠木厅为主体，建成了石涛纪念园，纪念这位南来的奇僧画家。

石头和尚石庄

石涛定居于扬州的十六年里，佛教随着盐商漕运经济的繁荣和帝王的南巡，进入了扬州佛教发展史上的第三次高潮。城内佛寺随处可见，四方高僧云集。继扬州画派的开山鼻祖石涛去世后，又出现了一位寓扬的著名画僧石庄，对扬州画坛产生了深远影响。

石庄，法名道存，号石头和尚，江宁（今南京）上元县人，后在江宁承恩寺出家。扬州莲香社在湖上建三贤祠，延聘石庄来扬住持。不久，石庄被淮阴湛真寺请去当方丈。三贤祠的事务就交给了徒弟竹堂料理。石庄卸任湛真寺方丈一职，回到扬州后，居住在城外桃花庵。他将三贤神迎请至庵内，成为一方禅院住持。

桃花庵地处扬州长春桥西侧，山门三楹，大殿供奉大悲佛，殿后为飞霞楼，楼左有见悟堂，见悟堂后建有僧舍。桃花庵野树成林，内植桃树数百株，其间丹楼翠阁隐约若见，庵内有双亭浮于水面，小桥连接。石庄住在见悟堂后楼，自命名为莲香阁。

除了日常佛事外，石庄生平喜爱以文交友，善吹洞箫。他所住的莲香阁内，藏有三宝：一为装有数百柄折扇的大笔筒，扇面文字绘画都是他与文人互相赠答的成果；一为一把长二尺一寸、九节五法的紫竹箫，庵内每奏梵天诸曲，石庄必定以箫声和之；另外还有一个色如紫糖、圆如明月的瘿瓢。

石庄与当时文人名流交往甚密，其山水绘画风格接近主流文化品位，笔墨沉着浓郁、磊落豪迈，晚年所绘松石尤为独绝。自石庄以后，弟子西崖、竹堂、古涛，再传弟子甘亭以及甘亭之徒善田均擅长绘画，桃花庵以画风传世。石庄定居扬州期间，慕名来桃花庵者书法名流众多。但是，石庄并不擅长书法，因此，他画作的题识都请善书者代写。

阮元在《广陵诗事》曾经中记载过一段关于石庄的故事。石庄与扬州评话艺人叶英（字霜林）交好。前者擅长吹箫，后者擅长评话，堪称扬州双绝。两人惺惺相惜，相约择日互相献艺。当日，石庄一曲洞箫，深沉悲凉，天地变色。正当霜林开始表演评话时，忽然来人打扰，霜林唯有中止，败兴离去。谁知道，未及重约，石庄就圆寂了，霜林遗憾自己当日未能履行二人之约。为信守承诺，他来到石庄棺前，淋漓尽致地表演了一段评话《宗留守交印》，闻者无不泪流满面。

作为乾隆年间的画僧，石庄在中国绘画史上占据了一席之地。除了石庄，这一时期扬州画坛还活跃着一众画僧，如地藏庵的方珍、马神庙的方华等，他们为扬州画苑增添了一道绮丽的风景。

真然和尚莲溪

蜀冈之上，还葬着一位一生痴心丹青的画僧，他就是晚清的莲溪上人。

莲溪上人，名真然。嘉庆二十一年（1816）出生于兴化安丰镇，俗家姓丁。清嘉庆四年（1799），扬州府在安丰镇设置了巡检署，咸丰十年（1860）改为巡检辑招抚署。

真然自幼喜欢绘画，由于家境不济，只得以替人理发谋生。某日，机缘巧合下，他在理发时遇到了安丰巡检张百禄，张百禄是著名画家张赐宁的儿子，擅长画山水、花卉。真然便跟在张百禄身边做了书童。

张百禄作画时他也在旁边仔细揣摩，天长日久，绘画技艺迅速提高。张百禄见他聪慧，就劝其出家为僧，以求书画成名。因为当时理发匠身份低下，是不能进入文人圈得到认可的，而僧人则可以于方外挥洒性情，彰显画艺。真然毅然削发遁入空门，成了真然和尚，字莲溪、野航，别号黄山樵者。

道光二十四年（1844），他同歙县汪仰斋一起来到扬州。此时扬州，文人荟萃，画家就有几百人，竞争激烈。开始时，莲溪居住在宛虹桥的众香庵，因为能够画一丈多的大幅佛教人物画却不用打草稿，濡墨即成，一时间闻名扬州城。

在扬州一段时间后，他感到进步不大，就决定离开。因为特别喜欢黄山风景，莲溪来到黄山文殊院，在饱览黄山峰峦云海之奇状的同时，纵观当地故家所藏的宋元名迹，画艺更上一层楼。之后他又回到扬州，先后寓居福因庵、昙花庵。对于他当初作画一挥而就的名声，扬州许多画师多有不服，曾数次举行笔会进行画艺比试，终究不能撼动其地位。相反，通过比试，莲溪的画名更大了，求画者络绎不绝。

莲溪的绘画题材十分丰富，对山水、人物、禽鱼、花卉无不擅长，且精通篆刻，有说他的画学赵孟頫、文徵明两家，秀韵天成，风神婉约。也有说他是石涛众多追随者中的佼佼者，窠臼脱而别趣含。晚年时，莲溪以绘制兰竹图为主，世人以之为珍品。

咸丰年间，太平军进攻扬州，莲溪避乱迁居泰州，愈年后又返扬州，再后来寓居上海一粟庵，以卖画为生，光绪十年（1884）莲溪圆寂，葬在扬州蜀冈万松岭。如今，莲溪的墓冢在大明寺院墙外，封土已坍，冢前有青石墓碑，上面刻有隶书“清故莲公墓”，下款为“光绪甲申葬”，为扬州市级文物保护单位。

寺院里的当代书画院

扬州的寺院，其功能早已不仅仅是单纯的宗教场所，它的文化内涵令其承担起传承和传播中国传统文化的责任。过去，扬州寺院是一支重要的扬州文化载体。当代，它们依旧显示出传承和弘扬着这一社会功能和责任。

2008 年元旦，鉴真美术馆书画展开幕，标志着扬州佛教事业开始了新一轮的文化高潮。2009 年 8 月 29 日，扬州鉴真书画院揭牌，画院选址在大明寺内，秉承的正是扬州寺院与书画家结缘的历史传统。

2012年，经文化部中外文化交流中心批准，鉴真书画院成为中国山水创作院扬州分院。鉴真书画院签约了国内外600多位书画艺术家，先后举办了中华人民共和国成立六十周年书画展、第五届中日韩艺术家书画展、首届中国扬州鉴真杯国际书画邀请展、著名书画家王赞个人书画作品展以及“唯美扬州——乌克兰艺术大师画扬州”作品展。

2012年3月6日，扬州历史上首个女子画院——扬州百花女子画院在琼花观成立，后移址天宁寺。画院以继承扬州画派优良传统、弘扬女性书画艺术为宗旨，云集了当代扬州画坛上非常活跃的女画家，以女性特有的鲜活艳丽、清雅幽香，点亮当代扬州画坛。

第十二章　扬州寺院饮食烹饪

佛教寺院是佛教文化的载体，它既是孕育佛教文化的摇篮，保存佛教文化的基地，延续佛教文化的学府，也是研究和传播佛教文化的中心。作为佛教文化内容之一的饮食文化从寺院走向民间，成为中国文化中的一朵奇葩。

地处温带的淮扬地区，气候温和，水分充沛，四季分明，不同的季节生长着不同品种的蔬菜，为丰富多彩的素食提供了充足的原料。被誉为素菜四大金刚的“竹笋、香蕈、豆腐、面筋”自古便是淮扬名食。扬州寺院饮食烹饪中蕴涵着丰富的地域、民俗和社会环境等诸多因素，清香却浓厚的蜀冈茶、四道茶庵的素点、观音山的腊八粥、天宁寺的文思豆腐、大明寺的素炒虾仁、高旻寺的罗汉斋……这些寺院留下的丰富的茶文化和素食文化是扬州文化遗产资源中不可缺少的组成部分。

一、扬州佛门茶道茶庵

中国是世界上最早发现茶树、栽培茶树和利用茶叶的国家。经过几千年的磨砺，茶的自然属性逐渐被寓于人文因素之中，茶文化遗产资源里凝聚着中华民族特有的价值理念和审美情趣。

茶文化的兴起，与佛教的发展息息相关。佛教修行的方法决定了僧人与茶结下密不可分的关系。佛教修行的主要方法是戒、定、慧。戒就是要僧人不饮酒，不非时食（过午不食），戒荤吃素；定和慧，就是要僧侣息心静坐，思禅悟道。为此，的确需要有一种既符合佛教戒规，又可以清除坐禅久坐带来的疲劳与困乏，同时弥补过午不食、戒荤吃素的营养补充物。茶的提神益思和生津止渴的药理功能及所含的丰富营养物质，自然成了僧人的理想饮品。因此僧人饮茶修行，逐渐形成了独特的寺院茶文化。

佛教对饮很讲究，饮茶成为寺院制度的一部分，扬州寺院自然也不例外。寺院中设有茶堂，是禅僧辩论佛理、招待施主、品尝香茶的地方。禅堂内的茶鼓，是召集僧众饮茶所击之鼓。寺院专设茶头，掌管烧水煮茶，献茶待客，还会在寺门前派施茶僧数名，施惠茶水。寺院中的茶叶，称作寺院茶，用以供佛、待客及自奉。禅宗的僧徒平时坐禅分六个阶段，每一个阶段焚香一枝，每焚完一枝香，寺院监值都要打茶，“行茶四、五匝”，借以清心提神，消除长时间坐禅产生的疲劳。寺院僧尼用茶敬佛、敬师、献宾客，供自己与善友品饮，谈佛论经，修养心性，形成了庄严肃穆的茶礼。

“茶道”概念的真正提出，出自唐代的诗僧皎然。皎然的《饮茶歌·诮崔石使君》中首次出现了“茶道”一词。

越人遗我剡溪茗，采得金芽爨金鼎。
素瓷雪色缥沫香，何似诸仙琼蕊浆。
一饮涤昏寐，情思爽朗满天地；
再饮清我神，忽如飞雨洒轻尘；
三饮便得道，何须苦心破烦恼。
此物清高世莫知，世人饮酒徒自欺。
愁看毕卓瓮间夜，笑向陶潜篱下时。
崔侯啜之意不已，狂歌一曲惊人耳。
孰知茶道全尔真，唯有丹丘得如此。

诗中将品茶过程归纳为三个层次，最高层次便是“三饮便得道，何须苦心破烦恼”。释迦牟尼成道之后第一次传法讲的是“四圣谛”，也就是“苦、集、灭、道”。他教诲弟子们要知人生之苦状，寻人生之苦因，循灭苦之途径，得灭苦之结果。而这所有的一切，皎然在三饮之中已经完成。皎然借手中茶断无明、破烦恼，将茶的养心功效发挥到极致，开了佛门“以茶悟禅”的先河。

继巴蜀之后，地处长江下游的江苏成为又一个茶文化中心。唐代扬州和江苏的苏州、宜兴、南京一道成为闻名全国的重要茶叶产区。扬州产茶地最早明确记载在五代时人毛文锡所著的《茶谱》一书中。书中写道：“扬州禅智寺，隋之故宫，寺枕蜀冈。有茶园，其味甘香如蒙顶也。”

蒙顶，指的是四川峨嵋蒙山之顶，山顶之茶是唐代推荐的第一名茶，白居易诗中“扬子江中水，蒙山顶上茶”说的正是此茶。扬州蜀冈茶能与之相提并论，其品味之高可见一斑。扬州气候温和，雨水充沛，蜀冈土层深厚，土质呈酸性。适宜的气候条件、良好的土壤条件令蜀冈成为天然的产茶地。北宋时，蜀冈茶被列为贡品，正式进入到一流名茶的行列中。欧阳修任扬州太守时，为处理贡茶事务，在蜀冈上建春贡亭、时会堂，并留下了《和原父扬州六题·时会堂二首》：

积雪尤封蒙顶树，
惊雷未发建溪春。
中州地暖萌芽早，
入贡宜先百物新。

忆昔尝修守臣职，
先春自探两旗开。
谁知白首来辞禁，
得与金銮赐一杯。

前一首反映的是蜀冈茶作为贡茶的盛景，后一首写自己退休前与皇帝告别时，在金銮殿上再次喝到蜀冈茶时心中感慨万千。

烹茶必先择水，扬州寺院有好水。“天下第五泉”在大明寺，“蜀冈第一泉”在禅智寺。

唐代大明寺的泉水就出了名。唐元和九年（814），状元张又新在《煎茶水记》中记载：唐代宗时，李秀卿出任湖州刺史路经维扬，遇见茶圣陆羽。李秀卿恳请陆羽口授天下之水的优劣，陆羽提到了二十处泉水，其中惠山水第二，虎丘水第五，丹阳水第十一，大明寺水排第十二。后来，唐代刑部侍郎刘伯刍将江淮最宜于烹茶的水分为七等，扬子江南零水第一，无锡惠山寺石水第二，苏州虎丘寺石水第三，丹阳县观音寺水第四，扬州大明寺水第五，吴淞江水第六，淮水第七。从此，扬州大明寺泉水被誉称“天下第五泉”。称赞大明寺泉水之美的还有欧阳修撰写的《大明寺泉水记》。

“天下第五泉”在南宋以后一度湮灭。明代大明寺僧人沧溟在整理西苑时掘地得井。嘉靖中叶，巡盐御史徐九皋为此水题写“第五泉”三字，人称此井为下院井。乾隆二年（1737），汪应庚在西苑开凿山池种莲花时，在池中发现一眼泉水，于是在此新井上建环亭，由清代著名书法家、吏部王澍题写“天下第五泉”，人称塔井。两眼泉水水脉相通，迄今清澈甘甜，而当年《煎茶水记》中记载的那些名泉，大多已经不能饮用。

扬州另有一处寺院好水。据《嘉靖惟扬志》记载：“在城东北蜀冈禅智寺内，冈上有井，其水味如蜀江甘洌，冠绝诸井。”民间传说此井水泉脉通蜀江，有僧人在蜀江洗钵时不慎失落，失落的钵最后竟然在此井中浮出，因此井水极甘洌，宋代苏轼认为号称“天下第五泉”的大明寺泉水比此还稍逊一筹，故题名为“第一泉”。蜀井之水配以蜀冈茶，芳香袭人，色味双绝。禅智寺虽已湮灭，蜀井却尚存。

清代，扬州许多寺院里都设有茶堂。此外，扬州还有茶庵。从扬州北门外的长春桥东到观音山脚下的大道上，先后建起过四道茶庵。

这些茶庵当时都是由僧尼居住管理，庵中皆置洗脸盆。庵内的僧尼除照常规修道念佛外，要为香客、行人准备茶水，供其饮用。夏季一般是供大麦茶，其他季节供应茶水，有时也供应白开水。贮水的器具，夏天用水缸，其他季节就在缸外面套个棉罩子。喝茶的器具，多是用毛竹筒削制的水舀子，稍微考究些的摆些粗大碗。无论什么季节，茶水的供应均免费，目的是让朝山进香的善男信女歇脚、结茶缘。

茶庵集中在这条路上，是因为这条路不仅是东西方向的交通要道，也是前往观音山、大明寺烧香拜佛的必经之路。尤其是每年六月十九的观音山香会，本地和邻近地区的香客，都要赶来敬香拜佛，连续几天大路上人潮如涌，四道茶庵更是忙得不亦乐乎，有时甚至要请人临时帮工，挑水、烧水、送水，一刻不得空闲。

头道茶庵，又名观音庵，位于长春桥东头今梅岭花木场附近。庵门朝南，有前后两进，每进三间，外加两间厢房。二道茶庵，位于长春桥西北侧。庵门朝南，俗称茶亭，解放时尚有庵房五间。三道茶庵，位于双桥乡园林村杨庄。庵门朝东，有院墙，有大殿，前后三进，共有庵房十多间。四道茶庵，位于观音山下南头。庵门朝东，有前后两进带厢房，共有庵房十间。四道茶庵中，头道、四道茶庵解放后先后被拆除，二道茶庵 1966 年前被拆除，三道茶庵在 1947 年办起茶庵国民学校，后经校舍改造，庵迹无存。

如今，大明寺、观音山等规模较大的寺院均设有茶社，大明寺平山堂后依旧有一片茶园，所产贡春茶芽尖鲜嫩，条索紧密，汤色明亮，清香浓重，保留了蜀冈茶的风韵。

二、扬州僧厨烹饪技艺

寺院素食文化的形成，经历了从吃斋到素食的漫长过程。古代寺院生活中，吃斋和素食是有区别的。斋戒的意思是按照佛教的戒律行事，去除心中的杂念，一心皈依佛门。斋食指的就是佛教中过午不食的规定，即午后不吃食物，只能喝茶、果汁或糖水等。过午不食的初衷在于，既减轻提供食物的居士的负担，又有利于静心修禅。斋食并不等于素食。佛教禁吃的“荤”，原意是指大蒜、大葱之类气味强烈的、刺激性强的食物，并不禁吃肉食。古印度佛教时代，僧人托钵乞食或受人供养，有什么吃什么，并没有不准吃肉的规定。

佛教传入中国后，据唐代义净法师的《南海寄归内法传》中记载，早期僧人的主食共有五种，即干饭、麦豆饭、麦少（米麦炒熟后磨成粉制成的干粮）、肉、饼；副食有植物的枝、叶、花、果以及乳、酪、酥油、生酥、蜜、石蜜等，几乎包括了世俗社会的各类食物。

僧人食素，自南朝梁武帝萧衍开始。梁武帝萧衍笃信佛教，大力提倡僧尼禁止食肉，并身体力行，亲自撰写《断酒肉文》，违者以国法、僧法予以惩罚。在萧衍的倡导下，素食成为汉传佛教的特色。于是，吃斋与素食也就成为同一回事。

寺院僧人平日饮食简单，清早酱瓜、腌萝卜过粥，午餐就着大烩菜吃米饭，逢到佛教节日做素席，才会做一些像样的菜肴。寺院的厨房称为斋厨，僧厨称为香积厨，除了管理寺院日常的膳食外，还要为各地接踵而来的施主、香客供茶供饭，这样促使寺院素食烹调日趋讲究。

扬州寺院菜历史悠久，是淮扬菜的重要组成部分。历史上，扬州佛教寺院数量可观，出家僧徒众多。汉末，笮融在所辖境内及周边郡县大路两边设长达数十里的酒席，招待参加浴佛会的信众。隋代，杨广出镇扬州，在大明寺设千人僧斋。唐代，日本僧人圆仁在《入唐求法巡礼行记》中记载了他在开元寺中所见丰盛的饮食。明清时期，扬州佛教兴盛，佛事活动不绝，僧厨创制出众多的美味佳肴，令寺院菜的发展达到了一个高峰。

扬州寺院菜的代表作是罗汉斋，高旻寺尤为擅长此菜。罗汉斋又名罗汉菜、杂菜，属于本色素菜，用十八种干鲜菜为原料做成，寓意对佛教十八罗汉的虔敬。考究的罗汉菜是用花菇、口蘑、香菇、鲜蘑菇、草菇、发菜、银杏、素鸡、素肠、土豆、胡萝卜、川竹笋、冬笋、竹笋尖、油面筋、黑木耳、金针菜加调料做成的，外形丰肥，吃口清鲜。大明寺则擅长仿荤素菜，其中有一道笋炒鳝丝，以香菇、笋丝为原料制作，外观达到以假乱真的程度，口感亦佳。

天宁寺西园下院有个文思和尚，善制各种豆腐素肴，他发明的“文思豆腐”被列入宫廷菜单之中，烹饪之法亦流传于世。文思豆腐是用嫩豆腐削去老皮，用刀劈薄片，再切成细丝，然后用沸水沥去黄水和豆腥味，与香菇丝、冬菇丝、火腿丝、鸡脯肉丝、青菜叶丝一同加清汤烧沸入味，成菜后，豆腐丝要浮于汤面，与其他五丝相映成趣，因此豆腐丝的粗细是这道菜的关键。

定慧庵的僧人以蘑菇熬汁为卤，做汤头，既可下细面，也可用来煨木耳、香菇，口感浓而不腻，淡而不薄。高邮善因寺的素斋里也有外面吃不到的猴头竹荪。

除了纯素菜，扬州寺院偶尔也会做荤菜，用以应客，而且烹饪技艺还比较高明。清代中期，天宁寺会做菜的除了文思和尚外，还有一位小山和尚。据《扬州画舫录》记载：“文思和尚豆腐，小山和尚马鞍桥，风味皆臻绝胜。”马鞍桥即烧黄鳝鱼段，据说是因烧熟后的鳝段缩成马鞍形而得名。黄鳝鱼段原是扬州的家常菜，虽非小山和尚发明，但小山和尚掌握了恰到好处的烹饪方法，因此滋味更佳。

烧猪头是清代扬州名菜，法海寺的烧猪头尤其有名。相传清朝乾隆年间，法海寺的一位莲法师，擅长烹调，烧的猪头肥嫩香甜，常以他亲手烧制的扒烧猪头款待施主，食之美不可言，誉为味压江南。扬州民间当时流传着一首民谣：“绿杨城，法海僧，不吃荤，烧猪头，是专门，价钱银，值二尊，瘦西湖上有名声，秘诀从来不告人。”法海寺的烧猪头味道好的关键其实并不在于烧，而是慢火焖出来的。清代的《扬州风土词萃》中收有白沙悝庵居士的《望江南》词。其中有一首写道：“扬州好，法海寺闲游。湖上虚堂开对岸，水边团塔映中流，留客烂猪头。”词中说出了烧猪头美味的秘诀，关键就在于烂，烂透方得味浓。这道菜后来与拆烩鲢鱼头、蟹粉狮子头统称为扬州三头宴。

既然是扬州名菜，会烧猪头的就不止法海寺一家，还有瘦西湖风景区里的湖心律寺（小金山）。民国年间，湖心律寺与法海寺，皆以烧猪头待客。湖心律寺僧人大都从城里街上的熏烧店里买来熟猪头，上笼回蒸，再加料烹饪，这才别有风味。

三、扬州素食名店名菜

素食是以蔬菜作主料烹调而成的食物。白菜、韭菜、菰笋、莴笋、芦芽、菱角、芡实、莲藕、茨菰、荸荠、茭白等都是淮扬素食的主要原料，面筋、豆制品、豆芽菜等也是不可缺少的原料。地处温带的淮扬地区，气候温和，水源充沛，四季分明，不同的季节有不同品种的蔬菜应市，为丰富多彩的素食提供了充足的原料。淮扬菜系历来讲究因材施艺、制作精细、清鲜平和，素食制作也有着因时而异、制作细腻、讲究调味的特点。

宋元至明清，扬州寺院素菜已能配成味美色佳的全素席，讲究的是“素有荤名，素有荤味，素有荤形，荤菜有一样，素菜也有一样”的传统。如扬州的素鸡、素鸭、素鱼、素火腿、素鸽蛋等，不但与荤菜形似，味道也略相近。寺院僧厨可以用白萝卜、冬瓜加发面制成红烧肉，用豆腐、山药泥烹制出油炸鱼或者狮子头，用面粉或豆粉掺水制成鸽蛋，用胡萝卜加土豆制成蟹粉，用山药制成鱼片和虾仁，加上扬州瓜雕技术高超，令扬州素食充满了情趣。

20 世纪五六十年代，大明寺、法海寺、观音山禅寺都有面向大众的素食馆。如今，扬州的素菜名店主要有大明寺素食坊、百味斋素食馆、六合居素菜馆和市区老字号小觉林素菜馆。此外，还有星云大师创办的台式素菜馆滴水坊。

大明寺素食馆

大明寺素菜主要以豆制品、菌类、时鲜蔬菜三大类为原料，采用不同的烹饪方法，生产出多种和荤菜非常相似的菜肴，不仅在外形上非常相似，而且许多菜肴还在口味上保留了维扬菜清淡、爽口、鲜嫩的特点。

1980 年，大明寺恢复正常的宗教活动以后，把原来的大明寺饭店改成了大明寺素菜馆，职工管理所的敖海龙和厨师杨凤朝等人，推出了一批受到大众欢迎的菜肴品种，如素烤鸡、素火腿、素蟹黄、素蟹粉、素涨蛋、素长鱼、醋熘素鳜鱼、锅烧素肥鸭、素梅干菜扣肉、素腰花、铁板素羊肉串、水煮素肉片等，大明寺素菜馆除了在素食制作上保持传统特色外，还大胆创新，推出数套全素席。不仅色、香、味、形上可以与荤菜乱真，营养价值上更是丰富。大明寺素食成为寺院的一大亮点。

大明寺素菜馆原来位于卧佛殿和藏经楼之间，是一座有着上下各14间的四合院建筑。2006年，大明寺素菜馆迁址至市区扬子江路和文汇路交叉口的金马大厦，更名为大明寺素食坊。大明寺内原僧人斋堂改建为百味斋素菜馆。

如今的大明寺素食坊营业面积1200多平方米，一楼大厅可提供300多个餐位，设有各色素小吃和快餐；二楼设8个包厢，提供精致素食宴席，就餐者可以享受独特的扬州素食风情。

小觉林素菜馆

小觉林素菜馆，位于广陵路中段，前店后坊，是一爿有着百余年历史的老店。清代晚期，扬州妙心庵住持觉林师太出资开设了小觉林，主要为城内大小庵观寺庙僧尼及富户豪门中吃斋念佛的信男善女提供素菜素点。作为市区唯一一家素菜馆，在扬州及附近一带颇有名气。

小觉林素菜馆在开业之初，就博采众长，集名山寺庙素菜之精粹，结合扬州素菜的特点，去粗取精，在百年历史进程中，逐步形成小觉林的素菜特色。素菜选料新鲜，讲究季节，四时有序，以时鲜取胜，应时为佳，鲜嫩为贵，同时素菜荤做，形成“源于斋食，又仿荤食”的特点。特色菜有素炒肝、素什锦、煮干丝、烩三鲜、素狮子头、三鲜煨面、炒虾球、素跑蛋、素肥肠、豆皮汤、炒脆熘鳝等。最有名的一道菜是什锦烩杂素。将金针、木耳、蘑菇、香菌、山药、芽笋、白果、栗子、豆腐果、面筋泡、腐竹、素鸡、菜心等烹调后入碗，再往碗头小浇一层店里自磨的香麻油，真是鲜香味美。

小觉林除了中午、晚间提供素菜饭点外，早市提供麻油素面、青菜面、菜包、豆沙包、萝卜丝包、素什锦包、素三丁包、素烧卖等面点，下午出售麻团、油饺、烧饼，麻花等，尤其是他家的素油麻花，又脆又香，让人欲罢不能，一点都不亚于东侧小家平麻花店的麻花。

解放后，小觉林曾经三更店址，第一次搬到菜根香饭店后身，第二次搬到广陵路西尽头，第三次搬到广陵路中段，原苏北电影院西侧。第三次迁址的小觉林，由孙步青、高宗庆等多人承包，坚持至今。如今，从门厅“小觉林”牌匾上的下款“光绪十三年”可以推断老店的历史，店内中堂有一幅“皆大欢喜”的弥勒画像，两旁楹联为“百年觉林大佛笑，天虎喜颜客人到”。西墙壁上挂一幅印沧老人李圣和题字：“吃饱方休，身外黄金无用物；过此莫去，世间白发不饶人。”店堂里还挂着十幅摄于上世纪三四十年代的黑白老照片，记录了瘦西湖、御码头、大明寺、高旻寺、左卫街、辕门桥、教场、福运门、东关古渡和古城墙当年的景象。可惜，今天的小觉林为了扩大经营，采取荤素两便的经营策略，部分极富特色的素菜已经不再售卖。

滴水坊

滴水坊是台湾佛光山全球素食馆的连锁店，取“受人滴水之恩，当以涌泉相报”之意，由出生于扬州的台湾佛光山开山宗长星云大师设立。目前佛光山全球各别分院数十处设置滴水坊，除扬州外，苏州、宜兴、无锡等地均有分店。

1949年星云大师来到台湾时，被视为“外来的和尚”，没有寺院愿意接受他，过着颠沛流离、没有东西吃的生活，这段遭遇令他兴起一个想法，希望能提供一个地方，只要花很少的钱，就能享受到既能充饥又能回归纯朴美味的健康素食。1995年，星云大师在台北市松山的佛光缘美术馆旁设立了第一间滴水坊。初衷是希望大众在美术馆欣赏完名家的书画后，能有个宁静休憩的去处，因此刚开始经营时，只提供些茶点，后来逐步发展成为素食餐馆。2008年，滴水坊在扬州鉴真图书馆、扬州京华城相继开业。

扬州的滴水坊属于提供素食简餐、茶饮和休憩的多功能综合场所，以“自然、健康、养生”的餐饮、舒适优雅的环境、文化艺术气息浓郁的氛围，服务每一位食客。店内玻璃的隔窗，长方形的餐桌，素净而简约。四周摆放着星云大师的著作以及一些佛光山读物，如《人间福报》《大觉通讯》《人间佛教小丛书》等，顾客可以翻阅，也可以购买。素食餐点以天然食材为主，供应具有台湾特色的花生豆腐、蒟蒻、咸酥鸡、素香面、素排饭，还有扬州本地口味的黄瓜粉皮、罗汉斋、西红柿鸡蛋、翡翠炒饭等。花生豆腐口味尤为特别，凉凉的内酯豆腐中带有花生的香味，蘸上酱油膏，口感如布丁般细腻柔滑。咸酥鸡取材面筋，外形和口感都能做到以假乱真。

食客来到滴水坊，第一碗上来的一定是一碗免费的慈心粥。星云大师除了希望大众都有知恩、感恩、报恩之心外，更希望滴水坊的素食餐饮可以作为方便法门，让更多人有因缘接触佛教，学习佛法，从中获益。

四、当代扬州“素博会”

自从 2013 年开始，扬州市政府联合市旅游局、蜀冈—瘦西湖风景名胜区管委会以及鉴真图书馆，已经成功举办了三届“中国 • 扬州两岸素食文化暨绿色生活名品博览会”（简称素博会）。从 2013 年 4 天揽客 18 万人次，到 2015 年 5 天 40 万人次的光顾，与会人数递增的态势令素博会成为扬州的一项特色文化活动。

素食文化以其“清、美、素、净”的特质，从佛门走向社会，成为 21 世纪崭新的、时尚的、健康的生活方式。扬州素博会的举办除了将素食文化从寺院推广到全社会，更进一步推动了扬州与台湾两地之间的文化交流合作，提高了扬州历史文化名城的知名度，发展和繁荣了扬州的旅游经济。

素博会最初以“烟花三月”扬州国际经贸旅游节的一个重要组成单元的面貌出现，令扬州市民耳目一新。2013 年 5 月 4 日至 7 日，鉴真图书馆内设置了 4 个展区 200 个展位，展示了以海峡两岸为主的素食小吃、调味料等食材以及佛物等生活用品，种类达千种以上。2014 年 4 月 22 日，中国 • 扬州两岸素博会再次拉开大幕，众多台湾、国际的知名素食产品、养生保健的绿色食品汇聚扬州，250 个展位除了汇聚海峡两岸 200 多家知名素食饮食、特色小吃和绿色生活名品外，还展出了来自印度、日本、菲律宾、南非、加拿大、韩国等地的国际性素食产品，一场素食文化盛宴不仅吸引了扬州市民，更让周边城市的人们汇聚鉴真图书馆，令鉴真图书馆以及扬州素食的名声大振。

2015 年 4 月 22 日至 26 日，作为 2500 年扬州城庆系列活动一个重头戏，鉴真图书馆再次上演了一出素食文化及手工艺表演大戏。250 个展位汇集海峡两岸 200 多家知名素食、特色小食和绿色生活名品，另有来自印度、日本、马来西亚、新加坡、菲律宾等地的国际性素食，内容之丰富，种类之多样，前所未有。各国各地的法师、义工积极提供服务，气氛热烈。

尤为特殊的是，2015年的素博会首次设立了江苏城市展区，省内12个兄弟城市具有当地代表性的知名素食小吃齐聚扬州。金陵米糕、素鸭卷、如意回卤干、洪泽湖素鱼锅贴、徐州老丁家辣汤、板浦凉粉、宿迁农家院面皮、泰州麻油、麻饼和麻糕、盐城脆米饼和野菜藕粉圆……各地传统素食小吃唤醒了人们久远的记忆。此外，台湾素食美食区的高山乌龙茶、凤梨酥、山粉圆、素热狗、香椿烙饼、黄瓜水果串、笋汤、素烧鸭、炒细米粉、菌菇烧烤，国际展区的印度尼西亚素叉烧、南印度米煎饼、日本天妇罗、韩国泡菜年糕等特色产品，都让人欲罢不能。五天素食大会，不仅让参与者见识了来自海内外的素食精品，还领略了丰富多彩的特色主题活动。捐建鉴真图书馆的佛光山开山宗长星云大师更赠送《献给旅行者365日——中华文化佛教宝典》给各大扬州宾馆，令每位来扬州的旅客从中感受到中华文化的魅力。

素博会的成功举办令当代扬州的素食文化大放异彩。

第十三章　来扬州弘法的中外名僧

扬州有良好的自然条件，重要的区域行政地位，加之优越的地理交通位置，大量外来人口蜂拥而至。隋唐时期，佛教逐渐中国化。随着大运河的畅通，扬州经济迅速发展，佛教也更加兴盛起来。隋代杨广在扬州设立慧日、法云两个道场，广延全国各地高僧到扬州寺院讲学、著书、立说。一时间，江南名僧蜂拥而至。

公元 7 至 9 世纪时，扬州位于长江入海口北侧，距海不过两百里左右，扬州港位于东部沿海的中点，为海上丝绸之路的重要海港，船舶可以直达扬州城下。扬州成为日本留学僧抵达中国的首站和中转站。此外，扬州不仅有与日本九州对航的海路，还是海上丝绸之路东端的一个商港。由海道来华的外国僧人，也常常把扬州当做海洋航运中转站，从扬州转赴洛阳、长安等内陆城市。

扬州佛教文化氛围开放而兼容，也成为众多中外名僧来到扬州弘法的一个重要原因。

一、弘法扬州的江南名僧

隋代的统一，结束了中国近 300 年的战乱和分裂，也给佛教带来了空前的繁荣。晋王杨广任扬州总督镇江都，负责整个东南的军务。在杨广赴任之时，正是各地反隋情绪高涨之际，杨广为安抚当地百姓花了不少心血。除了息武兴文，汇编关于礼仪方面的巨著《江都集礼》，团结江南文人之外，杨广还利用江左士族多信仰佛教的特点，团结、笼络佛教高僧，再通过高僧大德在江左人士中的威望来安抚民众，消除他们对以北方文化为本位的新朝文化的抵制情绪。他先是在江都建造佛寺和藏经馆，接着又创办道场，召集南方著名的高僧到江都的寺院从事宗教学术活动。一时间，江南名僧诸如智矩、辩义、法侃、智琰、慧乘、道庄、慧觉、法澄等均前往扬州弘法，其中最著名的高僧是天台宗创始人智顗，还有三论宗的创始人吉藏，整理经藏的慧觉以及自焚护寺的住力。

智顗

智顗（538—597），字德安，俗姓陈，南朝陈、隋时代的高僧，世称智者大师，是中国天台宗的开宗祖师。

陈氏祖籍颍川（今河南许昌），为躲避战乱，一家南迁至荆州华容（今湖北监利县西北）。梁武帝大同四年（538），智顗出生在荆州，父亲陈起祖文武兼备，为梁朝重臣，受到朝廷的厚待。相传，智顗出生的时候，眼睛里有重瞳。古代神话中曾有舜的眼睛重仁的传说，因此智顗自幼被认为是圣人之像。

智顗开始读书时就喜欢看佛经，日常的言行总要依照佛经的要求。承圣三年（554），西魏军攻陷江陵，梁元帝萧绎被杀，江陵百姓男女十余万口，分赏将士，驱归关中，老弱幼小悉数被杀。不久，智顗的父母相继去世。国破家亡之下，18岁的智顗通过父亲故旧、湘州刺史王琳的勉励和资助，实现了出家夙愿。智顗出家时的剃度师是湘州果愿寺的法绪。披剃后，法绪带他去北方慧旷律师门下学习。慧旷是当时著名的僧人，精通律学和各种大乘佛典。天平二年（557），梁朝灭亡，陈霸先改元永定元年。同年，20岁的智顗随慧旷受了具足戒。

南北朝时期，因国家的分裂而形成了南北社会不同的风气和文化。南北两地的佛教，也有着各自的特点。南方佛教承继东晋以来玄学化的传统、偏重义理；北方佛教，由于受当时北方民族粗犷少文的影响，比较注重禅定。慧思禅师是北方的著名禅师，因为糅合南北佛教而受到北方佛教的排斥。慧思率领僧徒南下途中滞留光州（今河南光山县）大苏山。陈文帝天嘉元年（560），智顗前往大苏山向慧思学法。智顗本人的刻苦修学以及慧思对他的悉心传授，奠定了智顗毕生佛教事业的基础。

陈废帝光大元年（567），智顗来到金陵（今南京），开始了他一生的弘法活动，那年他三十岁。

智顗到金陵后，随即开席讲法。他把自己从慧思那里学到的禅定之法向众人传播。金陵的高僧大德纷纷率弟子前来听智顗讲法。一时间，禅学大盛。过去，江南僧人空谈理义，不讲修持，使佛教的发展受到了阻碍。智顗的禅定之法，给江南佛教带来了生气。太建元年（569），他被朝廷迎请住进瓦官寺。在瓦官寺，智顗除了宣讲《法华经》和《大智度论》，还完成了《释禅波罗蜜次第法门》的讲说。瓦官寺的弘法活动，既继承和发扬了南朝佛教的义学特色，又加入北方佛教的禅法内容，受到金陵地区僧俗两界人士的欢迎。

智顗在金陵弘法的后期，正值北周武帝毁佛，北方僧侣南来的人数日益增多，金陵佛教呈现出较为复杂的局面。智顗决定离开了金陵，前往天台山隐居。这一去就是九年。智顗在人迹罕见的天台山，总结定慧并重的佛教思想，发展和完成了自己的理论体系。

陈后主至德三年（585），智顗离开天台山，再度来到金陵，开始他全面弘传天台佛法的时期。早在此前，陈后主已经七次遣使邀请智顗入京。智顗重返金陵后，陈后主以国师的礼节来对待智顗，请他升座，让他在太极殿为众大臣开讲《大智度论》。至德四年（586），智顗移居光宅寺，为皇太子授菩萨戒，又为皇后沈氏取法名“海慧”。祯明元年（587），智顗在光宅寺详细讲述《法华经》，弟子灌顶记录了他的全部讲述，后来把讲经内容整理成书，即为《法华文句》。此时，距离陈朝的覆亡已经为时不远了。

翌年，杨坚任命二子晋王杨广为行军元帅，率领士兵五十二万，分八路进兵伐陈。祯明三年（589），隋军大举南下，攻入建康，陈后主被俘，陈朝灭亡，智顗又一次体验到国破家亡的痛苦，金陵佛教受到沉重打击，智顗以光宅寺为中心建立的僧团被迫离散。智顗一路颠沛，去了庐山。

隋朝是佛教盛兴的时代。隋文帝杨坚诞生在冯翊（今陕西大荔县）的般若尼寺，由比丘尼智仙抚养成人，佛化的教育，对杨坚影响至大。他的儿子杨勇、杨广、杨俊、杨谅、杨秀都信奉佛教。隋朝建立后，大力提倡佛教除了信仰方面的原因，还有社会政治现实的需要，即利用佛教安抚战后的江南，巩固统一的政权。隋文帝杨坚崇信佛法，灭陈后，他传旨各地，修复废寺，召集大德到长安弘法。作为名闻大江南北的高僧，智顗也收到了文帝发出的邀请，但是他并没有前去。

开皇十年（590），晋王杨广任扬州总管，负责镇抚江南。为了加强对佛教的控制，他把当时江南宗教界颇有影响的僧人和道士召集至扬州，集中住在四个道场。其中，佛教僧侣聚集在慧日道场和法云道场。第二年，杨广便向江南最有影响力的佛教领袖智顗发出邀请，让他前来扬州弘法。智顗一面表示“我与大王深有因缘”，一面再三推辞。先是说自己德望不够，再推荐当时更有名望的高僧，还举荐了优秀的同辈。然而三次推辞，杨广都不同意。无奈之下，智顗向杨广提出四条要求作为应命的条件。这四条要求是：

一、虽好学禅，行不称法，年既西夕，远守绳床，抚臆循心，假名而已；吹嘘在彼，恶闻过实。愿勿以禅法见欺。二、生长边表，长逢离乱，身暗庠序，口拙暄凉，方外玄虚，久非其分；域问樽节，一无可取。虽欲自慎，终恐朴直忤人，愿不责其规矩。三、微欲传灯，以报法恩。若身当戒范，应重去就。去就若重，传幻则阙；去就若轻，则来嫌诮。避嫌安身，未若通法。愿许为法，勿嫌轻重。四、四十余年，水石之间，因以成性。今王涂既一，佛法再兴，谬承人泛，沐此恩化。内竭朽力，仰酬外护。若丘壑念起，愿放其饮啄，以卒残生。

大意就是不要对我的佛法有过高的期望；不要要求我遵守凡俗规则；让我来去自由；让我终老于天台山。这四条要求，表达了智顗不愿意屈从隋王朝管理并为之服务的态度，没想到杨广竟然一一答应，智顗再无理由推脱，这才动身前往扬州。

智顗抵达扬州后，受到了隆重的接待。开皇十一年（597）11月，杨广在总管府金城殿设千僧会，请智顗为自己授菩萨戒，取法名“总持”，尊称“总持菩萨”。同时，杨广回赠智顗“智者”大师称号，并赐予大量衣物。

授戒法会结束后，智顗暂居扬州城外禅众寺。不久，便提出返回庐山的要求。虽然杨广一再挽留，智顗说：“先有明约，事无两违。”因为有之前的约定，杨广只好送智顗离开扬州。

开皇十二年（592），智顗先重返庐山，然后去了潭州、南岳，最后回到故乡荆州。为回馈故乡，他在荆州当阳县建立玉泉寺，作为自己大开讲席的基地。此后两年里，智顗在玉泉寺完成《法华玄义》和《摩诃止观》的讲述。至此，“天台三大部”宣告完成，天台宗的宗教哲学理论体系得以完成。

随着智顗声誉日高、影响愈广，杨广于开皇十五年（595）又一次邀请他去扬州。智顗来到扬州，仍然住在禅众寺。这一次，他受杨广之托，撰写《净名经疏》。

翌年春天，智顗带领弟子们，回到了阔别已久的天台山。天台山上，景色依旧，只是过去住过的寺院，已显得破旧不堪，墙上布满了尘网，院子里长满了荒草。智顗对人生无常、世事易变的感受更加深刻。他一面整顿寺院，一面进行着创立天台宗的工作。当时，隋朝已统一天下，南北佛教融合有了政治上的保障。智顗通过对不同学派进行研究，以法华经的教义为基础，进行着立宗的活动。

开皇十七年（597）四月，杨广派人入山参问，说好秋天迎请智顗再来扬州。十一月，杨广派使者高孝信入山。这时智顗的身体已经不好，为了光大创立不久的天台宗，仍然决定抱病前往。智顗走到石城寺（今浙江新昌）时，病重不能前行。二十一日，智顗口授遗书给杨广，二十四日示寂，享年六十岁，僧腊四十年。智顗的弟子灌顶向杨广报告了智顗的死讯，并呈上遗书，杨广当即作《答遗书文》，表示将达成智顗的遗愿。接着又在天台山举行大斋会为其追思。次年，依照智顗生前所定的形制规模，杨广在天台山南麓建寺，初名天台寺。开皇二十年（600）杨广立为太子，仁寿四年（604）杨广即位，改寺名为国清寺。

智顗一生经历了梁、陈、隋三朝十帝，世事动荡，人生坎坷。他创立的天台宗，是中国佛教史上第一个正式的佛教派别，影响长达千年。 杨广与智顗的关系非常微妙。两人定期通信，每次信末杨广总是虔诚地、谦虚地称自己为“菩萨戒弟子总持”，对智顗几乎是有求必应。杨广还曾到扬州寂照院中，聆听智顗讲经。智顗虽不配合隋王朝的管理，却亲自送给晋王杨广一顶天冠。此举不仅增强了崇信佛教的隋文帝传位杨广的决心，而且逐步化解了江南士族的敌意和不满，并帮助杨广以扬州为基地培植起个人的势力。

智顗在扬州的活动，直接引领了天台宗在扬州的传播，成为扬州佛教史上重要的一页。唐代，鉴真东渡传法时，也携带有天台宗的经典，如《天台止观》《法华玄义》《法华文句》《四教仪》等赴日本，在日本除了讲律传戒外，也开讲天台宗教义，使天台宗成为日本佛教史上由中国传入的又一重要佛学宗派。鉴真大师亦被奉为日本天台宗先驱。

吉藏

吉藏（549—623），俗姓安，三论宗的实际创立者，主要著作《三论玄义》完成于扬州慧日道场。

吉藏的先祖原为安息国人（今伊朗），因为躲避仇人而移居南海（今广州一带），后来又迁至金陵。南朝梁太清三年（549），吉藏出生于建康（今南京）。其父为虔诚佛教徒，后来出家当了和尚，法名道谅。吉藏幼年时，父亲常带他去见真谛大师，并由真谛大师为他取名为吉藏，也常带他到兴皇寺听法朗法师宣讲三论。吉藏七岁时，便在兴皇寺出家，跟随法朗法师学习经论，十九岁时开始代法朗讲述经论。吉藏受戒以后，学解更进，声望日高。

陈末，隋兵进攻建康，社会极为混乱。吉藏趁此机会前往各寺，搜集佛教文疏，藏于三间堂内，到战事停止后加以整理，因此他的著述涉猎典籍非常广泛。隋朝平定百越（今浙江、福建）后，吉藏移居会稽（今绍兴）嘉祥寺，在那里弘传佛法，听他讲经者多至千余人。吉藏由此被尊称为“嘉祥大师”。

隋开皇十七年（597）八月，吉藏与禅众百余人致书请智顗开讲法华经，可惜智顗因病无法成行，不久便圆寂。吉藏于是跟随智顗大师的弟子灌顶，学习天台宗教义。

隋开皇末年，吉藏应杨广之邀主持扬州慧日道场，赏赐丰渥。在扬州，他完成了《三论玄义》和《胜鬘宝窟》的著述。开皇十九年（599），杨广自扬州赴长安，邀请吉藏同行。到长安后，吉藏被安置于日严寺。在长安期间，吉藏著书立说，完成了三论宗的理论体系，成为佛教界的领军人物。

杨广登基后，次子齐王杨暕，早就听闻吉藏的盛名。大业五年（609），杨暕请吉藏莅临自己的私宅，并邀集长安名士六十余人举行辩论会，推吉藏为论主。当时有僧粲和吉藏对论四十多回合，结果吉藏获胜。此时，吉藏已经六十一岁了。

隋朝亡后，唐高祖李渊初到长安，召集佛教知名人物在虔化门下接见。吉藏被推为代表前往。唐武德初年（618），唐朝设置十大德管理佛教事务，吉藏被选为十人之一。武德六年（623）五月，吉藏病逝，享年七十五岁，葬于终南山。

三论宗的思想玄奥，是出名的难学，再传后很快衰颓。唐文宗开成三年（838），日本请益僧常晓随遣唐使来华求法，曾拜谒扬州华林寺大德，学习三论宗义。

慧觉

慧觉（554—606），俗姓孙，祖籍晋阳（今山西太原），因北方战乱，举家迁至秣陵（今南京）。

慧觉八岁出家，跟随兴皇寺的三论师法朗学习法相、唯识的义理，后移居摄山栖霞寺，受学于栖霞山住持、广陵僧人慧布。之后，慧觉在江左一带广弘大智度论，受到了南朝陈王公贵族的崇敬。

隋灭陈之后，慧觉受到晋王杨广的邀请，入住慧日道场。继师父慧布在扬州白塔寺讲“三论”之后，慧觉在白塔寺专事宣讲大品般若经、涅槃经、华严经，及中论、百论、十二门论、大智度论等二十余部。

杨广早在率领大军灭陈的时候，就担心佛教法像经籍会因为遭受战火而毁灭，曾命令远征各军随访收聚。扬州道场建立后，杨广在慧日道场组织高僧将收到的经卷进行大规模的整理，名为《宝台经藏》，杨广亲自撰文《宝台经藏聚文》。据唐法琳记载：“平陈之后，于扬州装补故经，并写新本，全六百一十二藏，二万九千一百七十三部，九十万三千五百八十卷。”慧觉就是这一次规模浩荡的佛经整理工程中的主要高僧。大业二年（609），慧觉随驾入京，后离京前往泗州宿预（今盱眙），不久示寂，享年五十三岁，当年运至江阳县茱萸里（今湾头）安葬。

在扬州，跟从慧觉学习的门徒很多。门人曾为慧觉立碑，以为纪念。

住力

住力，俗姓褚氏，河南阳翟县人。8岁出家，态度稳重，对人谦逊，在僧俗中声望很高。

南朝陈宣帝建造泰皇寺时，令他专监百工，陈后主至德二年(584)，敕命他为寺主。陈朝亡乱，住力离开京师，访求胜地。到了江都（今扬州），住在长乐寺。隋开皇十三年（593），住力在长乐寺内建成一座金碧辉煌的五层宝塔，并成为寺主。

开皇十七年(597)，住力在寺内建造了一座宏伟的高阁，并夹二楼，设计极为精妙。杨广题写“瑞像飞阁”四字匾额，悬在阁上。阁内供奉了从丹阳龙光寺接来的印度优填王所造的著名的“栴檀瑞像”。

大业十四年(618)，隋朝政局崩溃，房屋被焚，僧俗人等流亡他乡。住力发誓用生命守护殿阁。此时，寺内人烟断绝，住力守护寺宇，过着艰苦的生活，历时两年。唐朝建国，周围的房屋多被烧毁，只有长乐寺奇迹般得以保存下来，原来的僧众又来投靠。

唐武德六年（623），辅公祏在江南重新起兵反唐，命令将所有寺院撤迁到江南去。住力一再写信请求，自愿在阁前焚身，以保全寺院。

当时辅公祏并未理睬他的要求。住力对弟子们说："我们无量劫以来，都是贪爱执著，不能舍身来报佛恩。我现在准备在佛前焚身，不忍看见佛像渡江！你们预备干柴，我好焚身供养。我死后，佛像必定渡江，衣物等都装入像中。哀恳佛力加持，一切可望改变。"武德六年十月八日，住力沐浴后，面向西方结跏趺坐，自焚而死，世寿八十岁。当他焚身时，有无数喜鹊叫声凄惨，在他头上环绕七圈后才飞走。他死后，瑞像果然还是被迁往南方，但殿阁未遭到毁坏，僧众都得以保全。他的弟子慧安、智颐在寺内为他树立一块高碑，由东宫庶子、著名书法家虞世南撰文并书写。

辅公祏反唐被平定之后，由于住力自焚事件在江南造成的巨大影响，瑞像仍被送回了扬州长乐寺。唐代，瑞像一直供奉在长乐寺，前后三百多年。一直到宋太宗时，瑞像被移往汴京。

二、来扬州的日本留学僧

早在隋代，日本大和朝廷就已经开始向隋朝派遣遣隋使。隋灭唐兴，自唐贞观四年（630）到唐昭宗乾宁元年（894）为止，日本向中国唐朝共派出 19 次遣唐使。其中，有两次任命以后因故未能成行。第十二次遣唐使被称为"迎入唐使"，是专门为了迎接日本遣唐使回国的使船。第六次、第十四次、第十六次遣唐使被称为"送唐客使"，是护送唐朝赴日使节回大唐朝廷的遣唐使。所以，正式受派遣赴唐朝的遣唐使一共 13 次。

派遣唐使的主要目的是输入中国文化和生产技术。唐中宗至玄宗的五十年间日本所派出的四次遣唐使，规模最大。这时，遣唐使的组织，一般有大使、副使、判官、录事四等官，随船往来的还有船师、医师、射手、翻译、史生、阴阳师、画师、玉生、锻生、细作生等，还包括了专为入唐请益的留学生和留学僧。

留学僧作为遣唐使中的特殊群体，以学习和研究佛法为目的，致力于佛教典籍的搜集和研读，最终创建了富有日本特色的佛教诸宗。日本奈良时期（710—794）盛行的佛教六宗，即三论宗、成实宗、法相宗、俱舍宗、华严宗和律宗，都是直接或间接从中国传入的。留学僧可分为学问僧和请益僧。学问僧是长期留学、志在深造的留学僧。请益僧则为入唐前已经有了一定程度的研究和造诣，已成为佛学专家并有一定的社会地位，不过在某些专门领域还有一些特殊的问题，需要进一步研修的留学僧。请益僧无需长期留唐，并且获准带若干随从随行。此外，另有被任命为遣唐使团成员而兼请益，并随遣唐使同时返回的僧人，被称为还学僧。后期有更多的求法僧直接搭乘商人的船只往来中国。

遣唐使和留学僧入唐通常是从难波三津浦（今大阪府南区三津寺町）出航，沿现在的濑户内海沿岸西下，先到达筑紫的大津浦（今九州岛福冈县）。筑紫港当时是太宰府的门户，日本出使外国的船舶，都要在这里暂停，办理相关手续。日本太宰府的外交机构——鸿胪馆，也设在这里。

遣唐使和留学僧从太宰府出发，先后开辟了三条入唐航线。北路，又称为新罗道，是遣隋使和早期遣唐使所走的路线。要经过百济、新罗，越过黄海到达位于山东半岛的登州、莱州登陆上岸。盛唐时，由于与新罗关系恶化，北路航线被放弃，而选择了第二条南岛路航线。此线路从筑紫大津浦起航后，直接西行，沿着日本九州岛南部的萨摩半岛，经过种子岛、屋久岛、宝七岛、奄美大岛、冲绳岛，抵达长江三角洲沿线的扬州或明州等城市，然后沿运河北上转往二京。日本从文武天皇大宝元年（701）以后，遣唐使除了经由南岛路航线入唐外，还会在平户岛、小值贺岛、福江岛等小岛做短期停留，等待海风顺风后，横跨大洋和东海，入长江口抵达扬州，从扬州的海岸登陆。

从归秦开始，扬州地域便滨海临江。历代以扬州为政治中心的行政区域，东、南两面大抵临江靠海。公元 7 至 9 世纪时，扬州位于长江入海口北侧，距海不过两百里左右，扬州港位于东部沿海的中点，为海上丝绸之路的重要海港，船舶可以直达扬州城下。扬州作为日本留学僧抵达中国的首站和中转站，留下了日本僧人的身影。

荣睿与普照

唐开元二十一年（733）四月，第九次遣唐使由大使多治比广成率领，从难波三津浦出发，经由南路航线，由扬子江口进入扬州港，然后沿着淮南运河北上，到达东都洛阳。该次遣唐使中的留学僧有荣睿、普照、业行、玄朗、玄法、秦大麻吕等人。

荣睿（？—750），日本美侬（今岐阜县）人，奈良兴福寺僧人。

普照（生卒年不详），日本奈良大安寺僧人。普照的母亲是俗姓白猪氏的吕志女。公元 710 年，日本进入历史上的奈良朝代。公元 732 年，日本朝廷决定在时隔 14 年之后，再次派遣遣唐使。翌年，年轻僧人荣睿与普照被遴选为留学僧，随从遣唐使多治比广成入唐，同时肩负起邀请合适的唐朝律宗大师赴日弘律传戒的任务。

荣睿与普照抵达中土之后，首先到东都洛阳，随大福先寺高僧定宾受了具足戒。期间，两人见到身居要职的阿倍仲麻吕，提出聘请一位优秀的传戒师赴日的请求，未得结果。唐开元二十四年（736），两人邀请大福先寺的律僧道璿去日本传律授戒，道璿随第九次遣唐副使中臣名代赴日。开元二十五年（737），荣睿与普照进入长安。荣睿住在大安国寺，深入研究定宾大师的佛学。普照则住在崇福寺，比起荣睿，他还兼学了怀素大师的律学。

天宝元年（742），秋天，荣睿与普照，偕同受他们邀请准备东渡日本的道航、澄观、德清、如海及学问僧玄朗、玄法一起前往扬州，打算邀请江淮一代享有盛名的鉴真大师东渡传戒。鉴真在征询了僧徒们的意见后，慨然应允。此后十二年里，鉴真东渡六次成行，五度失败。直到天宝十二年（753）十一月，鉴真一行才得以最后完成东渡。期间，荣睿与普照历尽艰辛，屡遭磨难。

天宝三年（744），荣睿以“诱引鉴真赴日”的罪名在绍兴被捕，在押送京城途中，荣睿病倒于杭州，后谎报病逝，得以逃脱。天宝七年（748），荣睿与普照再次到扬州邀请鉴真大师，做第五次努力。6 月，乘舟行至东海，遇到狂风巨浪，航船漂至海南振州（今三亚）。天宝九年（750），荣睿在随同鉴真北返扬州途中，不幸病逝于端州龙兴寺。普照失去了一同战斗的同乡伙伴，眼看鉴真已经垂垂老矣，双目染疾，伤心之余，中途离队，前往明州阿育王寺，等待遣唐使船回国。

天宝十年（751），日本第十次遣唐使船来到明州。居住在阿育王寺的普照得知消息，立刻前去向遣唐使团详细叙述了鉴真五次东渡五次失败的情况。天宝十二年（753），普照从阿育王寺赶来汇合地点，陪护鉴真等人一道随日本遣唐使回国，终于完成了邀请鉴真东渡的使命。

据《续日本纪》记载，业行和荣睿共同力邀鉴真大师东渡，业行是否是普照的别字，或许另有其人，目前不详。

玄朗与玄法

玄朗与玄法，是搭乘第九次遣唐使船赴唐的日本学问僧。两人与荣睿、普照一同来扬州邀请鉴真大师东渡日本。在为第一次东渡做渡海准备时，两人与荣睿、普照一道遭到高丽僧如海的诬告，被官府怀疑与海盗有关而打入牢狱。当时，东南沿海，盗贼横行，官府正全力围剿。扬州临海，一直受到海盗的威胁，官府接到报告后，大为震惊，立即着手抓捕。后来，扬州官府查清事实，如海被勒令还俗，无罪释放后的玄朗和玄法却由此改变了东渡的初衷。玄朗在唐游学了一段时间。天平十五年（743），玄朗与荣睿、普照分手，自行回国（另有一说，玄朗最终留在中国，还俗成家）。玄法在释放后离开扬州，游学四方，也有说他与玄朗一同回国。

空海与最澄

鉴真东渡之后，日本遣唐使后期的众多留学僧众，最为著名的有最澄、空海、常晓、圆行、圆仁、惠运、圆珍和宗叡八个人，被称为“入唐八大家”。空海和最澄在日本佛教并称为“二圣”，两人随同一次遣唐使入唐。归国后，空海创建了真言宗，最澄创建了天台宗。

空海（774—835），父姓佐伯，日本赞岐国（今香川县）人。15岁入平安（今日本京都）学习儒学，读《左传》《尚书》。18岁专心佛法而出家。空海由于自小的教育，在入唐前汉语就已经说得很好。

最澄（767—822），俗姓三津首，幼名广野，日本近江国（今滋贺县）人。据日本史籍记载，最澄是一位中国移民的后裔。14岁跟随近江国师行表高僧出家，后赴南部，在鉴真大师生前弘法的东大寺受具足戒，并学习鉴真和思托带来的天台宗经籍。在修习《法华经》的过程中，最澄遇到了困难，于是立志入唐求法。

日本延历二十三年（804）七月，空海和最澄随遣唐使来到唐朝。同行的有义真、法道等人。八月十日，使船漂流至福建长溪（今霞浦）赤岸登陆，经福州，延水路北上，在苏州盘门埠头停泊，夜宿苏州水驿。后西行往镇江，然后北上扬州、淮安、开封、洛阳，最后到达长安。

空海抵达长安之后，访寺择师，先在西明寺求法，翌年拜青龙寺惠果法师门下。惠果法师将真言和密教两种佛法传给空海。惠果法师示寂后，空海四处参学，也曾来到扬州大明寺学习佛法。最澄则直接去了天台山，先拜道邃和尚为师学习天台教义，受大乘菩萨戒。最澄的身份是还学僧，所以在唐朝的时间只有九个半月，期间遍学圆、密、禅、戒四宗。最澄回国时带回经卷总数 230 部 460 卷。回国后最澄创立天台宗，主张四宗合一，圆寂后被追谥为“传教大师”。

唐元和元年（806）十月，空海回国。回国时，空海带回大量书籍，包括新疑经 142 部 247 卷、梵文真言赞 42 部 44 卷、论疏章等 32 部 170 卷。 空海回国后，奉诏弘布密教。弘仁十四年（823），受赐平安东寺，作为传教的根本道场，真言宗遂得迅速传播各地。空海所传真言宗，因此称为“东密”。空海圆寂后，追谥为“弘法大师”。空海汉学功底很深，在其《文镜秘府论》《篆隶万象名义》等著作中，保存了不少中国语言学和音韵学的资料。1995 年 10 月 20 日，空海大师铜像在扬州大明寺揭幕。大明寺为之举行了落成揭幕仪式。

圆仁与常晓

唐文宗开成三年（838）请益僧圆仁、圆行和常晓跟随最后一次遣唐使团来到大唐。这次遣唐使团由四艘船舶、共五百余人组成，从筑紫太宰府出发，直航抵达扬州海陵。到达扬州之后，获得资格进京的人员只有三十五人。圆行北上长安，常晓入栖灵寺跟随文璨学习金刚灌顶和太元密法，圆仁则在扬州停留了八个月。

圆仁（794—864），日本天台宗山门派创始人。俗姓壬生氏，生于下野（今枥木县）的都贺郡。圆仁自幼丧父，9 岁由其兄教授经史，后就学于都贺郡小野寺村大慈寺的鉴真大师之三传弟子广智。15 岁登上比叡山，投到最澄的门下。22 岁时在东大寺戒坛受具足戒。24 岁由最澄授圆顶大戒。

仁和天皇承和元年（834）正月，日本任命了以藤原常嗣为大使、小野篁为副使的遣唐使团。承和三年（836），船队从筑紫出发，出海后不久即遇暴风，第三艘船破损，船队折回待命。次年（837）七月，第二次扬帆西渡，又遇逆风，被迫退回。直至承和五年（838）七月才第三次出发。此次遣唐使中的留学僧人才济济，圆行、圆仁、常晓、戒明、义澄、真济、真然等都在其中。七月初二，船队抵达中国扬州海陵（今泰州），再向西，经江阳县禅智寺前桥进入扬州罗城。淮南节度使李德裕奏报朝廷后，只准大使等少数人入长安，其他人则留原地待命。

在扬州，常晓以慧果徒孙、空海弟子的身份进入栖灵寺学习密宗，次年又谒华林寺大德问学三论宗义。圆仁则到开元寺求法，跟随宗睿学习梵书，又跟从全雅受灌顶礼及金刚界等诸尊仪轨等大法。但是，圆仁要求巡礼天台山的申请却未被批准，只得于开成四年（839），和常晓一道随遣唐使从扬州踏上归途。

但是，圆仁不甘心就此回国，途中伺机逃脱，竟然离队滞留下来。而常晓则携带典籍 31 部 36 卷回到日本。

开成五年（840），圆仁又向中国官府申请巡礼五台圣地，终于获得同意。同年四月，圆仁率弟子从登州出发，经山东青州、淄州、齐州，河北德州、贝州、冀州等地，徒步跋涉 44 天，终于抵达五台山。他们巡礼了五台山各名刹灵迹，参谒大华严寺志远和尚等名僧，另外还抄录了天台典籍 34 部。八月，一行人抵唐都长安，居资兴寺，又向大兴善寺元政、青龙寺义真等高僧学习密法，还向青龙寺法润和尚学习金刚戒，并得到经书多种。

圆仁在唐期间恰逢唐武宗实行排佛、毁寺驱僧的政策。会昌五年（845），圆仁被命还俗，离开长安。宣宗大中元年（847），圆仁携佛教经疏、仪轨 559 卷及法物多种，搭乘新罗商船回到日本。他在比叡山设灌顶台，建立总持院，弘传密宗和天台教义，被授以传灯大师法位。公元 854 年，圆仁受封为第三代天台座主，撰写了《苏悉地经略疏》《显扬大戒论》等著述近百部。公元 864 年，71 岁的圆仁在京都延历寺圆寂。两年后，日本清和天皇赐圆仁“慈觉大师”谥号。

圆仁在唐朝生活了 10 年，写下了日记体的中国游记《入唐求法巡礼行记》四卷，成为研究唐代中日两国间的交通往来、文化交流以及唐代中国之典章制度、风俗礼仪、政治外交、经济文化、宗教等方面情况的重要史料。其中，他在扬州逗留期间，了解了扬州的政区、人口、交通，目睹了扬州的风俗习惯、节日庆典，并将之记录书中，令《入唐求法巡礼行记》也成为了解和研究唐代扬州面貌的十分珍贵的文献。圆仁在扬州期间，还专门寻访了鉴真故居，跪拜了鉴真大和尚像。

三、来自异国他乡的沙门

扬州的宗教文化氛围向来开放而兼容，这一点与扬州早年接受北人南下及成为侨郡的经历有关。因此，在扬州佛教史上向来不乏来自异国他乡的僧人。尤其在隋唐时期，位于长江、运河交汇点上的扬州，既是当时全国货物的重要集散地，也是东南繁华都会和国际往来的港口。鉴真东渡弘法，圆仁跨海求经，都与扬州作为海上丝绸之路上的一个重要港口密切相关。除了中、日、韩佛教僧侣的往来外，经由扬州出入境的还有一部分林邑（又名瞻波，今越南中部地区）、安国（今乌兹别克布哈拉）、天竺（印度）等国的僧人。此外，唐代中叶，有不少婆罗门僧人沿着海上丝绸之路来到扬州。据日本文献记载，扬州山光寺所在的江阳县临湾坊附近，就有一座梵寺。1964 年，瓜洲附近也发现了一座埋藏梵僧骨灰的舍利石塔。可惜，目前对于来自异国他乡的僧人所进行的研究和史料发掘工作远远不够。

佛陀跋陀罗与迦达多

佛陀跋陀罗（359—429），中文译名觉贤，北天竺迦毗罗卫国（今尼泊尔境内）人。族姓释迦，相传为释迦牟尼叔父甘露饭王的后裔。

佛陀跋陀罗 5 岁丧父，17 岁出家。他记忆力超强，曾游学罽宾（今克什米尔），与西行僧人智严一同跟从大禅师佛大先学习禅法。佛陀跋陀罗接受智严的邀请到中国传教，于东晋义熙五年（409）到达青州（今山东境内），后听说印度高僧鸠摩罗什在长安讲学，于是前往长安。

在长安弘法期间，因与鸠摩罗什学风不和，佛陀跋陀罗被迫与弟子慧观等 40 余人南下庐山，住在庐山慧远处，译出《达摩多罗禅经》。义熙十一年（415）佛陀跋陀罗前往建康（今南京），与法显、法业等在道场寺译出《摩诃僧祇律》《大般泥洹经》《大方广佛华严经》《新无量寿经》《大方等如来藏经》。他所创译的《华严经》共六十卷，后世通称晋译华严，影响较大。刘宋元嘉六年（429），佛陀跋陀罗圆寂，享年七十一岁。

关于佛陀跋陀罗译经的场所，过去存在一种说法：东晋义熙十四年（418），佛陀跋陀罗来到广陵，住在司空谢安原来的别墅里，翻译《华严经》卷，直到南朝刘宋永初二年（421），才离开广陵，返回建康。因此，他是沿着海上丝路及长江东游来到扬州的第一位外国人。明代《嘉靖惟扬志》、清代《扬州府志》、《江都县志》及李斗的《扬州画舫录》均如此记载。后有多位学者考证，佛陀跋陀罗是在建康道场寺（又名谢司空寺）翻译的《华严经》，因为道场寺也曾是谢安的别墅，所以历史上将此寺误当做了天宁寺。

历史上第一个来到扬州的外国僧人如果不是佛陀跋陀罗，那么就应该是佛驮跋陀罗游学罽宾时的同学——迦达多。

迦达多，天竺国（今印度）沙门。元朝高僧昙噩在其撰写的《新修科分六学僧传》卷二十七中记载了一则关于伽达多的故事。有一次，迦达多禅坐时间久了，腹中饥饿。此时，忽然有鸟儿衔着野果子送给他。迦达多心想，当初猿猴献蜜桃，佛祖也接受了，那么我为什么不能吃飞鸟送来的食物呢？

元嘉十八年（441），临川王刘义庆担任南兖州刺史。他素来喜好佛法，听说天竺高僧迦达多在建康译经弘法，于是派人礼请他来广陵结居。因此，迦达多是历史上第一个来到扬州的外国人，也是第一个沿着长江水道东下扬州的外国僧人。迦达多的扬州之行，对于南朝佛教禅宗经义的传播，对于当时的中外文化交流，都有着深远的影响。

善听、军法力与如宝

唐时，随鉴真第六次东渡日本的成员当中，有三位来自于异国他乡。他们是瞻波国人善听、昆仑国人军法力和胡国人如宝。

瞻波是位于越南南部一带的古国，唐代以前被称为林邑。越南北部长期受中国文化的影响，而南部的林邑自 2 世纪末独立之后，多受印度文化影响。随着大量印度人的迁入，他们的文化影响力逐渐渗透当地。在中国，出于惯性，人们还是长期沿用“林邑”这个国名。从名字来看，善听为僧人的可能性很大，但他恐怕难拥有唐王朝的度牒。在扬州，善听相传为造寺、塑像工匠。鉴真东渡日本时，挑选了手艺精湛的佛像师同行，善听是其中之一。

根据《旧唐书》记载：自林邑以南，皆卷发黑身，通号为昆仑。所以，昆仑国应该位于越南以南的马来半岛、爪哇、苏门答腊、细利洼一带。另有一说指昆仑人为现在北印度至巴基斯坦一带的居住者。昆仑国人军法力是一位为寺院制作佛像和佛具的僧人。善听和军法力到了日本后，都参加了唐招提寺的建设。可见，鉴真大师选人并没有拘泥于汉人，只要有实力，都可以收为己用。

在随鉴真大师东渡日本的这三位特殊成员中，最值得注目的当属胡人如宝。如宝，相传为安国（今乌兹别克布哈拉）人，在扬州是一位雕塑、造寺的工匠，26 岁时随鉴真东渡日本。《唐大和上东征传》中把“如宝”写作“安宝如”，“安”是姓氏。保留着俗姓，说明如宝还未正式受戒成为僧侣。胡国人安如宝是到达日本以后才正式受戒成为僧侣的，为他授戒的正是师父鉴真大师。鉴真一行人抵达奈良两个月后，鉴真大师在东大寺大佛殿前为以圣武天皇、皇后、皇太子为首的四百人举行了授戒仪式，如宝也是其中之一。

如宝在日本由鉴真大师亲自授具足戒，僧籍置于东部下野国的药师寺。据文献记载，如宝所在的不是唐招提寺近旁的奈良药师寺，而是下野国的药师寺。鉴真大师自感时日不多时，才把如宝从东部召回奈良，并且把唐招提寺的后事托付给包括如宝在内的弟子们。鉴真圆寂之时，如宝年约三十过半，这位正值壮年的西域僧为把唐招提寺建成一座气派的寺院付出了不懈的努力。

唐招提寺的金堂、钟楼以及经楼都是在如宝时代建立的。日本弘仁六年（815）正月，位至少僧都的“传灯大法师”如宝与世长辞，享年八十有余。

菩提仙那与佛彻

唐代开元年间，南天竺婆罗门僧菩提仙那以及林邑僧佛彻来到中国，在大唐境内广泛求法。

公元 710 年，日本历史进入奈良朝。日本养老元年（717）三月，由元正女皇派遣的遣唐使团，由大使大伴山守率领，前往大唐。此次遣唐使中的留学僧有玄昉、理镜等人，而且本次同船入唐的留学生也大为有名，如吉备真备、阿倍仲麻吕等人。其中玄昉入唐后在濮阳师从智周学习法相宗，回国后，带回经纶五千余卷及各种佛像，成为日本法相宗的第四代祖师。理镜入唐后，求法途中，遇到菩提仙那，于是力邀他赴日，得到应允。伴随菩提东去日本的还有林邑僧佛彻。

唐开元二十四年（736），一行人经由扬州，东渡日本。后来，在东大寺大佛开眼的佛会中，林邑僧佛彻发挥了重大作用。

第十四章　值得永远纪念的扬州僧人

扬州历代佛教高僧数不胜数，他们身上共通的百折不挠、弘法济民的精神之魂如同维扬琼花般盛开在古城的各个角落。近现代扬州佛教史上，除了众所周知的名僧外，还有许多默默无闻的僧人。抗日战争、解放战争中，曾有一批脱下袈裟换上战袍的扬州僧人，在黑暗中秉持着“出家不出国”的信念浴血奋战，甚至献出了宝贵的生命，重宁寺的抗日僧人恒海、参加游击连的广洋湖乡观音庵僧人德祥和月成、组织宝应僧抗会的龙竿寺方丈天祥、积极支持抗日的江都开元寺住持凤山、参加革命军队的宝应福田庵僧人演诚和演瑞……他们的生平虽然鲜有记载，但是他们的名字应该被世人记住。

一、古代扬州僧人录

昙诜（361—440），东晋时广陵人，扬州佛教史上上最早登入佛门的僧人，开扬州人出家为僧的先河。

广陵人昙诜自幼跟随净土宗初祖慧远出家。东晋元兴二年（402），高僧慧远创立庐山莲社。这个由僧俗自愿结合的团体，体制受到了尊崇。日后，各地市镇、农村出现了很多莲社、邑社组织。昙诜成为莲社十八高贤之一。

据史料记载，昙诜勤修净业，很善于讲经说法，曾注释《维摩诘经》，通行于世，又著《莲社录》，记录往生大士的灵迹。昙诜擅长识别鸟兽毛色，洞晓草木枝干的味道，被称为“博学多闻，具有密证”的高僧。宋元嘉十七年（440），他集合寺内僧众，说：“自从庐山建寺以来，至今已50年了。在往生西行的人中，我是在其最后。”说完，结跏趺坐，口诵佛名百十余声，闭气而寂，享年八十岁。

智脱（541 — 607），隋代成论师之首，江都（今扬州）人，祖籍济阳考城（今河南兰考一带），后因祖上到外地做官的原因，移居江都。其师父为曾任广陵大僧正的江都人智强。

智脱七岁出家，先为邺下颖法师弟子，学《华严经》《十地经论》等，又跟从智强学《成实论》《毗昙论》等书。当时，丹阳庄严寺爝法师以研习《成实论》的闻名，远近皆来拜访学习，可谓江南第一。智脱投到他的门下精研《成实论》。南朝陈至德年中（583—586），智脱应陈后主之请，入宫讲经。鄱阳王伯山、兄弟仆射王克、中书王固等人，都对他十分敬仰。隋初，智脱应隋文帝之请到扶风岐阳宫讲经。智脱讲论循环往复，环环相扣，王公贵族及僧侣学徒没有不为之动容的。

晋王杨广初建慧日道场，智脱以慧业超悟的才能被召入道场。后随杨广入京师长安，住在日严寺，著《成实论疏》四十卷，奉敕讲《净名经》。当时，吉藏论道，词锋犀利，力压玄儒两派，僧俗两道无不倾慕。吉藏日渐骄矜，对智脱颇有微词。有一次，在讲到“三解脱门”时，智脱问吉藏：“三解脱门用什么箭射？”吉藏回答：“未解弯弧，谈何放箭？”智脱于是引经据典，作出新奇解释，令吉藏称服的同时也证明了自己的实力。

隋大业元年（605），智脱随隋炀帝到洛阳，第二年冬天染病，仍自强不息，开讲法席。大业三年（607）正月九日，智脱端坐圆寂，享年六十七岁。

慧益（？ –463），南朝刘宋时广陵人。扬州佛教史上有两位自焚的僧人，一位是之前提到的自焚护寺的住力，一位便是自焚弘法的慧益。

慧益自小出家，宋孝武帝孝建年间（454—456）驻锡建康竹林寺，专心苦修，当时就有了焚身劝法的念头。宋孝武帝听闻后，深感敬诧，便令太宰江夏王义恭前去劝谏。但是，慧益却不改初衷。佛教的焚身供养出自《法华经·药王品》，是“最尊最上”的布施，即信徒燃烧整个身体或身体的一部分以供养佛法僧三宝，是布施供养的极致，带有宗教献祭和宗教宣扬的目的。焚身日期多选择佛教圣日，以显示禅定的威力，或表达信佛的虔诚，也有祈求往生天国的意思。在中国佛门，焚身弘法并不多见。

大明四年（460），慧益开始逐渐停止进食，先只吃麻麦。两年后，停止食用谷类，仅靠一点油水维持生命，后来连油也断了。大明七年（463）四月八日佛诞日，慧益自焚前，在云龙门向宋孝武帝辞行。就在慧益点火之际，孝武帝命太宰刘义恭前往劝说：“道行多方，何必殒命。幸愿三思，更就异途。”但是，慧益已经明志，并无后悔。

孝武帝只得降旨应允。慧益坐在油锅之中，手持烛火，点燃了头上的僧帽，合掌咏诵《药王品》。当大火烧至眉间时，诵声仍然不断。周遭的僧徒俗众为之动容，无不称其为佛。

翌日，孝武帝设法会，并在慧益焚身处建药王寺，纪念这位江南僧徒自焚弘法第一人。

法慎（666—748），俗姓郭，唐时江都（今扬州）人，法号怀仁，是与鉴真大师同样闻名于世的律学高僧，人称“淮南东塔宗大师”。

法慎，祖籍太原，后迁至淮左，遂为江都人。孩提时代就对佛教产生浓厚兴趣，誓入空门，志不可夺。武周长寿元年（692），法慎进京受具足戒。在京城，法慎律学精进，声震京师，却东归返回扬州修习律学将近二十年。

开元二十年（732），法慎再次到长安，精研律部。九年后，扬州诸寺恭请法师归乡为僧俗领袖。法慎东归扬州，成一方化主，在扬州开坛讲律授徒。法慎大师弘扬佛法时善兼采儒流，合而为一。与人子言首谈孝道，与人臣言首谈忠君，与官家言首谈仁政，与百姓言首谈礼敬，因此声名远播，朝廷官宦名士纷至沓来。法慎的扬州弟子有惠凝、明幽、灵祐、灵一等。

法慎年长鉴真18岁，同住扬州龙兴寺。神龙到景龙岁倾（705—709），鉴真到东、西两京游学，学相部律和南山律，并依西京实际寺弘景律师受具足戒。此时，法慎已到长安数年。开元元年至二十年（713—732），两人都在扬州弘律，应该有所交往。天宝元年至十年（742—751），鉴真东渡五次失败，此时，法慎正在扬州龙兴寺讲授相部旧疏。鉴真承继相部、南山两宗律学，但就相部宗而言，法慎与鉴真系同宗。两人同为江南地区的著名律师，法慎的弟子灵祐也是鉴真的弟子。

天宝七载（748）农历十月十四日，八十三岁的法慎大师示寂于扬州龙兴寺别院。法慎的弟子在城西蜀冈为他建造了佛塔，后请吏部员外郎赵君李华为塔前立碑撰写碑文，撰文全称《扬州龙兴寺经律院和尚碑》。后佛塔毁于唐武宗会昌法难。

法进（709—778），俗姓王，扬州白塔寺僧人，精研律法和天台教义，且对儒家经典多有涉猎。

法进和扬州崇福寺僧祥彦都是鉴真“超群拔萃、为世师范”的弟子。

祥彦在大明寺随鉴真学习律学，五次随鉴真东渡，后圆寂于东渡途中的韶州。法进天性聪睿，志向高远，积极支持鉴真东渡。他曾亲赴福州，筹备第三次东渡，后随鉴真第六次东渡日本。

鉴真在日本东大寺讲律和授戒，法进是其得力助手。鉴真任大僧都，法进为律师，有“第二和尚”之称。鉴真移居唐招提寺，法进接管东大寺唐禅院和戒坛。光仁天皇宝龟五年（774），法进出任大僧都。日本天台宗创始人最澄正是跟从法进的弟子学习的天台律宗。宝龟九年（778），法进在日本圆寂，留下《沙弥十戒》《威义经疏》《东大寺授戒方轨》等著作。

道彝，字天伦，明代扬州天宁寺僧人，是继唐代鉴真东渡以后，扬州第二位赴日的僧人，同样为中日友好和文化交流作出了贡献。

明洪武十五年（1382），朝廷设立佛教管理机构“僧纲司”，扬州天宁寺僧人道彝出任“都纲”，这是一个僧职兼官职的职务，也是管理全国佛寺和僧众的总头领。

中国的明朝，大体相当于日本室町时代中后期至江户时代初期。明代的中日关系，在佛教方面表现为双方都有官派的僧人使者。明建文三年（1401），日本筑紫商人肥富从明朝回国，向足利幕府第三代将军足利义满建议与明朝进行贸易。足利义满正式派遣肥富为正使，僧祖阿为副使，出使明朝。当时日本和明朝的通商，多以禅僧为使节，展开双方海上交通贸易。

建文四年（1402），明惠帝派遣禅僧道彝、教僧一庵等以国使的身份出使日本。嗣后，足利义满派天龙寺的坚中圭密为遣明使，偕同其他僧人，回访明朝。据明代扬州人盛仪撰写的《嘉靖惟扬志》记载：道彝圆寂于日本，享年六十六岁。另有日本史料记载，永乐元年（1403）三月，道彝一行人离日回国。不论结果如何，道彝都是中国佛教徒中第一位以国使身份赴日的僧人。

后来，日本室町幕府也曾派遣画僧雪舟、高僧策彦出使中国，两位日本僧人均经由扬州沿运河北上北京。

寂光（1580—1645），字三昧，亦称三昧寂光律师，明代广陵人。

寂光初习华严宗，后入南京灵谷寺受具足戒，专门从事律学。明崇祯五年（1632），寂光在五台山建立龙华大会弘传戒法，后致力于复兴扬州石塔寺，重修寺院和塔，建藏经楼。明崇祯十年（1637）正月，三昧寂光律师在石塔寺开戒，六月在寺内建盂兰盆会，期间讲《孝横钞》。八月，在泰兴毗尼庵开戒，十一月至次年正月，在高邮承天寺开戒。明崇祯十一年（1638），三昧寂光律师传戒四场，地点分别为扬州善庆庵、邵伯镇、淮安清江蒲檀度寺和南京报恩寺。相传，三昧寂光律师在金陵报恩寺演戒之时，该寺佛塔放光二十余夜。晚年的寂光在句容宝华山隆昌寺建戒坛，结千华莲社，学侣云集，使宝华山成为传戒重镇。律宗在扬州因为三昧寂光律师的活动而中兴。

明崇祯十五年（1642），寂光奉荆王之召，重兴沩仰道场。翌年，敕住报恩寺。弘光元年（1645），受封为国师。同年六月四日，寂光在宝华山端坐圆寂，享年六十六岁，谥号“净智律师”，著有《梵网直解》等。

二、现代扬州名僧录

文希（1878—？），讳密万，号亚，以字行，江都人，在扬州天宁寺创立普通僧学堂，成为近代史上国人开办的第一家正规学院式佛教教育机构。

文希年幼时，在江都大圣寺披剃出家。1904年9月，天宁寺、重宁寺、万寿寺、兴教寺及高旻寺僧人在天宁寺住持显恒的召集下，集会讨论，准备自办学堂，以佛教经典为主，兼修一切有用之学。会后即开始筹集经费，不少本地尼庵也都捐献了钱财。最初拟办学堂为僧侣实业学堂，后禀准两江学务处定名为“扬州普通僧学堂”，监督为文希法师。但是，由于准备仓促及缺乏师资，天宁寺所办僧学堂延至1906年5月9日才正式开学，文希担任校长，经费由扬州各寺院分担。首期招生二十余人。文希自己编写教材，讲授《释迦如来成道记》，此后又创办了扬州八邑八区僧立小学，在当时成为开风气之先的创举。

文希思想开明，他获悉日本佛教教育很进步，希望如同乡前辈鉴真大师般东渡日本，学习佛教教育经验。光绪三十三年（1907），文希获两江总督端方批准，咨送游历日本。但是，当他途经镇江时，遭人检举，说他到日本的目的是勾结革命党。文希被收押，送到江西石城县监狱。天宁寺的僧学堂在万般无奈之下停办，仁山和智光等学生也就各自回寺。扬州普通僧学堂虽然夭折了，但是却开创了中国佛教自办新式僧学堂的先河。

1912年，民国建立。随着“庙产兴学”之风愈炽，各地毁占寺庙、纠纷不断。以宁波天童寺住持寄禅和尚为代表的一批僧界有识人士，为团结教徒、保护寺产，发起创办全国佛教组织，文希也参与其中，推波助澜。4月，中华佛教总会在上海留云寺召开筹备会，寄禅（敬安）被推选为会长，冶开、清海为副会长，圆瑛为评议长，文希为总务长兼任江苏支部长。9月，中华佛教总会在法源寺成立北京办事处，文希任驻京代表，参与了中华佛教总会会章的修改工作。

1913年5月，太虚法师主编的中华佛教总会机关刊物《佛教月报》创刊。文希在所撰发刊辞中提出佛教“乃我国汉唐以来，衣钵相承之正教。非不昌明。而不能竟存于异学争鸣之一日也。知政体之不得因时而改革，即知宗教也不得不因时而转移。穷则变，变则通”的改革佛教设想。此后，他在《佛教月报》上还发表了《解散省议会之感言》《寄语南通某学者》《对佛教总会政见》《佛教进行策平义》《哀八指头陀》等文章。之后，文希又回到扬州天宁寺。

1919年底，《海潮音》杂志上登出一条“传闻释文希有赴欧洲宣扬佛教”的短讯，说其“今鉴于南北政见分歧，佛教前途无从发展。遂慨然欲孤身远赴欧洲，以宣传佛教”。这一年，文希和尚42岁，后不知所踪。

澄波（1882—1965），江都仙女庙人，民国年间高邮护国寺住持。

澄波8岁在扬州一座寺院出家，自小秉性聪慧，读书习文，诗词书画均有所涉猎，尤擅绘画，以墨竹为最。后考入镇江金山文宗学苑，使绘画艺术更臻佳境。毕业后，澄波在扬州观音庵当住持。1927年，高邮界首镇护国寺大果法师圆寂，为了弘扬大果禅宗典范，各地名寺高僧百余人云集护国寺，举行隆重的佛教祭仪，做斋教华严期，诵华严经81卷，为时21天，以资纪念。同年，住持智禅（又号镜如）法师又举办了三坛大戒，延请了扬州等地的高僧，为各地前来的“青衣”授戒。这两次佛教活动成为护国寺的盛事。活动期间，智禅与澄波一见如故，谈经说法，相见恨晚。智禅对于澄波的为人品行与佛学修养大为欣赏，不久，智禅将护国寺住持位传给澄波。

关于澄波藐视权贵的性情，民间流传着一则轶事。上世纪三十年代，澄波任护国寺住持。时任界首水上公安派出所大队长的张桂芳，仰慕澄波的绘画艺术，便求其作画以附庸风雅。澄波素来鄙恶张桂芳鱼肉人民的行径，因此一直未应允。后来，张桂芳亲临寺院求画。澄波于是画了一幅《猫鼠图》，画面上角是稀疏的篱笆，几株鸡冠花迎风绽放，两只蝴蝶翩翩飞舞。左下角是一只圆睁双眼的雄猫盯视着花丛的蝴蝶。而在右下角是一只老鼠贼溜溜地爬在油壶上偷油喝。画上题诗云：“鼠，偷油，汝不顾，蹲在花间观蝶舞，罪过！罪过！”这幅画把权势者讽刺为猫，不捉老鼠却整日陶醉于观花间的蝶舞，简直是祸国殃民。不懂文墨的莽莽武夫张桂芳拿到《猫鼠图》后，甚为欣喜，精裱后挂在客厅里炫耀。结果有一天，画意被他的幕僚识破。得知真相的张桂芳大为恼火，气势汹汹持画前来问罪。澄波合掌连声说道:“罪过！罪过！”张桂芳无可奈何，只得将画撕毁，愤然离去。

解放后，澄波曾担任高邮县佛教协会常务理事、江苏省佛协会理事。1965 年，澄波圆寂，享年八十四岁。

松涛（1894—1963），俗姓孙，名学朗，江都沿河乡人。其人精于书法，尤善左手书，求其墨宝者甚多。

松涛 8 岁入私塾读书，10 岁入戚墅圆通庵为沙弥，法名常澍。1912 年，松涛在扬州万寿寺受具足戒，先后在长生寺、福缘寺学习佛法。1915 年，松涛前往常州天宁寺，后因父亲去世返回圆通庵。一年后，转赴扬州卧佛寺。1920 年，松涛在镇江金山江天禅寺住禅堂，后任知客僧。期间曾受江天禅寺委派前往香港做水陆道场。1929 年，松涛受丹徒会音寺延请担任住持，长达十年。

1939 年，松涛返回扬州，任石塔寺住持。1944 年，松涛退位，由其门人印波接任住持一职。新中国成立初年，寺内大殿被部队征用，成为步校仓库，松涛迁往旌忠寺。1958 年，松涛任扬州市佛教协会代理会长，兼任大明寺、观音山禅寺、高旻寺三座寺院的管理委员会主任，为恢复、重建及管理扬州寺院做出贡献。1963 年，松涛在旌忠寺圆寂，享年六十九岁。

明智（尼）（1899—1989），俗姓蒋，籍贯镇江扬中县。

明智出身贫寒，九岁时被父母卖给丹阳某富户当侍女。该富户女主人与扬州徐宝山的二夫人孙阆仙交好。孙阆仙见明智聪慧娟秀，极为喜爱，遂将她留在了身边。徐宝山死后，孙阆仙皈依佛门，1919 年改宅为庵，建立祇陀林庵堂。当时，孙阆仙并没有剃度出家，剃度出家的是她的堂妹，法号了悟。明智便在祇陀林侍奉孙阆仙。1923 年，明智在重宁寺受戒，成为了悟的三弟子。了悟之后，明智继任祇陀林住持，为建设祇陀林做出贡献。明智曾担任扬州市佛教协会副会长，并在 1984 年 12 月召开的体改后的第一次佛教代表会议上，当选为扬州市佛教协会名誉会长。1989 年，明智圆寂，享年九十一岁。

瑞霞（1903—1986），俗姓张，名无澄，扬州人。其人诵经嗓音嘹亮，梵唱清越，享有盛名。

瑞霞年幼时曾入私塾读书三年。1909 年，瑞霞随兴化木塔寺月涛法师为沙弥。1923 年，瑞霞在镇江焦山定慧寺受具足戒，后在扬州万寿寺听经、修持、读藏。1935 年，瑞霞到东岳庙当家。1945 年，接替三藏侍者道生任藏经院住持。1950 年下半年，扬州佛教界成立了“扬州市宗教界抗美援朝分会佛教支会”。法净寺僧人流平任会长、瑞霞及愿安、根静任副会长，会址设在宛虹桥的藏经院。支会的主要工作是通过“捐献飞机大炮”活动，向佛教徒进行爱国主义和国际主义教育。1957 年 2 月 15 日，扬州市佛教界代表大会召开，成立了扬州市佛教协会，瑞霞当选会长。1958 年，瑞霞退居旌忠寺。1963 年，移居观音山。1986 年 1 月，瑞霞圆寂，享年七十四岁。

印波（1907—1993），俗姓蒋，名树浩，江都丁沟人，曾任石塔寺、旌忠寺住持。

印波年幼时曾入私塾读书四年。1918 年，印波在扬州长生寺出家，依心禅法师为师。1913 年，受戒于句容宝华山，在宝华山昌隆寺担任知客 22 年，学习律宗义理与仪轨。期间，曾在中国佛教学院学习 10 个月。1945 年，印波受扬州石塔寺延请担任住持。1960 年，印波调往扬州市佛教协会协助会务。1966 年，文化大革命开始，佛教协会的工作被迫停顿，直至 1972 年逐步恢复工作。1981 年 12 月，经江苏省人民政府批准，旌忠寺为扬州市开放寺庙之一。僧众陆续回寺修持，佛事活动亦恢复，印波担任旌忠寺住持。1984 年，印波当选体改后的扬州佛教协会会长兼授戒师。1993 年，印波圆寂，享年八十七岁。

雪松（1909—2000），俗姓陈，名明伦，字仁俊，江都县双沟乡（今江都区仙女镇）人，享有“抗战名僧”“革命和尚”之盛名。

1928 年，雪松在浙江宁波天童寺出家，早年受太虚、圆瑛弘法思想的影响，勤学苦修。后受盐城永宁禅寺方丈体增的邀请，担任该寺住持。青年时期的雪松，曾经辗转浙江、上海、四川、重庆、湖北等地弘法。

抗战爆发后，雪松倡议成立盐城兜率佛学院。皖南事变后，新四军在盐城重建军部，雪松先后接待了新四军政委胡服（刘少奇）、军长陈毅、抗大的冯定、鲁艺的丘东平等。雪松拥护共产党的抗日民族统一战线主张，积极参加抗日文化宣传活动，组织了盐城县佛教界抗日救护队，自任教官。1940 年 10 月，盐城县抗日民主政府成立，雪松担任了盐城县参议会参议员，曾冒着生命危险，多次掩护共产党干部。陈毅、刘少奇称他是“革命和尚”。

1945 年后，雪松先后担任中国佛教整理委员会秘书、中国佛教会常务理事、中国佛教会秘书长、南京市佛教会会长。1948 年，雪松在扬州天宁寺主持佛事，因时局动荡，翌年回到仙女镇，行医济民，弘扬佛法。

改革开放后，雪松历任江都县（市）佛教协会会长、名誉会长、扬州市和盐城市佛教协会名誉会长、江苏省佛教协会理事，积极参与了江都地区各大佛寺的修缮与重建策划工作。自 1981 年开始，他先后担任江都县第五届政协委员，第六、七、八、九届政协常委和民族宗教工作组组长。2000 年 1 月 24 日，雪松在盐城永宁禅寺圆寂，享年九十一岁。

弥光（1912—2008），俗姓王，名兴远，法名昌金，字弥光，湖南衡阳人。

弥光 10 岁入私塾，苦读四年后随父母至湖北公安县架渡船为生，后弃水运以种田为业。1945 年依湖南省衡山县南岳狮子岩寺镜明老和尚剃度为沙弥。1950 年，弥光离开南华前往云门寺。1951 年农历六月初八至六月十九，虚云法师传授三坛大戒，弥光为受戒弟子之一。1953 年 7 月，虚云上云居山重建真如禅寺，弥光赶往云居山，成为虚云座下中坚弟子。

1955 年，弥光因在云居山种水田导致风湿病日趋严重，双脚肌肉严重萎缩，受虚云指示，下山针灸治病，到扬州高旻寺住禅堂。1966 年“文革”开始，弥光被下放到农村，放牛为业。1978 年，因为中日建交，鉴真大师像拟回国探亲，弥光老和尚受命接待日本友好使团。在大明寺列队迎接时，赵朴初先生陪同各国客人刚一进寺，弥光竟顶着风险上前握住赵朴老的双手，一边寒暄，一边有意拉开僧袍，露出内里俗人的工作装，向赵朴老显示当时宗教政策尚未恢复。赵朴老回北京后，加速了扬州大明寺宗教信仰自由政策的落实，开“文革”以后扬州佛教寺院宗教政策开放之先河。此后，为恢复高旻寺，弥光亲上北京，并积极推动旌忠寺、观音山禅寺落实宗教政策，为扬州寺院落实宗教信仰自由政策做出了贡献。

宗教政策恢复以后，弥光曾担任云居山真如寺及扬州高旻寺首座。1987 年前后，弥光在高旻寺闭关三年苦修。2008 年夏初，弥光在云居山圆寂，其弟子遵老和尚以真身长久度化众生的遗愿，于湖北省武汉市黄陂区石观音寺圆满完成弥光老和尚坐缸法事。

演培（1916—1996），字谛观，俗姓李，江都人，新加坡福慧讲堂创始人。

演培出生在一个普通的农民家庭。1927 年，随宝应柳堡福田庵常善和尚为沙弥。1929 年，在宝应县城福寿院受具足戒。后前往上海法藏寺，就读于汉藏教理院。毕业后，到浙江宁波观宗寺弘法研究社，跟从宝静法师研习天台宗理论。1936 年，演培进入闽南佛学院。不久，返回苏北，随大醒法师潜修。1937 年抗日战争开始后，他随慈航法师到香港弘教。1940 年，从香港绕道越南，赴抗战大后方重庆汉藏教理院学习。1941 年夏，毕业后的演培被太虚大师派往合江县筹办法王学院，任教务主任。三年之后，受聘于什邡罗汉寺华西佛学院任教席。半年后学院因故停办，演培又应聘于成都十方堂讲学。抗战胜利后，演培回到上海，不久，任杭州武林佛学院教席。1948 年，演培经福建到香港，协助编校《太虚大师全书》。1952 年，演培由香港至台湾，曾任台北善导寺住持，担任过太虚佛学院院长等职。其后应邀赴越南、老挝、柬埔寨、泰国、马来西亚和美国传教，弘法于海外。1963 年，演培定居新加坡。

在新加坡，演培除讲经说法外，还修建弘法道场，兴办社会福利事业。1967 年，演培重建了原慈航法师主持的灵峰菩提学院，改名灵峰般若讲堂。1981 年，组建佛教福利协会并任主席，同年开始兴建福慧讲堂。福慧讲堂的建成，既是演培弘法利生的道场，也是佛教福利协会的永久会址。讲堂内另有慈恩林安老院和托儿服务中心。福利协会还发起捐血运动，举行过捐肾研讨会，号召社会人士死后捐献肾脏，以挽救肾脏病患者的生命，并举办过保护肾脏健康展览会。由于演培兴办社会福利事业成绩卓著，1986 年和 1992 年曾先后两次被新加坡总理授予公共服务勋章和公共服务星章。

几十年来，演培勤于著述，他的疏经释论之作达数十种之多，加上他所写过的文章，总共约 700 余万字。1996 年 11 月 10 日，演培在新加坡圆寂，享年八十岁，留下自传《一个凡愚僧的自白》。

明波（1917—2008），号月静，俗名金成林，宝应县古射阳镇人。其人喜好书法、丹青、印刻和诗词，尤其擅长行草。

1926 年，明波在射阳白衣庵出家，1932 年毕业于嘉祥佛学研究社，同年于射阳唐建龙竿寺受沙弥戒，1936 年春在句容宝华山隆昌律寺受具足戒，并留山参学，先后任引礼、知客、知众、律学院监学。1946 年，受宝华山委派，明波前往焦山佛学院，参加中国佛教会会务人员训练班，学业圆满后复至宝华山任职。“文革”期间，明波法师被迫离开寺院，历经坎坷，在逆境中仍然坚持个人修持。

1979 年，明波重返寺院，和广智、明秀、照融等长老一起组建了宝应县佛教筹委会，恢复了宝应县第一座佛教寺院——圆通禅寺，并任住持。宝应县佛教协会成立后，明波任宝应县佛教协会第一任会长。此后，他相继担任宝华山佛学院教授，隆昌律寺羯磨，台湾灵光寺弘戒大德开堂和尚，镇江江天禅寺首座，宝应县宁国寺住持，宝应龙竿寺住持，历任宝应县政协第八、九、十、十一、十二届政协委员、县红十字会理事、宝应县美协名誉主席、宝应县书画院院长等，为宝应县佛教事业的发展，作出了不可磨灭的贡献。2008 年 6 月 19 日，明波于宁国寺圆寂，享年九十一岁。

隆根（1921—2000），俗姓吕，出生于泰县陈林沟（区域调整后，陈林沟先划入江都市周西镇，如今并入江都区武坚镇境内），曾任新加坡佛教总会主席。

隆根 6 岁入私塾，10 岁在广济庵礼智祥法师剃度出家。1938 年，他的曾师祖三乘老人圆寂，师祖守培上人回庵奔丧，并为老人守制三年。守培上人是当代有名的法师，对于唯识学颇有研究。隆根法师陪伴师祖三年，佛学修养大有进益。22 岁时，守培上人安排他到南京宝华山受戒。此后，隆根游学于上海佛学院、武昌佛学院。1949 年，武昌佛学院因受战事影响而停课，隆根随逃难的人潮来到广州，在六榕寺挂单，后前往香港。

此后，他云游于香港、台湾、槟城等地，担任过中国香港《无尽灯》、中国台湾《海潮音》、马来西亚《无尽灯》等佛学杂志的主编，也担任过新马佛教总会的弘法主任，旅台时担任善导寺监院。1960 年 7 月，隆根长老应马来西亚本道法师的聘请，到槟城编辑演本法师的遗著。随后两年，他在东南亚地区展开弘法活动。1963 年，他在槟城创设独一无二的佛学书局，经营了一年多后，由于演培法师希望隆根能到新加坡共同建设灵峰菩提学院，隆根遂把书局迁到新加坡的吉宁街，更名为南洋佛学书局。书局为推广新、马两地的佛教文化做出不少贡献。此后，隆根一直在新加坡佛教总会担任职务，期间为推动新加坡佛教的发展，所倡导的开办佛学班、举办佛学讲座、兴建佛教会所等提案，都一一实施。

1994 年，隆根受推出任新加坡佛教总会主席，时年七十四岁。隆根晚年除了住在灵峰般若讲堂，也经常住在自度庵。2011 年 6 月 15 日，隆根在新加坡圆寂，享年九十一岁。

静缘（1925—1998），俗姓郝，名世明，籍贯内蒙古呼和浩特，参与了 1980 年鉴真大师坐像回国巡展庆典的筹备工作。

1937 年，12 岁的静缘入扬州三官庙街圣母院出家。1945 年，在北京广济寺受具足戒。1950 年，毕业于中国佛学院。1951 年以后，常住扬州高旻寺。1958 年，静缘担任高旻寺寺务委员会副主任。“文革”期间，静缘在扬州线路器材厂务工。1980 年，扬州佛教协会恢复工作后首先将下放农村的显真、静缘、松月三人调回扬州，充实佛教工作力量。显真不久因病去世，静缘和松月回到大明寺。静缘历任大明寺知客、监院、都监等职，曾被选为扬州市政协第三届委员会委员。1980 年 4 月，静缘参加了鉴真大师坐像回国巡展庆典活动，为大明寺恢复开放、维护发展做出贡献。1988 年 10 月 28 日，静缘在大明寺圆寂，享年七十四岁。

松月（1930—1995），俗姓沈，名一余，籍贯南通如东县，参与了 1980 年鉴真大师坐像回国巡展庆典的筹备工作。

松月自幼在原籍如东读书，在如东县浒霞乡广霖院出家。1952 至 1955 年期间，松月在江浦县狮子岭受戒。1956 至 1958 年，担任高旻寺代知客。1959 年秋天，担任高旻寺寺务管理委员会副主任、扬州市佛教协会副秘书长、江苏省民主青年联合会委员。1969 年，松月下放至兴化县务农 10 年。1980 年，松月与静缘一道调回扬州，回到大明寺，参与筹备迎接鉴真大师坐像回国探亲的庆典，成为住持能勤法师座前的八大执事之一。当时正值“文革”刚刚结束，寺庙残破，僧人四散。面对物资人员缺乏等困难，松月还是积极完成了各项具体筹备事务。

1984 年，德林法师返回高旻寺担任住持，提请松月协助。经扬州市宗教局协调，借调松月回高旻寺协助重建工作。松月兼任高旻寺和大明寺两寺监院，并担任江苏省佛教协会理事、扬州市佛家协会副秘书长。1990 年 12 月 20 日，邗江县佛教协会正式成立，松月担任首任会长。1995 年，松月圆寂，享年六十五岁。

三、大明寺历代住持

大明寺，建寺迄今已有 1550 多年，期间屡废屡兴，历尽沧桑。时至今日，大明寺依然屹立在蜀冈之上，成为扬州古城硕果仅存的古刹之一。始建于刘宋孝武帝大明年间的大明寺，开山寺祖的法号及其嗣续传承已经失传。隋唐时候，大明寺步入辉煌时期，多位名人登临栖灵塔，留下吟咏文字，可惜当时的主持法号等相关法脉传承亦均失载。唯一见诸史籍的是唐开元二年（714），鉴真回到扬州栖灵寺，主持栖灵寺法会，讲法阐律，成为一方宗首。因为鉴真是南山道宣的三传弟子，因此栖灵寺也被视为南山宗的第二祖庭。不过，鉴真讲学的古大明寺在唐末会昌之难后被毁，此后多年湮没无闻。

有关大明寺，史料记载始于宋庆历八年（1004）僧可政建多宝塔，时人以“大明寺塔”称呼。后世在蜀冈掘出“大明禅寺”残碑，由此猜测寺院宗派由律转禅。宋代战乱频仍，扬州城受害颇深，尤其是清兵屠城，大明寺法系断续靡常。

明天顺年间（1457—1464），僧人智沧溟决心重建庙宇，经师徒三代经营，终于在平山堂东侧的旷野上，重建大明寺。后历经正德、嘉靖、隆庆三朝，寺院失修荒颓。清顺治十四年（1657），扬州人赵有成联合僧佛生、佛霭以及本地士绅，请扬州郡守傅哲祥发书，延请焦山寺住持、曹洞宗三十世受宗旨和尚来扬州，重新复兴大明寺。受宗旨和尚主持寺院以来，开发荒废土地，修葺倾圮殿宇，拟立寺院禅规，升堂讲经说法，大明寺重获新生，自此可以视为大明寺开创祖庭的开始。受宗旨及其弟子道宏、行昱成为开创祖庭的初、二、三祖。

大明寺自宋代由律宗改成禅宗，历经明清迄今，虽然谱牒断续，但是所传均为曹溪法脉。雍乾以后，大明寺持奉“禅净双修”，历代住持或为曹洞宗，或为临济宗。新中国成立后，大明寺住持悉数为临济宗弟子。现参酌《大明寺志》以及相关资料，整理大明寺历代住持略系如下：

扬州大明寺历代住持略系

--- 可政 --- 智沧溟 --- 德政大方 --- 广胜 --- 受宗旨——道宏——丽行昱——麓庵——敏修玉——澄朗——心泉——悟堂——小航——海云——常达——星悟——皎然——志安——守静——圣涛——昌泉——文光——能勤——瑞祥——能修

受宗旨 清顺治年间大明寺住持，曹洞宗三十世正传。入主大明寺后，开发荒废土地，修葺倾圮殿宇，拟立寺院禅规，升堂讲经说法，令大明寺重获新生，成为开创祖庭的初祖。

道宏 俗姓胡，名德南，号介庵，江阴人，传为南宋胡瑗远裔，曹洞宗三十一世正传。顺治十四年（1657）随师父受宗旨来到大明寺。两年后，师父圆寂。道宏主持大明寺院事。道宏担任住持期间，四方筹资，兴工修建，新建地藏殿，修复山门，并整顿寺内各项法务，执行严格的丛林制度，开接众道场接待往来的僧徒和俗众。康熙皇帝下江南，游览大明寺时，曾御书“怡情”二字赐予道宏禅师。康熙十五年（1676），道宏受郡城士大夫邀请，住惠照寺，不久复归大明寺。康熙二十九年（1690），道宏传位弟子行昱，自己退居吉祥禅院。

行昱 字丽杲，曹洞宗三十二世正传。从师父道宏手中接任大明寺住持一职以后，募建诸天楼，完成师父未尽之事。行昱先后请赵有成撰《重修栖灵寺并建地藏殿诸天楼碑记》、孔尚任撰《平山道宏禅师修创栖灵寺记》，并刻石立碑，以纪念师父道宏复兴大明寺之功。康熙南巡时，行昱参与接驾，获赐“淦旷”二字。康熙五十一年（1712），行昱在六一堂自刻《晴空阁集》十卷，以诗编年，时间从康熙十九年开始到四十四年，跨度二十三年。

敏修玉 俗姓李，武昌人，曹洞宗三十三世正传，世称敏修福毅禅师。19 岁到焦山随硕庵上人参法。行昱退位后，大明寺继席为麓庵，但是麓庵去京未归，于是延请焦山敏修玉主持大明寺。乾隆二年（1737），敏修玉重回焦山，主持定慧寺。京口大旱，敏修玉在扬州募米二万余石助赈。

澄朗 镇江丹徒人，担任大明寺住持三十余年。乾隆南巡，澄朗三次接驾。澄朗擅长书法，笔力遒劲。乾隆三十年（1765），清高宗第四次巡幸扬州，改大明寺为法净寺，特降敕命令澄朗题写寺额。其后两百年间，寺院一直称法净寺。

悟堂 咸丰三年（1853），法净寺毁于太平天国兵燹。同治九年（1870），两淮盐运使方浚颐受悟堂的请托，重建寺宇与山堂。自悟堂住持法净寺后，法净寺不唯曹洞宗，而以禅净双修为主。

星悟 又作心悟，号六一头陀，光绪年间法净寺住持。光绪十九年（1893），平山堂前鹤池内有双鹤，星悟极为珍爱，任双鹤饮啄自适。后一鹤因足疾而毙，一鹤则巡绕哀鸣，绝食以殉。星悟深为所动，葬双鹤于一冢，立碑纪念。星悟挚友湘南李郁华撰写《双鹤铭并叙》，勒石嵌于大雄宝殿东廊，铭文简洁感人，书法宗颜鲁公字体，其拓本从晚清至今成为著名碑帖。此外，大明寺西侧院墙八角门洞上所嵌“仙人旧馆”砖额，亦为星悟所题。

皎然 民国初继星悟任大明寺住持，在任期间，募化钱物复修殿宇，并建天王殿。皎然擅长琴瑟，曾在平山堂为客操琴。

志安 又作治安，盐城人。13岁在盐城福缘庵出家，18岁到镇江句容宝华山求戒，住镇江金山寺3年，1922年到平山堂，继皎然之后接任大明寺住持。

圣涛 20世纪二十年代继志安禅师之后担任大明寺住持。1934年，国民党中央执行委员王柏龄重修平远楼，圣涛打理具体事宜。

昌泉 扬州三泰人，1940年前后继任大明寺住持。1944年，昌泉禅师与程祯祥募集资金，重修庙宇佛像，建四松草堂。抗日战争胜利后，离开佛门去沪安居。

能勤（1900—1987），俗姓吴，名学道，邗江县人。曾任中国佛教协会理事、江苏省佛教协会副会长、扬州市佛教协会会长、名誉会长。

1923年，能勤在宝应大王庙出家，拜镜波为师，并在扬州重宁寺受具足戒，先后住常州天宁寺、扬州高旻寺、上海法藏寺。抗战后，能勤回扬州住在万寿寺。万寿寺内藏有《龙藏》全帙，能勤借此机会潜心研读，并利用读经间隙，修补残破经书多部。上世纪四十年代，能勤常以其积蓄购买柴米油盐，送至立贞堂、崇节堂、育婴堂、老人院等社会救济场所，修善积德，多年不辍。

新中国成立后，能勤任大准提寺住持。1950 年，他受扬州抗美援朝分会佛教支会委派，负责僧尼生产自助工作。1957 年调往法净寺，后任住持。1963 年，松涛圆寂，能勤经推选接任扬州市佛教协会会长。“文革”期间，能勤暂住于紫气东来巷观音庵。1973 年，“中日友好宗教者恳谈会”访华团来扬州参拜法净寺，能勤返寺主持庙务。1978 年，能勤参加中国佛教代表团赴日本访问。1980 年，为奉迎鉴真大师坐像回国探亲，能勤再次被迎请出任大明寺住持。同年 4 月，日本唐招提寺森本孝顺长老护送鉴真大师坐像回扬，能勤协助完成这一中日佛教界的盛举，深受各方赞誉。1984 年，能勤被推选为体改后的扬州市佛教协会名誉会长。1987 年 9 月 9 日，能勤圆寂，享年八十八岁。

瑞祥（1912—1992），俗姓陈，名小飞，号无我，江苏东台人，曾任中国佛教协会理事、江苏省佛教协会常务理事、扬州市政协委员。

1920 年，瑞祥在东台三昧寺出家，后至镇江玉心佛学院读书。1935 年初赴厦门南普陀寺，就读闽南佛学院，后入湖北武昌世界佛学研究院深造。1936 年分别执教于北京法源寺佛学院及白雀寺佛学院。1937 年，应邀担任北京广惠寺监院。数年后，被推举为广惠寺方丈。

新中国成立后，瑞祥当选为北京市佛教协会首任会长。1969 年，下放江苏东台老家务农。1980 年，有关部门将瑞祥从东台农村延请至南京灵谷寺任监院，并被选为江苏省佛教协会常务理事。1987 年 2 月，瑞祥法师奉调担任扬州大明寺主僧。瑞祥工于书画，平生讲经传教不计其数，现存 1989 年为香港同胞与佛门僧众徒宣讲的《金刚经讲记》。1992 年 5 月 10 日，大明寺举行玉佛开光、瑞祥方丈升座仪式。同年 6 月 3 日，瑞祥圆寂，享年八十岁。

能修（1966 至今），俗姓薛，名平生，江苏东台人。现为中国佛教协会常务理事，江苏省佛协副会长、江苏省政协委员、扬州市佛教协会会长、扬州政协常委、扬州市慈善总会副会长、鉴真佛教学院执行院长。

少年时，能修在南京灵谷寺随瑞祥法师出家，1986 年在南京栖霞寺受具足戒。1987 年 2 月，随瑞祥一道调至大明寺。自 1992 年起，能修担任大明寺监院。1999 年 12 月，能修荣升大明寺方丈。

能修主持大明寺工作期间，重建了栖灵塔、藏经楼、卧佛殿、钟鼓楼等一批寺院建筑，使大明寺的规模和形制得到扩大与完备，同时修葺了清代园林——西苑，使大明寺成为国家 4A 级风景区，全国重点文物保护单位，国家重点开放寺院，寺内香火兴旺。

为培养佛教年轻僧才，2001 年，能修创办了苏北第一所正规佛教学校——扬州大明寺佛学院。为培养佛教外语人才，弘扬鉴真精神，促进未来中国佛教对外友好交往，2003 年，能修创办了中国最高等级佛学院——鉴真佛教学院。

改革开放后，扬州名刹大明寺成为对外友好的纽带，在海内外享有很高的声誉，日本、缅甸、泰国、韩国及东南亚各国的宗教界人士和友人多次访问大明寺。能修曾先后出访缅甸、泰国、新加坡、日本，并随中国交流代表团出席在韩国汉城举办韩、中、日佛教友好交流大会。一直以来，能修致力于弘扬鉴真精神、传播鉴真文化、推广佛教教育。为促进中日友好事业，能修多次往来于日本奈良唐招提寺、东大寺、浅草寺等寺院，开展参学参访及各种研讨会和纪念活动，被授予中日亲善大使荣誉称号，成为继鉴真大师之后一千二百多年来日本唐招提寺的唯一传戒和尚。同时，能修还积极推进海峡两岸友好交往，与台湾佛教界建立了良好的交流关系，为两岸佛教文化交流及友好交往搭建了平台。新世纪里，能修大和尚带领着大明寺僧众在传播佛种的道路上继续前行。

四、高旻寺法脉谱系

长江两岸江苏境内，自古就是禅宗十分活跃与兴盛的地区。魏晋南北朝时，建康、江陵和蜀地，同为中国三大禅修中心。南宋以后，禅宗五家中三家失传，唯有曹洞、临济两宗并存。临济宗始建于北方镇州（河北正定），因开创人唐代义玄住镇州临济院而得名，早期在扬州流传很少。南宋以后，临济宗大为兴盛。清初扬州寺院中，有着“十寺九禅”“十禅九临济”的说法。临济宗在清初经历了短暂的振兴，雍正朝以后步向衰颓，法脉勉强传续。清末民初开始的“庙产兴国”运动，进一步动摇了禅寺的经济基础，临济宗宗风传承集中在了江南的几个丛林道场，扬州的高旻寺就是硕果仅存的古道场之一，在中国佛教史尤其是禅宗历史上享有极高地位。

相传邗江三汊河口是九龙佛地，所以从隋代起就在此建寺，但屡兴屡废。清顺治八年（1651），南河漕运总督吴惟华因为扬州频遭水灾，在三汊河建起了一座七级浮屠，称为“天中塔”，希望以此塔镇锁风水，纾缓水患，指引航向。塔成后，在塔的左营增建了三进梵宇，称作“塔庙”，召来僧人侍奉香火，成为高旻寺的前身。

康熙四十三年（1704）十二月，江宁织造曹寅在《奏以僧纪荫住持高旻寺》折中写道：

高旻寺伏蒙皇上钦赐金佛，梵宇光隆，永垂不朽。但寺内无僧主持，臣寅到任后，访得马迹山有臣僧纪荫，避世焚修，可以胜任。臣寅会同臣李煦率扬州文武官员、商民人等，具启延请，臣僧纪荫再三固辞。随又敦致高旻寺乃皇上临幸之地，且赐有金佛，关系重大，主持必须得人，此正和尚报恩之时等语。臣僧纪荫遂欣然就道。

康熙四十三年十二月初八，曹寅、李煦等地方文武官员、商民等迎请纪荫入寺院，开法坐香打七昼夜。纪荫由此成为高旻寺的第一代住持僧。雍正十二年（1734），应宗接任住持，不到一年应宗圆寂，继由定中住持，仅四五月亦圆寂。雍正十三年（1735），天慧实彻禅师奉旨住持，成为高旻寺中兴之祖。

来果禅师曾作《高旻九祖像赞》，首列玉琳国师。赞曰：“高旻永证紫袈裟，圣渥优隆庆钵华。任是君臣尤叩首，荚湾也属国师家。”玉琳曾受封“大觉普济禅师”，受赐紫衣。顺治十七年（1660），皇帝建坛选僧受菩萨戒之时，特请玉琳为本师，并加封“大觉普济能仁国师”。关于玉琳是否住持高旻寺尚未有史料依据，但是因为天慧实彻禅师为“大觉普济能仁国师法裔”，所以追认玉琳为高旻寺师祖，由此展开法脉传承。

所以，高旻寺法脉传承自临济正宗三十一世玉琳法系。由于无法寻得《高旻寺志》，只得以《来果禅寺语录》中的祖师赞为主，参酌禅宗其他资料，整理高旻寺法脉如下：

扬州高旻寺法脉谱系

玉琳通琇——栖云行岳——南谷超颖——灵鹫明诚
纪荫 --- 应宗 --- 定中 --- 天慧实彻——了凡际圣——
昭月了贞 --- 如鉴达澄 --- 方聚悟成 --- 道圆真仁 --- 三德真净—
宝林达珍
—慧庵真聪——德慈恒演——绍珠源明——严光理明——智福理伦———朗辉事融——普照全融——月朗全定——楚泉全振——明轩西瑞——来果净如——妙善妙解——道定妙修——德林妙悟——文龙旨海

玉琳通琇（1614—1675），俗姓杨，字玉琳，号通琇，自号潜子，又称天目老人，常州府江阴县人。

杨氏世代习儒奉佛，受家族影响，玉琳自小就虔心奉佛，10 岁时就能不起一念，15 岁开始参禅，矢志出家。19 岁，经族人推荐，入宜兴磬山禅院，随高僧天隐圆修出家为僧，随侍左右。玉琳出家未久即心开悟解，继承了天隐圆修的禅法，为临济下三十一世弟子。天隐圆修圆寂后，玉琳主持湖州报恩寺。玉琳德行高迈、禅风精严，顺治皇帝特意派遣钦差至报恩寺礼请玉琳禅师进京。

顺治十六年（1659），四十六岁的玉琳奉召进京，住万善殿，为皇帝说法。顺治帝以方外之礼事之，并迎往万善殿奉养。顺治帝参问之后，赐号“大觉普济禅师”。次年，顺治皇帝又选僧千余人从玉林禅师受戒，并敕封其为“大觉普济能仁国师”。玉琳由此成为清朝第一位国师，也是唯一享有国师尊号的汉族僧人。

玉琳国师晚年居住在西天目山。康熙十四年（1675），玉琳国师在江苏淮安慈云庵圆寂，享年六十二岁，留有语录传世。此后，传承临济正宗的有第三十二世栖云行岳禅师，第三十三世南谷超颖禅师，第三十四世灵鹫明诚禅师。灵鹫明诚禅师所收弟子中有一位后来入主了高旻寺，他就是天慧实彻。

天慧实彻（？—1745），俗姓唐，字天慧，扬州府兴化人。19 岁于兴化报恩庵出家，受具足戒后，四处游历参学。后得杭州府大雄山崇福寺灵鹫明诚禅师真传。明诚圆寂后，天慧任崇福寺首座十余年。清代顺治皇帝崇禅，雍正年间，禅林渐渐凋零。雍正十一年（1733），天慧以大觉普济能仁国师之法裔应诏入禁廷奏对，与雍正皇帝讲道十分契合，因此获赐紫衣，受命主持常州府荆溪（今江苏宜兴）磬山崇恩寺（雍正皇帝赐名圣月寺）。雍正十三年（1735）冬，天慧奉旨移至高旻寺，出任住持。天慧在高旻寺阐扬宗旨，法席极盛，受到各大丛林的推崇，被尊为“天祖”。乾隆十年（1745），天慧圆寂。法嗣八人，以了凡际圣禅师较为出名。

了凡际圣（1700—1756），俗姓薛，字了凡，杭州府海宁人。相传了凡出生后不笑不啼，5 岁才开始说话。二十四岁时，了凡读祖师语录，有所参悟，于是投中岩寺慧初和尚出家。受具足戒后，曾在天目山紫竹林结一茅屋，闭门修行。雍正五年（1727），了凡到杭州大雄山崇福寺参谒，当时天慧实彻禅师是首座，令其参“万法归一，一归何处”的话头，了凡有所参悟。雍正十一年（1733），天慧奉诏进京南归，住持常州磬山圣月寺，召了凡入院，重新鞭策再修持，由此日渐精进。天慧迁往高旻寺，了凡上天目山及天台山自行修行。乾隆十年（1745），天慧行将离世前，遣人送衣钵给了凡，命其继席高旻寺。此后，了凡曾历主镇江嘉山寺、真州寿宁寺、常州开利寺，最后还是归于扬州高旻寺。担任高旻寺住持期间，寺院得到进一步振兴，四方僧众，纷来皈依。乾隆二十一年（1756），了凡令昭月了贞禅师继席高旻寺，不久了凡圆寂，享年五十七岁。

昭月了贞（1729—1785），俗姓余，字昭月，徐州府沛县人。昭月自幼出家，二十岁受具足戒。因偶然听闻讲《金刚经》中诵到“本来无名字，权立号金刚”，忽然悟出其中道理，于是前往扬州高旻寺参谒了凡际圣禅师。了凡令他参“不是心，不是佛，不是物”的话头，昭月有所参悟。28 岁时，昭月接任高旻寺住持。虽然年轻，但坚守戒律，阐扬宗风，名振遐迩。“故三十年来，海内丛林知有生死大事者，必以高旻为归”。当时，无锡南禅寺有静菾雪舟禅师，主南禅讲席，与昭月齐名，人称“南静北昭”。此后昭月又受请主持镇江府丹阳万寿寺、杭州府崇福寺。乾隆五十年（1785 年），昭月在高旻寺圆寂，享年五十七。法嗣以宝林达珍和如鉴达澄禅师较为知名。

宝林达珍（1731—1790），俗姓刘，字宝林，别号师崖，江西抚州府人。二十岁出家，后到扬州高旻寺参谒昭月了贞禅师，嗣其法脉。乾隆二十六年（1761），住湖北当阳万寿寺，后前往杭州府大雄山崇福寺、狮崖弥陀寺。乾隆四十年（1775），入主扬州高旻寺，二年后离开，移居北嵩岩法轮寺，后退居天台山顶妙峰庵。乾隆四十五年（1780），宝林应邀主持天台国清寺，整顿纲纪，复兴寺院，卓有成效。宝林在二十多年里，前后主持了八座寺院，所到之处，道场兴盛，信徒众多。乾隆五十五年（1790），宝林圆寂，享年六十岁。宝林编有《正源略集》，收录清初临济宗及曹洞宗禅师之灯录。

如鉴达澄（1754—1803），俗姓宓，字如鉴，号古光，又号清凉上人，江宁府上元（今南京）人。如鉴十二岁出家，二十岁受具足戒。因为听闻扬州高旻寺昭月了贞禅师道誉，因而前往参禅，从此驻锡高旻寺，随伺昭月九年，并成为高旻寺住持。如鉴"天性超凡，道风秀世，一诚应物，众妙会心"，其人好与文人名士禅餐酬酢，当时知名文人姚鼐、赵翼、王文治、洪亮吉等都与他交往，互赠唱和诗。如鉴还在寺内放生河上建造绿阴山房，作为交友栖息之所，他与王文治、洪梧等文人名士清谈赋诗，传为一时佳话。如鉴著有语录二卷，诗集一卷，今均不存。嘉庆八年（1803）八月，如鉴圆寂，享年五十岁。相传，如鉴死后十年，弟子悟成为他建塔，打开墓龛，遗体依然完好，颜色如常。

方聚悟成　俗姓梁，字方聚，号石谷，安徽寿春人。父母都信奉佛教，因而送他出家。方聚在商丘祇园受具足戒，后到金陵，随皓清法师学习律学，听妙德法师讲清凉华严疏钞。为了进一步深造，方聚又到高旻寺参谒如鉴。如鉴对他的佛学理论深为嘉许，称之为"禅状元"，并且"当即传心印焉"。悟成皈依如鉴后，受皓清的邀请，在金陵封崇寺任住持八年。高旻寺如鉴圆寂后，礼请方聚回寺接任住持。方聚主高旻寺丈席二十二年，总持有道，宗风大振。此外，方聚擅长诗文，"笔走龙蛇，书如智永；句标清越，诗是皎然"。诗文以外，还著有方聚语录三十卷，方聚年谱一卷。

德慈恒演　籍贯、生卒年不详。主持高旻寺二十四年，期间遭遇咸丰年间太平天国战火，高旻寺寺塔尽成瓦砾，后渐次恢复旧观。来果称他"铁石心硬比金刚，忍辱力超诸数外"，德慈是在最艰难的条件下任高旻寺主持的一位高僧。

朗辉事融（1845—1910），字朗辉，名事融，浙江温州人。因参德慈恒演禅师而得法，曾经主持天宁永祚寺、绍兴天衣万寿寺，后主持高旻寺，"所至法事均很兴盛"，有语录传世。

月朗全定（1855—1915），字月朗，名全定，江苏泰兴人，初为金山寺堂主，后参朗辉事融禅师而得法，继朗辉之后主持高旻寺，对恢复高旻寺旧观做出贡献，有语录传世。来果称他也是“中兴高旻寺之伟人”。

来果净如（1881—1953）俗姓刘，名永理，字福庭。出家后，师讳妙树，字来果，一号净如，湖北省黄冈县人，父名嘉缜，母亲姓方，祖上耕读为业。

7岁时，来果便已经萌生出家之念，并坚持早晚念诵《心经》各七遍。12岁时，曾试图前往汉阳归元寺出家，后被堂兄拖回家中。其父百般命他改志终不成。15岁，来果以居士的身份皈依大智老和尚，居家念佛参禅。光绪三十一年（1905）农历六月初一，来果至浙江普陀山自行剃发易服，行头陀行，刻苦参究。其间历经流落宝华、投师宝塔、受戒金山、拟往印度、辗转五台、复归金山的种种磨难。光绪三十四年（1908）农历九月二十六，来果在镇江金山寺大彻堂中做晚香，开静木鱼声响，豁然开悟，此后倍加精进。

宣统二年（1910），来果初次到扬州高旻寺，受到月朗的器重，随之执事高旻。后来果又前往金山，但杂事缠身，无法静心修行，于是决意到终南山结茅潜修。1915年农历九月十五，来果遵从高旻寺月朗祖师之命，承继明轩长老法脉，发愿“生是高旻的人，死是高旻的鬼”，成为临济宗第四十六世祖。月朗圆寂后，来果协助明轩办理寺务。1916年，来果到常州天宁寺，次年在宁波天童寺先受后堂执，后受维那执。1918年秋，来果在福建雪峰寺受后堂执，掩生死关。1919年农历六月初四，来果回到扬州，接位高旻寺住持。

近代以来，高旻寺禅宗古道场的声名，与来果担任高旻寺住持三十余年间苦心孤诣地阐扬宗风、整顿寺院、严行戒律、革除积弊是分不开的。来果以守住丛林、苦参话头、一门深入、杜绝经忏、制定规约这样一套完整的僧制将高旻寺打造成为中国佛教丛林的典范。故有云：“天下丛林不止单，守禅制者，独有高旻寺耳。”高旻宗风得以中兴，来果终成一代高僧。

1930年开始，来果制定了全面兴修高旻寺建筑的宏大计划。他计划先将高旻寺地面提高五尺，以免水患，然后修建五大工程，依次为宝塔、大殿、禅堂、延寿堂、如意寮。其中，以复建天中塔为首要任务。来果选取苏州金山麻石为建塔石料。塔内不用一木，可免水火之灾，坚固永存。为了建筑宝塔和大殿，他派遣僧侣前往南洋劝募。但由于当时经济形势不好，募钱有困难，因而改化玉佛。至1933年，共化回大小玉佛七十八尊，铜佛一尊，准备在宝塔上每门供一佛，八门九层，共七十二尊玉佛。同时，高旻寺自办大小四条船只，往来苏州与扬州之间，运输建塔石料。宝塔自1933年农历三月初二正式动工，仅修好一层，备好第二层石料，即因战乱而终止。

来果晚年，由于病重，曾传法位，由其弟子妙善主持高旻寺，病愈后复任住持。1949年以后，高旻寺僧众斋粮不足，来果率领众人实行农禅，少壮者从事农作、编织等生产自救，禅堂内坐禅者安心参禅，保持宗风不坠。1950年，来果因病卸住持位，离寺前往上海，在凤阳路侯在里崇德会内，辟静七茅蓬道场，领众坐香，一开上海禅风。1953年农历十月十七日，来果在上海静七茅篷中国佛教崇德会圆寂，享年七十三岁。荼毗后，舍利安奉在扬州高旻寺河东塔院。来果留有《来果禅师语录》八卷、《来果禅师禅七开示录》二卷以及手订《丈室、禅堂、客堂、库房四寮规约》传世。

妙善妙解（1909—2000），俗姓吴，名敬亭，出家后法名心慈，字妙善，江苏省如皋县人。1932年，礼丹阳地藏寺寂宽法师为师，于镇江焦山定慧寺出家，同年在扬州天宁寺受具足戒，先后参学于扬州高旻寺、常州天宁寺、杭州灵隐寺、宁波阿育王寺等十方丛林。妙善在高旻寺随来果禅师参学，成为临济正宗第四十七世弟子。1942年，妙善奉来果禅师之命，出任高旻寺住持，1944年辞位，离开高旻寺，前往普陀山闭关隐修。

1952年，妙善受请代理法雨寺住持，领众清修，生产自救。1960年，随普陀山僧众下放浙江余姚县的芦山农场务农。1979年，妙善重返普陀山，被公推为全山住持。1989年秋正式升座，成为普陀山佛教史上第一位全山方丈，并三次连任普陀山佛教协会会长，主持普陀山复兴事业。2000年，妙善圆寂，享年九十二岁。生前曾任中国佛教协会咨议委员会副主席、浙江省佛教协会会长、浙江省政协常委等职。

德林妙悟（1915—2015），俗姓梁，名怀德，河北省丰润县小王庄人。19岁投高旻寺礼道智上人披剃出家，同年冬在南京宝华山隆昌寺德宽律师座下受具足戒。期满回高旻寺，依来果老和尚习禅。师讳德林，字参悟，嗣法高旻后更名妙悟。此后二十多年，德林跟随来果深得真传。

期间，1937年曾于苏州穹窿山寺闭关潜修，1938年赴杭州云居山圣水寺亲近天台尊宿静修老法师，1943年于扬州文峰寺般若道场掩关阅藏，1944年在文峰寺宣讲《法华经》，1947年任文峰寺住持，并由来果老和尚亲为送座。1950年，来果离寺前往上海，寺内组成了事务委员会，由其弟子道定（禅慧）为主任，行住持职，德林担任副主任。德林跟随来果前往上海静七茅蓬，被来果授予心印，成为临济正宗第四十七世传人。

1966年，高旻寺受“文革”冲击，佛像被捣毁，文物、法器被抄一空，僧众被赶出寺门。工厂、学校入驻其中，殿宇任意改建，连大雄宝殿也于1975年被拆除。德林在上海进工厂参加劳动。1980年，落实宗教政策，高旻寺僧众陆续回归寺庙。1983年，高旻寺被列为汉族地区重点开放寺庙之一，政府先后迁出寺内的蚕丝厂、中学、印刷厂等，进行恢复重建工作。1984年，经妙善长老推荐，德林被请回担任方丈，开始了重建高旻寺、重振禅宗古道场的漫长历程。

肩负起重建祖庭重任的德林法师当时已经七十岁了，此后三十年间，他呕心沥血、苦心经营，令颓败不堪的古刹焕发生机，成为一座规模、设计、品质堪称一流的禅宗道场。

三十年来，德林不仅接过了师父来果的衣钵，也接下了来果禅师的宏愿。德林亲自绘制和设计重建禅寺的蓝图，以“扶刹竿于即倒”的决心，“一日不作，一日不食”，带领高旻寺众僧，历经艰辛，先后建成禅堂、大雄宝殿、天中塔、法堂、上客堂、大斋堂、讲经堂、来果老和尚纪念堂、罗汉堂、藏经楼、山门殿、水阁凉厅等。除寺院建筑外，德林以重建祖庭、重振宗风为己任，恢复坐香门庭，一门深入，冬参夏学，在三汊河畔打造了一座崭新的、庄严的禅宗古道场。2015年6月22日，德林在高旻寺圆寂，享年一百零一岁。

文龙旨海（1953至今），字悟性，法号文龙。江苏仪征人，现任江苏省佛教协会副秘书长、扬州市佛教协会副会长、邗江区佛教协会名誉会长。1985年初，文龙到高旻寺出家，同年九月初一在江西云居山真如禅寺受具足戒。此后三十年跟随德林老和尚潜学苦修，与师父一道为高旻寺的重建与恢复做出卓绝的努力。自1993年起，文龙任高旻寺监院。2005年5月，在高旻寺恢复重建20周年纪念仪式上，91岁高龄的德林将方丈职位传给文龙。

第十五章　传灯东瀛的先行者
——鉴真大和尚

唐朝扬州僧人鉴真以极大的勇气和无比的毅力，跨海东渡，将中华数千年文明的精华传送到东瀛扶桑。“自是厥后，两国文明互往交流，繁荣自大，如双星并耀于东亚之太空者，垂千余年。”佛法自此驻足日本，一驻千年。邓小平在纪念文中说：“在中日人民友好往来和文化交流的历史长河中，鉴真是一位做出了重大贡献，值得永远纪念的人物。”但凡人类历史上值得永远纪念的人物，都是那些具有超越时空价值的人物。鉴真其人、其事、其精神、其文化超越了时空，千年来影响了一代又一代扬州人，这笔历史馈赠的遗产分外值得人们珍惜。

一、传灯大法师的传奇人生

鉴真，俗姓淳于，唐武后垂拱四年（688）出生于扬州江阳县，唐玄宗天宝十三年（754）抵达日本，在日本生活了十年，唐代宗广德元年（763）五月六日在日本示寂，享年七十七岁。鉴真的人生历程可以分为三个阶段：五十六岁前，在大唐生活、学习，在扬州弘扬佛法；五十六岁到六十六岁，六次东渡，历经艰辛；六十六岁到七十七岁，弘法日本，光耀扶桑。

鉴真的父亲是个虔诚的佛教徒，14 岁时，鉴真在扬州大云寺出家，拜智满禅师为师，成为小沙弥。唐中宗神龙元年（705），高僧道岸在大云寺破格给未满 20 岁的鉴真授菩萨戒。一年后，在道岸律师的引荐下，鉴真离开扬州，千里迢迢前往东都洛阳求学，次年到西京长安学习。在长安，鉴真寄住在实际寺。实际寺是唐代长安城中最著名的佛寺之一，三论宗的吉藏、净土宗的善导等高僧均曾在实际寺生活过。景龙二年（708），高僧弘景为鉴真授具足戒。无论是当年在大云寺为鉴真授菩萨戒的道岸，还是在长安实际寺为鉴真授具足戒的弘景，这两位都是当时享誉全国的律宗法师，可见初露锋芒的鉴真受到怎样的器重。

此后将近五年的时间里，在这两位名师的指点下，鉴真在唐朝的首都游历求学，研习经典，更孜孜不倦地学习了建筑、美术、医药等方面知识。唐朝是当时世界上最强大的国家，洛阳、长安是大唐帝国政治、文化、经济中心，年轻的鉴真周遭簇拥着世界各地有学识的人，无论是见闻还是佛学方面，鉴真都获得了很多启发与教益。

唐玄宗开元元年（713），鉴真从两京南归，回到家乡扬州，先后三十年在江淮一带讲律、授戒，兴建佛寺，医病济贫，在民众中极具威望。开元五年（717），道岸圆寂，弟子义威继为授戒师。义威圆寂，开元二十一年（733），四十六岁的鉴真成为授戒大师。随着佛教界地位的提升，鉴真终于成为江淮大地上的“一方宗首”。

唐代开元、天宝时代，中国在东亚是一个最强盛的国家，其经济与文化国际化的程度和繁荣的程度都是其他年代无法比拟的。佛教各宗派的研究水平亦达到顶峰。鉴真所生活的扬州，西望洛阳、长安，北对北京、天津，南控江南之地，可下长江，抵达内陆各城市，也可出海，通向日本和南海。作为一个国际化城市，当时的扬州的商业经济高度发达，文化高度发达，同时也是江南佛教的中心。决定鉴真后半生的重大转机，不久就来临了。

唐天宝元年（742）十月下旬，扬州城里来了一批风尘仆仆的僧徒，其中有两个名叫荣睿、普照的日本留学僧，他们专程从长安来扬州，准备邀请驻锡大明寺的高僧鉴真去日本传授戒律。荣睿、普照来到大明寺拜谒鉴真，怀着虔敬的心情向鉴真陈述了来意：“佛法东流至日本国，虽有法，而无传法人。本国昔有圣德太子曰：‘两百年后，圣教兴于日本。’今钟此运，愿和尚东游兴化。”鉴真曾经听闻过两件与日本相关的事情：一是南岳思禅师圆寂之后，托生于日本，成为王子，兴隆佛法，济度众生；一是日本国长屋王子崇敬佛法，做了一千件袈裟，在袈裟上绣上四句诗文“山川异域，风月同天。寄诸佛子，共结来缘”，送给中国僧人。此次，鉴真看到两位日本僧人一片诚意，深感日本是一个“有缘之国”，于是问众僧：“谁有应此远请向日本国传法者乎？”在场的僧众无人应声，一位名叫祥彦的僧徒出来说道：“彼国太远，性命难存，沧海淼漫，百无一至。人身难得，中国难生，进修未备，道果未到，是故众僧咸默无对而已。”鉴真听了祥彦的这番话，知道众僧对东渡日本的自然障碍有很大的顾虑，便斩钉截铁地说：“是为法事也！何惜生命？诸人不去，我即去耳！”鉴真的回答如此坚决，在座的弟子不禁为师父的决心所感动，祥彦等二十一位僧徒表示愿意追随师父东渡传戒。此时的鉴真已经五十五岁了。

鉴真决定东渡后，中日两国僧人便分头准备渡海所需的船只、用具、佛具、食品等。而在森森大海的彼岸，人们在翘首盼待大唐戒律大师的到来。

鉴真的第一次东渡夭折于佛门内部的一起内讧。事端缘起僧人道航的建议，他认为被邀随同鉴真东渡的高丽僧如海，缺少佛门素养，应予取消资格。本来这位佛门弟子显得有些气量狭隘，谁知那位高丽僧竟恼羞成怒，前往官府诬告道航等私通海盗并使之潜入扬州。这场诬告给其他僧人带来一场牢狱之灾、皮肉之苦。此案最后以当朝宰相李林甫之兄李林宗的一纸证明得到化解，但是鉴真的第一次东渡却因此而流产。

天宝二年（743）十二月，鉴真率领一行人自扬州乘舟循着大运河入长江，举帆东下。然而航船行驶到长江南岸浏河口附近，即被狂风恶浪击破，第二次东渡宣告失败。僧人们就地修复航船后，第三次挺进大海，但出港不久，又逢逆风狂澜，竟导致船触礁而击碎。幸亏靠近一个渺无人烟的荒岛，大家弃舟登岸，在饥渴之中，得到渔民的救助，并被巡海官员带回大陆，安置在明州（今宁波）阿育王寺。第三次东渡惨告结束。

落难阿育王寺，本来是鉴真的一件憾事，却成为当地的一个福音。高僧不请自来，邻近州郡无不闻风而动，恭请鉴真讲律授戒。当人们得悉这位誉满江淮、年近花甲的高僧，将冒风浪之险，远去生疏的异邦，都误以为是出于荣睿与普照两名日僧的诱导，因此保护中土高僧的呼声四起，甚至一度将荣睿捕拿入狱。对鉴真的关切和担心不仅来自浙东各州，更来自获悉他遇难消息后的扬州众僧。鉴真的弟子灵祐，不赞成师父冒险渡海，联合江淮各大寺院的三纲（住持佛寺的三个僧职：上座、寺主、维那）请求官府阻拦。坚持东渡而且已经抵达黄岩，正要启赴温州出海的鉴真，竟被官府公文强令“护送”回扬州，打破了僧人们第四次东渡梦。

第五次东行已是天宝七年（748），此时的鉴真年逾花甲。荣睿和普照从福建来到扬州拜谒鉴真，尽管七年来大家都受尽了风涛凶险和人间酸楚，但一交谈，彼此感到对方均初衷不改，决心未变。鉴真即令弟子作出海准备：造船、储粮，备置佛经、佛具、佛像……由于这三年大师外表安静如常，官府已经放松了警戒，因而各种准备在不动声色中完成了。六月二十七日，鉴真率两位日本僧人、十二名弟子、三十五名工匠以及十八名水手，从扬州登舟沿着运河南下，很快就到了浙江越州的三塔山。为了等待顺风，鉴真的船又在舟山群岛停泊了一个月。再行时又遇台风，缺粮缺水，随风经过十四天的漂流，抵达海南岛南端的振州，结束了第五次东渡。

第五次东渡失败后，鉴真从海南岛跋涉千山万水，辗转两广诸州再返回扬州，这一趟漫长旅程历经两年多，无论在体力还是精神上，鉴真都受到更加严峻的考验。从桂州到广州的途中，最先慕名诚邀鉴真东渡并因此受尽辛苦与磨难的日本留学僧荣睿，因病不治圆寂。从广州乘船到韶州，另一位日本留学僧普照因为心痛失去了一同战斗的同乡伙伴，眼看鉴真垂垂老矣，双目染疾，于是中途离队，前往明州阿育王寺，等待遣唐使船回国。两位邀请鉴真的日本僧人，当年初衷未变，如今素志未酬，却已一位死别，一位生离。鉴真紧握即将远行的普照的手，老泪纵横，感慨万端，他发誓："为了传戒弘法，我下决心东渡，一天不到日本，一天不改意愿！"然而，更大的不幸降临到这位屡遭挫折的花甲老僧身上，鉴真在健康状况已大不如前的情况下，发生了双目发炎、视力衰退的病况。途经韶州，接受胡医治疗后，不仅没有好转，竟双目失明，从此生活在黑暗之中。在无尽的长夜中，鉴真依然前行在漫漫未知之路上。

天宝十年（751），日本第十次遣唐使船来到明州。居住在阿育王寺的普照得知消息，立刻前去向遣唐使团详细叙述了鉴真五次东渡五次失败的情况。鉴真第六次东渡便是搭乘了日本第十次遣唐使的归国航船。这次东渡十分顺利，从苏州附近出发，仅用了三十五天时间，鉴真一行所乘的第二舟就驶达冲绳，如果以鉴真到达日本本岛的日子作为东渡成功的标志，那么应是天宝十二年（753）十二月二十日。此后，航船又北航到达日本萨摩川边郡的秋目，登陆上岸。十年之后，鉴真终于实现了东渡的夙愿，踏上了日本国土。

鉴真大师一行抵达日本后，受到日本僧侣、朝野的热忱欢迎。太上皇圣武和天皇孝谦女帝专门为他颁诏，并颁授鉴真“传灯大法师”名位。鉴真带去了天台宗经典和密宗佛像，在日本讲授戒律，并与随从僧人、工匠一起，按唐寺院法式，建造了著名的唐招提寺。中国的建筑术、雕塑术以及汉文字、药物学，皆因鉴真东渡而传播于日本。

唐广德元年(763),鉴真东渡扶桑第十个年头,那年他已七十六岁。其弟子忍基一夜梦见讲堂栋梁摧折，惊惧醒来。他想，这是大和尚将要坐化的征兆。于是与诸位弟子一起，依据鉴真端坐的模样，做好干漆塑像，这就是后来日本人民当成国宝保护，至今留存千余年的鉴真坐像。鉴真也知道自己的大限将至，他有条不紊地安排好一切，坐在自己主持建造的唐招提寺之中，双手迭放在腿上，微闭双目。这一刻，鉴真大师坐东向西，他面向的不是太阳升起的地方，而是一海之隔处遥远的家乡。日本天平宝字七年（763）五月初六，鉴真在日本唐招提寺圆寂，结束了波澜壮阔的一生。十四年之后，大历十二年（777），鉴真圆寂的消息才由日本来使带到扬州龙兴寺报丧。扬州佛教界举行了三天的隆重法事，哀悼这位从扬州走出去的伟大僧人。

二、鉴真大和尚的文化遗产

日本天平胜宝六年（754）二月四日，鉴真一行人进入平城京（今奈良），住在东大寺唐禅院。四月初，东大寺大佛殿前立起临时戒台，鉴真为圣武上皇、光明太后、孝谦天皇授菩萨戒，接着又为440多名沙弥授具足戒，另有80多名已经受过戒的僧侣纷纷舍旧戒，改受新戒。五月一日，移天皇受戒戒坛之泥土，在大佛殿西侧建造戒坛院，成为日本第一座公认的戒坛。十月十三日，戒坛院竣工，自此日本全国欲入佛门者，必须在此受戒才能成为公认的僧尼。两年后，鉴真被任命为大僧都，弟子法进任律师，同列僧纲。

要将高度发达的盛唐文化广泛传播于日本，单靠鉴真单枪匹马是很难做到的。在这一过程中，鉴真身边一批生死相随的僧侣团发挥了出色的作用。六次东渡始终坚守在鉴真身边的弟子思托，帮助师父为日僧忍基等人讲授律学诸籍，培养了大批律学师资。除了扬州本地的高僧外，鉴真的弟子中还有不少来自全国各地，乃至外国有一技之长的僧人。《东征传》中列出的鉴真弟子名单中有扬州崇福寺僧祥彦、润州天响寺僧道金、西安安国寺僧睿光、润州栖霞寺僧希瑜等。鉴真的成功之处除了东渡弘法外，还在于培养出一大批“超群拔萃、为世师范”的弟子。凭借自身的学识和精英的弟子，鉴真成功地赢得了与以贤璟为首的日本旧教团之间展开的公开大辩论的胜利。这场辩论的成功，从此确认了鉴真在日本佛教界的地位。

天平宝字三年（759）八月，鉴真创建唐招提寺，作为传播律学的根本道场。鉴真移居唐招提寺，法进继承了东大寺唐禅院，成为戒坛院的戒和尚。东大寺是授戒场地，唐招提寺则是研究、教授戒律的场所，也是为学习戒律的僧尼提了学习、修炼和食宿的场所，一时间日本全国各地前来学习的僧尼络绎不绝。唐招提寺的建立，为日本教育和培养僧尼提供了一个基地，从训练、教育、到受戒，形成了一套比较完整的制度。天平宝字五年（761）春天，鉴真及弟子们奉敕在关东的下野药师寺、九州岛的筑紫观世音寺开设戒坛，弟子如宝被鉴真派往了下野药师寺。东、西戒坛和奈良的中央戒坛合称“天下三戒坛”，授戒面向日本全国。

鉴真抵日前，日本虽有戒律思想，但缺乏具体的律仪。8 世纪中叶以后，日本的佛教界以鉴真传播的戒律为基准，经过整合和重组，形成了严整的日本律仪，通行全国，世代相传。鉴真更把封锁的、仅局限于上层统治阶级的日本佛教，逐渐改变成开放的、面向普通民众的宗教。

鉴真虽然贵为日本佛教律宗的开山祖师，但他的思想并非局限于此。鉴真早年在大云寺出家，跟从禅宗先人智满，所以鉴真学佛乃从禅宗起家，由律宗受戒。鉴真从南山宗大师道岸受戒后，对相部宗仍采取兼容态度，更跟随西塔宗宗主满意嫡传弟子大亮学习法砺之说。西塔大亮的再传弟子朗然、神皓及东塔宗宗首怀素的再传弟子清江，皆被鉴真转收门下。鉴真到日本后，带去了大量天台宗开山祖师智顗的著作，他和弟子们在日本不仅讲律，也包括了天台宗的经典。鉴真在日本东大寺建立戒坛的时候，就没有按照传统的戒坛模式，而是将南山宗和天台宗结合起来进行创造，采用多宝佛塔取代了复釜形和宝珠。此外，鉴真对密宗的教义也相当有研究。密宗十分重视宗教仪式，仪规森严，鉴真为使得日本佛教走上正轨，甚至借助密宗的长处和优点。鉴真吸收了各宗派的长处和特点，没有门户之见地在实践中加以充分运用，在日本创造出独属的佛教思想和理论。

鉴真的东渡与传法为日本古代文化留下了宝贵的遗产。鉴真和弟子们设计建造的唐招提寺的金堂、讲堂等一批佛教建筑物及其佛像雕塑，是现存日本天平时代最大最完美的建筑艺术范本；鉴真弟子们所塑造的鉴真坐像，已经成为日本美术史上颇有代表性的典型作品。此外，鉴真东渡对日本的文学、绘画、书法艺术，对日本的印刷术、医学和医药学，甚至于日本的豆腐业、饮食业、酿造业等许多技艺方面的发展所做出的贡献，也得到了世人的公认。在日本，鉴真成为家喻户晓的伟大人物，

当“日本文化的恩人”“日本律宗开山祖”“日本天台宗先驱”“日本医术之祖”“盲圣”“圣僧”一顶顶灿烂的桂冠送给鉴真大师时，76岁垂垂老矣的鉴真，告诉同甘共苦的弟子：“弘扬佛法，任重而道远，希望你们和日本僧众团结一心，继续努力。”岁月飞逝，精神永恒。千年前，鉴真和他的弟子们在中日两国之间搭建了一座文化交流的虹桥，桥边栽上了两行文学、艺术、学术、宗教的绿树，桥上燃起了万盏文学、艺术、学术、宗教的明灯，灯灯辉映，照耀至今。

三、鉴真大师像回故乡探亲

日后漫长的岁月里，宣扬永不言弃、开拓进取精神的鉴真东渡故事，成为扬州人民代代传诵的经典。

1963年，鉴真圆寂一千二百周年。在扬州，为纪念这位古代杰出的僧人，启动了“鉴真纪念堂”工程。纪念堂由著名建筑学家梁思成教授主持方案设计，由纪念堂和碑亭组成，两旁用超手回廊连接。碑亭正中须弥座上横立汉白玉碑，镌刻着中国现代文学家郭沫若手书“唐鉴真大和尚纪念碑”，背面刻着原中国佛教协会会长赵朴初撰写的长篇碑文。纪念堂仿日本奈良唐招提寺金堂的形制设计建造，单檐庑殿顶、低矮的台基、梭柱、破子棂窗，屋顶正脊两端一对鸱尾。纪念堂的建立，令人记住那个遥远的年代中，一位执著的和尚所做出的努力。

鉴真在日本生活了十年，为弘扬佛法未能重踏国土，重回故乡。在鉴真东渡登陆的日本佐贺县，立有鉴真大师登陆纪念碑。鉴真到达日本后住过的奈良东大寺内，也供奉着鉴真塑像。鉴真主持建造的唐

招提寺以及寺内的金堂、宝藏、经藏、佛像以及鉴真干漆夹纻坐像，都被列为日本国宝，受到特别保护。尤其是鉴真生前，弟子采用中国特有的干漆夹纻传统工艺精心制作而成的鉴真坐像，历时1200多年，已经成为稀世珍宝。

千年前，鉴真知道自己的大限将至，他坐在日本唐招提寺中，双手迭放在腿上，微闭双目。在这看似安详肃穆之中，有谁能够知道大师心中到底想什么呢？这一刻，鉴真大师坐东向西，他面向的不是太阳升起的地方，而是在那一海之隔外遥远的家乡。

1980年鉴真坐像回乡记闻

鉴真对故乡深切的思念，恐怕也只有当年贴身的僧人方能知晓。“让鉴真和尚重归故里”的夙愿成为日后唐招提寺僧人代代相传的责任。

1978年10月28日，时任国务院副总理的邓小平一行在圆满完成“中日友好条约”批准文书交换等一系列国事活动后，按照计划来到日本古都奈良参观访问。午后，邓副总理一行人来到供奉鉴真大师坐像和墓地所在的唐招提寺参拜。自1963年起，每当中国领导人访问日本唐招提寺时，住持森本长老总是提出让鉴真塑像回乡看看的请求，但一直未能如愿。为此，森本长老曾多次放弃到中国访问的机会，因为他不忍心将“来自中国的鉴真大师一人留在他乡，而自己独自前往大师的故土”。

森本长老陪同邓副总理一行参观寺院时，来到了供奉鉴真大师像的御影堂。森本不失时机地说道：“我们供奉鉴真大师的晚米柚、银杏等都是来自中国的苗木，在日本培植后结的果实。”他还将邓副总理领到御影堂旁边的供花园，指着这里的花木，说：“这里的马尾松、芍药、枣、莲等全是来自中国的。设这个供花园，种这些中国的花木，主要是让鉴真大师感受到故乡的气息。”邓副总理听了长老这一番意味深长、充满感情的话语后，严肃的脸上露出了笑容，眼睛里也放出了光彩。看到邓小平副总理的表情变化，森本长老再次提出了让鉴真和尚重归故里的请求。森本说：“我从十几年前开始，曾多次提出让鉴真大师重归故里的请求，均未如愿。现在听说中国变了。每当听人们说起中国现在变成人人平等互利‘菩萨的国度’时，就再度勾起我让大和尚重返故乡的愿望。”听到这番话，邓小平脸上掠过一丝惊讶的表情，同在身旁的黄华外长互视了一下后，回答说："听了长老的话，我很感动。无论有多大困难，也一定让鉴真大师和长老到中国来。"森本长老听到邓小平副总理的回答后，禁不住激动地连声致谢，伸手紧紧将邓小平副总理拥抱在怀里。邓小平副总理的允诺在中国代表团休息的时候又一次得到确认。中日友协会长廖承志再次肯定地说："中国欢迎鉴真大师重归故里。"

中日两国有关方面深知鉴真大师重归故里的活动绝非易事。按照森本的愿望，在中国期间除了到鉴真大师驻锡的扬州大明寺以外，还准备到北京等地巡展，约需两个月的时间。大师像为日本的国宝，外出巡展须经外务省和文化厅的批准，此外还需一亿左右日元的运费和保险费用。中国方面也需在诸多方面进行准备。面对困难，森本长老却充满信心："去年应法国政府邀请曾赴巴黎。有了上次的经验，再加上中国政府也做出了正式的承诺，相信我国政府也会批准的。"

1980 年 3 月 6 日，欢迎鉴真大师像回国巡展委员会在北京广济寺举行会议。4 月 8 日，为纪念中日和平友好条约签订一周年暨日中友好佛教协会成立五周年，中国佛教协会和日中友好佛教协会合作编辑的大型佛教画册《中国佛教之旅》在日本出版。 4 月 9 日，政协全国委员会宗教组举行会议，在会上中国佛教协会代会长赵朴初报告了鉴真大师像回国巡展情况。4 月 13 日由日本奈良唐招提寺、日中文化交流协会和朝日放送社联合组织的"鉴真和尚像中国展"成行。当天下午，鉴真大师像由唐招提寺住持森本孝顺长老等护送乘专机运抵上海。欢迎鉴真大师像回国巡展委员会主任委员赵朴初等各界代表一百多人前往机场迎接。此时距邓小平副总理出访日本不到一年半的时间，鉴真大师终于回到了阔别一千二百多年的故土，森本长老和中日佛教徒多年的宿愿也得以圆满实现。

4 月 14 日，鉴真大师像运抵鉴真家乡扬州。江苏省、扬州市有关领导及当地群众到瓜洲古渡码头迎接鉴真大师像。18 日，江苏省暨扬州市各界人士一千多人在扬州市工人文化宫隆重集会，欢迎鉴真大师像回国巡展。19 日，鉴真大师像巡展仪式在扬州大明寺鉴真纪念堂开幕。回到家乡的大师像被供奉于鉴真纪念堂内。《人民日报》发表全国政协主席、国务院副总理邓小平为《鉴真大师像回国巡展纪念集》撰写的文章《一件具有深远意义的盛事》。同时刊登的是邓颖超女士为《鉴真大师像回国巡展纪念集》亲笔书写的题词："为中日人民世代友好下去和文化交流事业作不懈的努力！"

烟花三月，蜀冈之上，平山堂内游人如织，参谒大师坐像的人，在蜀冈下排成数里长队，犹如盛大节日。直至距离展出截止只有一个小时了，大厅外还有几千人排成的长龙在等候进场参观，这种盛况前所未有。

首次来到扬州的森本长老，参观了扬州博物馆、漆器馆、玉器厂、工艺厂，他深有感触地感叹："我终于明白了，正因为扬州是块文化沃土，才培育出鉴真这样一位多才多艺的文化圣人！我要感谢中国人民，感谢扬州人民！"当森本来到扬州工艺厂，看到工艺师为迎接鉴真大师像回国"探亲"创作的剪纸《鉴真大和尚》时，对那精细的手工艺术赞叹不已。及至前往扬州漆器工艺厂，森本终于领悟到，正是因为扬州有着如此高超的漆器制作工艺，鉴真的弟子才能够创作出国宝鉴真干漆夹纻像。而此时，扬州漆器工艺厂的能工巧匠正全力翻制来自日本的国宝鉴真干漆夹纻像。这样，隔着浩渺的东海，这位为传播佛教做出贡献的佛门大师，就可以在献身地与生他养他的故乡，同时被人们永远尊敬与供奉了。

2010 年东大寺鉴真坐像回乡记闻

1980 年日本唐招提寺鉴真干漆夹纻坐像首次回乡"省亲"，人山人海瞻仰鉴真坐像的情景成为那个时代扬州市民的集体回忆。"像在如人在。喜豪情，归来万里，浮天过海。千载一时之盛举，更是一时千载，添不尽恩情代代。"三十年前赵朴初先生之言犹在耳边，2010 年，江户时代日本东大寺以唐招提寺鉴真坐像为蓝本制作的木质鉴真坐像，借助上海世界博览会之风，也踏上了回乡之路。

当年，鉴真在奈良唐招提寺圆寂后，他的弟子用扬州传统干漆工艺为他塑像。江户时代，日本佛教界对照这尊坐像又复制出一座木质塑像，一直供奉于日本东大寺大佛殿西侧戒坛院千手堂，和唐招提寺的坐像一道成为日本国宝。如今，这座木质塑像开始了又一次载入史册的回乡"省亲"之旅。

事情缘起于 2007 年 4 月，原国务院总理温家宝访问日本，在日本国会作了《为了友谊与合作》的演讲。温总理在演讲中高度评价了鉴真东渡日本的伟绩，"扬州大明寺鉴真纪念堂与奈良唐招提寺的一对石灯笼火焰常年不灭，遥相辉映，象征着中日两国人民世代友好的光明前景。”为了延续千年的情缘，6月，由扬州宗教局和鉴真佛教学院组成的佛教文化代表团，随同扬州市友好代表团访问日本，并赠送了鉴真大师立像。日本《读卖新闻》《朝日新闻》纷纷以“扬州赠送立像是温总理‘友情’演说之缘”为题进行报道。2008 年 5 月，为了积极响应原国家主席胡锦涛访问日本的国事活动，扬州市和奈良市在唐招提寺联合举办鉴真精神论坛，扬州派遣了大型市民访问团同期赴日。扬州漆器厂制作了鉴真渡船模型——“友谊之舟”，胡主席亲自揭幕，赠送给日本唐招提寺。当时扬州方面就向胡主席提出希望再次迎请鉴真大师像回乡探亲的想法，胡主席欣然赞同。

在 2009 年初召开的扬州市六届人大二次会议期间，人大代表陈志宏提交了一份《关于做好迎请鉴真坐像回扬省亲前期准备的建议》，正式引发了各方讨论与研究，扬州市委、市政府果断决定：在上海举办世界博览会之年，同时也是鉴真坐像省亲 30 周年之际，迎请鉴真坐像再次回乡，宣传鉴真精神，向世界展示改革开放 30 年来扬州日新月异的骄人成就。

然而接踵而来的问题是，如何迎请鉴真坐像回乡，如何将整个坐像回扬活动办得圆满成功，如何做好对外宣传工作……这是一场对于古城扬州智慧和能力的考验。

时间迈入 2010 年，这一年是奈良唐招提寺鉴真坐像回乡“省亲”30 周年，也是日本平城京（奈良古称）迁都 1300 周年。为纪念唐代以来的中日文化交流，日本方精选了三件在中日文化交流史上足以见证唐代文化对日本文化之影响的文物精品，在上海博物馆展出，其中包括了距今 277 年历史的奈良东大寺鉴真木质塑像，与此同时，扬州市政府也在积极争取让鉴真坐像回扬“省亲”。2 月 20 日，日本奈良市市长仲川元庸、议长山本清一行 6 人抵达扬州，参加缔结友好城市备忘录签字仪式。原扬州市委书记王燕文在会见仲川元庸市长时表示，期待在上海世博会期间，作为中日交流使者的鉴真坐像再次回扬州“省亲”，这一次提议得到了仲川肯定的答复。

2010 年 5 月 1 日，上海世界博览会开幕。5 月 23 日，扬州市与奈良市正式地缔结为友好城市，并就东大寺鉴真坐像回扬省亲一事进行正式磋商。6 月 24 日，国家宗教局正式下发《关于同意日本东大寺鉴真坐像回扬省亲供奉瞻礼的批复》。奈良市派遣文物保护专家组来扬，就鉴真坐像的展出时间、地点及条件，进行了勘测和商定。天时地利人和之下，一切有关大师坐像回乡省亲的准备工作紧锣密鼓地展开。

6 月 29 日下午 2 点，扬州市政府在北京钓鱼台国宾馆召开新闻发布会，宣布日本奈良东大寺鉴真大师坐像将于 11 月下旬回国“省亲”。这一次由扬州人自己筹办的活动已经不仅仅是中日友好交往的一件事，而成为国际上有影响、有意义的一次盛会。在公布出的协办方名单中，除了中华宗教文化交流协会、中国佛教协会、江苏省人民政府对外友好协会、江苏省佛教协会外，还有扬州鉴真图书馆。日本东大寺鉴真坐像是木质结构，对于展厅的温度以及空气湿度的要求都相当高。原有的鉴真纪念堂由于场地的限制，要接待每日如潮水般涌入的瞻仰者实属不易，要找到适合的展出地点，同时筹备鉴真坐像在扬州展出期间的各项供奉法会、中日佛教艺术节、“鉴真精神”论坛等，对于扬州政府而言，无疑压力非常大，但同时也胸有成竹。因为早在日本方同意让鉴真坐像回乡后，台湾佛光山开山宗长、扬州籍高僧星云大师已经迅速给出了全力支持配合的允诺。在最短时间内，鉴真图书馆大厅内设置了一座恒温恒湿的真空佛龛，佛光山下属世界各地的道场纷纷开始宣传此次活动，鉴真图书馆人员细致认真地安排好足以让数以万计的扬州市民以及世界各地赶来的朝拜者有序瞻仰坐像的路线。

星云大师和他的团队不仅承担了开幕式表演的策划，更主动联系到凤凰卫视的负责人刘长乐先生，使得“鉴真坐像回扬省亲”揭幕仪式成为扬州历史上首个得到凤凰卫视全程直播的活动。此外，中央电视台，日本 NHK 电视台的现场直播，更在海内外引起了极大的反响。

2010 年 11 月 24 日 13 点 58 分，运送鉴真坐像的车队抵达扬州，从扬州西部的高速公路出入口、途经文昌西路、扬子江路、鉴真路，直到鉴真图书馆。图书馆里所有工作人员早已翘首以待，从鉴真图书馆南大门，沿石阶拾级而上，鉴真坐像在长途跋涉后，被安放在图书馆大厅的真空佛龛之中。11 月 26 日，鉴真坐像揭幕仪式在袅袅古筝协奏曲《东渡》中拉开序幕，年逾八十的星云大师在现场带领与会大众念诵《为世界和平祈愿文》，以《僧宝赞》叙勉鉴真大师的伟大精神。此后的 12 天里，扬州先后举办了“鉴真大道”启动及认捐仪式、第二届“鉴真精神”论坛、首届“鉴真杯”国际书画精品展等系列活动。12 月 8 日，在鉴真学院全体学僧高唱《鉴真东渡》的歌声中，恭送鉴真坐像再次踏上“东渡”之旅。

此次中日民间外交的盛事，被前国务委员、中日友好 21 世纪委员会中方首席委员唐家璇评价为：“扬州举办的这次活动非常值得，是独特的、不可替代的，在关键时刻发挥了关键作用，是扬州市为中国总体外交作出的一大贡献。”如果说，鉴真赋予日本的是有形的文化遗产，鉴真带给扬州及中国的更多是无形的文化遗产。

四、鉴真精神与新鉴真文化

千年前，鉴真大师东渡扶桑，舍生弘法，他所留给扬州这座城市的，不仅仅是一段历史佳话，更多的是一种执著开放的生命精神。这种精神力量如同火种，潜移默化地影响着扬州人民，锻造了这座城市独特的文化气质。

关于“鉴真精神”这一说法，源自 1980 年 4 月鉴真像从日本运回中国巡展期间，《人民日报》发表了题为《千载一时的盛举》的社论。社论中写道：“鉴真大师当年是抱着‘为是法事也，何惜生命’的献身精神去日本的。他历经艰险，六次东渡，五次失败，百折不挠，历时十一余载，以致双目失明，而终遂心愿。鉴真大师和日本僧人这种抱着坚强的信念，‘踏破瀛海千层浪’，排除种种困难、阻力和障碍，全心全意完成自己使命的精神，应当发扬并值得我们学习。”

在 2003 年 11 月举办的“纪念鉴真东渡成功 1250 周年大会”以及 2005 年 4 月举办的“鉴真学院建设与发展论坛”主题纪念活动中，“鉴真精神”被明确定位为“是传播文明、何惜生命的献身精神，是坚定信念、矢志不移的执著精神，是不畏艰难、不屈不挠的拼搏精神，是突破俗念、一往无前的开拓精神，是努力弘法、普济众生的无私精神。这种精神是扬州城市精神重要组成部分，永远是扬州人民最可宝贵的精神财富”。

2010 年 11 月 27 日，唐家璇应邀在《扬州讲坛》上作了题为“鉴真大师与中日友好”的演讲。在这场宣扬鉴真大师东渡传播中华文化历史功勋的演讲中，唐家璇提出了以“博爱、和平、开拓、开放”为核心的“鉴真精神”。

传律授法、弘扬佛教是鉴真大师的责任，但是要完成东渡这项伟业，却不是鉴真一个人能承担得了的。他在僧侣中组织起一支坚强的队伍，凝聚起一种精神。“鉴真”不再是简简单单的一个名字，它代表的是献身、执著、开拓、无私、博爱、开放、和平的精神。

但凡人类历史上值得永远纪念的人物，都具有超越时空的价值。鉴真过人的胆识和睿智超越了他所处的时代，他留给了扬州人一笔可以传承、接替的精神财富。1260年前，鉴真大师不仅将佛法送到日本，还将盛唐时代的建筑、雕像、绘画、书法、文学、印刷、医药等文化和科学技术带到日本，推动了日本文化的发展和科技进步，被日本人民誉为日本律宗的开山祖、医药始祖、文化恩人，成为中日友好交往的纽带以及中日文化史上的不朽人物。1260年后，鉴真文化品牌成为扬州极具人文价值和经济价值的文化富矿。

自1980年4月，鉴真坐像回国探亲，成为中外轰动、社会聚焦的千载盛事之后，扬州先后从宗教、学术、文学、艺术、教育、体育等各方面建立起本地新鉴真文化。

扬州市宗教部门和大明寺组织专家、学者搜集资料、撰写文章、召开一系列学术研讨会、交流会，相继出版了《纪念鉴真东渡文集》《赵朴初论鉴真诗文选》《太平之甍》《风月同天——鉴真大师像回故乡扬州展览二十五周年纪念》《鉴真文化大观》等书籍画册，协助拍摄了大型电视纪录片《鉴真》，出版了许凤仪的长篇小说《鉴真东渡》等。值得一提的是，由大明寺方丈担任策划的《鉴真东渡》16集电视连续剧在中央电视台一套黄金时段播出后，引起了社会共鸣。

扬州先后举办了鉴真东渡1250周年、鉴真大师像回故乡25周年纪念大会、鉴真东渡研讨会、鉴真学院建设与发展论坛等活动，邀请海内外知名学者、专家和佛教界人士云集扬州，进行学术文化交流。每逢重要活动和重要节日，大明寺邀集国内外高僧，举行纪念法会，共同推介鉴真文化，增进扬州的对外交流。

大明寺创办了高等佛教学院——鉴真佛教学院。鉴真佛教学院以“突出外语教学，注重律宗研修、弘扬鉴真精神”为办学特色，改变了“寺院办学”的僧教育传统，实行全新的“自主办学，独立财政”

的现代教育体制，由单一寺院的小天地迈向现代高等教育的广阔天地，成为国家唯一的外语本科佛学院。学院内，由台湾佛光山开山宗长星云大师捐资兴建的鉴真图书馆作为一座以佛教文化为主，综合大众文化的现代知识宝库，成为目前国内最大的，集学术活动、阅览、修持、出版、教育、艺文休闲、佛学研究等七大功能为一体的图书馆。

2006 年 5 月，首届扬州鉴真国际半程马拉松赛在扬州成功举办，来自 5 个国家的 1000 余名运动员参赛，令扬州成为中国第七个马拉松举办城市。扬州至今已成功举行十届，不仅奠定了国内半程马拉松赛的领先地位，其影响力也遍布全球。作为世界唯一以人名命名的马拉松赛，鉴真马拉松的诞生之初，就因为永不放弃的鉴真精神和永不止步的马拉松高度契合而在国际马拉松界一枝独秀。

扬州是个开放性、通史性的文化城市，鉴真文化成为扬州城市文化的重要脉络。“鉴真”已经从当初的佛教品牌丰富为文化品牌，如今又日益培植为扬州的城市品牌。鉴真故里游、鉴真书画院、鉴真医院、鉴真马拉松、鉴真学院、鉴真图书馆等一项项以鉴真命名的活动、事业的打造，令扬州成为新时代的鉴真文化高地，为扬州走向世界插上一对腾飞的翅膀。

第十六章　人间佛教的践行者——星云大师

佛教千余年来一直以含蓄自修为美，随缘而化，鲜少进行大张旗鼓的扩张与教化。然而，随着时代的前进，政治、经济、社会、科技、环境发生了翻天覆地的变化。过去僻居山林的寺院僧团，已经无法发挥佛陀慈悲救世的本怀。顺应不断变化的社会，以最包容的方法，将佛陀慈悲的精神普示于社会，成为现代佛教弘法所要完成的任务。这种转变需要弘法者不仅要具有出家人的勇气和智慧、佛学大师般的对佛学义理的通达，更需要天生的乐观与兼容并包的个性，才能超越地域的眼界，和时代脉搏共跳动。星云大师恰恰具备所有的条件，成为完成这一历史使命的最佳人选。

星云大师，1927 年出生于扬州江都仙女庙，1939 年拜南京栖霞寺志开上人为师，法名悟彻，成为禅门临济宗第 48 代弟子。1949 年春，星云随同僧侣救护队前往台湾，延续中国佛教的法脉。此后半个多世纪里，他以“人间佛教”为宗风，不仅创建了集文化、教育、弘法、慈善、朝圣、观光为一体的台湾佛教圣地——佛光山，更建立了全方位的现代佛教教团——国际佛光会，通过到美洲、澳洲、非洲、南美洲以及东南亚办学建寺，使佛教高度国际化，全球信众多达百万之众。数十年里，星云将“人间佛教”传遍了 30 多个国家、170 多个地区，使佛教成为世界了解中华文化的视窗。

2000 年以来，星云大师通过复兴祖庭宜兴大觉寺，捐建扬州鉴真图书馆、南京大学佛光楼，成立《扬州讲坛》、星云文化教育公益基金会等，践行三好的佛光信念。2013 年岁末，由中国文化部、国务院新闻办公室、国务院侨务办公室、中央电视台等单位共同主办的“中华之光——传播中华文化年度人物”评选中，星云以网络票选第一名的成绩荣登榜单，在他硕果累累的人生履历中又增添了一项殊荣。2015 年 4 月，89 岁高龄的星云大师回到家乡扬州，登上《扬州讲坛》，以佛经中的宇宙观与人生观为题，连讲三场讲座，献礼扬州 2500 周年城庆。对于家乡，他自云："人生近九十载，扬州，我觉得我从未离开过。"

一、从古城扬州到宝岛台湾

上世纪初，方圆不足10平方公里的扬州仙女庙镇上寺庙庵观林立，临近老通扬运河，一东一西平行轴线上坐落着两座巍峨宏大的庙宇，东边的古大圣寺培养了诸多的佛教僧才，西边的古仙女庙则供奉两位道教仙女。每至秋日，寺中方丈常请地方名士和社会贤达前来寺中品尝时令白果、赏花观景。古仙女庙的万年台，更是个可以容纳几千人的庭院，地方绅士、殷实商贾常请戏班来万年台演大戏。因此，这个以庙为名的镇子上的居民虽然大多贫穷，却因着香火旺盛的"双刹"，生活有了乐趣。在古仙女庙和古大圣寺北侧，住着一户李姓庄户，家中祖母是一位虔诚的佛教徒，每天去门前的佛堂帮忙，小孙子李国深常常跟随祖母和母亲去寺中敬香拜佛，寺庙成为李国深幼年玩耍的天地。这个自小浸润在浓厚的宗教文化氛围中的小男孩，注定了一世与之密不可分的缘分。

上世纪三十年代战乱频仍，十二岁的李国深跟随母亲从家乡扬州前往南京寻找杳无音讯的父亲，偶遇南京栖霞山寺知客，被引荐入了佛寺，被当时的监院志开上人收为徒弟。这段出家的传奇经历日后被星云多次回忆：在往南京途中，由于汪精卫叛国，组织了和平军，当时和平军刚成立，正在集合操练，我一个小男孩感到十分好奇，跟着去看热闹。正看得入神，后面忽然来了一位栖霞山的知客师父，大概是看我方面大耳，胖胖的很可爱，随口问我愿不愿意出家做和尚？我头也没抬，直觉地答应："愿意！"不久栖霞山寺志开上人派人来找我说："听说你要出家当和尚，拜我做师父好啦！"

1939年2月1日，南京栖霞山寺志开上人收了他此生唯一的入室扬州徒弟李国深，由融斋法师取字号"今觉"，内号"悟彻"。在宗门谱系上，为禅宗临济宗第48代弟子。此后经年，这位弟子自取法号"星云"并以此成名，盖因"星"能在黑暗中给人光亮，"云"则飘然自由，不受拘束，故取其光明与自由之意，彰显与众不同的用心。

当年，栖霞寺为一座十方寺庙，住众都是从全国各地来的，不容许有师徒关系，星云虽然在栖霞山剃度，却不方便说在栖霞山出家。因为志开上人曾出任宜兴大觉寺的监院，星云出家的祖庭就顺理成章地成为江苏省宜兴县白塔山的大觉寺。1989 年，成为大师的星云重回大觉寺故地，见到大觉寺历经岁月沧桑，片瓦无存，这才有复兴祖庭的决心，重建大觉寺。

“六朝圣地，千佛名蓝”的栖霞山上四季分明，刚入山门的小星云如海绵般汲取善的知识的同时，也尝到了冰雪般严峻的教化。志开上人一眼看出星云身具慧根，不希望星云终生随侍在旁，因而对于星云的管教十分严格，锻炼他超常的毅力。在跟随志开上人的漫长岁月中，星云跟志开上人说上话的机会屈指可数，上人也只给过星云两套僧衣。有一次，因为星云无辜受到一位师长的责备，上人知道后叫来星云。志开上人难得地问起星云近况如何，星云回答：“衣单不全，纸笔不周。”志开上人对星云说：“你以为没有钱，向我诉说，我就会给你。但我就是不给你，什么道理。现在你不懂，不过，将来有一天你会了解我的心意。”然而，当十七岁的少年星云因为罹患疟疾卧病在床，志开上人得知后，却遣人送来半碗咸菜，在当时物资匮乏的年代，对于禅风峻烈、讲求百炼成钢的临济宗风而言，这半碗咸菜足以感动一个大男孩，从此愿意将全部身心奉献给佛教，报答师恩。

1945 年，星云已经成长为一个英姿勃发的青年僧人。他离开了栖霞寺，考入焦山佛学院，当时焦山佛学院的院长是雪烦法师。雪烦同样来自扬州境内，有了杰出的同乡前辈的指引，星云弘扬佛法的信心更足了。青年星云在焦山佛学院接受了正规的教育，大量接触到各类书籍，不仅让他慢慢体会出读书的乐趣，更养成了终身酷爱阅读的习惯。

1947 年底，志开上人命星云与师兄今观一道返回祖庭宜兴大觉寺，整顿寺政。星云奉师命任职大觉寺当家后，着手推行自己的改革理想，他不仅把寺庙的西厢房借给地方办国民小学，更带领寺中僧侣自耕自食。1948 年，热血沸腾的星云和同学智勇共同创办《怒海月刊》，多次冒着生命的危险，在街头张贴海报，进行演说，宣扬“革新佛教”的思想。后来，星云和智勇等人又来到南京接管华藏寺，订立新僧规约，严格管理，期望振兴佛教。然而，新的一系列举措引发了寺中保守僧人的反对和排挤，从此冲突不断。其时，淮海战役一触即发，伤兵处处，百姓流离。华藏寺改革的失败，并没有使星云气馁，相反，却增加了星云的胆识，培养了星云的韧性。

1949年，黎明前最黑暗的日子里，智勇法师等人号召组成600人的江苏僧侣救护队到台湾弘法度众，在奔走了两个月后，仍然因人数不足而迟迟无法成行。此时的智勇又因故无法前行。“你们不去，我去！”星云的自动请缨，立即获得众人的同意，一致决定，智勇继续留守大陆，星云则负责领导已有的僧侣救护队先行奔赴台湾。

远赴台湾僧侣救护队成行时有100多人，最终真正前往上海登船时只剩70多人。黑夜中的船身摇摆不定，星云面对黑茫茫的天空，回望渐行渐远的故土，未曾想到这一走会是半个多世纪的隔绝，这一走会改变自己一生的命运。

半个世纪前，台湾佛教土壤极其贫乏。1949年，国民党从大陆全面溃逃前期，刚接任台湾省主席不久的陈诚秉承蒋介石之意，通过台湾警备司令部颁布“禁严令”，除基隆、高雄、马公3个港口在警备司令部监护下开放外，其余各港一律封锁，严禁出入。当星云一众大陆僧侣来到台湾时，面对的正是社会白色恐怖、佛教一盘散沙的局面。这批来自中国内地的僧人，带着浓重的大陆口音，从台湾北部走到南部，从南部走到北部，脚底磨出了血，衣衫在日晒雨打下破了一个又一个的洞，意志在饥肠辘辘中消磨殆尽。所到之处，备受冷落，意志一点点被消磨殆尽。同年7月以后，台湾当局更要求社会各部门协同情报单位，为“台湾存亡的必要，实施铁腕策略，只要行动可疑，经人举检，一概列入危险分子，格杀勿论”，“白色恐怖”笼罩全岛。初来台湾，讲着一口地道扬州话的星云，与慈航法师等人，被诬陷为匪谍，被捕入狱二十二天。所幸在孙立人将军的夫人孙张清扬女士等人的搭救下，重获自由。正是在这样不断的打击下，当初一起来台的僧人逐渐一个个离去，分道扬镳，各奔前程。

出狱后的星云前往中坜圆光寺挂单，后受圆光寺妙果老和尚的指示，到苗栗法云寺看守山林。在法云寺看守山林的日子，虽然时时受到饥饿的侵袭，但是星云第一次有了安定的感觉。他重新惦念起来台前的誓言，时时提醒自己不要忘记当初为什么千里迢迢要来台湾。

受早期学习生活的影响，此时星云的人生规划定位在“以文弘法”，并无意于建寺当住持。他一心只想把艰深的佛法大众化、通俗化、文艺化，让每个人在生活中都能拥有佛法。看守山林期间，白天，星云出没在山林之中，时刻注意偷伐树木的人。晚上，他在只容一人的山间草棚中，无法压抑自己内心深处对于佛教陋习的痛恨，对于开创新天地的渴望，开始创作《无声息的歌唱》一书。

经过一番考量，星云决定离开法云寺，利用自己文笔的特长，投入佛教文化圈。他开始为中广公司撰写广播稿，义务协助《人生月刊》担任主编，同时向《自由青年》《勘战日报》《觉生月刊》等多处报章杂志投稿，弘扬佛法。1951年，他撰写并出版了《玉琳国师》一书，一时间成为众所周知的“佛教文艺明星”。

离开了寺院的僧人，犹如离开了母亲的孩子，如何弘法利生呢？在漂泊的生活之中，星云愈发苦恼起来。人生的机缘总是出现在意想不到的时候。1952年秋冬之间，星云应宜兰马腾、李决和、林松年等居士的邀请前往宜兰雷音寺讲经。1953年春天，星云在宜兰雷音寺开坛宣讲《观世音菩萨普门品》。由于信徒反应良好，星云接着往返了几次，几乎没怎么犹豫就决定留下来。

宜兰，位于台湾的东北部，三面环山，一面朝海，主体为兰阳平原。当时，宜兰刚刚脱离台北省，恢复设县没两年，经济条件和台北县比起来落后很多，生活条件也不好。但是，这里自古环境闭塞，民风非常淳朴。更重要的是，星云发现在这里多了一份台北没有的清净和悠然自得，可以专心讲经传道。所谓退一步海阔天空，逐步站稳脚步的星云，着手将佛法带入宜兰各乡镇。他针对各年龄层的需要，成立宜兰念佛会、佛教青年歌咏队、佛教儿童念佛班，更在每年的佛诞节创建花车游行。白天，星云忙于布教、弘法，夜晚，等大家就寝之后，星云就把佛前的电灯拉到房门口，坐在旧椅子上，趴在一台缝纫机上笔耕不辍，直至次日破晓。

星云在雷音寺宣讲《观世音菩萨普门品》时，为了增加大众对佛法的兴趣，每到讲经结束前，都会仿照扬州评话活灵活现地讲上一段玉琳国师的故事，无论老少都很喜欢听。人们听到扬州话“预知后事如何，请听明天分解”时，都纷纷摇头遗憾，第二天便会早早地跑来占位子。日复一日，说着扬州话讲故事的师父被宜兰的居民认可了，来听经的人也越来越多。

1955年，值得纪念的宜兰第一座念佛会讲堂落成，宜兰开始有了常态性讲经场所。随着信徒的增加，宜兰市四十八个里都设立“班长”，班长负责组织该里的信徒。宜兰地区各大街小巷，经常有广播车穿梭其间，邀请民众前往北门口的雷音寺参加念佛共修或听经闻法，参加佛诞节花车游行或浴佛法会。到了佛事活动的那一天，万人空巷是常有的事。前往雷音寺参加活动的群众口中，“北门口的师父”成为星云的代名词。经历了之前的居无定所，定居宜兰后星云踏实稳步地从一位青年僧人成长为信徒众多的法师。1964 年，星云在高雄寿山寺内创设了寿山佛学院，成为日后佛光山丛林学院的发祥地。

机缘总是出现在有心人面前。1966 年，越南华侨褚柏思夫妇因经济陷入困境，急于出售他们拥有的高雄县大树乡一块山坡地。夫妇俩托人找到了星云。一方面出于慈悲，一方面也因为寿山寺实在没有办法安置学生，星云买下了这块今天看来绝佳的宝地。但是，当年这可真是一块没有人要的荒山。当星云和众人从高雄一路坐车颠簸来到大树乡，触目可见的都是碗口粗，高壮直冲天际的麻竹，土壤贫瘠，高低不平，杂草丛生。几乎所有人都傻了眼，劝说星云：“师父呀，算了吧！这种偏僻荒凉的地方，谁愿意跑来礼佛，恐怕除了师父以外不会有人来！”星云独自一人，花了两个小时，仔细勘察了土地。大树乡虽然人烟稀少却能远离名利，加之自己手上的确没有太多的钱，能够拥有这么大的一块山坡，从头开始，放手一搏，也许能成就一番事业。“没关系，佛来了，人就会来了！”秉持这样的信念，星云带领身边的弟子、信徒，开始了创建一座十方丛林的艰苦历程。

1967 年正式动土兴建的佛光山工程前后历经半个世纪。没有充裕的资金，没有专家指导，星云带领众人，凭借着愚公移山的精神，一沙一石，一砖一瓦，历经艰辛。烈日寒风中，众人一起亲手砌砖墙、堆石头、锯木料、挑沙土、拌水泥，这座气势恢宏大乘佛教寺庙的建立，已经不仅仅是一个人的智慧和力量了，是星云和一群人、几代人的奉献。为了筹措资金，每逢假日，星云亲自下厨，为来山的游客服务，希望能多得一些香火钱，补助建筑经费。为了节省开支，搬运砂石、搅拌水泥这样的粗活，星云和徒众都是自己动手，扛起重任。围墙、广场、成佛大道、放生池等地方，不需要专家，星云带领弟子们亲手完成，虽然称不上精致，却坚实耐用。在劳作中，星云成功地团结了众人，也锤炼了众人的道心悟性。几十年间，山上山下，星云和弟子信徒们寸步不离地建筑着心中的辉煌圣殿。

佛光山经过长期修葺，建筑规模日益宏大。人在佛光山下，远远就能看见金身接引大佛，上了山后，人尚在大雄宝殿外，殿内大佛像就迎面扑来。大雄宝殿一改过去台湾各庙宇低矮昏暗的状况，代之以阳光、开阔和洁净的宫殿式外观。除了独有的建筑风格、殿阁规划、佛像雕筑等，佛光山在佛教理念、文化教育、修持弘法上前所未有的创新，开创了台湾佛教史新的纪元。

在荒山上建立一座佛光山有多难？今日说来寥寥数语，其间的酸甜苦辣非外人足以道也。至此，星云终于从一个外省的扬州僧人，一个原本只想从事佛教教育的文艺僧人，成长为台湾一代佛门大师，这是一种奇妙的人生机缘，有其个人秉性的优势，更是其不懈奋斗的必然结果。

此后的大半个世纪中，星云大师不遗余力地弘扬“人间佛教”，将“以文化弘扬佛法、以教育培养人心、以慈善福利社会、以共修净化人心”立为佛光山宗旨，一生倡导生活即佛法、佛法即生活的思想。星云出生、生活的环境使其具有了人间佛教思想所需要的性格，青年星云所受到的教育、接触到的人与事对他思想的形成也提供了广沃的土壤，到达台湾之后星云的人生际遇、对佛教的体悟与使命感，令他极为关注时代和佛教发展的前景，这一切因素集体造就了“星云模式的人间佛教”，成就了有目共睹的佛光山实体和“星云人间佛教学”软体，使得“人间佛教”思想从一种理论真正落实到全球千万人的生命实践。

二、以文弘教的“文学和尚”

星云一生致力推行的“人间佛教”思想是通过大量文字传播完成的。六十多年来，他不间断地用文字表达心声、传播禅悦。迄今为止，其著作种类超过200种，先后出版专著500多本，数百万字以上，被翻译成20多种语言，作品更被多次改编为舞台剧、电视、电影。连他的弟子都为之惊叹：“我们读书都还没有他写书快！”台湾《讲义》杂志社社长林献章这样形容星云：“我认为他先是作家、出版家再是宗教家，他借由创作出版把人心集合起来，再把宗教理念传达出去，用书承载佛法。”“以文弘教”成为星云大师弘法的不二法门。

最初，国内只有北京现代出版社出版了星云的《佛光菜根谭》《星云禅话》《星云说偈》《往事百语》。随着《佛光菜根谭》的一炮而红，上海人民出版社、浙江人民出版社、上海书店出版社、江苏文艺出版社等大型出版社，纷纷推出了他的《佛学教科书》《人间佛教书系》、《人间万事书系》《星云大师人生修炼丛书》等修身养性又励志实用的书。统计一下，截至 2010 年，星云在国内出版的书籍，以“套”而言约有 52 套，以“本”而言约有 79 本。这个数字的确多到惊人。随着书籍的出版，星云其人其事其思想也逐渐被国内大众所了解。2013 年 11 月，生活•读书•新知三联书店出版了他的口述史《百年佛缘》，星云从 1911 年辛亥年间谈起，将一个世纪里与其有关的人与事的脉动及轨迹，深入浅出地呈现出来，不仅为中国佛教留下了一段弥足珍贵的历史，其中精彩感人的故事，更像是一部帮助普通大众修身养性、励志为学、幸福安乐的处世心法。

说起来，星云连一张小学毕业证书都没有，但是，凭着时时以书为师，关心时事，观察人心所需，他不仅开创了别具特色的人间佛教理论，更获得十余顶知名大学荣誉博士学位桂冠。

近现代佛教复兴运动的领袖太虚大师在民国初年提出人生佛教。太虚致力于将清末重出世、鬼神的佛教引向了现实人生，强调学佛须先做好人，完善人格，过好伦理的、精神的生活，提倡“人成即佛成”，以佛教的道理来改良社会，使人类进步，建设人间的净土。由于保守力量的阻挠以及社会环境的不稳定，他所提倡的教制、教产革命均以失败告终。1951 年，太虚的弟子印顺在台湾提出思想改造的“人间佛教”运动，进一步从佛教的思想发展进程上，阐明人间佛教为佛法的原始性格。印顺虽然出自太虚门下，却仍然是一位学者型的僧人，难以将理论变为现实。星云吸取了两位前辈的经验教训，在此后的大半个世纪中不遗余力地弘扬“人间佛教”。原中国佛教协会会长赵朴初先生对于星云倡导的“人间佛教”曾经做出过“五个特性”的提炼——群众性、长期性、国际性、民族性、融和性。“群众性”排在首要位置，证实星云模式“人间佛教”具备可实践性的关键条件在于拥有了强大的群众基础，而实现“群众性”的最主要的方法正是通过文字的传播。

扬州这座城市地处南北交通要道，远离政治中心，商品经济比较发达，创作氛围较为轻松，以至于众多文人纷纷远离故土聚于扬州。自汉以来，无数文学家、诗人出生于扬州或是在扬州生活过。扬州旧家多，文风盛。大抵中等人家都有一间书斋，几架古籍。社会上奉行的观念是，子孙首先要读书，读书才能有出息。实在读不下去的，才可以去经商。受母亲影响，星云从小就知道，不读书没有未来。星云自己也说，“我个人从小念书是不识字的母亲教的。因为她常常身体不好，我为了消除她病中的寂寞，就常拿扬州的七子段念给她听。我没读过书，常念别字，如‘洛’阳念成‘各’阳，母亲指正我，所以是不识字的母亲教我念书的。”日后，星云回忆出家的原因里也有一条是“我非常想读书，后来我想寺庙里面有很多书，我可以去读书吧”。

少年星云读书时就自编月刊《我的园地》，发表第一篇随笔处女作《钞票的话》。此后，为《新江苏报》编《新思潮》副刊，为《徐报》编《霞光》副刊，与智勇法师合编《怒涛月刊》，到台湾后负责《觉生》《人生杂志》等刊物的编务工作，接下《觉世》旬刊，创办《今日佛教》月刊，创办《普门》杂志，创办《人间福报》，创办《普门学报》，成立佛光出版社，出版大量佛教丛书。星云似乎一直没有停止过手中的笔。由于担任杂志编辑的缘故，他深深了解不同层次的大众读者的需求，他们爱看什么，能接受什么样的道理。在大量诗歌、小说、散文、说喻、故事、传记、论文的创作中，星云形成了一种给众生看的“言之有物、言之有序、言之有趣、言之有味”的文学体例。他的作品融历史与道德、诗歌与哲理、时代精神与民族特色于一炉，充斥着博大、淡泊、宽容、智慧和善良，让读者仿佛与一位智者朋友在交流，在解除心中疑惑的同时，留下来的是暖意的警策，启发人心。

20世纪五十年代的台湾，整体佛教发展环境受限于“戒严令”的影响，治安单位更不时取缔法会，加上六十年前的台湾宜兰是个保守小镇，民间文盲的比例相当高，初来乍到的星云，如何弘法成为面临的现实问题。星云的成功之处正在于他清楚认识到，要延续佛学命脉，唯有通过文化教育。在宜兰，他首先成立了念佛会，让不识字的人也有机会拿起经卷逐字逐句地念下去。其次是发掘佛教青年的力量。年轻人爱唱歌、爱交朋友，星云就自己写词，请人谱曲，成立全台湾第一支佛教歌咏队。为得到年轻知识分子的支持，星云成立了国文班，帮青年学子批改文章。他的第一代弟子，有台湾“佛教界才女”之称的慈惠法师坦承：“最初亲近师父不是因为想学佛，而是去学作文的。”星云更针对小学及学龄前的孩子，开创了儿童班，经常举办绘画、书法、作文比赛。从文化普及着手，星云完成了从僧教育到大众教育的拓展。

“文字是生生不息的循环，是弘法的资源，人不在，文字还在”，星云用文字表达了自己的心声，“我最大的志愿是以文字来弘法，因为文字超越时间、空间，透过文字的媒介，不止这个时代、这个区域的人可以接触到伟大的思想，几千年、几万年以后的人类，此星球、他星球的钟声，也可以从文字般若中体会实相般若的妙义！”“以文弘法”才是星云大师扩大影响力的真正法宝。

三、有情有义赤子之心

1997 年 8 月，《星云回忆录：有情有义》在台湾出版。星云大师在这本回忆录的开篇自序中写道：“有的人认为出家人就应该居于深山斗室，不管人间的因缘，断除人间的情义，也就是说成为无情无义的人。但这只是小乘之见，我的见解不同，我认为出家人不是绝情绝义，而是去开发清净的情义，发展有情有义的生命，并助天下的情义圆满。”“情义”二字萦绕了星云大师的一生，成为他为人做事、弘法利生的核心词。

2010 年，八十三岁的星云大师登上扬州讲坛，脱口而出：“‘一江春水向东流’，从家乡出家，几十年来我最大的心愿就是回家乡，回扬州。” 此语让台下在座的家乡父老们为之动容。72 年前，这位扬州少年凄离故土，出家为僧；62 年前，年轻的僧人带着信仰离开大陆，前往台湾；数年后，即便成为万人景仰的高僧，在尝遍人间甘苦、看遍世间万象后，无论身在世界何处，梦魂萦绕的依然是自己的故土，那里不仅有自己的亲人，也留有自己的根。情义的成就不在别处，只在人间！这才是星云大师所倡导的“人间佛教”。在所有人间情义之中，“故乡情”是其一生中不可忽略的情义。

捐建鉴真图书馆

2003年11月2日，“纪念鉴真东渡成功1250周年”纪念大会在大明寺栖灵塔广场隆重举行，国家、江苏省有关方面领导，鉴真东渡经过及生活过的寺庙之诸山长老法师，以及来自中国港澳台、日本等地海内外朋友，与扬州各界人士1000多人出席了纪念大会。轮到星云发言了，他缓缓起身，乡音不改：

我们今天举行纪念鉴真大师东渡日本成功1250周年纪念大会，一是怀念鉴真大师给我们源远流长的历史和贡献，一是这里要开办鉴真学院，为了鉴真大师，这至少是一项未来的辉煌的佛教历史。

……

过去的有些纪念会，都是缅怀历史，而这一次除了缅怀历史以外，给我们一个希望，就是可以办一个社会性质的鉴真学院。我这次从台湾，经过美国、南美洲、巴西、智利，这么回到美国。辗转再到扬州，看到扬州、江都这里的道路通豁，可以说我在世界各大都市都没有见到这样子的，所以未来的扬州，不但因为鉴真大师在这里办一个学院，今后也会因为道路宽敞成为世界都市可以借鉴、观光的一个地方。所以，我很希望扬州，不但是我的故乡，也是很多旅外扬州人的故乡，今后可以发挥我们扬州的精神，扬州的佛光。

扬州出莲藕，有丝有节，它有丝，可以连通，它有节，可以通达，所以我也希望我们扬州今后在全世界，跟大家都有联系，都能交通。

我的前辈——伟大的鉴真大师，在这里成就光荣。我星云，作为后辈，站在这个台上，也希望我们所有的国民，学习鉴真大师，大家一起共同敬国爱国，建设新中国，建设新扬州。

正是在这次纪念活动中，星云决心为建设鉴真学院做出自己的贡献——捐建图书馆，并很快向家乡转达了这一想法。

2005年4月，正值烟花三月。28日，星云以国际佛光会世界总会会长的身份率领台湾佛教代表团一行17人来到扬州。由于佛光山负责实施筹建图书馆的整个工程，星云抵扬当天，就前往鉴真图书馆预定地勘察，全身心投入地针对建筑规划给予指导。第二天，他应邀参加了在大明寺举行的“纪念鉴真像回国二十五周年暨鉴真学院建设与发展论坛”，与日本唐招提寺西山明彦长老、鉴真学院规划设计总顾问时匡教授、扬州大学副校长周新国教授、大明寺住持能修等人一道围绕鉴真学院的规划、设计、建设、办学管理发展等问题展开了讨论，此时鉴真学院已经进入到了拆迁建设关键阶段，鉴真图书馆也将在 6 月破土动工。

6 月 5 日，由台湾佛光山文教基金会捐赠 5000 多万元建设的鉴真学院图书馆协议签署和开工仪式在千年古刹大明寺隆重举行，来自海内外千余名各界人士和佛教信徒见证了这一盛典。星云大师与原江苏省省委统战部部长周珉共同为图书馆开工揭牌，能修法师和慈惠法师分别代表大明寺和台湾佛光山文教基金会签署捐赠协议。对于扬州而言，这是一个值得纪念的时刻，对于星云亦然。

鉴真佛学院选址在蜀冈—瘦西湖风景区内，南接大明寺，东邻观音山，北倚平山北路，西连扬子江北路。其中按照国际一流的图书馆建立的鉴真图书馆占地 100 多亩，以单体设计，整个工程都由佛光山负责实施筹建。在开工仪式中，面对海峡两岸的数千名信徒以及家乡的父老乡亲们，星云慨言：

这个图书馆，不光是阅读性的还有教育性的，还有研究性的，成就高级人才，将来把鉴真大师的精神、扬州的精神、中华文化的精神，推承到全世界！……扬州正在起飞，现代需要大家的力量，所以我就捐献这个鉴真图书馆，是抛出盈余，是略表一点对扬州的关心。

鉴真佛教学院作为扬州市的一项重点工程，担负着培养佛学造诣深厚、精通国际交流的世界性宗教人才，为扬州融入世界、和谐发展做出贡献的巨大责任。星云给予鉴真学院知识上和经济上的援助可谓弥足珍贵。

图书馆的工程负责人是佛光山派来的三位“慧”字辈的年轻和尚。来自新西兰的金发碧眼的慧峰负责工程建设，来自台湾的慧宜负责工程的财政和整个工程的实施，慧峰走后，接替他的是来自澳大利亚的慧炬。两年来，他们夜以继日为建设鉴真图书馆奔波操劳，其间星云虽然马不停蹄地奔走于世界各地，但他始终牵挂鉴真图书馆。2006 年 12 月和 2007 年 10 月，他两次回扬州考察施工中的鉴真学院和鉴真图书馆。在即将封顶的图书馆大楼前兴致勃勃地查看工地现场，慰问设计、建筑工人的同时认真询问工程的进展情况。面对学院的逐步成型以及扬州日新月异的变化，星云回乡次数日渐频繁。

2006 年和 2007 年两年，鉴真佛教学院招收了两年制和一年制的本科预科班。两年中，星云不仅看望了鉴真学院首届本科预科班学生，更亲临教室为全体师生开示。2008年新年第一天，鉴真学院落成揭牌，鉴真图书馆开馆，扬州讲坛正式开讲，鉴真美术馆书画展开幕。史无前例的四大文化盛典标志着扬州在新的世纪开创了文化建设的新高潮。

在图书馆里开辟《扬州讲坛》

2008年1月1日中午，新年伊始的人们还沉浸在节日的气氛里，刚刚举行了开馆仪式的鉴真图书馆内，人潮涌动。三楼崭新的报告厅原本可以容纳千人，此时却连多塞进一个人都难，走道阶梯上也满满当当坐满了人。人们翘首等待的是《扬州讲坛》的首次开讲，免费的近千张入场券早在数天前就预订一空，但仍然有很多人早早守在图书馆外，希望有机会可以入场。下午2点，《扬州讲坛》准时开讲。时年82岁的星云简短而有力说完自己的主持词后，很快为大家请出了主讲人——著名帝王小说家二月河。大师很有礼貌地缓缓起身，早早地伸出右手，做出邀请的姿势，迎接主讲人。直到二月河在讲台上坐稳了，大师才在两位弟子的搀扶下慢慢走下台。

二月河讲演的题目为《康雍乾三朝政务与文化兴替》，然而他却从“第一印象”谈起：

你们有没有这样的印象？第一次见了这个人，比如说，我见了星云大和尚，星云法师慈悲、庄严地坐在这个地方，就像个佛爷。这就是第一印象。有的人第一眼见了以后，感觉到很亲切，或者也有相反的。按照我们唯物主义的解释，我们找不到原因，但是按照佛经里讲，这是你的阿赖耶识在里面起作用。你们两个不一定什么时间，不一定什么地点，你们曾经发生过什么？现在见了面以后，就产生这样一种感觉，产生这样的印象。今天我们开讲第一讲，这不是我所要讲的主题，我所要讲的是，康雍乾时期历史文化的兴替。为什么要先讲这个呢？因为我到的是扬州，我是第二次到扬州来。扬州给我的印象太深刻了，扬州人太好了，这个意思是说，我和扬州人之间，我和诸位在座的交流，我们前世阿赖耶识有因，今日有此果。

二月河先生是星云亲自请来的，二月河自2000年突患中风后，已悄然“隐退”，连一向喜欢的文学创作也因身体欠佳而搁置，兴致起来时，也只是写点随笔。若不是来自星云和扬州这座城市的邀请，他断然不会出山。但今天，硕大的讲堂中人头攒动，许多人抽出扶手中的写字板做着笔记。听者入神，讲者兴起，身体的不适丝毫不影响二月河，他自己举着话筒足足两个小时，带领扬州的听众走了一趟康熙、雍正、乾隆三朝之旅。

当人们走出鉴真图书馆时，个个意犹未尽。就在此时，已经应允接棒主讲的名家已经定下有钱文忠、余秋雨、马瑞芳、于丹、王立群、阎崇年。第二场由钱文忠先生主讲的《鉴真东渡》入场券，也已经预订一空。

要说《扬州讲坛》的横空出世，不能不先谈到中央电视台的《百家讲坛》带出的一股平民学术的热潮。2001 年 7 月 9 日，中央电视台第十套节目推出了一个讲座式的栏目。主讲人可谓是百里挑一，遴选的标准包括了学术水平、表述能力和人格魅力，三者缺一不可。选题囊括了中国历朝历代大师以及著名人物，在追求内容的学理性与权威性的同时，力求雅俗共赏。许多学术界著名人士以通俗易懂的语言、故事化的讲述方式将许多晦涩的知识传播到民众当中去，电视机前的观众从节目中了解历史、汲取知识。

《扬州讲坛》的设立受到了《百家讲坛》的影响，但它的持之以恒又超越了《百家讲坛》。对于一个城市而言，也许办一次文化讲坛并不是很困难的事。但是，要能坚持办一系列受欢迎的高水平的文化讲座，需要的是放眼古今、放眼国际、放眼世界的眼光以及持之以恒的毅力。

自从 2008 年元旦《扬州讲坛》这座“文化讲座航母”起航，二月河、钱文忠、马瑞芳、于丹、王立群、阎崇年、余秋雨、余光中、李昌钰、林清玄、纪连海、易中天、吴建民、郝万山、吴伯雄、凌峰、柴松林、莫砺峰、孙科志、毕淑敏、唐家璇、杨澜、对中如云、康尔、王运天、蒙曼、符芝瑛、张晓风、田青、蔡明亮、周立波、蔡志忠、宋国晓、沈伯俊、方志远等名家名嘴、文坛巨擘，纷纷亮相于《扬州讲坛》。

最难能可贵的是，《扬州讲坛》完全是面向全社会的公益讲堂，所讲内容主要关注于中国传统文化及扬州文化，主讲者都是千金难请的文化界名家，他们绝大多数是星云亲自邀请来的。也有像台湾著名作家林清玄就是得知星云在扬州举办讲坛，自己主动请缨，参与盛举。

2010 年 3 月，星云首次登上《扬州讲坛》以“我怎样走向世界”

为题的讲演掀起了新一轮热潮，当他事后接受记者访问时，被问道："《扬州讲坛》名家如云，很多主讲人都说遵照您的邀请意愿来作讲座的，您和这些名家是怎么结下这么友好的缘分？"星云大师简单回答道："'缘分'是没有办法说得那么清楚、那么明白的，不过，我想广结善缘，有缘人自然就会有缘。我到哪里，大家都对我很好，谢谢大家的盛情。"

《扬州讲坛》创办之前，《百家讲坛》已在全国家喻户晓，星云却愿意在年事已高之时倾己之力，发下让"扬州讲坛"比肩"百家讲坛"的宏愿。他自揭谜底："这缘自扬州的文化，讲坛可以增长城市的文化气质，这是无形的。像我讲的不忘初心、不请之友、不念旧恶、不变随缘，如果做到了其中一点，扬州人就会不一样。还有以众为我、以无为有、以退为进、以空为乐，如果做到了其中一点，扬州人也会不一样。"为此，星云不仅坚持所有讲演免费，更坚持每月举办两次，加大讲演的密度。"我就是要让人看书，鼓励人们接受文化思想！"

作为首个由宗教界与地方党委政府联手创办的文化项目《扬州讲坛》，七年多来，真正实现了弘扬中国传统文化精粹，向海内外展示文化扬州独特魅力的目标。

四、"当代鉴真"传灯五大洲

扬州，自古有着浓烈的佛教气息、良好的文学氛围、东西南北兼容的文化气场、富足的社会经济，生活在这里的人们，潜移默化中拥有了开放大气的个性。仔细研究鉴真和星云两位高僧的人生，他们的成功模式之中竟然有着太多的相似之处，其中固然不乏后者对前者的景仰，但更多的应该是一种独特文化精神传统下的延续与继承。

唐以前，不乏外国传教士来中国传教，或是中国僧人去外国取经，能够出国传经送教的，鉴真大师是第一人，日后即便有僧人出国，大多还是停留在单一的传教与取经，而鉴真此行，传播盛唐优秀的文化艺术成为弘法之外的主要目的。要将高度发达的盛唐文化广泛传播于日本，单靠鉴真单枪匹马是很难做到的。在这一过程中，鉴真身边生死相随的僧侣团发挥了出色的作用。鉴真的弟子中除了扬州本地的高僧外，还有不少来自全国各地，乃至外国有一技之长的僧人。鉴真成功之处除了东渡弘法外，正是培养出一大批“超群拔萃、为世师范”的弟子。凭借自身的学识和精英的弟子，鉴真成功地赢得了与以贤璟为首的日本旧教团之间展开的公开大辩论的胜利。这场辩论的成功，从此确认了鉴真在日本佛教界的地位。不仅如此，鉴真在日本建立唐招提寺，为日本教育和培养僧尼提供了一个基地。从训练、教育、到受戒，形成了一套比较完整的制度，自此把日本封锁的、仅局限于上层统治阶级的佛教，逐渐改变成开放的、面向普通民众的宗教。培养僧团力量、建造弘法基地、以文化承载佛法，相隔千年，两位高僧的做法惊人地相似。

当年，佛光山成为台湾旅游观光热点时，为了维护宁静的修行环境，星云毅然决然在 1997 年宣布佛光山封山。这次封山历时 5 年。关闭山门还给了佛光山肃穆祥和的氛围，佛光山宗务委员会将所有的僧众依学历、年资、经历、特殊技能、戒腊、道学、学业、事业各项目排序，核定僧众的阶位与升级制度，让每一位杰出的人才最终都可以达到大师、长老的阶位。在某种程度上，星云大师更加与时并进，进一步拓展了鉴真大师弘扬佛法的路径。

鉴真虽然贵为日本佛教律宗的开山祖，但他的思想是兼容开放的。鉴真到日本后，对于天台宗、密宗的教义也相当有研究。他吸收了各宗派的长处和特点，没有门户之见地在实践中加以充分运用，为弘扬佛教教义和佛教精神服务。星云在构建自己的“人间佛教”思想过程中，显然也同样如此。佛光大学宗教系副教授蓝吉富分析星云的“人间佛教”为“主要根植于禅宗，但并不拘囿于禅之一宗，而兼融诸宗，尤倾向于禅净双融，谓禅净双修契合人间佛教思想。他虽不大倡导修学密宗，但并不排密，主张显密融合，主办世界显密佛学会议、禅净密三修法会，选派弟子学习藏传密教。他的佛学思想广融原始佛教、南传佛教、禅宗、天台、华严、净土等学于一体，并兼融佛教学术会议研究的成果和儒、道之学，可谓融合内外诸学”。与鉴真一样，星云没有囿于宗派的局限，也有着开放的心态，他的“人间佛教”不专研于一宗一派、一经一论，而是把所有的佛法融合汇聚，互相为用，自成一格，锻造出博大精深而又平易实用的佛法。

鉴真在日本生活的十年里，一方面孜孜不倦、废寝忘食地讲律、传戒、培养僧徒，一方面毫无保留地将大唐的建筑、雕塑、医药、文学、书画、音乐、印刷、饮食等传授给日本人民，被日本人民奉为“日本文化的恩人”“日本律宗开山祖”“日本天台宗先驱”“日本医药始祖”，深得人们的崇敬。当代的星云走得更远。他带领着国际佛光会在短短二三十年间迅速深入欧、美、亚、非、澳五大洲，创建了百余所寺院道场，成为加入联合国非政府组织的全球最大华人集团。

1985 年，星云主动退位，将佛光山主持之位传于弟子心平，将传统佛教的世代交替转变为制度性的领袖传承。此后三十年间，星云游历四海，视不同文化种族为一体，将中国化的佛理推广到世界五大洲。1988 年，西半球最大的佛教寺院西来寺在美国洛杉矶正式启用。此后，位于南非布朗贺斯特市的南华寺，澳洲卧龙岗的南天寺，巴西圣保罗的如来寺陆续建立，科州丹佛讲堂、内华达州莲华寺，加拿大爱民顿讲堂、澳洲南天讲堂、墨尔本讲堂、佛光山纽约道场、南非新堡禅净中心也纷纷成立，甚至在佛教的发源地——印度的最大城市加尔各答，佛光山也设立了禅净中心。各大海外寺院均设有中华学校，总数逾五十所，各人间道场也纷纷成立佛学院。

迄今佛光山共创办了五所高等学府，它们是美国西来大学、中国台湾南华大学、佛光大学、澳大利亚南天大学和菲律宾世间解大学。其中，星云在美国设立的第一所国际性大学——西来大学在 2006 年成为美国西区大学联盟（WASC）正式成员，这意味着该校的学位学历被全美各高中和大学承认，西来大学的学生可以和其他大学学生一样向政府申请贷款及学费补助。

一般僧人对于佛教国际化的想法是以中国人的处事之道，融入当地。但是历史上，鉴真与星云倡导佛教的宗旨不是“取”而是“给”。鉴真在日本 11 年间，建造唐招提寺和佛像，长传各类律藏，受教者众多，培养了一大批日本弟子。千年后，同乡星云在五大洲建寺传教，目的也是希望透过佛教，充实当地人的精神生活，海外道场的管理位子也逐步交给当地人，启发当地的佛教传统。两位大师的思想惊人地交汇于让佛教深入世界各个角落的宏愿上。

如果说鉴真当年播下的中日邻邦友好的种子，经过漫长的岁月直至今天，真正生根发芽，枝叶繁茂。那么星云则带领旗下的国际佛光会不分地域、不论种族，以彼此开诚布公、相互尊重包容为宗旨，在世界五大洲传播教育、文化，从事慈善救济工作。

2015年，89岁高龄的星云回到家乡扬州，谈及他的梦想，他说：“我最大的梦想是希望国家团结，不要分离，贫富没有差距，大家都平等，梦想中国人都能够幸福、安乐，希望中国人得到世界的尊重。”扬州建城迄今2500年，千百年来这座城市的文化基因，养育出许多如鉴真、星云般形象大、格局大、气魄大、心胸大、理想大的僧人，他们回馈了故乡更多的精神文化财富。

附录

2014年扬州市佛教活动场所一览表

序号	地 区	场所名称	类别	地 址
1	宝应县	宁国寺	佛教寺院	县城安宜南路60号
2	宝应县	圆通禅寺	佛教寺院	县城水门桥46号
3	宝应县	静修庵	佛教寺院	县城隅园巷6号
4	宝应县	万寿寺	佛教寺院	氾水集镇
5	宝应县	护国寺	佛教寺院	射阳湖镇戴庄村
6	宝应县	国庆寺	佛教寺院	夏集集镇
7	宝应县	慧性庵	固定处所	安宜镇刘堡村
8	宝应县	东如来寺	固定处所	安宜镇三里村
9	宝应县	大佛寺	固定处所	安宜镇西郊村
10	宝应县	定善禅寺	固定处所	曹甸镇古塔村
11	宝应县	甘露寺	固定处所	曹甸镇下舍村
12	宝应县	药师庵	固定处所	曹甸镇甄庄村
13	宝应县	众缘寺	固定处所	氾水镇柘沟村
14	宝应县	兰亭寺	固定处所	广洋湖镇兰亭村
15	宝应县	印心庵	固定处所	黄塍镇联合村
16	宝应县	毗卢庵	固定处所	泾河镇刘上村
17	宝应县	白马寺	固定处所	泾河镇竹林村
18	宝应县	福缘庵	固定处所	柳堡镇芦村
19	宝应县	福田庵	固定处所	柳堡镇团庄村
20	宝应县	紫竹庵	固定处所	柳堡镇王通河村
21	宝应县	静修念佛堂	固定处所	鲁垛镇桑庄村
22	宝应县	三元庵	固定处所	鲁垛镇跃庄村
23	宝应县	观音禅林	固定处所	山阳镇合心村
24	宝应县	同善庵	固定处所	射阳湖镇戴堡村
25	宝应县	天宫寺	固定处所	射阳湖镇槐树村
26	宝应县	龙竿寺	固定处所	射阳湖集镇
27	宝应县	太平庵	固定处所	望直港镇北河村
28	宝应县	普济庵	固定处所	西安丰镇集丰村

续表

序号	地 区	场所名称	类别	地　址
29	宝应县	潼口寺	固定处所	夏集镇郭桥村
30	宝应县	万福庵	固定处所	夏集镇子婴村
31	宝应县	大慈观音寺	固定处所	射阳湖镇鹅村
32	宝应县	观音禅寺	固定处所	小官庄镇诚忠村
33	高邮市	镇国寺	佛教寺院	高邮镇运河河心岛
34	高邮市	安乐寺	佛教寺院	临泽镇安乐巷
35	高邮市	吉祥寺	佛教寺院	汤庄镇汤庄村
36	高邮市	护国寺	佛教寺院	界首镇石桥巷 6 号
37	高邮市	古悟空寺	佛教寺院	天山镇神居山
38	高邮市	镇海寺	佛教寺院	甘垛镇平胜河口村
39	高邮市	光福寺	固定处所	三垛镇光明路
40	高邮市	万寿寺	固定处所	八桥镇陈堡村
41	高邮市	如来庵	固定处所	卸甲镇龙奔黄渡村
42	高邮市	极乐庵	固定处所	高邮镇西后街 4 号
43	高邮市	关帝庙	固定处所	高邮镇东台巷
44	高邮市	慧园庵	固定处所	开发区东墩昌农村
45	高邮市	普济庵	固定处所	车逻镇山广村
46	高邮市	地藏禅寺	固定处所	龙虬镇张轩村
47	高邮市	地母庵	固定处所	龙虬镇大树村
48	高邮市	护国龙王寺	固定处所	三垛镇少游村
49	高邮市	慈云庵	固定处所	甘垛镇启南村
50	高邮市	党城寺	固定处所	卸甲镇龙奔三星村
51	高邮市	东岳寺	固定处所	汉留镇汉留村
52	高邮市	普胤寺	固定处所	菱塘回族乡菱塘镇通山路
53	高邮市	张墩寺	固定处所	菱塘回族乡王姚村
54	高邮市	毗尼庵	固定处所	送桥镇平牌村
55	高邮市	极乐庵	固定处所	送桥镇黄圩村蒋庄
56	高邮市	真武庙	固定处所	郭集镇老街
57	高邮市	三官殿	固定处所	郭集镇邵庄村
58	高邮市	甘露寺	固定处所	郭集镇双巷村
59	高邮市	福缘庵	固定处所	临泽镇川青瓦港村
60	高邮市	观音寺	固定处所	龙虬镇佛塔村
61	高邮市	观音庵	固定处所	天山镇神居山村

续表

序号	地区	场所名称	类别	地址
62	高邮市	贞孝庵	固定处所	送桥镇
63	仪征市	地藏寺	佛教寺院	陈集街道南首
64	仪征市	香照寺	固定处所	真州镇奎光巷 116 号
65	仪征市	东林寺	固定处所	刘集镇街道
66	仪征市	白龙庙	固定处所	刘集镇西郊森林公园内
67	仪征市	清净庵	固定处所	刘集镇纲要村
68	仪征市	慈山寺	固定处所	月塘镇六松村
69	仪征市	界牌庵	固定处所	陈集镇友好村
70	仪征市	诸公庙	固定处所	大仪镇石桥村
71	仪征市	长寿庵	固定处所	大仪镇何巷村
72	仪征市	真孝庵	固定处所	大仪镇张家村
73	仪征市	古井寺	固定处所	刘集镇古井街道
74	仪征市	爱慈寺	固定处所	刘集镇蚂蚁山
75	仪征市	三茅庵	固定处所	新城镇三茅村
76	仪征市	三官庙	固定处所	新城镇三官村
77	仪征市	新民庵	固定处所	马集镇新民村
78	仪征市	长生寺	固定处所	大仪镇香沟村
79	仪征市	水月寺	固定处所	月塘镇登月湖畔
80	江都区	大圣寺	佛教寺院	芒道河东岸路 25 号
81	江都区	开元寺	佛教寺院	大桥镇三丰村
82	江都区	圣容寺	佛教寺院	大桥镇圣容村
83	江都区	增福庵	佛教寺院	大桥镇坤平村阮塘组
84	江都区	慈云寺	佛教寺院	宜陵镇西首
85	江都区	梵行寺	佛教寺院	邵伯镇南塘
86	江都区	大悲寺	佛教寺院	樊川镇永安村
87	江都区	广济寺	佛教寺院	小纪镇窑头村
88	江都区	真如寺	佛教寺院	小纪镇磨子街
89	江都区	观音庵	固定处所	龙川街 193 号
90	江都区	墩头寺	固定处所	仙女镇涵西村陆圩组
91	江都区	菩提寺	固定处所	仙女镇陈甸村李庄组
92	江都区	长生庵	固定处所	仙女镇南吴村薛家组
93	江都区	大佛寺	固定处所	仙女镇张纲村建新组
94	江都区	千佛寺	固定处所	吴桥镇长庄村

续表

序号	地 区	场所名称	类别	地 址
95	江都区	万寿寺	固定处所	吴桥镇万寿村
96	江都区	石塔寺	固定处所	浦头镇西元村
97	江都区	莲花庵	固定处所	浦头镇浦头村复圣组
98	江都区	真武寺	固定处所	郭村镇郭村村
99	江都区	经藏寺	固定处所	丁伙镇丁伙村许桥组
100	江都区	彰墅庙	固定处所	丁伙镇锦东村
101	江都区	水陆寺	固定处所	樊川镇延寿路
102	江都区	极乐寺	固定处所	小纪镇富民村河南组
103	江都区	别峰庵	固定处所	小纪镇北汉村
104	江都区	武坚居士林	固定处所	武坚镇武坚村南河组
105	江都区	华严寺	固定处所	武坚镇花庄村
106	江都区	戚墅寺	固定处所	邵伯镇昭关红岭村大湾组
107	江都区	华佗寺	固定处所	郭村镇周楼
108	江都区	隆兴寺	固定处所	武坚镇新颜村
109	江都区	祇树寺	固定处所	小纪镇高徐祇树寺
110	邗江区	高旻寺	佛教寺院	经济开发区冻青村运河组
111	邗江区	安庄天竺庵	固定处所	方巷镇方巷村安庄组
112	邗江区	徐集伏魔庵	固定处所	汉河街道徐集村
113	邗江区	元岗天王寺	固定处所	杨寿镇爱国村元岗组
114	邗江区	爱国莲子庵	固定处所	杨寿镇爱国村爱国组
115	邗江区	三界谢家庵	固定处所	公道镇三界村谢家组
116	邗江区	仇庄安基寺	固定处所	方巷镇庙头村仇庄组
117	邗江区	大明寺	佛教寺院	平山堂东路 1 号
118	邗江区	观音山禅寺	佛教寺院	平山堂东路 18 号
119	邗江区	法海寺	佛教寺院	瘦西湖风景区内
120	广陵区	旌忠寺	佛教寺院	旌忠巷 2 号
121	广陵区	祇陀林	固定处所	引市街 84 号
122	广陵区	文峰寺	佛教寺院	宝塔路 16 号
123	广陵区	兴善寺	固定处所	居士巷 11 号
124	广陵区	愿生禅寺	固定处所	埂子街 146 号
125	广陵区	太平庵	固定处所	杭集镇龙王村朱庄组
126	广陵区	护国禅寺	固定处所	泰安镇金湾村
127	开发区	观音寺	固定处所	朴席镇李桥村

参考文献

1.［澳大利亚］安东篱：《说扬州：1550—1850 年的一座中国城市》，李霞译，李恭忠校，北京：中华书局 2007 年。

2.［英］崔瑞德编：《剑桥中国隋唐史 589—960》，中国社会科学院历史研究所，西方汉学研究课题组译，北京：中国社会科学出版社，1990 年。

3.［日］木宫泰彦：《日中文化交流史》，北京：商务印书馆，1980 年。

4.［日］圆仁：《入唐求法巡礼行记》，桂林：广西师范大学出版社，2007 年。

5.［日］真人元开：《唐大和上东征传》，汪向荣校注，中华书局，2000 年。

6. 陈云观主编：《扬州宗教名胜文化》，扬州：广陵书社，2003 年。

7.《大明寺志》编委会编：《大明寺志》，北京：中国文史出版社，2004 年。

8. 冬冰主编：《在江河湖海之间：大运河扬州段文化遗产》，南京：东南大学出版社，2014 年。

9. 冬冰主编：《铜镜照射的盛世之光：海上丝绸之路扬州段遗迹及隋唐扬州研究》，南京：东南大学出版社，2014 年。

10. 符芝瑛：《传灯——星云大师传》，北京：现代出版社，2011 年。

11. 符芝瑛：《云水日月——星云大师传》，北京：北京十月文艺出版社，2006 年。

12. 高万山，黄炎庆：《江都寺庙揽胜》，南京：凤凰出版社，2012 年。

13. 高永青：《禅院寻踪：扬州名寺》，扬州：广陵书社，2005 年。

14. 郝润华：《鉴真评传》，南京：南京大学出版社，2004 年。

15. 江苏省政协文史资料委员会、扬州市政协文史和学习委员会、扬州市民族宗教事务局编：《扬州宗教》，《江苏文史资料》编辑部 1999 年版。

16. 李家寅编著：《名城扬州纪略》，《江苏文史资料》第 115 辑附录，《江苏文史资料》编辑部 1999 年版。

17. 宽忍：《佛教手册》，北京：中国文史出版社，2001 年。

18. 罗哲文等著：《中国著名佛教寺庙》，北京：中国城市出版社，1995 年。

19. 马家鼎：《大明寺》，南京：南京大学出版社，2002 年。

20. 潘宝明：《扬州名胜》，呼和浩特：内蒙古人民出版社，1994 年。

21. 潘桂明：《智顗评传》，南京：南京大学出版社，1996 年。

22. 商景桂编著:《中国佛教文化常识》,广州:中山大学出版社,2007 年。

23. 邵磊:《江苏名刹》,南京:江苏人民出版社,2009 年。

24. 释印顺:《太虚大师年谱》,北京:中华书局,2011 年。

25. 汤用彤:《隋唐佛教史稿》,北京:北京大学出版社,2010 年。

26. 王鸿:《扬州散记》,南京:江苏古籍出版社,1985 年。

27. 王金祥:《扬州城老街巷》,扬州:广陵书社,2007 年。

28. 王孺童编译:《高僧传》,南京:国际文化出版公司,2013 年。

29. 王克胜主编:《扬州地名掌故》,南京:南京师范大学出版社,2014 年。

30. 王伟康:《康乾盛世扬州文明的实录:〈扬州画舫录〉研究》,北京:中国文联出版社,2004 年。

31. 王瑜主编:《扬州历代名人》,南京:江苏古籍出版社,1992 年。

32. 吴子辉:《扬州建置笔谈》,南京:江苏古籍出版社,2001 年。

33. 萧振士:《中国佛教文化简明辞典》,北京:世界图书出版公司北京公司,2014 年。

34. 杨曾文主编:《中国佛教基础知识》,北京:宗教文化出版社,1999 年。

35. 扬州市地方志编纂委员会编:《扬州市志》,上海:中国大百科全书出版社上海分社,1997 年。

36. 扬州市广陵区地方志编纂委员会编:《广陵区志》,北京:中华书局,1993 年。

37. 扬州市文联、扬州市文化局编:《扬州的历史与文化》(上、中、下),1983 年编印。

38. 余日昌:《江苏百座寺庙》,南京:江苏教育出版社,2012 年。

39. 朱华锦:《砖桥江北刻经处》,《扬州文史资料》第 21 辑,扬州市政协委员会编,2002 年。

40. 朱正海主编:《竹西文化》,扬州:广陵书社,2008 年。

41. 宗金林主编:《扬州印迹·遗韵》,扬州:广陵书社,2011 年。

后　记

冬　冰

2006年年底，国家文物局公布《中国世界文化遗产预备名单》，跟扬州有关的项目有两个：大运河、瘦西湖及扬州历史城区。2012年9月，这一名单重新调整后公布，扬州从两项增加到三项：大运河、海上丝绸之路、扬州瘦西湖及盐商园林文化景观。

对扬州来说，六年两份名单的背后是，扬州牵头大运河联合“申遗”跑到冲刺线；正式参与海上丝绸之路9城市共同“申遗”；扬州地方“申遗”项目路径主题重新明确。

项目及名称的调整只是一个结果，作为参与者、亲历者，我们的团队感受到的是资料收集整理的琐碎辛苦，观点交锋碰撞的认真执著，路径价值苦苦寻觅中的焦虑担忧，峰回路转重生后的豁然开朗。

对那些幸存下来的扬州文化遗产点而言，这六年是其保护水平不断提升的过程：通过“申遗”推动，借助专业机构，按照世界遗产标准要求，扬州相关古建筑、遗址、河道、景观的基本尊严得以维护，保护状态得以改善，抗风险灾害的能力得以加强。

这六年更是扬州文化遗产价值重新发现的过程。扬州是一个对中国封建时代的经济政治文化作出了巨大贡献、产生过重要影响的通史式城市。但在“申遗”之前，罕有把扬州文化放在世界历史进程中，从人类文明演进的高度，对其价值进行梳理、研究、比较、审视。这些年来，借助三项“申遗”项目的带动，国际古迹遗址保护协会、中国建筑设计研究院历史研究所、中国文化遗产研究院、清华大学、同济大学等专业机构的专家与扬州申遗办团队一道，共同探寻扬州遗产的特色、内涵，思考大运河、海上丝绸之路、瘦西湖及盐商园林在中国文化、人类历史发展过程中的作用地位。一次次考察讨论交流碰撞带来了一次次认识上的提高。《世界的扬州·文化遗产丛书》就是三项“申遗”工作进行以来大家认识、思考的积累转化，一章章一节节的陈述判断提炼，共同展示扬州文化遗产价值再发现的初步成果。

成果来源于“申遗”过程，服务于“申遗”目标，更服务于扬州这座城市。近年来，扬州“深刻认识城市文化价值、坚守城市文化理想、突出城市文化特色，取得了遗产保护与城市发展双赢”，城市“人文、生态、精致、宜居”特色愈加明显，以大运河、海上丝绸之路、瘦西湖及盐商园林为代表的扬州文化遗产在城市发展中的地位和作用日益凸显。

“国以人兴，城以文名”。扬州市委市政府提出建设世界名城的奋斗目标，深厚的历史文化资源是扬州迈向这一目标的基础力量。在世界名城建设总体战略总局中，两个重要的着力点是将瘦西湖建成世界级公园、打造以大运河扬州段“七河八岛”为生态核心的江广融合地带生态智慧新城。《世界的扬州·文化遗产丛书》从前所未有的跨领域视角——历史、美学、文献学、遗产学、考古学、建筑景观学、民俗学等，较为系统地分析扬州文化遗产的历史原貌、物质形态、精神气质、布局结构、发展演化、建筑风格、构成要素等内容，并站在人类文明和普世精神的高度，对瘦西湖、大运河扬州段、海上丝绸之路扬州史迹等进行观察和阐述，它的出版将为扬州建设世界名城提供一个广域的参照，诠释扬州这座城市的世界精神，揭示扬州的历史内涵，展现扬州独特的文明价值。

六年来，跟我们一起走过这一过程的有：国家文物局和江苏省文物局的各位领导；国内外专业机构、高校专家及同行；扬州历任市领导；扬州地方文史专家；热爱家乡历史、珍爱古城文化的扬州市民。感谢他们多年来对扬州文化遗产事业的一贯支持，对扬州文化遗产保护研究队伍的指导和帮助，对扬州这座城市多年来无怨无悔的奉献和热爱。

本书编写时间紧、任务重，相关资料更是浩如烟海。限于编者的水平，难免挂一漏万，不当之处，恳请读者指正。